Klaus Störtebeker

GEORG ENGEL

Klaus Störtebeker

HISTORISCHER ROMAN

Georg Engel, Klaus Störtebeker
Copyright © 2003 by area verlag gmbh, Erftstadt
Alle Rechte vorbehalten

Einbandgestaltung: agilmedien, Köln
Einbandabbildungen: AKG, Berlin
Satz & Layout: GEM mbH, 40885 Ratingen
Druck und Bindung: Bercker, Kevelaer

Printed in Germany 2004
ISBN 3-89996-059-9

Das erste Buch

I

Sommerabend. – Über die Buchenwipfel droben auf den Dünenhöhen fährt ein Rauschen. In langer Kette wälzt sich das bewegliche Gold der Sonne durch die aufgescheuchten Zweige. Und zwischen den grauen Stämmen steht blaß und aufrecht das Schweigen und starrt mit seinen unbeweglichen Zügen auf die tanzende See.

Das Meer aber spricht. Seine Augen sind bald tiefblau, bald purpurn, und wild blitzen sie, wenn das Element herüberruft zu den Kreidefelsen, die sich dicht unter die Wälder schmiegen wie ein weißes Knie unter ein grünes Gewand.

Was das Meer ruft, das versteht niemand. Denn nur selten horcht ein menschliches Ohr in den Wind, obwohl es manchmal von dort klingt, als donnere von draußen eine Forderung herüber oder ein vergessener Schrei aus fernen Zeiten. Doch zu deuten vermag man die Sprache des Wassers nicht. Und dann liegt der ungeheure Spiegel wieder still. Das Abbild des einzelnen strahlt er niemals wider, so tief man sich auch beugt, aber die Bewegungen des Himmels malt er ab, der goldene und der silberne Wagen rollen über seine Scheibe, die Zeiten huschen über ihn hinweg, und ein Kranz von Völkern faßt ihn ein.

Sommerabend.

Und in der Rüste des Tages, gerade als der purpurne Ball sich im Wasser kühlt, da steigt eine andächtige Stunde herauf. Da stockt der Tanz der Zeiten über dem Meer, der Zug der Völker wallt deutlicher, und die Vergangenheit schickt vom Rande des Horizontes ihr Schattenschiff an die Gestade der Lebendigen.

Ich stehe am Ufer und sehe die Scharen aus dem Fahrzeug an mir vorüberquillen. Sie tragen meine Züge, sie reden meine Sprache, es sind Menschen, die nicht tot sind, denn der Mensch stirbt nicht auf Erden, weil sein Geschick dauert. Unvermutet bin ich selbst in den Segler der Schatten gestiegen, und ich fühle, wie ich zurückgleite in den Nebel der Jahrhunderte. Oder vorwärts?

Von den Küsten der Vergangenheit zu den Gestaden der Gegenwart schwimmt das Schiff unaufhörlich hin und wider. Es trägt, was lebend ist von den Toten, und trägt das Tote fort zu den Gewesenen. Und dann gelangt es an einen Strich, wo man die Stimmen von beiden Küsten unterscheidet, wo sie sich mischen und ergänzen.

Horcht! Laßt uns lauschen!

*

Dort, wo jetzt Saßnitz seine terrassenförmig ansteigenden weißen Villen über der Ostbucht von Rügen erhebt, da träumte zum Ausgang des vierzehnten Jahrhunderts tiefe Ruhe in den waldgekrönten Schluchten. Eine Ansiedlung gab es noch nicht, und der Küstenstrich führte nach der Ansicht grüblerischer Zisterziensermönche aus dem nahen Kloster nur deshalb seinen Namen, weil Graf Harro von Cona ein paar seiner »Sassen«, die man auch Leibeigene nennen konnte, dort in eine elende Bretterhütte behaust hatte, damit sie ihm von nun an fleißig den seltenen Seelachs fingen. Einen Lohn erhielten die unfreien Fischer dafür nicht, sie durften sich den Zehnten ihres Fangs behalten, das übrige aber mußten sie mit einem Strandvogt abrechnen, der mit Zahlen und Peitsche wohl umzugehen wußte. Eine besondere Vergünstigung bestand darin, daß es den Sassen vergönnt war, auch am Sonntag zu fischen. Allein die Beute war des Klosters, denn Graf Harro galt als ein frommer Mann und legte Wert darauf, seinen Lachs häufig in Gesellschaft des Abtes zu verspeisen. Wenn dann der geistliche Herr hie und da an den Hof des Herzogs von Wolgast ritt, dann ließ der Gottesmann wohl auch unauffällig etwas von den Wünschen des Conaer Grafen fallen, und so bezahlte sich der Lachs, und die armen Fischer arbeiteten heimlich und ohne daß sie es ahnten, an der Größe ihres Herrn mit. Freilich, ohne Bewußtsein. Denn in der gebrechlichen Hütte lebte man dahin ohne Kenntnis von den Dingen der Welt. Man stand auf, fuhr aufs Meer und warf sich abends auf die Schilfstreu, gleich einem Werkzeug, das nach dem Gebrauch wieder in die Ecke gestellt wird. Das gleichmäßige Schweigen aber, das sich die Bewohner der Hütte einander vererbten, es schrieb sich dennoch her von einem Ereignis, vor dem die Sassen eben auf Zeiten hinaus verstummt waren. Etwa um 1366 hatte es sich zugetragen.

Der Platz in der Hütte war durch Todesfall wieder einmal erledigt. Da wurde in den Bretterbau ein Sasse gesetzt namens Klaus Bekera. Als der Vogt ihn hineinführte, da lachte der gräfliche Beamte und meinte: »Nimm dich in acht, Klaus, daß du das Querhölzlein nicht schädigst.« Und diese Warnung galt mit Recht, denn der neue Bewohner mußte sich tief bücken, bevor er die Schwelle überschritt. Zu riesenhaft ragte er an Wuchs und Gliedern, und ein langer fuchsroter Wirrbart hing ihm bis auf den Leib. Wer ihn nicht genauer kannte, der mochte ihn infolge der Haarwildnis für einen gereiften Mann schätzen. Er zählte aber erst fünfundzwanzig Jahre und war ein harmloser, gutmütiger Bursche, kundig des Legens und Knüpfens der Netze, und ein Meister mit der Axt. Bald fing er auch an, allerlei Gerät damit zu schaffen. Er baute einen hölzernen Stall für ein paar Ziegen, er wölbte über dem offenen Ziegelherd einen Rauchfang mit einem Abzug, ja eines Tages begann er sogar, die lehmige Erde zu bahnen und legte Dielen. Alles, als wenn er geahnt hätte, was ihm bevorstand. So war der Herbst hereingebrochen. Durch die Wälder der Höhen wogte es, ein Knarren und Ächzen klagte um die Hütte auf ihrem einsamen Hügel, und die Seegräser auf dem gelben Sand pfiffen und schwirrten, als ob die Sichel auf einem Stein geschliffen wurde. Unten stürzten die Schäumer schmetternd gegen die gewaltigen Steine, jedoch Klaus Bekera merkte nichts von diesem ewigen Streit, denn eine finstere Nacht wölbte sich über der Leere, und er selbst hockte geruhsam in seinem breiten Armstuhl, den er erst vor kurzem aus rohem Eichenholz gezimmert hatte, und beim Schein eines qualmenden Buchenfeuers auf dem Herd rieb er eifrig an einem eisernen Widerhaken, wie er zum Aalstechen benutzt wurde. Sein roter Bart glänzte gleich einer feurigen Welle. Dazu grölte er ein uraltes Schleiferlied:

»Wetze gut,
Dann schnett se gut –
Der Klaus, der ist der Sigrun gut.«

Zwar besaß er keinerlei Beziehung zu solch einem Menschenkind, kannte wohl auch kaum die Trägerin eines derartigen Namens, doch der schärfenden Wirkung des Liedes tat dies keinen Abbruch.

Das Buchenfeuer pufftte, und der Riese rieb mit seinem Stein immer emsiger über das Eisen, bis blaue Funken unter seinen Händen hervorspritzten.

Da wurde mit klirrender Faust an die Tür geschlagen, zwei-, dreimal, das leichte Holz zitterte, und in der Hütte dröhnte es wider.

»Sachte«, murmelte Klaus, der vor Verwunderung aus seiner gebückten Stellung nicht emporfinden konnte. »Wie? Was? Ein Mensch?« Er versuchte sich zu sammeln und schüttelte in dumpfem Erstaunen den gewaltigen Haarbusch. So was stellte sich hier doch nur selten ein.

»Mach auf«, forderte draußen eine rauhe Stimme, und von neuem regte sich ein kurzes Rasseln.

Schwerfällig und ohne sich weiter Rechenschaft darüber abzulegen, ob er klug oder vorsichtig handele, schob der Fischer den Querbalken zurück, und sofort schlug das Licht des Herdes nach draußen. Auf dem nassen, sturmgefegten Hügel standen zwei gepanzerte Knechte. Die führten zwischen sich ein verwirrtes, zitterndes Geschöpf, unentschieden, ob Weib oder Mädchen, dessen kurze Röcke flatterten im Wind, und die nackten Füße sanken tief in den Sand. Ein blaues Tuch hatte das Wesen um den Kopf gewunden. Hinter ihnen, kaum noch erreicht vom roten Flackerschein, bemerkte der Bewohner der Hütte einen Zisterzienser, kenntlich an seinem grauen Gewand. Doch hatte der Mönch seine Kapuze weit über die Stirn gezogen, wie wenn er Schutz vor dem Unwetter suche, oder als ob er sein Antlitz verbergen möchte vor dem, was hier geschah.

Inzwischen war der älteste der Eisenbewehrten über die Schwelle getreten. Dann zeigte er auf die zwei eingestickten blauen Kugeln seines Mantels.

»Kennst du die?« fragte er kurz und bedeutsam.

Ratlos nickte der Fischer. Er starrte noch immer von einem zum anderen, betroffen ob des unerklärlichen Aufzugs.

»Wohl«, rang er sich endlich ab, »ihr seid des Grafen.«

»Und der Graf«, berichtete der Knecht scharf und schob sich die Sturmhaube aus der Stirn, damit ihn der andere besser verstehen möchte, »läßt dir sagen ...«

»Läßt mir sagen?« echote der Fischer und fing an, mit schwerer Zunge zu stammeln, weil des Unmöglichen immer mehr wurde.

»Läßt dir sagen«, vollendete der Gewappnete finster, während er den Schaft seiner Lanze auf die neue Diele stieß, »dies sei dein Weib.«

»Dies sei ...«

»Dein Weib.«

Eine schwere Weile regte sich nichts zwischen den Menschen in der Hütte. Man hörte nur die keuchenden Atemzüge des Fischers und das Bersten der brennenden Buchenklötze. Einzig die hellblauen Augen lebten in dem versteinten Gesicht des Sassen. Die wanderten hilfeflehend und ohne eine Spur von Verständnis von den Knechten zu dem zerzausten Mädchen, das ebenfalls mit vorgebeugtem Leib und gefalteten Händen zu lauschen schien, bis sich der Rücken des Riesen allmählich neigte, als ob man ihm einen Baumstamm auf den Nacken geladen hätte.

Plötzlich aber schnellte er empor. Das Blut schoß ihm in die erblaßten Wangen, und die Rechte tastete nervig nach der Axt neben dem Herde. Jetzt hätte vielleicht eine schnelle Gewalttat alles entschieden. Doch ehe noch der schwere Holzstiel emporzutaumeln vermochte, da drängte sich hinter den Knechten die graue Gestalt des Mönches in den Kreis der Hadernden, und eine jugendlich schmerzerfüllte Stimme rief:

»Füge nicht zum Leid noch die Sünde!«

So ernst und mitleidsvoll klang die Mahnung, daß der leidenschaftgeschüttelte Riese einhielt. Die Axt entsank ihm, und mit beiden Händen und wankend griff er nach seiner Brust, denn eine Lanzenspitze hatte das dünne Hemd bereits durchschnitten und suchte dort bedrohlich Eingang. Dazu schrie der gepanzerte Knecht: »Wenn du leben willst, sei vernünftig.«

»Vernünftig – vernünftig«, gellte es dem Überwundenen zwischen die irren, durcheinandergehetzten Sinne. Er wußte nicht, sollte er lachen oder brüllen. War dies nicht Tollheit? Kehrte sich nicht alles Unterste nach oben? Schaukelte seine Hütte nicht auf der tobenden See, ohne daß er den Ausgang fand? Oder hatte man ihm vielleicht gar die Zunge herausgeschnitten und verlangte trotzdem, er solle sprechen? Wer half? Wer half?

In letzter Not blieben seine Blicke an dem jungen, hereingeschleppten Mädchen haften. Warum? Weil man der Fremden wohl anmerkte, daß sie scheu, zitternd und wider ihren Wunsch hier stand, und dann, weil die Dirne, die man mit ihren nackten Füßen gewiß von weit her bis zu ihm getrieben hatte, gleichfalls ein Gassenkind war wie er, und deshalb gewohnt war, nicht nach eigenem Willen zu schalten.

Heftig trat er auf sie zu und besah sie. Vor seinem mächtigen Schritt erschrak das Wesen, und in ihre braunen Augen trat ein offenes Flimmern der Angst.

»Was ist mit dir?« herrschte er und ahnte nicht, wie sehr sie sich vor seinen riesigen Armen fürchtete und vor den Haarbüscheln unter seinem Kinn. Sie kannte, was ein grimmiger Mann vermag. Dann aber faltete sie die Hände vor der Brust und sagte sanft und in ihr Schicksal ergeben:

»Mir geht es schlimm.«

Nichts weiter, allein die wenigen Worte fanden den Weg zum Verständnis des Riesen. Erstaunt wich er zurück, und tief aus seinem Inneren quoll zum erstenmal ein Bewußtsein seines Standes und seiner Lage hervor. »So geht es uns allen«, murmelte er beinahe betroffen über die neue Erkenntnis, »dazu sind wir geboren.«

»Genug Geschwätz«, unterbrach hier der gräfliche Knecht ungeduldig und schaute sich hastig nach dem jungen Zisterzienser um, der allem, was sich in der Hütte begab, mit gesenktem Haupt gelauscht hatte, »wir haben noch einen weiten Weg. Beeilt Euch.«

Da sandte Klaus Bekera einen letzten sehnsüchtigen Blick nach dem Ausgang der Hütte. Als er sich jedoch davon überzeugte, daß sich die Lanzenspitzen von neuem drohend gegen ihn richteten und wie zu gleicher Zeit über den Leib der Magd ein ihm unbegreifliches, ja widerwärtiges Beben lief, da entschloß er sich, vor allem sein Leben zu retten, sein nacktes Leben, das einzige kostbare Geschenk seines Gottes!

So griff er denn gewaltsam nach der Hand des Weibes, so daß es taumelnd an seine Seite gerissen wurde, und in rohem Ausbruch entlud sich endlich seine Wut in vollem Hohn:

»Munter – munter, ihr eisernen Wichte, ihr Schnapphähne –, da ich mich doch gegen mein Unheil nicht wehren kann, so macht die Schandhochzeit wenigstens kurz.«

Erregt trat der Mönch hinter die sinkenden Spieße. Die spielenden Feuer huschten über sein zuckendes Antlitz. Er malte das Zeichen des Kreuzes in die Luft und sprach mit zitternder Stimme:

»Mühsal ist das Leben, Duldung das Gebot, Seligkeit das Scheiden. Wandelt in Frieden.«

Das Weib jedoch hörte auf nichts. Es sah starr in die Flammen des Herdes, die es fortan schüren sollte.

*

Mühselig kroch seitdem die Zeit dahin. Ein Tag sank arbeitsgebrochen und müde zum anderen, und in der Hütte richtete sich das Schweigen ein. Es wohnte dort und ließ sich aus dem engen Raum nicht mehr vertreiben. Ja, wenn die junge Frau selbstvergessen einmal versuchte, einen hellen Singsang aufzuschlagen, dann traf sie aus den vergrübelten Augen des Fischers ein seltsam drohender Blick, und sofort brach die Fröhlichkeit ab, und die zur Stille Verwiesene schaffte erschreckt und niedergeschlagen an ihrem Tagwerk weiter. Sie wußte recht gut, der mürrische Geselle grollte mit ihr, weil man ihm die unwillkommene Dirne aufgedrungen hatte. Und das fand sie auch ganz in Ordnung. Aber manchmal strich sie doch an ihren weißen Armen herunter, und ein natürliches Staunen befiel sie, weil der Riese, der so dicht neben ihr lebte, so gar keinen Gefallen an ihr finden wollte. Warum? Was ihr früher widerfahren war, ein solches Erlebnis fand sie nicht ungewöhnlich. Darein mußten sich die Dienenden einmal schicken. Vielen Mägden aus den Höfen der Mächtigen erging es so. Und seit sie den geschützten Unterschlupf gefunden hatte, glaubte sie mit dem sicheren Bewußtsein eines starken Menschen, daß es keinen Zweck hätte, noch weiter an der Vergangenheit zu zerren. Klaus Bekera war eben ein ungefüger, störrischer Klotz, dem man es nicht leicht recht machen konnte. »Aber warte nur«, dachte sie mit weiblichem Trotz, »auch große Mäuse fängt die Katz.«

Dabei entstand unter ihren flinken und noch merkwürdig zarten Händen allerlei Brauchbares und Nützliches, was bis dahin dem rohen Bretterbau gemangelt hatte. Sooft Klaus von der Seefahrt heimkehrte, entdeckte er stets irgendein neues Stück des Hausrats, ein frisches Linnenhemd, eine geflochtene Strohmatte oder gar ein festgefügtes Bettgestell für den Eheherrn, alles Dinge, die wie durch Zauber über Nacht an Stelle von etwas Altem und Verbrauchtem in der Hütte gewachsen waren. Natürlich bemerkte der Riese all diese wohnlichen Veränderungen sofort und ohne besonderen Hinweis, allein gleichmütig und ohne Dank nahm er sie hin, warf sich auf den neuen, linnenbesponnenen Strohsack und ließ seine Gefährtin nach wie vor auf der Schilfstreu in der Ecke liegen.

Aber Hilda, so hieß das junge, verschleppte Geschöpf, verlangte nichts anderes. Ja, es galt ihr ganz natürlich, daß der Fischer nicht einmal ihren Namen zu kennen schien. Denn bei den kurzen Wünschen, die er selten an sie richtete, nannte er sie »Weib« oder »Fru«. Und darauf gehorchte Hilda und sprang zu ihm wie ein folgsamer Hund. Doch allmählich wurden ihre Bewegungen langsamer. Auch darum kümmerte sich Klaus nicht, nur wunderte er sich zuweilen, wenn er das braun bezopfte Weib jetzt öfter ruhend an der Fensterluke lehnend fand, von wo es dann mit einem unverständlichen Lächeln und mit großen erwartenden Augen auf den sonnenblitzenden Eisrand der See hinabstarrte.

Klaus begriff das nicht, ärgerte sich auch über die ungewohnte Versäumnis, und als er sie wieder einmal feiernd vor ihrem Ausguck antraf, da fuhr es grob aus ihm heraus, während er die großen Lederstiefel krachend in eine Ecke schleuderte: »Was tust du?«

Sie wurde blutrot, sendete ihm einen halb listigen, halb demütigen Blick zu und stotterte, langsam zum Herd zurückschleichend: »Ich sinne.«

Leicht hätte sie auch äußern können »ich träume«, denn ihre Gedanken waren jung und wanderlustig und ließen sich in den Verschlag des Schweigens nicht ebenso willig bannen wie ihr Leib. In solchen Stunden erblickte das suchende Weib die dunkle See dort draußen gleich einem gebahnten Tanzplatz. Und sie sah sich selbst dort unten mit seidengeschmückten Männern herumspringen, die sie herzten, um ihr dann goldene Schaumünzen um den Hals zu hängen. Fegte aber schließlich ein rauhes Wort ihres Gefährten all den Glanz auseinander, dann seufzte sie tief auf und bemitleidete heimlich den störrischen Gesellen, weil er für das feine, verborgene Spiel keinen Sinn besaß.

Und doch – auch dieser Weg ins Freie sollte der Beladenen eines Tages gestört werden.

Frühlingsstürme pfiffen über die Dünen, Hilda stand in der offenen Tür und sog gierig das warme Wehen ein, das einen unbestimmten Duft von Veilchen und Tannenharz mit sich führte. Hoch oben am Waldesrand traten die jungen Rehe heraus und äugten über die funkelnde See.

Da stieg unten vom Strand ein einzelner Mann den gewundenen Fußpfad herauf. Hilda beugte sich spähend vor. Der Ankömmling trug ein weites blaues Wams und derbe Holzschuhe. Im ledernen Gürtel steckte ihm eine kurze geflochtene Peitsche, und seine Faust stützte sich klammernd an einen mannshohen Stab, dessen Spitze in eine kleine silberne Krone auslief. Das war der Strandvogt, eine untersetzte Gestalt mit grauer Schifferkrause und scharfen umfalteten Augen. Wie er sich jetzt schweren, knirschenden Schrittes emporwand, mußte man wohl erkennen, daß sich der Mann für einen Mächtigen hielt, dessen Faust das kleine zerstreute Leben hier am Strand behüten oder auch zertrümmern konnte.

Jetzt stand er vor dem jungen Weib, doch bevor er zu reden anhob, kniff er erst beobachtend das linke Auge zu. Im Grunde genommen wußte er bereits, was er zu erkunden strebte.

»Gott zum Gruß«, begann er und wies mit seinem Stab gegen das Dach der Hütte, »die Sparren gegen die Windseite müssen gedoppelt werden. Vergiß das nicht.« Sein einziges offenes Auge lief geschäftig weiter. »Sieh da – auch ein Ziegenstall. Wieviel sind drin?«

»Drei«, erwiderte Hilda mit sich kämpfend, denn sie war sich des Unrechts bewußt.

»Um eines zuviel«, tadelte der Vogt, das Haupt mit der Lederkappe bedächtig wiegend. »Nun, man wird Nachsicht haben. Man gönnt dir das gute Fortkommen.« Bedeutsam strich er sich über den grau geringelten Bart und trat gewichtig näher. Augenscheinlich gelangte er erst jetzt zu seiner besonderen Absicht. »Wo ist Klaus Bekera?«

»Auf See«, versetzte Hilda zögernd, wobei sie den Atem anhielt.

»Ich weiß«, bestätigte der Strandvogt. Vorsichtig blickte er sich um, als ob er einen Lauscher fürchte, dann beugte er sich ganz nahe an die Erblaßte heran. »Wann erwartest du deine Stunde?« forschte er ernst und dringend. Und als das Weib ihn finster anstarrte und in die Hütte zurückwich, um allerlei Abgebrochenes und Verwirrtes zu murmeln, da bedrängte er die Widerspenstige nicht weiter. »Es ist gut«, meinte er sich aufrichtend und knöpfte an der großen Ledertasche unter seinem Gürtel herum. »Nun hadere nicht, Dirn, man will dir nicht übel. Sieh her« – er langte in die Tasche und wog den Inhalt dann auf der flachen Hand –, »dessen zum Zeichen soll ich dir etwas zahlen. Es ist nicht wenig. Vier Silbergulden.«

»Silber?« schrie Hilda, die aus ihrer fernen Ecke hervorstürzte, und ein warmer Triumph lebte in ihrer Stimme. »Jetzt wird sich Klaus freuen.«

Da legte der Vogt die vier Silberlinge breit auf den Tisch. Dann wandte er sich zum Gehen. Indessen ehe er die Schwelle erreichte, stand Hilda schon wieder hinter ihm. Das Geld hatte sie bereits zusammengerafft.

»Daß Klaus mir nicht erfährt von wem«, forderte sie schroff.

Der Angeredete wandte sich kaum. »Von mir nicht«, gab er gelassen zurück. »Was schiert mich der Bursche? Solange er seinen Fang abliefert, bin ich ihm nicht gram.«

Damit nickte er steifnackig, stemmte seinen Stab in den Sand und schritt wuchtig den steilen Saumpfad hinab. Hilda starrte ihm finstern Auges nach, solange sie die silberne Krone blitzen sah.

Doch seit dieser Zeit wurde die Einsame nachdenklich, und oft schüttelte sie sich, als ob sie sich gegen böse Gedanken zu wehren hätte. Dann stach es ihr durch den aufgescheuchten Sinn: »Wie, wenn man ihr dasjenige, was sie erwartete, zu nehmen trachtete? Stellten die vier Silbergulden nicht vielleicht das Kaufgeld dar? Man erzählte sich von dem Conaer Herrn doch solche gewalttätigen Geschichten. Und war er nicht auch mit dem jungen Mecklenburger Herzog geritten, als dieser an der Spitze von allerlei Raubgesindel und Landstreichervolk die Heerstraßen der Kaufleute von Stralsund unsicher machte? Nach einem solchen Zug hatte er ihr doch das blaue Kopftuch zugeworfen?« Wütend schlug sie mit der Faust gegen die Türpfosten und reckte sich drohend, allein gleich darauf schrak sie zusammen, und trotz der milden Frühlingsluft wurde sie von einem Schauer durchfröstelt.

»Warte«, quoll es dabei über ihre bebenden Lippen, »ich sag's Klaus. Der läßt sich nichts nehmen.« Indessen im nächsten Augenblick stand sie schon wieder erstarrt. Ach du lieber Gott, was schierte denn Klaus der fremde Balg? Er kümmerte sich ja nicht einmal um die Mutter, die alles nach seinem Willen tat. Nein, nein, am besten war's wohl, auf der Hut zu bleiben und auch das Geld nicht zu zeigen, um nicht unnötigen Fragen des Fischers ausgesetzt zu sein.

So nähte sie denn die Silbergulden in ihren Rock ein, und nur manchmal streifte sie ihren Genossen ängstlich und erwartungsvoll, als wünschte sie heimlich von ganzem Herzen, er möchte endlich das Geheimnis entdecken.

Aber seitdem war Unrast über ihr, und sie sang nicht mehr. Immer eilfertiger flogen die Tage an ihr vorüber, und immer unsicherer wurde ihr Gang.

Eines Nachts kehrte Klaus nicht nach Hause zurück. Todmüde lehnte Hilda an der offenen Luke und suchte das unerkennbare Grau zu durchdringen. Vergeblich, nichts löste sich ab von dem schwarzen Dunst, in den der Sturm oftmals wie mit einem schweren Sack hineinschlug. Nur in entfesselter Wut lärmte die See, und im Morgendämmer fuhr an den Strandsteinen fast ununterbrochen eine schlängelnde weiße Mauer empor. Solange die Dunkelheit währte, hatte das verängstigte Weib von Zeit zu Zeit einen brennenden Kienspan aus der Fensterhöhlung herausgehalten, zum Zeichen für den auf der tosenden Fläche Herumirrenden, damit er nicht ins Weglose getrieben würde. Doch der wütige Zug hatte das karge Feuerlein jedesmal heißhungrig gefressen, und die nackten Arme sowie die offene Brust des Weibes schauderten vor Kälte. Jetzt wurde es heller. Dinge und Gerätschaften traten in der Hütte hervor. Und draußen im Stall begann der Geißbock die harte Stirn gegen die Tür zu reiben. Verwirrt, übernächtigt blickte sich Hilda in dem engen Raum um. Es fehlte etwas – es war etwas von seinem Platz genommen, das sich freilich nie gütig und freundlich gezeigt, dem aber doch alles hier eignete. Sogar sie selbst. Und dem man wohl auch Gehorsam und Dank schuldete. Mehr wußte sie nicht. Vergessen war ihre eigene Unkraft, verflogen die bleierne Müdigkeit der Glieder. Ihrer selbst ungewiß, ergriff sie einen rohen Ast und wankte halbnackt zum Strand hinunter. Unten über die sonst so ebene gelbe Fläche spielte das Wasser, schwärzliche Seegrasbündel schlängelten sich der Vorwärtswatenden um die Füße, und der Sturm stemmte sich gegen sie wie eine gierige Faust, die ihr die Gewänder vom Leib zu reißen strebte.

Keuchend kämpfte sich Hilda weiter.

An einem jetzt halbversunkenen Pfahl, der gestern noch im Trockenen eingerammt war, scheuerte und zerrte sich ein Boot an zerfasertem Strick. Das war Klaus Bekeras zweiter, kleinerer Kahn, und daneben ragte aus der Überflutung ein derber Mann in mächtigen Stiefeln auf, abgekehrt, die Lederkappe tief über die Stirn gezogen. Seine Rechte aber klammerte sich auch jetzt an den kronengeschmückten Stab.

Gerade in der Not legte er ihn nicht ab. Hilda erkannte ihn sofort. »Vogt«, stieß sie hervor, »er ist draußen.«

Der Aufseher nickte, sprach jedoch nichts. Nur sein erkennender Blick, den er auf die Erregte heftete, verriet die Meinung, wie dem Weib vielleicht bald Hilfe nötiger sein möchte als dem Verlorenen. Inzwischen hatte sich Hilda hoch auf die Zehen aufgerichtet. Um sich besser zu heben, hatte sie dabei ihre Hände ganz unbewußt auf die Schulter des Vogtes gestützt. Der schien nichts zu merken.

Dann warf sie die Rechte vor. »Dort draußen das Schwarze«, wies sie.

»Ein Baumstamm«, belehrte der andere. »Ich sehe ihn schon lange.« Und halb tröstend setzte er noch hinzu: »Wir haben Seewind. Wenn er noch lebt, wird er ihn hereinwerfen. – Auch so«, kaute er mit geschlossenem Munde.

Damit wandte er sich ab und schritt langsam die Dünen empor. Dort wollte er noch einmal Ausschau halten. Draußen hinter den rollenden Bergen schaukelte das längliche schwarze Ding auf und ab. Und wenn die Zurückgebliebene ihr Sehvermögen aufs äußerste anstrengte, dann glaubte ihre aufgescheuchte Einbildung einen dunklen Kopf und eine greifende Faust zu erkennen. Die drohte oder winkte zu ihr herüber.

Da hielt sie sich nicht länger. Ihr Mitleid war stärker als ihre Schwäche. Ungestüm bückte sie sich, so schwer es ihr fiel, löste die hänfene Schnur und kletterte in das regengefüllte Boot hinein. Ihr Glaube half ihr, denn der Kahn befand sich an der Stelle einer Strömung, so daß das Schiff mit einer Kraft und Stetigkeit hinausgetrieben wurde, als wären unsichtbare Segel an den fehlenden Mast gesetzt. Hochauf spritzte die Dünung, und das zerbrechliche Gerät seufzte in Schmerz und Jammer. Stieren Auges hockte das Weib auf dem morschen Brett, das Haupt unveränderlich nach dem herumgeschleuderten schwarzen Sarg gerichtet.

Jetzt – und jetzt – da tauchte sie wieder vor ihr auf, die Faust, die sie halb im Traum vor sich geschaut hatte. Mit einer wilden Bewegung warf sich das Weib lang in den Kahn und griff nach den krallenden Fingern. Ein wüster Kampf hob an. Der Verfallene dort unten war wohl schon der Tiefe verschrieben, denn er wehrte und sträubte sich, bis eine sich blähende Woge den schweren Körper plötzlich unter einem Schwall in den rettenden Nachen stürzte. Einen Augenblick wurden die Planken überschäumt und begraben, dann hoben sie sich wieder, kreiselten irre herum, und die rollenden Wasser trieben das Schifflein vor sich her, gleich einem geprügelten Hund.

Düster reckte sich das Land empor, und hoch oben gegen den verhängten Himmel zeichnete sich die Gestalt eines Mannes ab, der staunend das Begebnis verfolgte.

*

Der Vogt hatte den Schiffbrüchigen in die Hütte getragen. Der mächtige Körper ruhte jetzt auf dem Bettgestell und rang mit dem Tode. Und in der Ecke auf der Schilfstreu erwachte zur selben Stunde ein neues Leben. Hilda hatte einen Sohn geboren.

Ein langes, schmächtiges Knäblein. Es schrie nicht, sondern hatte die Fäuste geballt, und die schwarzen, nächtigen Augen hielt es fordernd ins Leere gerichtet. Nein, nicht ins Leere. Am Fußende der Streu hing die Axt an der Wand. Später erinnerte sich die Mutter, daß ihr Sohn zur Stunde seines Eintritts unausgesetzt die Schärfe des Beils betrachtet hatte. Vom Vogt war aus dem Kloster einer der Zisterzienser geholt worden. Der schaffte nun kundig um die drei Unmächtigen herum. Zu jener Zeit erfüllten die Klosterleute, gleichviel ob jung oder alt, willig die Pflichten des Arztes und der Wehmutter, und die Gepflegten glaubten, es müsse so sein. Bruder Franziskus war zudem derselbe, der in jener von Hilda unvergessenen Nacht den erzwungenen Bund gesegnet hatte. Jetzt tat er sein Äußerstes, um die bedrohte Gemeinschaft zu erhalten. Bald flößte er dem hingestreckten Fischer scharfe, seltsam duftende Tropfen ein, die er in einem venezianisch geschliffenen Büchslein aus seiner Kutte zog, bald pustete er unter die Flamme des Herdes, um der Wöchnerin einen warmen Trank zu bieten. Ja, er reinigte den Neugeborenen sogar im ersten lauen Bade. Dabei glitt ein wohlgefälliges Lächeln über das ernsthaft jugendliche Antlitz des Bruders, und während seine Rechte zart über die weichen Glieder des Kleinen strich, sprach er mit der Bestimmtheit des Erfahrenen:

»Ein edler Bau. Wie nach den Maßen der alten Meister. Möge der Unerforschliche dies Kindlein zum Guten bilden.«

Hilda hörte es auf ihrer Schilfstreu. Und zum erstenmal zuckte es wie Stolz um ihre Lippen, da sie daran dachte, welch adligem Ursprung der Säugling seinem Blut nach entstammte. Zugleich aber heftete sie einen erschreckten Blick auf das Bettgestell, wo sich der gewaltige Körper ihres Eheherrn zu regen begann. Sofort griff sie hastig nach den eingenähten Silbergulden.

Ja, ja, das war das Mittel, um sich gegebenen Falles von jedem Tadel loskaufen zu können. Allein sonderbar – so schwer sie auch die Änderung begriff –, es traf sie kein lauter Vorwurf mehr. Noch ehe Klaus auf seinen zerschlagenen Beinen hin und her zu kriechen vermochte, hatte der Mönch dem Entkräfteten kurz den Hergang seiner Rettung erzählt. Stumpf, in sich gesunken, hockte der Fischer dabei auf seinem Lager und ließ nur ab und zu einen forschenden Blick über das Neugeborene gleiten. Weder bedankte er sich, noch gab er sonst eine Erkenntlichkeit kund. Auch überließ er nach wie vor alle Hilfeleistung für sein Weib dem Bruder Franziskus. Und doch – es kam vor, daß er zuweilen die Milch der Geiß in einem Holzschaff dicht neben der Streu der jungen Mutter niedergleiten ließ. Keiner wußte zu welchem Zweck, und man konnte doch annehmen, daß der Trank für Hilda und ihr Kind bestimmt sei. Ein andermal freilich begab sich, was der glücklichen Frau anzeigte, nun sei der Damm von Groll und Übelwollen vielleicht für immer gebrochen. Eines Abends blieb der Mönch vor dem Aufbruch gedankenvoll an der Streu des Kleinen stehen, und während er ihn seiner Gewohnheit gemäß zum Abschied segnete, sprach er bestimmt:

»Nun ist es Zeit. Morgen wollen wir das Kind in das Kloster tragen, die Taufe zu empfangen. Wie soll es heißen?«

Hierauf regte sich Hilda nicht. Sie kehrte ihr Haupt vielmehr der Wand zu und kratzte ungeduldig mit den Nägeln gegen die Holzbohlen. Alles, um den ungestümen Wunsch ihres Herzens zu betäuben. Statt ihrer jedoch erhob sich der Fischer von seinem Sitz neben dem Herd, tastete sich schwerfällig nach der Streu des Säuglings zurecht, und nachdem er in das schmale Gesicht, neugierig und kopfschüttelnd wie stets, herabgeschaut hatte, da brach es plötzlich brummend und drohend aus ihm heraus, als hätte er sich gegen einen Angriff zu wehren:

»Das Knäblein heißt wie ich, nicht anders. Klaus soll es heißen.«

Da nickte der Mönch mit einem stillen Lächeln, das liegende Weib jedoch hob ungestüm den Arm und versuchte glücklich auf der bärtigen Wange des Riesen herumzustreicheln. Unschlüssig und verletzt schüttelte er sie ab. Aber als nach der Taufe die junge Frau wieder in der Hütte auf und ab wirkte, da hörte sie draußen vor dem Gebäu ihren Eheherrn singen. Das war noch nicht. Auf leichten Sohlen schlich sie hinzu, um zu lauschen. Im Sonnenschein saß Klaus und schliff seine Axt am Feuerstein. Dazu summte er behaglich in das Spritzen der Funken hinein:

»Wetze gut,
Dann schnett se gut,
Der Klaus, der ist der Hilda gut.«

Er wußte sonst keinen Namen. Es hatte nichts weiter zu bedeuten.

II

Goldgrüne Schatten spielten um die Buchenwipfel hoch über der roten Klostermauer. Auf einer der verfallenen Grasstufen, die in breiten, unkrautbewachsenen Abständen zu der schmalen Eingangspforte hinaufleiteten, hatte sich ein einsamer Bruder hingelagert. Achtsam trug er in einer Falte seiner Kutte ein paar Brosamen weißen Hirsekuchens verborgen, und nun streute er die Krumen in weitem Bogen den Finken, Meisen und Amseln des Waldes hin, die in einiger Entfernung hoch aufhuschend nach den leckeren Bissen pickten. Noch hatte der Einsame seine gefiederten Freunde nicht allzulange gefüttert, als der Schwarm plötzlich schwirrend und rauschend auf die untersten Zweige der Buche abzog, stutzend vor eiligen Schritten, die den Waldpfad heraufklangen. Der Klosterbruder hob das Haupt. Der Tritt, dieses hastige, sprunghafte Ausgreifen deuchte ihm bekannt. Seit sechzehn Jahren fast hatte er ihm prüfend und abschätzend gelauscht. Und jetzt – aus dem schwarzgrünen Bogengang stürmte es hervor. Ja, Pater Franziskus kannte jene schlanke, geschmeidige Knabengestalt in dem weißen Linnenkittel, oft hatte er die wohlabgemessene Form dieser Knien und Waden in ihrer braun gesonnten Nacktheit bewundert, mit heimlichem Schrecken aber fast immer in die schwarzen begehrlichen Augen hineingeschaut, die wie zwei flimmernde Abgründe in dem schmalen Jugendantlitz brannten, ewig bereit, Nahes und Fernes zu verschlingen. Immer aufgetan zu neuer Forderung. Niemals zu müde, um zu suchen und zu fassen. Davor war dem Mönch nicht selten ein drückendes Befremden aufgestiegen, denn diese rastlos einschlürfenden Augen widersetzten sich allzusehr dem geduckten Dasein eines Sassenkindes. Ebenso wie die braunen Wellen des Haupthaares das Gebot der kurzen Schur leichtfertig mißachteten.

In weiten, glatten Sprüngen setzte der weiße Schatten durch den Wald. Daher kam es, daß seine Gefährtin, ein etwa vierzehnjähriges Mädchen, dem sein rotes Röckchen hindernd um die entblößten Beine wirbelte, eine geraume Strecke hinter dem Buben zurückblieb. In den Kranz der blonden Zöpfe, die das Kind dichtgeflochten und eng um das Haupt trug, waren bläuliche und rötliche Muscheln gesteckt, und so erhielt die Kleine ein fremdartiges und wildes Aussehen. Zu dem sanften Gesicht wollte der absonderliche Schmuck keineswegs passen. Auch zögerte die jetzt ruhiger Schreitende und griff sich ein paarmal verstohlen in die Flechten, in sichtlicher Furcht, wie man das blitzende Stirnband an der Klostermauer beurteilen würde.

In der Tat war der ungewohnte Zierat das erste, was dem Bruder, während er sich auf seiner Grasstufe ein wenig aufrichtete, störend ins Auge fiel. Halb unwillig riß der Ruhende ein paar Halme aus, bevor er mit einer raschen Kopfbewegung nach den Muscheln wies:

»Wozu das, Anna? Was soll der Putz?«

Kaum war die Mißbilligung gefallen, als ein tiefes Rot über die Wangen der Getadelten ging, ihre blauen Augen drehten sich ängstlich, und unwillkürlich falteten sich ihre Hände vor der Brust. Dazu warf sie dem Knaben im weißen Kittel einen jähen Blick zu, als wäre dieser der Herr, von dem sie und ihr Schicksal abhingen. Der ließ sie auch nicht im Stich.

»Ich hab's ihr hineingesteckt«, sagte er lachend, und seine Augen weideten sich wohlgefällig an seinem Werk, als möchten sie sich von dem blaufeuchten Glanz der Muscheln nicht trennen. Dazu strafften sich die schlanken Beine, die er schon früher gespreizt aufgestemmt hielt, noch etwas fester in den Sehnen, und der ganze Bursche sah unbekümmert und keck aus, wie wenn nach seinem Wohlgefallen sich Regen und Sonnenschein zu richten hätten.

Unbehaglich bemerkte es der Mönch. Gerade dieses Aufbegehren einer unbändigen Natur suchte er zum Heil des Knaben zu unterdrücken. Der Fischerssohn, dem er anhing, mußte gegen sein Blut geschützt werden. Das war's. Dazu gehörte, daß man seine Unwissenheit nicht allzusehr erhellte. Auch durfte er nicht über seinen Stand hinauswachsen oder gar, wie er es liebte, seine Gedanken fabulierend ins Weite schweifen lassen. Das Meer verlockte zu derartigen Nebelfahrten. Aber solches Entgleiten war einem Sassenkind nicht günstig – jedenfalls in solcher Jugend nicht.

»Nimm der Dirne die Torheit aus den Haaren«, befahl er darum hart.

Klaus Bekera rührte sich nicht. Nur seine Augen blitzten hartnäckig auf, und seine Rechte vollführte eine ungläubige, fortschleudernde Bewegung, als könnte er damit die unbegreifliche und ihm unklug dünkende Abneigung des Klosterbruders zerstreuen.

»Es sieht gut aus«, beharrte er noch immer in Bewunderung vor dem fremden Glanz. »Es sind Maimuscheln. Die Gnadenbilder in der Klosterkirche und die Fräuleins auf dem Schloß tragen auch solch bunte Steine.«

»Eben darum ziemt sich der Tand nicht für Anna Knuth, die Tochter der Strohflechterin«, belehrte Bruder Franziskus ruhig und streckte die Hand nach dem abenteuerlichen Schmuck aus, wobei er sich stellte, als bemerke er das heftige Zusammenzucken des wilden Jungen nicht. »Es sind Unterschiede in die Welt gesetzt. Sie stammen von Gott.«

Er zerpflückte jetzt die Muschelschnur zwischen den Fingern, und da er wahrnahm, wie sein halbwüchsiger Freund, um den er sich sorgte, die rote Unterlippe nagte, fuhr er begütigend fort: »Schau um dich, Nikolaus, schau auf den Wald. Hier blüht der Haselstamm und wird nur ein Strauch. Daneben aber die Buche wächst über zwanzig Ellen. Und machen doch zusammen den schattigen Wald aus und müssen sich dulden. So geht es auch bei den Menschen.«

Eine Weile raschelte der Wind durch die Zweige. Dann lachte der Knabe mit einem Male hell auf.

»Was hast du?« fragte Franziskus verwundert.

Heftig reckte sich der im weißen Kittel. Ein Zug von Vorwitz und frühreifer Spottsucht lief über sein schmales Antlitz, als er nun die Rechte bestimmt vorwarf.

»Da sieh, Geweihter«, rief er selbstsicher, denn er gebrauchte häufig für den Mönch die ehrfürchtige Bezeichnung seiner Mutter, »den Hasel- und den Buchbaum hier. Ob die einander gleichen?«

»Nein«, murmelte der Zisterzienser noch im ungewissen, »sie gleichen einander nicht. Sie sind von verschiedener Art.«

»Aber die Menschen, die gleichen einander«, vollendete der Knabe jetzt rechthaberisch, tat einen Luftsprung und warf seiner Begleiterin einen Blick des Schutzes zu. »Du hast selbst gesagt, wir wären alle nach dem Bild Gottvaters gemacht.«

Da brach der Mönch verstimmt und finster das aussichtslose Gespräch ab. Zumal er auffangen mußte, wie das kleine Mädchen ob der Keckheit des Burschen verstohlen zu lächeln anhob.

»Es wäre dir besser«, brummte er aufgebracht, indem er sich ratlos mit beiden Handflächen die ergrauten Schläfenhaare zurückstrich, »dein Vater hätte dir öfter mit dem Gürtelriemen den Rücken gewalkt.«

Als des Vaters Erwähnung geschah, wich das vorlaute Wesen des Knaben gedankenschnell. Kleinlaut senkte er das Haupt und scharrte mit dem nackten Fuß über den Moosboden.

»Vater rührt mich nicht an«, meldete er nachdenklich. »Er sitzt den ganzen Tag auf der Düne und sonnt sich.«

Jetzt fuhr der Bruder mitleidsvoll über das wellige Gelock des Burschen. Sein Groll war verschwunden. Die Erinnerung an ein ehrenhaft mühselig Leben hielt ihn gefangen. »In deinem Vater sitzt die zehrende Sucht«, sprach er leise, »der Frühling ist für ihn ein gefährlich Ding. Und was tust du, sein Los zu erleichtern, Nikolaus?«

»Ich? ...« Der Gefragte blickte suchend umher. Endlich schienen die scharfen Augen etwas erwischt zu haben, als sie rückschweifend einen schmalen Ausschnitt des durch die Stämme schimmernden Meeres entdeckten. »Ich fahre hinaus und lege seine Netze«, verteidigte er sich erwartungsvoll, denn er wollte gelobt werden. »Ich bringe mehr heim als er. Manchmal bin ich die ganze Nacht fort. Und ein fein Segel hab' ich gemacht aus rotem Packtuch«, setzte er befriedigt hinzu, »und kann den Wind vor- und rückwärts abfangen. Davon hat der Vater nichts verstanden. Das ist ein neu und gut Ding. Und Mühe hat es gekostet.«

»Dich nicht«, versetzte der Mönch unbeirrt, wobei er versuchte, den irrlichtelierenden Strahl der schwarzen Augen auszuhalten. »Lüge nicht, Bursche. Dir ist es eine Lust, auf dem Wasser zu liegen und dich mit dem Wind herumzuschlagen. Du dünkst dich dann besser als andere Menschenkinder. Dort draußen fängst du auch die grilligen Gedanken, die dir nicht taugen. Sage, was führt dich heute her?«

Jetzt trat der Knabe näher und küßte zärtlich die feine weiße Kutte des Mönches. Ein Staatskleid der Brüder, das nur bei besonderen Anlässen getragen wurde.

»Mir war bange nach dir, Geweihter«, brach es inbrünstig aus ihm heraus, und er streichelte verstohlen das Tuch des faltenreichen Gewandes. »Es quält mich oft eine Unruhe, wenn ich dich nicht nach diesem oder jenem fragen kann. Denn du weißt alles, was mir fehlt.«

Da verbarg Pater Franziskus ein halbes Lächeln.

»Du Tor«, wies er bescheiden die übertriebene Meinung ab, »ich weiß nicht einmal, was deine Gespielin dort zwischen den beiden Binsendeckeln trägt. Was ist's?«

»Ja, das rätst du nicht«, schrie Nikolaus Bekera, plötzlich wieder in seine wilde Heftigkeit zurückfahrend, und dabei stürzte er auf das Mädchen zu und riß ihm ohne weiteres das grüne Geflecht aus den Händen. »Gib her – ein wunderlich Tier«, stammelte er atemlos und brach die Deckel auseinander. »Dergleichen gibt es sonst nicht in unserem Wasser. Und dir gehört es, Geweihter, dir allein.«

Eine ungeheure Scholle kam zum Vorschein, dunkelgrau mit roten Punkten und wohl anderthalb Fuß im Durchmaß. Der Fisch glänzte perlmutterfarbig in der Sonne. Bewundernd standen die drei um den seltenen Fang herum, und die Kinder lachten vor Freude, als der Pater mit Kennermiene den Finger spitz in den Rücken der Scholle setzte, um wohlgefällig das Fleisch des Tieres auf seine Festigkeit hin zu prüfen.

»Ein herrlich Stück«, gestand der Bruder selbstvergessen und klopfte dem Spender dankbar die Wange. Allein unvermutet hielt er inne, ein feindlicher Gedanke schien seine offene Lust zu hemmen.

»Was gibt's?« rief der Junge erschreckt.

Der Bruder maß ihn prüfend von oben bis unten.

»Hat der Vogt deinen Fang gesehen?«

Jetzt zuckte das kleine Mädchen, wie von einem Streich getroffen, zurück und sprang schutzsuchend hinter den nächsten Baumstamm. Klaus Bekera aber wurde seltsam bleich. Dann begannen seine schlanken Glieder vor Zorn oder vor Scham zu zittern. Etwas Haßerfülltes, von Leidenschaft Überwältigtes brodelte aus seinen schwarzen Augen.

»Der Vogt weiß von nichts«, widersprach er hart und schob die Faust geballt von sich. »Ich hab' das Tier die ganze Nacht über zwischen den Strandsteinen versteckt.«

Kopfschüttelnd wies der Mönch das Geschenk von sich, auch entsetzte er sich heimlich darüber, wie wenig sein Zögling zu Bescheidenheit und zu geduldigem Dienst zu lenken wäre.

»Weißt du nicht«, ermahnte er heftig und hob drohend den Finger, »daß all dein Fang dem Grafen eignet? Was soll ich mit dem entwendeten Gut?«

»Essen«, schrie Klaus, der noch immer zitterte und bebte. Und wie tückische Pfeile schnellten die Worte von ihm: »Der Graf hat satt. Wie kann er uns das nehmen, was wir fangen? Gehört ihm die See?«

»Wem gehört sie sonst?«

»Dem, der auf ihr segelt und Netze legt«, eiferte der Knabe ohne jedes Besinnen. Schmetternd warf er den Fisch auf den Waldboden und machte Miene, ihn mit seinen nackten Füßen zu zerstampfen.

»Klaus«, rief das kleine Mädchen hinter seinem Baum um Erbarmen flehend.

Jetzt sprang auch der Bruder hinzu, bückte sich und riß den Flossenträger an sich. Dunkelrot war das weiße Gesicht des Mönches übergossen. Es blieb unentschieden, ob vor Anstrengung oder weil er den feinen Mund des Fischerssohnes in befriedigtem Triumph lächeln sah.

»Unsinniger«, zürnte er in ehrlichem Unwillen, »Gottes gedeihliche Gabe vernichten? Oh, ich sehe, ich bin zu schwach gegen den bösen Geist, der in dir wohnt. Geh mir aus den Augen und kehre so bald nicht wieder.«

Einen Augenblick blieb es still zwischen den dreien, dann wandte sich Pater Franziskus, den Fisch noch immer in den flachen Händen, und stieg mit weiten Schritten die Grasstufen in die Höhe. Bald mußte er das kaum mannshohe Pförtlein in der Mauer erreicht haben. Da geschah etwas Unerwartetes.

Ebenso schnell wie Klaus Bekera in Zorn und Wut hineingerast war, so erfaßte ihn jetzt eine verzweifelte Reue. Urplötzlich füllten sich seine funkelnden Augen mit Tränen, und unbekümmert darum, ob seine kleine Gefährtin sein Handeln begriffe, stürzte er auf die unterste Stufe nieder, wo er die Arme wild emporwarf, als könne er so den Entweichenden zurückhalten.

»Tu das nicht, Geweihter«, schluckte er schmerzzerrissen. »Ich hab' dich lieb. Und wer soll mir die Hand auf die Stirn legen, wenn mich die Schmerzen quälen, die mich blind machen? Nein, tu das nicht, Geweihter – tu das nicht.«

Noch zitterte die Klage dieses wahrhaftigen Knabenschmerzes unter den sonnenstillen Bäumen, noch hatte sich der leicht gerührte Bruder nicht völlig gewandt, da klang in der Schwärze des Waldes ein Horn. Zugleich hörte man den Hufschlag der Rosse.

Einen Augenblick wurzelten die drei auf der grünen Lichtung fest. Dann geriet Leben in den Mönch, und während er die Scholle eilfertig auf einen Mauervorsprung zu betten suchte, segnete er Gott im stillen für die gelegene Unterbrechung. Wohltätig enthob sie ihn der begehrten Versöhnung mit dem aufgeregten Knaben.

»Sie kommen«, rief er dem verblüfften Fischer zu, der ohnehin alles, was bis dahin geschehen war, längst vergessen hatte. Ungestüm war er aufgesprungen, um nun, fiebernd vor Neugier, das dicke Gehölz zu durchdringen.

»Vier ... fünf ... zehn Pferde«, zählte er, »sieh ... sieh, Anna, Stahlpanzer und seidene Mäntel.«

»Dänische Herren«, berichtete der Bruder erregt und strich sich die weiße Kutte glatt, »reiten auf Tagfahrt nach Stralsund und nehmen zur Nacht hier Obdach.«

Gespannt drängten sich die Kinder an beide Seiten ihres Freundes. Kaum konnte er sich ihrer erwehren.

»Dänen?« stammelte Klaus zweifelhaft. Denn er vermochte nicht mit Sicherheit anzugeben, wo jene Völkerschaft seßhaft wäre. »Was treiben die in Stralsund?«

Doch der Mönch schüttelte ihn ab, ohne den stets regen Eifer des Wißbegierigen befriedigen zu wollen.

»Wozu brauchst du das erfahren, Klaus?« weigerte er sich vorsichtig. »Was kümmern dich die Händel von Königen und Herren? Diesmal zwar handelt es sich um eine gerechte Sache«, setzte er mehr für sich hinzu, »gilt es doch, die Horde der gesetzlosen Schuimer zu vertilgen.«

Da packte ihn der Knabe heftig am Kleid. »Was sind Schuimer?« drängte er ungebärdig. »Sag es mir.«

Der Mönch erschrak. Gar zu wild brannten die dunklen Knabenaugen in die seinen. Das geheimnisvolle Wort, das im Volk für die unter der schwarzen Flagge Herumstreifenden umging, schien in der unbeherrschten Seele ein Feuer entzündet zu haben. Wieder rettete der Pater seine Verlegenheit hinter strenge Abweisung.

»Schweig«, befahl er. »Was schiert sich ein Sasse, der von der Herrschaft gut gehalten wird, um die von jedem Ehrsamen gemiedene Brut der Friedlosen? Danke Gott im stillen dafür – der du ein nährend Gewerbe und einen sicheren Platz hast –, daß die Fürsten und Städtischen dem wüsten Drang ein Ende machen wollen. Merk dir, Bursche, solange das Gelichter nicht von der See fortgefegt wird, solange kannst du, wenn du ehrlich bist, unter deinem Dach nicht ruhig schlafen.«

Schon wurden die bunt geschirrten Rosse unter den Stämmen sichtbar. So blieb Pater Franziskus nur noch Zeit, die Kinder beiseitezuschieben und den wesenlos Gaffenden gutmütig zuzuflüstern:

»Schaut auf die Vordersten. Ja, die beiden. Das sind die Gesandten der Königin. Der Drost Reichshofmeister Henning von Putbus. Und der Hauptmann Konrad von Moltke. Gar stolze und mächtige Herren.«

Mit weit aufgerissenen Augen verfolgte Klaus Bekera nun das sich entwickelnde farbige Bild. Er merkte nicht einmal, wie er dabei krampfhaft die Hand seiner kleinen Gefährtin ergriffen hatte. So übergewaltig, so betörend wirkte auf ihn der goldige Glanz der Großen. Allmählich spann sich ein feines, unwirkliches Netz vor seine hinstarrenden Blicke, und er zuckte beinahe schmerzhaft zusammen, sobald aus dem Gewebe ein besonders greller Blitz auf ihn zuschoß. Da ...

Trat aus der Pforte über den Grasstufen nicht der Abt mit seinem Prior hervor? Beides hinfällige Greise. In seinem schneeweißen Gewand, das goldene Kreuz klappernd auf den dürren Gliedern, trippelte das Männchen, achtsam auf jedem Absatz die Schleppe hebend, auf den ersten der Reiter zu, um endlich dem Reichshofmeister mit zitternder Hand einen silbernen Pokal entgegenzureichen. Auf breitem Gaul saß der Drost zurückgelehnt, die überlangen Beine gewaltig gespreizt, denn die flickenreiche Zaddeltracht beengte den hochaufgeschossenen Mann. Zwiefältig war das Staatskleid zusammengesetzt, auf der linken Seite rot, auf der rechten gelb, während Arme und Beine umgekehrt bekleidet waren. Dazu saß ihm eine ungeheure blaue Wulsthaube auf dem verkerbten Haupt, von der ihm noch eine riesige blaue Fahne fast bis an die Knie hinunterfloß. Man sah ihm an, der lange Ritt hatte ihm heiß gemacht, denn er schob luftschöpfend an dem schwarzen Ledergürtel unterhalb seiner schmalen Hüften herum, und wenn die tiefliegenden lauernden Augen nicht widersprochen hätten, so hätte man den Reichshofmeister der Königin Margaretha für einen abgedienten und eitlen Höfling halten können. Aber die Augen wohnten ihm unter graustruppigen Brauen wie der Fuchs in seinem Bau. Aufmerksam, sprungbereit. Und über die verschrumpfte Stirn flog manchmal ein erhellender Blitz. Nicht umsonst ging die Sage, diese vermorschte, im Winde schwankende Leiter hätte die Sprossen geboten, auf denen die zierlichen Füße seiner Königin bis in die kältesten Höhen der Staatskunst emporgeklettert wären. Doch die Sage fügte ihm Unrecht zu, denn er selbst hatte in dem fürstlichen Frauengemach erst die unmerklichen Windungen und herzenskühlen Methoden gelernt, die die nordische Welt jetzt in Spannung hielten.

Von ganz anderer Art war sein Gefährte, der dicht neben ihm seinem gescheckten Schimmel wuchtig den schweißenden Hals klopfte. In einem verregneten Lederkoller hockte der Hauptmann Konrad von Moltke auf seinem abgetriebenen, sehnigen Gaul. Sein linkes, von einem grünen Strumpf umspanntes Bein hatte er lässig in die Höhe gezogen, so daß er den Arm darauf stützen konnte. Und auf diesem ruhte wieder der völlig kahle, in der Sonne glänzende Schädel, unter dem eine krumme Geiernase rauflustig und hochmütig in die Welt stach. Die eiserne Sturmhaube, die den beinernen Totenkopf wohl allzusehr drücken mochte, hing ihm schaukelnd vom Sattel, und die rot verschworenen Augenlider blieben hartnäckig geschlossen, vielleicht vor Müdigkeit, vielleicht aus Abneigung gegen das Mönchsgesindel, dem seine Herrin so auffallende Bevorzugung erwies. Man munkelte da allerlei. Der verkniffene Mund des Dänen jedoch redete laut von Geiz und Beutesucht.

»Er sieht aus wie der Seeadler, wenn man ihm die Federn ausgerupft hat«, dachte Klaus Bekera staunend, ohne den gierigen Blick von dem Knochenmann abwenden zu können.

Inzwischen hatte sich die hinfällige Kinderfigur des Abtes auf den Zehen aufgerichtet. Ängstlich vor dem scharrenden Braunen ausweichend, reichte er dem Reichshofmeister seinen Becher dar. Das Männchen, dem ein paar einzelne graue Locken verloren um die Stirn flatterten, machte unverkennbar den Eindruck, als ob er sich hinter seinen Pergamentrollen wohler fühle als bei dieser ungewohnten Staatshandlung.

»Herr Henning von Putbus«, lispelte er ohne Mark und kaum hörbar, »Reichshofmeister und Drost der großmächtigen ...«

Hier klatschte der Knochenmann seinem Gaul höchst wuchtig gegen den Hals und kniff seine Lider immer unbegreiflicher zusammen.

Der Abt verwirrte sich.

»Der Herr führte Euch zum Segen an die deutsche Küste«, stotterte er verlegen und begann mit dem Becher hin und her zu zittern. »Er führte Euch an die Küste – ja – und möge die Tagfahrt zu Stralsund Euren Wünschen entsprechen.«

Höflich streckte der Hagere seine Beine noch steifer von sich, ergriff den Becher und verneigte sich so geschmeidig, wie man von dem vertrockneten Gerüst in dem Geckengewand kaum erwarten konnte. »Da der redliche Abscheu Eures Ordens gegen die Vergewaltiger der See bekannt ist«, sprach er ziemlich unbeteiligt, »so werden Eure Gebete mit uns sein. Ich weiß ... ich weiß.« Er führte den Pokal oberflächlich und ohne zu nippen an seinen Mund. Sein Nachbar jedoch, der Hauptmann von Moltke, riß ihm ungeduldig den Pokal, bevor er noch dazu aufgefordert wurde, aus der Hand, tat einen tiefen Blick hinein und stürzte das Getränk gierig hinunter. Der Kriegsmann mochte durstig sein. Allein unvermutet hielt er inne, und während er böse die verschwollenen Augen aufriß, goß er gereizt den Rest auf die Erde.

»Gemischt«, knurrte er, und seine Stimme klang, wie wenn man Scherben gegeneinander reibt. »Himmel und Hölle – ich ...«

In diesem Augenblick schlug erneutes Pferdegetrappel aus dem Wald heraus, der Reiter verschluckte das Weitere, hob die abschreckend dürre Hand und schwenkte sie dem neuen Ankömmling entgegen. »He, Cona«, krähte er immer in demselben bittern, menschenverachtenden Ton, »meiner Seel! Ihr standet gut im Futter, seit wir uns zuletzt begegneten. Wißt Ihr noch auf der Tagfahrt zu Wismar? Man sagt, Liebwertester, Ihr hättet über See recht einträgliche Geschäfte betrieben. Und kennt die Schliche der Schuimer aus Erfahrung.«

Es mußte eine besonders giftige Anspielung in jener Anrede liegen, denn der Reichshofmeister, der plötzlich noch fahler aussah als gewöhnlich, hob abwehrend die Rechte, schöpfte vergeblich Luft und versuchte sein Unbehagen hinter einem begrüßenden Lächeln zu verbergen. Er brachte es jedoch nur zu einem Grinsen, zumal er wahrnahm, wie der Graf von Cona, der nun in der Abendsonne dicht neben seinem jungen Sohne mitten auf der Lichtung hielt, verärgert und beschämt das feiste Vollmondgesicht verzog. Spähend blinzelte der so Wohlgenährte im Kreise umher, ob auch die Mönche den beißenden Spott verstanden hätten. Dann strich er mit der fleischigen Hand über den halblangen blauen Tappert, der ihn schlafrockartig umhüllte, und stieß endlich kurzatmig nach Art der Dicken hervor:

»Seid gegrüßt, ihr Herren. Auch du, Moltke. Immer munter. Immer gelenkig. Wollen absteigen und das Nachtmahl einnehmen, das der Herr Abt für uns gerüstet. Aus leerem Magen steigt zudem allerlei verwirrtes Zeug. Und wenn es euch wirklich Ernst gegen die Freibeuter ist, die ja manchem ein verstecktes Plätzchen gut zu bezahlen wußten – nicht wahr, nicht wahr, so ist es doch? –, dann werden wir morgen in Stralsund weitersehen. Werden sehen, wo unser Vorteil liegt. Und nun zu Tisch, liebe Herren.«

Schwerfällig und ächzend schwang er das rechte Bein vom Roß. Allein durch die weit ausladende Bewegung des unförmlichen Körpers mochte der dürre unruhige Gaul des Dänenhauptmanns gereizt werden. Mit einem schrillen Wiehern stieg das Tier kerzengerade in die Höhe. Ringsum wurde ein einziger Schrei laut. Doch ohne Zögern schlossen sich die sehnigen Beine des Kriegers um den Leib seiner Schecke zusammen. Ja, er rührte sich kaum, so fest saß er im Sattel. Zu gleicher Zeit aber sah man, wie der Knabe im weißen Kittel hochauf in den Zügeln des Schimmels hing. Die kleinen Fäuste rissen erbarmungslos am Maulbügel des Tieres.

»Laß los«, krähte der Däne ungehalten und fletschte die stockigen Zähne. Da war das Pferd schon zur Erde gebracht. Und der Helfer stand nun, keineswegs befangen, sondern die Hände stolz in die Hüften gesetzt, geschwellt von einem rauschenden Kraftgefühl, mitten in dem ihn umgaffenden Kreis. Wieder merkte er es kaum, daß seine Gefährtin auf ihn zugestürzt war, um ihm ängstlich Brust und Glieder zu befühlen.

»Unsinn«, schimpfte der Hauptmann mißfällig. »*Ragazzaccio maledetto!*« vervollständigte er seinen Fluch auf welsche Art, denn er hatte sich seinen ersten Kriegsruhm in den italienischen Städtekriegen erworben. Gezwungen nestelte er an seiner Ledertasche, um dem Buben ein paar Scheidemünzen zuzuwerfen, doch einer besseren Einsicht folgend, unterließ er diese Spende wieder auf halbem Wege.

»Wer ist der Bursche?« fragte statt seiner der Graf von Cona, der inzwischen auf krummen Beinen neben dem gleichfalls abgestiegenen Reichshofmeister stand. Und da er den einfachen linnenen Kittel und daneben den prächtigen Wuchs des Knaben nicht recht zusammenzureimen wußte, setzte er dringlich hinzu, denn die nahe Tafel lockte den immer Hungrigen: »Schnell, schnell, wer ist es? Gäbe einen stattlichen Knecht.«

Eine Stille entstand. Bis das Schweigen von der Stimme des Bruders Franziskus unterbrochen wurde. Einem unwiderstehlichen Trieb folgend, hatte sich der Pater vor die Kinder aufgepflanzt. Jetzt gab er besorgt die Auskunft:

»Es ist der Sohn des Fischers Klaus Bekera.«

»Das ist ein lauer Hund«, stotterte der Dicke, der im ersten Augenblick seine unangenehme Überraschung nicht meistern konnte. »Sorgt schlecht für uns.« Und sein Doppelkinn unter dem Kragen des blauen Tappert weit hervorschiebend, begann er vor Verlegenheit zu poltern: »Wozu treibt sich der Sasse hier herum?«

In das Antlitz des Jungen war Hitze gestiegen, böse zerrten die dunklen Augen an dem blauen Faltenrock herum.

»Mein Vater ...«, schrie er.

Da wurde er von dem Mönch zurückgerissen. Zugleich fühlte er, wie ihm die Lippen fest verschlossen wurden.

»Er hat eine Sternscholle für die Tafel gebracht«, erklärte der Bruder ruhig und zeigte nach dem Mauervorsprung, auf dem der Riesenfisch in der Abendsonne glitzerte.

Neugierig wandte sich der Graf. Mochte es nun sein, daß ihn der Anblick des mächtigen Fanges versöhnte, oder war er sonst froh, der lästigen Begegnung überhoben zu sein, gemütlich schob er seinen Arm unter den des Reichshofmeisters und zog ihn mit sich.

»Man speist gut bei den Brüdern«, schmatzte er mit breitem Lachen. »Wer weiß, welche Überraschung uns erwartet. Kommt, Herr Drost, ihr Herren kommt. Man soll den Koch nicht warten lassen.«

So zogen die Gäste, geführt von den Mönchen, durch die enge Pforte über den Grasstufen. Die Knechte leiteten die Pferde um die Mauer herum in die Ställe, und bald lag die Lichtung in Einsamkeit.

Nur ein einzelner Reiter war zurückgeblieben. Auffällig zögerte er mit dem Absitzen, lenkte seinen Rappen vielmehr spielerisch hin und her, bis der Junggraf Malte von Cona seinen Entschluß gefaßt haben mußte. Mit einem Sprung setzte sein Pferd hinter den bereits heimkehrenden Kindern her, und während die Jungmännerfaust keck und ohne Umstände in die Haarflechten des aufschreienden Mädchens griff, rief er wie zur Beruhigung mit einem zugleich harmlosen und gebieterischen Lachen, denn das Ganze sollte nach der Sitte der Zeit einen Scherz darstellen:

»Dirn, versteh Spaß, wo kommst du her?«

Die Kleine starrte ihn mit blauen Augen flehentlich an und begann vor dem vornehmen Herrn zu zittern.

»Laß ab, Herr«, stammelte auch Bruder Franziskus in aufsteigender Empörung, »es ist noch ein Kind.«

Doch der Jüngling warf dem Mönch nur einen verächtlichen Blick zu, es kümmerte den Geschorenen nichts, mit wem der Grundherr seine Belustigung auf offener Straße treiben wollte. Doch verwunderlich dünkte es den Reiter, auf welche Weise der Fischerknecht den gnädigen Scherz aufnahm. Atemlos lehnte der weiße Kittel an einer mächtigen Buche, von wo der Knabe zuvörderst ohne genaue Erkenntnis des Vorganges die bunte Pracht des Adligen in unruhiger Gier verschlang. Die überlangen Schnäbel der rosa Strümpfe, die enggepreßte rote Schecke des Wamses und darüber den kurzen gelben Kragen, der mit blitzenden Gold- und Silberstücken besetzt war. Und doch ... die Faust des Burschen riß und zerrte dabei auf eine sonderliche Art an einem stämmigen Ast herum. Wollte der Lümmel etwa die schuldige Ehrfurcht vergessen? Ungläubig und geringschätzend zuckte der Junker die Achsel, dann ließ er seinen Blick von neuem hartnäckig über die feine Gestalt der Dirne laufen, die sein Anruf so völlig der Sprache beraubt hatte.

»Komm zu dir, Rotröckchen«, meinte er ungeduldig, obwohl er beifällig genug auf die nackten Füße des Kindes herabschaute. »Wo kommst du her? Bist du die Schwester des Sassen da?«

Noch immer hielt er das Ganze für einen ihm ziemenden Scherz und wunderte sich nur, warum das Mädchen so sehr in Zittern und Beben versank.

»Nein«, flüsterte sie und senkte das Haupt, »ich bin Anna Knuth.«

»Und meiner Mutter Schwestertochter«, sprach Klaus hart dazwischen. Er hatte den Ast herabgerissen und trat nun, auf alles vorbereitet, näher. Dabei schauerten seine Glieder dennoch wie im Frost, denn die vererbte Achtung bäumte sich gegen die Gier, ein Abenteuer zu erleben. Rastlos schwankte die Zufallswaffe in seiner gekrampften Faust. Er wußte selbst nicht, wogegen er kämpfen sollte.

»Du bist nicht gefragt«, schleuderte ihm der Junggraf unwillig entgegen, wobei er herrisch die Rechte vorwarf, als wolle er die nahende, die unbegreifliche Auflehnung an ihren Platz bannen. »Gleich packst du dich von dannen, Tölpel.«

Der im weißen Kittel rührte sich nicht. Nur der Buchenast hörte auf zu zittern, ja, das Holz gewann von Minute zu Minute eine immer straffere Spannung. Eine Weile verharrten die drei Gestalten bewegungslos wie in der Tiefe eines Traumes. Selbst das Pferd stand gepreßt unter dem einfangenden Druck. Da vermochte sich der Zisterzienser in seiner Herzensangst am frühesten aus der Lähmung emporzuraffen. Kaltblütig schritt er, als wäre nichts Erhebliches geschehen, bis dicht an die Flanke des Rosses heran, um dort dem Tier kosend über den Hals zu klopfen. Mit großen Augen verfolgten die Jungen, die Aufgeregten, sein Tun.

»Ja, es sind Annerbäulkenkinder*«, sprach er im weichen Dialekt der Gegend, und keine Hast, keine Unruhe verrieten in dem ebenen Antlitz, wie sehr er mit der Überlegenheit des Alters bemüht war, die aufgepeitschten Sinne der anderen zu besänftigen. »Anna Knuths Vater ist ertrunken. Man sagt, die Schuimer hätten ihn ins Meer geworfen. Da hat sich ihre Mutter nun ein Hüttlein dicht neben den Bekeras errichtet, und Mutter und Tochter nähren sich recht und redlich vom Mattenflechten. Ein mühselig Gewerbe, Herr, das die Finger zerschneidet.«

Weisend hob er den Arm der Kleinen empor, und der Graf bemerkte nun verdutzt, wie die Hand der Blonden von schwärzlichen Kerben durchfurcht war. Das lenkte seine unüberlegte Begehrlichkeit wohltätig ab. Sofort suchte er nach Art der großen Herren das Leid der Armen durch ein Almosen zu lindern.

»Warum sagtest du das nicht gleich, dummes Gör«, tadelte er wohlwollend, während er ungestüm an einer Silbermünze seines gelben Kragens herumdrehte. »Matten? Gut, da magst du die weichsten von deinem Geflecht auf unseren Hof bringen. Mein Hund soll darauf liegen. Und hier, Rotröckchen, hier hast du deinen Lohn im voraus.«

Lachend, mit einer freigebigen Gebärde schleuderte er den abgerissenen Knopf dem Mädchen vor die Füße. Und ehe die drei Zurückgebliebenen sich noch besinnen konnten, hatte der gewandte Reiter seinen Gaul zur Seite geworfen und sprengte nun um die Mauer herum dem Stall zu.

»Eilt nach Hause«, drängte der Bruder die beiden Kinder, die bestürzt auf das sich entfernende Klingeln der silbernen und goldenen Münzen lauschten. »Geht ... geht rasch, der Mann will euch nicht wohl.«

---

* Vetter und Kusine

III

Sie saßen in der Hütte der Bekeras zum kargen Nachtmahl vereint. Die Alten hatten ihren Hunger bereits gestillt und hockten ausruhend am Herd, von wo ein verglimmender Kienspan leuchtete. Zu ihnen hatte sich Anna Knuths Mutter gesellt, ein hageres, früh ergrautes Weib mit unzähligen Sommersprossen im abgemagerten Antlitz. Arbeitsverbittert sah sie aus, und vor der hereinströmenden Kühle des Meeres fröstelte die Abgezehrte häufig zusammen.

»Kalt ... immer kalt«, schüttelte sie sich. Dann hob sie den gespendeten Silberknopf von ihrem Schoß, um ihn beinahe ungläubig gegen den ungewissen Lichtschein zu kehren. »Warum er das wohl geschenkt?« suchte sie in fruchtlosen Zweifeln zu ergründen. Als aber die Hausfrau, die prall und rund, voll gesparter, selbstbewußter Kraft ihr gegenüberlehnte, eine heftige Bewegung gegen die Esse ausführte, wie wenn sie das Wertstück am liebsten in die Flammen schleudern möchte, denn Hilda kannte die Aufmerksamkeiten der Herren, da schüttelte die Mattenflechterin müde das Haupt. »Nicht doch – nicht doch«, wehrte sie sich gegen diesen Gedanken ihrer gewalttätigen Schwester. »Wie käme ich wohl je wieder zu solch einem Schatz? Morgen segle ich nach Stralsund und kaufe für uns Decken. Die Hauptsache ist, daß wir es warm haben.«

»Ja, ja, hübsch warm«, murmelte der alte Klaus Bekera und zog seine allmählich spindeldürr gewordenen Beine bis tief unter seinen Sitz, da der Husten, der nicht zum Ausbruch kommen wollte, seinen ausgemergelten Leib wieder verkrümmte. Mit äußerster Kraft rang er danach, das laute Bellen zu verhindern. Nicht eigentlich, um seine Umgebung nicht zu erschrecken, denn der kranke Riese war noch immer nicht zart und nachgiebig geworden. Nein, er mochte nur nicht die Augen des Weibes so groß und erkennend auf sich gerichtet fühlen. Das Weib wußte alles, sie war klug und ließ sich nicht täuschen. Ja, der Fischer glaubte, sie lese ihm Zeit und Stunde des Kommenden ganz sicher von der Stirn. Und dagegen sträubte er sich. Es war wohl noch gar nicht so schlimm, und er wollte einmal sehen, wer zäher war, er oder die Augen von ihr.

So strich er sich scheinbar aufgeräumt über die Welle des roten Bartes, der jetzt doppelt scharf gegen die vergilbten, eingefallenen Wangen abstach, und gegen den Tisch gewandt, richtete er die wohlwollende Ermahnung an seinen Sohn:

»Iß, Jüngling, iß.«

Der Knabe träumte vor der rohen Platte, hielt das Haupt aufgestützt, und nur ab und zu führte er den Holzlöffel ungewiß und willensunmächtig in den Napf mit dem warmen Hirsebrei. Seine sonst so blitzenden Augen aber hatten sich verschleiert, wie nach innen gerichtet schienen sie Bilder und Vorstellungen zu verfolgen, die auf dem Grund seiner Seele dahinstiebten. Unwillig zuckten seine Lippen oft, als könne er das Fliehende weder erkennen noch festhalten. Betroffen beobachteten seine Angehörigen das an dem immer Unruhigen befremdliche Wesen.

»Iß, Klaus«, bat die kleine Anna Knuth, die dem Versunkenen gegenübersaß, wobei sie ebenfalls versäumte, ihren Löffel gegen den Napf zu lenken, denn ihr Gemüt nahm willigen Anteil an dem völligen Verstummen ihres Gefährten. »Wir sind lange gelaufen – du bist müde.«

Doch auch diese warme Bitte erreichte den in Fremdes Hinabgetauchten nicht. Offenbar hatte er die sanfte, demütige Stimme gar nicht vernommen. Über die Schulter seiner Freundin hinweg starrte er immer ausdrucksloser durch die offene Luke der Hütte, dorthin, wo das letzte Abendrot fern auf den Wassern schaukelte. Langsam stieg die blaue Wand der Nacht über die Ränder der See. Und zugleich verfinsterte sich auch die Stirn des Träumenden immer auffälliger.

»Willst du wohl antworten, wenn man dich fragt?« drohte Hilda, seine Mutter, ungeduldig. Heftig war sie hinter den Schemel des Sohnes getreten. Nun ließ sie ihre Hand klatschend auf den Nacken des Abgewandten niederfallen. Ihre lebhafte, tatbereite Natur sträubte sich gegen solch ein zweckloses und unheimliches Hindämmern. Was hatte der große, kräftige Bursche in sich hinein zu horchen, anstatt seinem arbeitsunfähigen Vater hilfreich zur Seite zu stehen? Verlangte doch der Vogt nach wie vor den vollwichtigen Fang. »Junge, willst du wohl?«

»Mutter«, unterbrach der kranke Riese erschreckt, indem er abermals gegen den gefährlichen Hustenreiz ankämpfte, und dabei versuchte er, sich zu erheben, was ihm aber nicht sofort gelang. »Laß … laß den Jungen. Wer weiß, was er hat. Er trägt Gedanken in seinem Kopf. Und Gedanken kann man nicht immer verstehen.«

Hieraus war zu entnehmen, was Hilda längst wußte, daß der alte Bekera in scheuer Achtung vor der wilden, trotzigen Art seines Sohnes dahinlebte, daß er aber geradezu in Aberglauben und Bewunderung versank, sobald sein Pflegling merkwürdige Fragen und Ansichten äußerte, wie sie der Rotbart in seinem einförmigen Gewerbe niemals für möglich gehalten hatte. Je weniger der Plumpe ein derartiges hitziges Arbeiten des Hirns begriff, desto rückhaltloser fühlte er sich heimlich geschmeichelt, weil solches an seinem eigenen Sassenherde geschah.

»Laß ihn, Mutting, laß, wer weiß?«

»Ih, was hier, wer weiß?« schalt Hilda. »Was nützt das?« Sie schlug noch einmal zu.

Mit einem Sprung war der Knabe auf den Füßen. Der zweite Hieb hatte ihn geweckt. Der Napf auf dem Tisch zitterte vor dem ungestümen Auffahren, selbst der Kienspan auf dem Herd schickte seine Flamme in dem Luftzug rauchend zur Höhe.

»Was ist?« ermannte sich der Bursche, und seine Blicke umfingen seine Angehörigen so dunkel und fremd, daß alle merkten, sein Körper sei eben erst, wie ein Stein aus Himmelshöhen, unter sie gefallen.

Staunend, mit weit aufgerissenen Augen betrachtete ihn der alte Bekera, sein harmloses Gemüt bückte sich tief vor diesem vornehmen Entrücktsein in eine andere Welt. Abwehrend hob er wiederum die abgezehrte, faltenreiche Faust.

»Laß«, murmelte er noch einmal, kaum hörbar.

Die Mutter aber wünschte ihren Jungen aus seinem zwecklosen Hindämmern aufzujagen.

»Fehlt dir was?« forschte sie barsch, während sie ihm ohne weiteres den Holznapf fortnahm, denn die Ziegen konnten noch recht gut von den Resten gesättigt werden. »Wozu hockst du hier und glotzt vor dich hin?«

Heftig schüttelte sich der junge Klaus, dann sprang er an die offene Luke, und trotz der feuchten Abendluft riß er sich den weißen Kittel vorn am Hals auseinander, bis ihm der Zugwind über die nackte Brust spülte.

»Kalt«, fröstelte die Mattenflechterin in ihrer Ecke wehleidig zusammen. Auch der alte Fischer hustete unvorsichtig.

»Zu warm, viel zu warm«, wehrte sich der Knabe. Plötzlich aber warf er das braune Lockenhaar ungestüm zurück und führte mit geballter Faust einen besinnungslosen Hieb gegen die Bohlen des Fensters. In Wut und stürmischer Auflehnung entlud sich, was in seinem schwelenden Hinbrüten bedrohlich gegen ihn aufgestanden war.

»Wir wissen hier von nichts«, schrie er in bitterem Zorn, und seine funkelnden Augen klagten alle Anwesenden der Reihe nach eines unsühnbaren Verbrechens an, »wir wissen nichts von dem, was draußen geschieht.«

Verständnislos maßen sich die anderen. Allein, wenn sie auch nicht begriffen, wonach diese entfesselte und von einem flüchtigen Lichtstrahl geblendete Seele schrie, die unverbildeten Menschen fühlten doch, daß sich hier etwas Ungewohntes und in seiner Anmaßung Gefährliches rege, etwas Aufständisches, Unbotmäßiges, das mit den Fäusten gegen den Käfig der Unmündigkeit und des Elends zu hämmern begann. Und das erfüllte sie mit Abneigung und Mißtrauen. Die geduckten Nacken hatten ja längst verlernt, sich zu recken, und weil sie zu tief in Abhängigkeit gebeugt waren, so hielten sie es beinahe für eine Wohltat, die unwissenden Häupter nicht mehr dorthin erheben zu brauchen, wo in der Höhe die Blitze zuckten. Gott bewahre uns vor Ungemach. Unwillkürlich falteten sich ihre Hände. Und nur der kranke Riese atmete ein paarmal mühsam auf, aber als er sich zu einer kleinlauten Frage anschickte, da bebte doch etwas von zurückgedrängter Genugtuung in seiner gebrochenen und heiseren Stimme, denn ihm kam es vor, als wenn seine Hütte durch all dies sehr geehrt und begnadet würde. Gott wahre uns vor Ungemach.

»Was wissen wir nicht, Jüngling?« räusperte er sich demütig und klammerte sich mit beiden Fäusten an das Lehnbrett seines Schemels, um aufrecht sitzen zu können. »Was wissen wir nicht?«

Da biß der Angeredete in seine Unterlippe, und zugleich rüttelte er, von neuer Besessenheit befallen, an der Umfassung der Luke, als müsse er sich durchaus einen verbreiterten Ausblick schaffen. Dazu tobte er voller Verachtung gegen die Dumpfheit, die ihn hier umgab.

»Wißt ihr, daß ein paar Meilen von uns zu Stralsund eine Tagfahrt gehalten wird? Was ist eine Tagfahrt?«

Der alte Fischer riß an seinem langmähnigen Bart, die Brust drohte ihm stillzustehen, und durch sein blondgraues Struwelhaar drang ihm der Schweiß. Vor Überraschung verging ihm völlig das Denken. Alle guten Geister, um was kümmerte sich die junge Brut?

»Große Herrensache«, vermochte er endlich seiner Atemnot abzuringen, »sie reden da.«

Sein Pflegling trat ihm näher.

»Von was reden sie da?« forderte er begierig.

Den Alten umwirrte jetzt vollkommene Betäubung. Noch nie war so etwas Unnötiges von ihm verlangt worden. Und nun gar von dem angenommenen Sohn. Und doch ergriff ihn die ungewisse Ahnung, in diesem Drängen wehe eine köstliche Luft, nach der er sich schon lange gesehnt hatte, weil sich in ihr atmen ließe. Ja atmen, atmen, denn das Ersticken nahte wohl bald. Hohl stöhnte er auf, dann keuchte er hervor:

»Sie reden da von uns, und was man uns nehmen soll, damit wir steuern.«

Es klang wie das Heulen eines mißhandelten Hundes. Alte Erinnerungen von Zwang und Demütigung richteten sich in dem Gestammel empor. Und bei diesen aufreizenden Lauten beugte sich ihm der Sohn lauernd entgegen, und seine Augen drohten unheilverkündend in der

Hütte umher, als suchten sie jetzt schon den Eindringling, der da kommen sollte, um erpreßtes Gut zu verlangen. Gott schütze uns vor Ungemach. Welcher Geist war zur bösen Stunde in das junge Blut gefahren!

»Sie reden da von uns? Und fragen uns nicht?« rang es sich wie von selbst aus dem erwachenden Bewußtsein ab. »Sind wir denn Steine?«

Der alte Klaus zitterte vor Angst. Ganz unvermittelt schämte er sich, weil er sich von dem Unbekannten so weit verleiten ließ.

»Laß, mein Jüngling, laß, wir verstehen das nicht.«

»Eben, wir verstehen das nicht«, zischte der Knabe. Ratlos schlug er sich mit der Faust vor die Stirn.

Vom Herd erhob sich eine schrille Stimme. Dort stieß Hilda die Feuerzange wütend unter ihre Töpfe. In Scherben klirrte ein Napf auf den Ziegelestrich.

»Was ist das für ein Zeug?« zeterte sie in ihrer Befürchtung, rächende Herrenhände könnten sich an ihrem lebenden Schatz vergreifen. »Hab' ich dich dazu aufgefüttert, damit du hier allerhand Unkraut säst? Meinst du, wir könnten vom Wortefangen leben? Gleich schere dich dort hinaus, wohin du gehörst. Oder willst du abwarten, bis dir die Peitsche des Vogts Beine macht?«

So laut ihre Stimme auch gellte, der schlanke Bursche wandte den Blick auf die eifernde Frau, aber ihre Vorwürfe glitten von ihm ab, als wären seine Ohren noch immer für die Dinge des Alltags und der einförmigen Gewohnheit verstopft. Aufrecht stand er da, plötzlich ein Fremder unter diesen kleinen furchtsamen Sassen, von der Zaubergerte einer Erkenntnis berührt, die er nicht zu bewältigen vermochte. Und nur als durch seine Träume das Wort »Peitsche« hindurchpfiff, da zuckte ein kurzer Schauer über seinen Nacken, und seine Hände zitterten widerstrebend nach rückwärts. Gleich darauf jedoch war auch diese Schwäche abgeschüttelt, und er konnte geschmeidig bis dicht an den Sitz des Alten herangleiten, um dem aufhorchenden Fischer von neuem zuzuflüstern:

»Sag mir, was sind Schuimer?«

»Oh, oh«, winselte Anna Knuths Mutter kläglich, und zu gleicher Zeit nestelte sie aufgescheucht den silbernen Knopf in einen Schlitz ihres Rockes. »Böse Menschen, Klaus, glaub mir, böse Menschen. Sie segeln in ihren Raubschiffen, sie plündern das Gut der Reichen und morden die Armen. Ich kenne sie. Versaufen und verschlemmen in einem Tag, was wir des Jahres zusammengescharrt.«

»Seid still«, stieß Hilda an ihrem Herd hervor. Leichenblaß war sie geworden, seit ihre Sorge um ihren Einzigen sich an einen bestimmten Begriff klammern konnte. »Sprich ein Ave, mein Jüngling. Ein frommer Christenmensch darf die Rotte nicht kennen.«

»Ave Maria, heilige Mutter ...«, sprach die kleine Anna folgsam vor sich hin. Auch ihr Gespiele faltete unwillkürlich die Hände, denn der Wunsch der Mutter galt dem Aufgestörten immer noch als ein unabwendbares Gebot. Dennoch hinderte ihn die Bewegung nicht, seinem Vater abermals zuzuraunen:

»Wer aber hat die Männer so weit gebracht?«

»Ja, wer?« murmelte der Fischer betäubt. Plötzlich aber faßte er den Kopf des Sohnes in beide Hände, und sein Leid und seine Krankheit und die Bedrängnis eines ganzen Lebens vom Grund seiner Seele auffegend, schrie er unvermutet in irrem Geheul:

»Die Not, mein Jüngling, ich mein' die Not.«

»Ja, die Not«, sprachen die anderen jetzt gepackt und gleichförmig vor sich hin.

Da war der fesselnde Bann von dem Knaben gewichen. Ungehindert und in der Lust sich zu befreien, brannte es hemmungslos aus ihm weiter:

»Und wer gibt den Herren seidene Kleider und uns Lumpen? Wer gibt ihnen Gold und Edelsteine und uns die Peitsche? Und wer gibt ihnen die fremden Sprachen, die wir nicht verstehen, und uns – und uns die Dummheit?«

»Ja, wer, wer?« wiederholten die anderen geistesabwesend.

Die armen Menschen hockten da, als seien sie mit Nägeln an ihre Sitze geheftet und müßten es dulden, daß ihre Zungen die Eingebungen eines fernen Geistes nachäfften. Endlich – endlich entriß sich Hilda jener lähmenden Verzweiflung. Mit einem Sprung war sie bei ihrem Kinde, das sie der Macht des Teufels entreißen zu müssen wähnte, ein Schlag ihrer geballten Faust schmetterte mitten in sein weiches, fieberndes Antlitz.

»Mutter!«

Da riß sie ihn an seinen langen Haaren und schleifte ihn fast bis zur Schwelle der Kate.

»Gleich packst du dich in dein Boot«, schäumte sie in übertriebener Wut, obgleich eine unnennbare Angst ihr die Seele zudrückte. »Geh – geh, Müßiggänger, und Maulaffen brauchen wir hier nicht. Bring lieber was Tüchtiges heim, damit wir Ruhe haben vor dem Vogt. Und gnade dir Gott, wenn du jemals wieder dein Maul auftust über Dinge, die uns nichts angehen.« Ohne jeden Übergang fiel sie dem schon in die Nacht Geschobenen um den Hals, klammerte ihre Arme fest um seinen Nacken, und zum erstenmal hörte der überwältigte Sohn seine Mutter betteln und stöhnen:

»Tu's nicht, mein liebes Kind – schlag dir solche Gedanken aus dem Kopf. Taugen nichts für arme Leut' – richten dich und uns zugrunde.

Sieh, die Herren sind nun einmal in Samt und Seide geboren und leiden nichts anderes. Geh – sei wieder mein lieber, guter Junge – geh, geh!« Gewaltsam drängte sie den Zögernden, der in heißer, geweckter Zärtlichkeit ihren Mund suchte, von sich und wußte nicht, daß sie ihn seinem Schicksal entgegentrieb.

*

Noch befangen von all dem Widerspruchsvollen glitt Klaus die Dünen hinab, aber je kälter ihm der scharfe Seewind um die Ohren strich, desto klarer erholten sich seine lebhaften Sinne, und kaum spürten seine Füße den feuchten Strand unter sich, da hatte das bewegliche und stets nach Neuem schweifende Gemüt des Knaben bereits den Streit mit den Seinen vergessen. Kräftig zog er sich den Ledergürtel enger und horchte im Schreiten auf das unheimliche Schreien der wilden Schwäne.

»Jetzt eine Armbrust, wie sie den Herren eignet«, dachte er, »und ein paar stattliche Federn für die Kappe sollten mir nicht fehlen.«

Die Nacht und die graue Leere, die sich wie ein offenes Tor auftat, schreckten und hinderten ihn so wenig, daß seine Augen vielmehr anfingen, halb im Spiel den Schimmer der weißen Strandwellen von dem Gefieder der belauschten Vögel zu unterscheiden. »Sie kämpfen da draußen«, urteilte er gespannt, »und stoßen einander gegenseitig die Brust ein.« Und dann schoß es ihm durch den Kopf, ob es nicht möglich sei, sich solch ein königliches Tier zu zähmen. Noch niemand hatte das zwar versucht. Es mochte wohl schwerhalten. Aber sein nach Pracht und Glanz ewig dürstendes Herz wurde von dieser Idee völlig bestrickt. Beinahe vergaß er bereits die Jagd nach den unsichtbaren Geschöpfen.

»Man müßte gegen den Wind heranschleichen …«, murmelte Klaus, »und dann …« Da stutzte er. Dicht neben dem Pfahl, an dem sein Boot angebunden lag, erhob sich eine dunkle Gestalt. Der breite, untersetzte Mann mußte bis dahin auf dem Bordrand gesessen haben, jetzt wendete er sich voll dem Ankömmling entgegen, und durch die Nacht schimmerte zuvörderst eine gewaltige Schädelplatte. Auch wenn die schwere, wuchtige Figur noch tiefer von Finsternis bedeckt gewesen wäre, dieses beinerne Dach, gegen das sich rechts und links zwei dicke graue Haarwülste abbuschten, würde den Besitzer verraten haben. Zudem stand niemand so herrisch auf gespreizten Beinen wie der Vogt. Schweigsam musterte der Sechziger den Fischer, denn auch seinen Blicken bot die Dunkelheit kein Hindernis, und erst nachdem er ein paarmal über die kurze, vermottete Bartkrause gestrichen hatte, spuckte er hart und abfällig, wie es in seiner Art lag:

»Der Mond steigt schon. Warum kommst du so spät?«
»Ich?«
»Ja, dich meine ich, wen sonst?«

Oh, da war es abermals. Klaus Bekera kniff die Fäuste zusammen, bis die Nägel ihm ins Fleisch schnitten. Und doch erzählten seine mühsam zurückgepreßten Atemzüge ganz deutlich davon, welche Anstrengung es ihn kostete, um seinen unzähmbaren Haß gegen den ewigen Zwang hinunterzuwürgen. Knirschend vor Überwindung bückte er sich, und seine Hände rissen viel heftiger an den Stricken des Bootes herum, als nötig gewesen wäre, um die Knoten zu lösen. Dabei stieß er hinter zusammengebissenen Zähnen hervor, daß er ein Segel besitze und deshalb viel schneller die Fahrt zurücklegen könne, als es selbst der Vogt mit seinen plumpen Rudern vermöchte. Und überdies ... allein das weitere verlor sich. Schon stemmte er die Schultern gegen den Kahn, und unbekümmert um den Beobachter begann er das Schifflein zwischen den großen Steinen hindurchzuschieben.

Aufmerksam hörte der Vogt zu. Endlich jedoch nickte er wie in galligem Vergnügen über die Kraft des Jungen, dann äußerte er mit seiner markigen Gelassenheit:

»Schön, du wirst dein Segel nötig haben, denn ihr seid im Rückstand. Lange warte ich nicht mehr.«

Klaus Bekera schob, er schob, als ob er den Strand von den Wäldern und Bergen losreißen wollte. Ruhig ließ es der Vogt geschehen. Als aber der Bug des Schiffes gerade in das Wasser hinabtauchen wollte, da schlenderte er plötzlich näher und legte seine Faust hemmend auf den Bordrand.

Ruckartig fuhr der Bursche empor. »Was gibt's?« drohte er gepreßt, und jetzt konnte er es nicht mehr hindern, daß sich das Weiße seiner Augäpfel unheimlich zu drehen begann. »Wozu hältst du mich, Vogt?«

Voll dumpfer Warnung durchschnitt es die Nacht, der salzige Wind führte förmlich die Vorahnung einer Gewalttat, den Ruch eines aufschnellenden Raubtiersprunges mit sich; doch den Machthaber schien diese sich windende Bosheit mehr zu ergötzen. Fast wohlwollend knurrte er:

»Kuck, Söhnlein, deine Lichter funkeln wie faules Holz. Wollen sehen, ob man sie zu was Nützlichem brauchen kann.« Er warf den Arm vor und wies seitwärts gegen das Meer. »Paß auf, was siehst du da?«

Von dem Ernst des Mannes getroffen, kehrte sich Klaus überrascht der angedeuteten Richtung zu, heimlich geschmeichelt, weil der Gefürchtete offenbar seine Hilfe in Anspruch zu nehmen gedachte.

»Nun?« forschte der Alte nach einer Pause.

Merkwürdig, der Junge beugte sich über das Boot und starrte hinaus. Zu seiner Linken, dort, wo der Umschwung der Wälder dunkel und schwarz zur Stubnitz abbog, glomm ein schmaler Feuerstreifen auf dem Gewässer. Eine schaukelnde rote Lache, wiegte es sich, immer wieder von der ebbenden Flut zerrissen und ebensooft von neuem zu einem losen, blitzenden Fließ gesammelt. Auffällig stach der Schein von den blassen, silbernen Rillen ab, die weit hinten am Horizont der heraufgleitende Mond in das Wasser furchte.

Was konnte das bedeuten?

Gepackt strengte Klaus Bekera sein Sehvermögen aufs äußerste an, längst war er auf die umspülten Strandsteine gesprungen, und nun suchte er dort draußen, suchte, ob vielleicht ein Schiff mit entzündeten Pechfackeln seines Weges glitte.

Doch der Vogt lehnte brummig eine solche Vermutung ab. Seit drei Nächten fahnde er vergeblich den Strich entlang. Auch dort oben auf der Freiplatte von Stubbenkammer hätte er nachgeforscht. Umsonst – außer ein paar Rehen nichts Besonderes. Und doch, wie zum Hohn flimmere die verwünschte rote Haut auf dem Wasser.

Verärgert kehrte sich der Alte ab, als möchte er das äffende Feuerspiel nicht länger betrachten.

»Sieh zu, Söhnlein«, meinte er zum Abschied, und es klang wieder recht giftig und überlegen, »ob du klüger bist als wir anderen. Hältst dich ja ohnehin für einen stattlichen Hecht. Am Ende glückt dir der Fang. Wird dir gewiß größeren Spaß bereiten als Heringe ziehen und Flundern. Aber gib acht«, setzte er noch im Fortgehen hinzu und hob warnend den kronengeschmückten Stab, »daß du nicht in eine Falle gerätst! Wer weiß? Die Rotte möchte vielleicht den Herren zu Stralsund was zum Raten aufgeben.« Und schon außer Hörweite lachte er kurz in sich hinein: »Wer kriegt heraus, wo die Freunde des armen Mannes gern gesehen werden? Es ist Becherspiel.«

In demselben Augenblick setzte Klaus Bekera von seinem Stein mit einem weiten Sprung in das Boot. Hochauf peitschte der Schaum, und der Wind trieb ein helles Jauchzen herüber.

»Es steckt ander Blut in ihm«, dachte der Vogt, »als in dem faulen Bauch. Bauernblut, Sassenblut, das Blut des armen Mannes. Die Augen des Jungen glühen, wie wenn eine Hütte brennt. Man wird ihm öfter eins auf den Kopf geben müssen. – Schade, mag ihn gern leiden.«

*

Es war zur gleichen Stunde, als die beiden dänischen Großen im Gastzimmer des Klosters ihre Betten aufsuchten. Der Reichshofmeister Henning von Putbus saß bereits entkleidet auf dem breiten Pfühl, und seine nackten Beine sahen so elend mager und abgezehrt aus, daß der Hauptmann Konrad Moltke, der nach einem reichlichen Trunk mit der Ölleuchte in der Hand in dem kahlen Raum herumtaumelte, um einen Nagel für seinen Lederkoller zu finden, von Zeit zu Zeit in ein heiseres Kichern des Abscheus ausbrach. Als aber der Drost während seines tiefen Grübelns sich noch eine spitze Nachtmütze über den langen Schädel zog, da kannte das Vergnügen des Halbberauschten keine Grenzen.

»Bellissimo«, lallte er und hielt seinem Gefährten die zinnerne Lampe fast unter die Nase, damit er ihn besser betrachten könne. »Man tut Euch Unrecht, Drost. Auf mein Schwert, bitteres Unrecht, Drostlein. Ich weiß es jetzt – Ihr bezaubert unsere erhabene Königin durch die Schlagfertigkeit Eures Witzes – sagt nichts, ich bezeuge es. Ja, wenn Ihr noch ein Pfaff wäret, solch ein weicher, niedlicher, dann, dann ...« Krampfhaft schluckte er ein paarmal, und die Erinnerung an die eben genossenen Tafelfreuden stieß wieder empfindlich gegen sein schwankes Hirn. »Gut, gut«, gab er den neuen Eindrücken nach und sank, immer die Leuchte zwischen den Fingern drehend, mitten in dem Zimmer auf einen geflochtenen Stuhl nieder. »Es kommen jetzt reiche Zeiten. Wir brauchen nur ... brauchen nur den Schuimern all die hübschen Dinge aus den Taschen zu ziehen, die sie gar fleißig zusammengekratzt haben, und Ihr könnt Euch Margretlein in einem seidenen Hemd vorstellen. Meiner Seel ...«

»Steht auf und seht zu, ob wir nicht behorcht sind«, sagte der Drost einsilbig statt einer Antwort.

»Behorcht?« fuhr der Krieger etwas ernüchterter empor und tastete sich beleidigt an die Stelle, wo früher sein Wehrgehenke befestigt war ... »Ihr meint die Kutten? Ih, da soll doch gleich ein Mordsdonner ...«

Schwerfällig wankte er bis zu dem engen Pförtlein und lugte hinaus. Allein seinem trüben Blick enthüllte sich nichts als ein dänischer Knecht, der am Ende des schmalen Ganges unter einem Bogenfenster die Wache hielt. Undeutlich glitzerte das Mondlicht auf seinem Kettenhemd.

Knallend warf der Hauptmann die Tür ins Schloß. Dann fröstelte er zusammen.

»Nichts«, stellte er ermüdet fest und schaute wieder verglast auf den langen Menschen unter der Zipfelmütze. »Habe ihnen einen unserer Spieße in den Weg gestellt. Was sonst?«

»Was sonst?« Behutsam war der Drost unterdessen ins Bett gekrochen, und während er nun den Schlafsack über sich zog, der für die unmäßige

Länge dieser Gliedmaßen keineswegs ausreichte, da blinzelte er zu seinem wieder hingesunkenen Gefährten hinüber und schien zu prüfen, ob die glühende Geiernase noch ein Tröpfchen Vernunft zu wittern imstande wäre.

»Solltet Ihr mich verstehen«, sprach er endlich mit seiner leisen, salbungsvollen Stimme, »dann rate ich Euch, Herr Hauptmann, versprecht morgen den Hansischen und denen vom preußischen Orden und namentlich den mißtrauischen Städtern, was unter dem Himmel Raum hat. Wir Dänen schicken Schiffe, daß man die See nicht mehr wahrnimmt, und Wäppner, soviel als Sterne um den Mond wandern. Greift tief in den Beutel unserer guten Absichten und seid nicht sparsam.«

Der auf dem Strohstuhl hielt sich die Hand hinter das Ohr, damit er kein Wort verliere, und der runde glänzende Schädel begann lebhaft zu nicken. Die Aussicht auf die nahe Beute vertrieb dem Habsüchtigen sogar den Weindämmer ein wenig.

»Recht, recht«, stimmte er gierig zu. Wir tonnen die Schuimer. Ihr wißt, meine Erfindung. Wir stecken sie in Fässer, den Kopf nach draußen, und lassen sie schwimmen. Gute Ware, an der sich redlich verdienen läßt.«

Da zog Herr Henning von Putbus die Nachtmütze völlig herab und kehrte sich der Wand zu.

»Ich sehe, Ihr versteht mich nicht«, meinte er gelassen. »Löscht das Licht und schlaft Euch aus. Und noch eins, Liebwerter, habt die Gewogenheit und wollet nicht schnarchen. Morgen mehr.«

Der Hauptmann aber zerrte seine niedrigen Lederstiefel ab und knallte sie böse gegen die Wand.

*

Mitten in der Nacht erlosch die feurige Lache auf dem Meere. Plötzlich und unvorhergesehen, als hätte ein Riesenfuß den Brand zertreten.

In dem Boot aber, das dicht umwölkt an den Strand glitt, da flüsterte eine feine Wisperstimme:

»Laß uns den Zufall anbeten, schöner Knabe. Fürwahr, eine mächtige Gottheit. Sollte auf dieser lieblichen Insel oder in dem Palast deiner Väter mein Schicksal eine erfreuliche Wendung nehmen, dann gelobe ich den wechselnden Horen hundert Ochsen. Du staunst, schöner Fischer? Warum? Weil du mich in Lumpen erblickst. Laß dir bedeuten, die Kinder des Zufalls spielen heute mit Bettlerpfennigen und morgen mit Szeptern und Kronen. Pah, ich schlief schon in den Betten eines Königs.«

»Wer bist du?« atmete Klaus fast unhörbar. Angeschmiedet hing er an seinen Rudern und wagte kaum durch eine Bewegung die Rede seines Gastes zu unterbrechen. Und als es von neuem fein und wisperstimmig aus dem milchigen Schwaden heraustönte, da mußte sich der Bursche besinnen, ob jetzt ein Mann oder ein Weib spräche.

»Wer ich bin?« lachte es zierlich, und eine zarte weiße Hand glitt für einen Augenblick aus dem Nebel. »Wenn du *Magister probandus* des Kollegiums zu Paris wärest, du Holder, du hättest keine schwierigere Aufgabe ersinnen können. Doch immerhin, laß uns untersuchen. Laut *Testimonium logicum* ist das ›ich‹ von dem ›bin‹ abhängig. Prüfen wir hingegen die Frage nach *jure praesente*, dann, mein schöner Telemach, dann wäre ich Strandgut, von dir gefunden und nach Gutdünken zu verwenden. Darum gestatte mir, das Examen mit der Gegenfrage zu schließen: Was gedenkst du mit mir Hungrigem zu beginnen?«

Klaus Bekera rührte sich nicht. Sprachlos, kaum einen erstickten Laut in der Kehle, starrte er zu der feingliedrigen Gestalt hinüber, und nur wenn sich die Wolle des Nebels ein wenig zerfaserte, dann wagte sein scheuer Blick über das zerrissene braune Schifferwams des Fremden zu streifen, der so unverständliche Dinge vorbrachte. Glühende Neugier peinigte ihn, ob jene beschmutzten Lumpen wirklich einen Mann verbargen. Weiß Gott, das war zweifelhaft. Gar zu weich und zärtlich zeichneten sich mädchenhafte Glieder unter den Fetzen ab, und man brauchte nur die an einigen Stellen der Blöße hervorglänzende weiße Haut zu betrachten oder die langen gelben Haare, die ein schmales bartloses Antlitz einschlössen, um von neuem der Unsicherheit zu verfallen. Und dann noch eins. Wie kam der Landstreicher zu der dicken goldenen Kette um seinen entblößten Hals? Wie zu dem köstlichen Schlangenreif um die rechte Handfessel? Nein, nein, Klaus regte sich nicht, denn die Unsicherheit betäubte ihn. Hatte er womöglich ein Weib in der Höhle zwischen den Kreidefelsen gefunden?

Mit einem vieldeutigen Lächeln nahm der Fremde diese heimliche Untersuchung auf, dann aber schien ihn Ungeduld anzuwandeln, und plötzlich, als ob ihm daran läge, sich ein für allemal zu offenbaren, riß er sich hastig die eng anschließende lederne Kappe vom Haupt. Zu gleicher Zeit jedoch sprang er zur Höhe und raffte einen langen, verkorbten Hieber an sich, wie er wohl nur in Welschland gebraucht wurde.

Was war das?

Der Fischerjunge fiel beinahe rücklings in den Stern seines Bootes. Diese ungestüme, kräftige Bewegung, die das Fahrzeug, obschon es bereits zwischen den Steinen eingeklemmt lag, zum Zittern brachte – und dann vor allen Dingen die breite blutige Narbe auf der Stirn des Fremden, sie warfen alle Vermutungen des Unerfahrenen über den Haufen. Gott bewahre, nun stand es fest – vor ihm, auf den Hieber gestützt, wiegte sich trotz allem ein Mann und offenbar kein ungefährlicher, denn unter den sanften Brauen des Fremden begann ein mißtrauisches, unstetes Flackern aufzuleben. Und jetzt, jetzt bemerkte Klaus erst, sein Gast besaß doppelfarbige Augen, ein blaues und ein schwarzes, wodurch eine unheimliche Zwiespältigkeit hervorgerufen wurde. Denn während der blaue Stern unverändert lachte, schien aus dem dunklen eine drohend ernste Frage auf den Sitzenden herniederzublitzen.

»Höre, mein Täubchen«, sprach der Fremde nachdrücklich, und auch das feine Wispern war aus seiner Stimme verschwunden, »ich habe dir die *opinio vulgi*, die Treuherzigkeit des gemeinen Haufens, geglaubt, als ich aus meiner Zurückgezogenheit in deinen Kahn sprang. Ich habe nicht angenommen, daß du ein Fuchs bist, der einem hinten herum in die Beine fährt. Solltest du aber trotzdem einen derartigen Scherz planen, dann, mein Prinz, würde ich sehr gegen meinen Willen die Leitung dieses Kahnes übernehmen müssen, denn ich verstehe mich, wie ich dir schon andeutete, gar nicht übel auf das Rudern, und wir würden auffallend rasch in den acherontischen Gewässern anlangen. Begreifst du mich?«

Schlank, mädchenhaft hing die biegsame Figur, die fast um einen Kopf geringer war als die von Klaus Bekera, an ihrer ausländischen Waffe, aber über das blasse, bartlose Antlitz lief zugleich ein so verbissener, warnender Zug, die gepflegte Rechte zuckte so bedeutsam an der dicken goldenen Kette, daß Klaus, er wußte selbst nicht warum, von dem Gedanken gestochen wurde, man könnte dies Zierstück wohl auch dazu verwenden, jemand den Hals abzuschnüren.

Allein der Junge fürchtete sich nicht, keck flog er empor, und als er sich jetzt, um ein Haupt überragend, neben dem Fremden aufreckte, da leuchtete ihm von der Stirn stolz und rein der Helferwille der Jugend. Betroffen mußte der Landstreicher die unwillkürlich edle Art seines Fährmanns anerkennen, und während er seine zwiespältigen Augen eindringlich auf dem anderen ruhen ließ, drehte er nachdenklich und prüfend an seinen gelben Haaren. Er schien kein geringer Menschenkenner zu sein.

»Du kommst nur zu gemeinen Leuten«, sprach Nikolaus mit Aufgebot seiner hellen Vernunft, damit das Abenteuer nicht vollkommen Herr über ihn würde, »und deine schönen Worte gefallen mir wohl, obwohl ich sie nicht verstehe, denn mein Verstand ist ungelehrt.« Hier schwankte seine Stimme zwar ein wenig, und seine Fäuste wollten sich ballen, doch sofort gewann sein frisches Wesen wieder die Oberhand. Ja, er konnte seinen Gast jetzt sogar freimütig anlächeln. »Wenn es aber wirklich deine Absicht ist, bei uns eine Weile als Fischerknecht zu bleiben, weil du dich, wie du sagst, vor den Nachstellungen der Reichen und Mächtigen verkriechen mußt – wenn das alles wahr ist, dann will ich meinen Vater wohl dahin bringen. Denn, kuck, Fremder, du gefällst mir, und da wir selbst bedrückte und gepeinigte Leute sind, so kennen wir Hunger und Peitsche zu gut, als daß wir Verfolgten und Bettlern nicht gern weiterhelfen sollten. Nur eines« – und er wandte sich mit der ganzen Offenheit eines um Freundschaft Werbenden an den kleinen strohblonden Mann und streckte ihm die Hand entgegen, »sage mir, du meinst es doch redlich?«

Über den Nebeln war rot und blendend ein schmaler Abschnitt der Frühsonne in die Höhe gebrochen. Davon ränderten sich die schwarzen Wolken, und ein sengender Strahl spielte in das Boot hinein. Doch den Strohblonden schien die unerwartete Helligkeit zu stören, ungewiß scheuerte er sich hin und her, und während er sich ungemütlich in seine Lumpen hüllte, da warf er erst noch einen spähenden Blick auf die menschenleere Küste, bevor er endlich mit raschem Griff die dargebotene Rechte des Knaben an sich riß. Aber die zarten Finger preßten, daß Klaus hätte schreien mögen.

»Komm, Kleiner«, sprach es wieder mit einer kosenden Mädchenstimme, »du verstehst dein Handwerk, bist ein Menschenfischer, wie ihn der Zauberer von Rom nicht besser brauchen könnte. Und willst du ein Zeichen dafür, wie sehr du meine arme Seele geangelt hast – hier – hier – « Ohne Besinnen sprengte er die goldene Kette vom Hals und drückte sie gemeinsam mit dem Hieber seinem Führer in den Arm. »Gib mir ein Stück Brot dafür, süßer Telemach. Aber schnell, schnell, denn mich lüstet nach einer Streu im Winkel des Stalles.«

Wohlwollend, fast zärtlich streichelte er dem verdutzten Jungen die Wange, dann duckte sich der Kleine und fuhr wie ein Wind an den Strand der Sassen.

IV

Es war eine lange Beratung erforderlich, bevor die Bekeras den Fremden zu dauerndem Dienst in ihrer Behausung duldeten. Zu verschiedenen Malen zogen sie, laut streitend, vor den Ziegenstall, wo der Ankömmling sich wie ein Igel in einer Ecke zusammengerollt hatte. Denn ein Landstreicher, der goldene Ketten verschenken konnte, erregte der Hausmutter unstillbaren Argwohn. Und dennoch schwieg sie und blickte mit mütterlicher Teilnahme auf die zierliche Puppe hinab, die, das Haupt mit den wirren blonden Haaren auf den Arm gebettet, einem arglosen Schlummer verfallen war. Zwar ihren Haupteinwand ließ sich die Kluge nicht rauben. Das Schmuckstück, das der Kleine sicherlich nicht auf ehrliche Weise erworben hatte, das stopfte sie ihm gleich bei ihrem ersten gemeinschaftlichen Besuch hastig und abgeneigt unter das Heulager, und ihre Züge verfinsterten sich, als sie dabei bemerken mußte, wie sehnsüchtig ihr Sohn das Verschwinden der Schnur verfolgte.

»Teufelsgold«, sagte sie hart. »Fängt Seelen. Ich kenn' das.«

Kräftig stützte sie sich auf die offene Stalltür, und ihr Argwohn flog zu ihrem Eheherrn hinüber, ob er wohl das rasche Wort verstanden haben könnte. Allein der kranke Riese hatte sich längst entwöhnt, seinem Weibe nachzuspähen. Auch beschäftigten ihn seine eigenen Vermutungen viel zu gründlich, woher sich der Fremde wohl die blutige Narbe über der Stirn geholt haben könnte. Zu jener Zeit redeten solche Schrammen mit der Stimme unserer Zeitungen, anregend, jede ungeübte Vorstellung beflügelnd, und so kam es, daß auch dem großen, schlank gewachsenen Jungen die heimliche Parteinahme für den Fremdling beide Wangen färbte. Das Herumtasten, das Rätseln an einem bereits beneideten Leben, das trieb seine Einbildungskraft über Stock und Stein, durch Heldentum und undeutliches Verbrechen.

Es war eine Stunde des Erwachens.

Tief seufzte er auf, als seine dunklen Augen sich, durch ein Wort seiner Mutter aufgescheucht, von dem Hingestreckten trennen mußten.

»Mann«, forderte Hilda von ihrem Eheherrn, »was denkst du?«

Da besah sich der alte Klaus Bekera nochmals eingehend den Hieber, den er fürsorglich an sich genommen hatte, wog das feine, biegsame Eisen und darüber den merkwürdig verästelten Korb am Griff – ein Stück, wie es im Norden, allwo breite, gerade Schwerter geschmiedet wurden, nirgends im Gebrauch war, und dann schüttelte der Kranke von neuem nachdenklich das Haupt.

»Mutting«, flüsterte er mit offenem Munde, da sich seinem dumpfen Verstande die Herkunft und das Wesen des winzigen Kerlchens immer dunkler verschleierte, »Mutting«, meinte er und hob unsicher die Waffe, »er muß wohl von weit herkommen. Und daß ihn der Junge in der Spalte zwischen den Felsen gefunden – meiner Treu, ich wußt' gar nicht, daß sich dahinter solch eine weite Höhle auftut –, ja, da möcht man wohl denken, daß der Mensch Grund hat, sich zu verstecken. Schnurrig – ist noch so jung«, setzte er wärmer hinzu.

»Nicht älter als ich«, fiel hier der Sohn lebhaft ein, der schon dafür zu kämpfen bereit war, an dem Schläfer einen Genossen gefunden zu haben.

Doch das Weib bog sich weit über die Stalltür, um dem Umstrittenen noch einmal gründlich das schmale Antlitz zu durchmustern. Dabei fielen der Kundigen die vielen scharfen Fältchen um den Mund des Fremden auf, und daneben entdeckte sie, wie genußsüchtig und verächtlich sich sogar im Schlummer die Lippen und Nüstern dieses angeblichen Knäbchens wölbten.

»Nein«, die Hausfrau richtete sich auf und entschied bestimmt, »der hat schon viel durchgemacht. Mag sich in Kot und auf Seide gewälzt haben. Und zählt wohl so beiläufig gegen dreiunddreißig Jahr.«

»Das wäre«, murmelte der alte Klaus verdutzt und glättete sich verlegen den Bart. Aber gleich darauf sammelte er seinen Glauben zu der Meinung, die schon lange in dem Stillen nistete: »Kuck, Hilda, es sind wilde Zeiten, die werfen den Menschen hin und her. Ich merk's an mir, es ist eine Unruhe über die Armen gekommen, so daß keiner mehr weiß, wo er seinen Platz hat. Deshalb, Mutting, mein' ich, wer ein Haus hat und Weib und Kind, der soll solch Friedlosen nicht wegjagen, sondern festhalten, so er anwachsen will. Denn der Wind treibt uns alle. Heute mich, morgen dich. Wer kann wissen, wann wir selbst ausgerissen werden?«

Da schwiegen die Streitenden und spähten ängstlich über sich in den hellen Tag.

*

Als aber gegen Mittag das zierliche Knäblein fein und sittsam am Tische der Sassen in der Hütte saß, als es die wohlgeformten Beine hübsch rücksichtsvoll unter den Schemel zog, damit der ohnehin schmale Raum nicht unnötig verengt würde, als der blonde Gast nicht, wie die anderen, mit der Faust in die dampfende Schüssel voll Brot- und Käsesuppe langte, um seinen Anteil zu erwischen, sondern aus seinen Lumpen ein zinkiges Holzstäbchen hervorzog, womit er die Bissen säuberlich aufspießte, und wie der Fremdling vor allen Dingen mit seiner wohllautenden, kosenden Stimme bescheidentlich und höchst verständlich – ja ganz in der Sprache des bäuerlichen Mannes – die alten Bekeras über Herkunft, Stand und fernere Absichten belehrte, da zerstreuten sich allmählich die Bedenken der mißtrauischen Häusler, und ihr harmloser Sinn merkte gar nicht, auf welch feine und schmeichelnde Art ihr Widerstreben in seidene Fäden eingesponnen wurde. Wie wußte das kleine Kerlchen aber auch zu erzählen, wie rollten unter seinen Worten dichte Wolkenschleier in die Höhe, hinter denen die Küsten ferner Länder auftauchten, und Schlösser und Städte und Händel und Getriebe der Welt. Wo hatte er sich überall umgetan, in welch verschiedene Geschäfte und Gewerbe seine sanften Kinderhände gesteckt. Und hauptsächlich, wie lebendig er Geschehenes und Gesehenes zu formen wußte, um es gegenwärtig auf die Diele der Sassenkammer hinzuzaubern, bald durch eine Bewegung, bald durch nachahmendes Spiel, das zog ihm seine Zuhörer willfährig entgegen. Und mit einem kaum sichtbaren Lächeln trieb er die gewonnenen Seelen vor sich her. Nur der junge Klaus Bekera, der mit verkrampften Händen und keuchender Brust lauschend neben dem Stuhl des Fremden hing, als ob ihm der geistige Lauf noch immer nicht schnell genug ginge, ihm zitterten mitten durch seine leidenschaftliche Bewunderung hie und da die Einwürfe einer kühlen Vernunft hindurch, und dann kam ihm zwischen all dem bunten Maskenspiel der Einwand, warum wohl der Ankömmling zwei voneinander so gründlich verschiedene Sprachen redete. Denn das merkte der achtsame Scharfsinn des Jungen sofort, die Weise des Zierlichen klang anders, seitdem er sich an die Alten wendete. Einfach, schlicht, bauernmäßig, all der vornehme und unverständliche Putz fehlte, durch den er vorhin seinen Fährmann im Kahn so sehr gefesselt und geblendet hatte. Und der junge Klaus erriet mit Widerstreben, daß der Angespülte offenbar einen gewichtigen Teil seines Wesens zu verdunkeln strebte, als ob gerade dasjenige Gefahr brächte, was dem nach Wissen gequälten Buben so köstlich und erstrebenswert erschien. Deshalb preßte der Junge auch widerwillig den Mund zusammen, und die Angaben des Fremden, die er jetzt auf Forderung der Alten über sein bisheriges Treiben machte, sie glitten belanglos und unwahrscheinlich an dem Aufgestörten vorüber. Nein, nein, schon jetzt beschloß er, er wollte binnen kurzem eine vertraute Stunde wahrnehmen, um den gewandten Taschenspieler härter zu prüfen. So wappnete sich Klaus denn mit einer künstlichen Gleichgültigkeit, und doch, kaum hatte der strohblonde Mensch in seiner mitreißenden Lebhaftigkeit die Geschichte seiner Fahrten begonnen, da summte es dem jüngsten der Zuhörer auch schon vor den Ohren, und siehe da, ganz gegen seinen Willen schleppte ihn der starke, fremde Strom von dannen. Und es handelte sich doch nur um eine Begebenheit, absichtlich einfach und alltäglich ersonnen.

»Nichts für ungut«, hörte der Sohn den alten Bekera tasten, denn der Riese schämte sich, seine Wohltat an Bedingungen zu knüpfen. »Wie magst du dich heißen, Mann?«

Der Kleine zupfte an seinen gelben Haaren und lächelte unschuldig. Eine Erinnerung an seine Kindheit schien ihn zu haschen.

»Heino Wichmann«, erwiderte er, sich leichthin verbeugend, was er jedoch mitten in der Bewegung unterdrückte. »Meine Wiege hing in Hamburg zwischen zwei Lederriemen.«

Da streichelte der junge Klaus unwillkürlich über den Schemel seines Gastes. Er wußte selbst nicht warum, aber aus dem Namen des Kleinen musizierte es auf, wie von Flötenspiel auf einer Kirmes.

»Heino«, flüsterte er zärtlich.

Die Mutter jedoch schlug abwehrend mit der flachen Hand über den Tisch. »Und dein Vater?« fragte sie lauernd.

Heino Wichmann schloß das schwarze Auge. Er glich gänzlich einem guten sanften Kinde, als er nun ehrfürchtig vorbrachte:

»Ich brauche euch nichts zu verbergen. Mein Vater war ein zünftiger Sattler, und ich selbst hatte schon in seiner Werkstatt auf dem Mönkedamm mein Gesellenstück gefertigt, einen Kutschbock für den Herrn Alderman Tschokke, als mich der Rat mit anderer Jungmannschaft aushob, damit wir als hansische Besatzung drüben nach dem dänischen Schonen in das feste Schloß Helsingborg gelegt würden.«

»Dänemark«, atmete der alte Klaus vor sich hin und hob witternd die Nase gegen die Fensterluke, hinter der sich der blaue Strich des Meeres hob und senkte. Für ihn lag das Nachbargestade unmeßbar fern hinter den schaukelnden Glashügeln. »Schonen? Helsingborg, so weit?« dachte er kopfschüttelnd.

Sein Sohn aber fühlte sich vom Erdboden aufgehoben. Waren doch an ihm erst gestern die Sendlinge einer bunten, kaum begreifbaren Gemeinschaft vorübergezogen, die seidenen Fahnen ihrer Gewandung hatten ihn gestreift, halbverstandene aufregende Andeutungen sein gärendes Hirn getroffen, jetzt drängte es den auf dem Gewoge der Unwissenheit wütend Herumgeworfenen, sich irgendwo anzuklammern.

Wundersam bedrängt spannte er den braunen Lockenkopf in beide Hände, und während er bohrend vor sich hinstarrte, löste es sich wie die Hülle eines inneren Traumes von ihm ab:

»Dort herrscht ein Weib. Wie war's doch? – Margareta.«

Der Ausruf klang wie das Sehnen eines Eingekerkerten, wie der Hilfeschrei eines Unfreien, der in einer Grube hockt und den Himmel um Licht anfleht, und sofort richteten sich auch die Häupter der Seinen unheimlich berührt und abmahnend gegen den in inneres Schauen Verlorenen.

Was sollte das? Woher kam dem Ungelehrten diese Kunde? Und konnte dem Sassensohne der Drang nach so gewaltigen Dingen nicht Unsegen stiften? Denn darauf kam für sie alles an. Man wollte doch ungestört leben!

Auch über das halbgeschlossene schwarze Auge des Gastes war bei dem unerwarteten Einwurf ein kurzes Zucken gelaufen, dann jedoch bewegte er gleichgültig die schmalen Schultern, und als wäre nichts besonders Auffälliges geschehen, fuhr er ruhig in seiner bescheidenen Schilderung fort.

»Ja, ja, Margareta«, nickte er, sich schwierig besinnend. »Ich meine, so heißt die Wittib. Hat ein kleines zartes Büblein, für das sie die Herrschaft in acht nimmt. Mag sie. Was schiert uns Geringe die Plackerei der Großen? Wenn wir nur unsere Löhnung pünktlich erhalten und sonst in Ruhe unser Brot essen können.«

»Ja«, stimmte Hilda zum erstenmal gierig zu, »das ist das Rechte.«

Den alten Klaus dagegen zog es aus dem Allgemeinen zu etwas Näherem. »Nun«, hüstelte er gespannt, »habt ihr Hansischen pünktlich eure Löhnung erhalten? Habt ihr in Ruhe euer Brot gegessen?«

Jetzt hob auch der junge Klaus das Haupt, und aus seinen schwarzen Augen züngelten ungestüme Flammen nach Abenteuer und Erlebnis.

»Wie war's?« stammelte er.

»Unruhig, lärmvoll«, sagte der Kleine und faltete die Hände auf dem Tisch wie ein artiges Kind, das eine Geschichte wiedergeben soll. »Ihr könnt euch denken, die Frau hat viele Widersacher innen und außen. Ist eben doch ein Spinnrocken, dem sich der Schnauzbart ungern beugt. In der Nähe streckt, wie man sagt, der dürre Schwedenkönig Albrecht die Finger nach dem saftigen Erbe und treibt seinen ausgehungerten Spott über den Unterrock und die Kunkel. Da könnt ihr in jeder Schenke hören, wie er erst jüngstens der ›Dirne der Pfaffen‹ – also schimpft er die Regentin – feierlich Schere und Fingerhut überreichen ließ nebst einem Wetzstein, damit sie ihre Nadeln daran schärfe. Und innen da schreien die Krämer darüber, weil sie uns Hansische in Helsingborg, Falsterbo und Ikanör einliegen ließ, denn wir Deutschen, heulen sie, nähmen ihnen den Markt. So kommt es dann oftmals zu Aufläufen, und bei einer solchen Zusammenrottung, seht ihr, da zeichnete mir ein vorlauter Schwertfeger seine Zunftmarke auf die Stirn.«

Hier lachte der Strohblonde wie über einen wohlgelungenen Streich, wickelte sich die gelben Haare spielend um den Finger und ließ die wohlgeformten Beine vergnügt schaukeln.

»Und du?« stotterte Nikolaus erwartungsvoll, denn seine verehrungsheiße Hingabe an den Fremden verlangte dringend von Gegenwehr und scharfer Vergeltung zu hören. »Was tatest du?«

»Ich?« Erst maß der Kleine die alten Bekeras, in deren stumpfen Gesichtern sich schweigend der Abscheu vor Bürgerkampf und Söldnerübergriff malte, dann hob er ebenfalls abgeneigt die Achseln, um sofort in seiner leisen, unschuldigen Art zu hauchen: »Mir liegt nichts an derlei Ehrenschuld. Daran dürft ihr nicht glauben. Gott bewahre, ich bin ein Bürgersohn und will nur hoffen, daß dem Ehrsamen der kleine Hautritz gut bekommen sei.« Und damit er nicht tiefer in diesen Punkt verstrickt würde, begann er emsig auf der rohen Tischplatte hin und her zu zeichnen, als ob er das folgende schriftlich niederzulegen hätte. »Wie es aber so geht, ihr guten Leute, es erhob sich trotzdem ein wildes Geschrei bei den Dänischen, und schließlich waren unsere Hauptleute um des lieben Friedens willen gezwungen, etliche ihrer Leute von sich zu tun. Darunter wunderbarerweise auch mich, Heino Wichmann.«

»Heino«, wiederholte hier der junge Klaus, abermals von Liebe getroffen, und legte seinem Gaste zärtlich die Rechte auf die Schulter. Gepackt wandte jetzt auch der Kleine dem glühenden Jungen sein schmales Antlitz zu, seine beiden Augen öffneten sich weit und zogen förmlich die flatternde Seele des Unbehüteten an sich. Das geschah aufblitzend, schnell, wie ein einfallender Lichtstrahl. Die alten Bekeras merkten nichts von dem geschlossenen Bund, weil sich ihren Werktagsblicken nur enthüllte, wie das Kerlchen emsig auf den Tisch hämmerte, gleich jemand, der das Wichtigste rasch vorzubringen wünscht.

»Es lag gerade eine Freibeuterkogge unterhalb Helsingborg«, bemühte er sich, unauffällig vorüberzugleiten, und man konnte meinen, jemand, der eine dünne Eisdecke unter sich brechen spürt, wage hastig prüfende Sprünge dem Land zu. »Ein mächtiges Schiff«, wollte er fortfahren, »das dort Handel trieb. Dorthin brachte man uns.« Allein mitten in den flüchtenden Sätzen fand er sich festgehalten, gepackt von sechs ängstlich zitternden Augen, die sich wie eine Kette über seinen Weg spannten. Zugleich flüsterten und schrien heisere Stimmen, in Beklemmung und Schrecken, durcheinander.

»Wohin brachte man dich, Unglücklicher? – Wohin?«

»Gott, auf ein Fahrzeug der Schuimer, der Schwarzflaggen, oder wie man sie sonst nennt«, huschte der Kleine mit dem Ton der Gleichgültigkeit weiter, obwohl seine Finger ihr Spiel auf der Tischplatte viel unruhiger fortsetzten. »Sie werden ja überall gern geduldet, die Freunde des armen Mannes, weil sie für jedermann eine Zuflucht in der Not sind, und hauptsächlich, da sie für billiges Geld sonst unerschwingliche Dinge ins Land bringen. Gewürz und Tuche, Bier und Rauchwerk. Nicht wahr, so meint man doch? Zudem, meine Freunde, wurde der Seeadler von einem Gewaltigen der Schuimer kommandiert, der großes Ansehen weit umher genoß. Kurz, dieser Kapitän sollte uns Verwundete um Schiffsdienst und ohne Fährgeld heimführen. So hatte Frau Margareta verabredet, denn sie tut ihren Beutel für abgediente Leute nicht eben weit auf.

Aber seht, ihr Lieben, auf der Heimreise unter den schönen roten Segeln, bei dem leichten Verdienst und mitten zwischen den freien Menschen, denen alles gehört und die überall ihre Heimat haben, da fing sich der Hauptmann ohne große Mühe meine Genossen ein, einen nach dem anderen, da wurden sie ›Gottes Freund und aller Welt Feind‹, wie ihr gotteslästerlicher Eid lautet, und nur ich ...«

»Und nur du?« lallte der junge Klaus aus seinem wachen, düster lodernden Traum heraus und packte den Erzähler ungestüm an der Brust, als ob er ihn hindern wollte, von dem gespenstisch mitten durch die Stube rauschenden Schiffe zu entwischen.

Der andere schüttelte ihn überraschend kräftig ab.

»Laß mich«, wehrte er sich. »Mein Leben riecht nach Leder und Pfriem. Mich zieht es nach einem warmen Ofen und friedfertigen Tagen. Wo ich die finde, da wohnt mein Heiland. Deshalb, mein Büblein, siehst du, sprang ich eines Nachts, gerade als die Schuimer hier dicht vor der Küste unter Wind lagen, denn sie lauerten auf das Schiff der dänischen Gesandten – aus diesem Grund sprang ich in Gottes und aller Heiligen Namen über Bord, bekam den Fels zu packen, kletterte in die Höhle, und von dort hast du mich hervorgezogen. Dank sei dir und allen ehrlichen Menschen. Und jetzt« ... geschmeidig glitt er von dem viel zu hohen Stuhl herunter, und aus den wiegenden Schritten, mit denen er sich aalglatt durch den engen Raum wand, wurde allmählich ein munterer Tanz. Es zuckte und sprang in allen Sehnen des Kleinen, die langen gelben Haare flatterten ihm wirr um die Schläfen, und den verständnislos hinschauenden Häuslern kam es vor, als ob auch die ungleichen Augensterne des Fremden in dem blassen Angesicht mithüpften. »Jetzt«, schmeichelte er und streckte die Arme, so daß sich ganz unerwartet ein paar derbe, harte Muskeln unter seinen Lumpen zeigten, »jetzt will ich euch weisen, wie man als Ruderknecht das Meer schlägt. Seht so – so, mit solch langen Strichen, wie man eine schöne Wange streichelt. Und dann die Fische. Ich kenne den Pfiff eines Bacchanten. Auf das Liedlein strecken sie halb toll die grünen Schnauzen aus dem Wasser. Oh, laßt mich nur machen.«

Plötzlich hielt Heino Wichmann auf seinem Weg inne, als besänne er sich, daß er vor den armen Sassen vielleicht allzu wunderliche Dinge geäußert. Doch die Bekeras blieben angeschmiedet an ihren Plätzen, in wesenlosem Hinbrüten darüber, wie solch grelle, blitzende Heiterkeit sich in ihrer dunklen Bohlenkammer entladen könnte. Und nur die Seele des alten Klaus riß und zerrte an dem Widerhaken, an dem sie sich in dumpfer Gefügigkeit wand, denn von all den schmackhaften Ködern war ihm eine Lockspeise zwischen den Zähnen aufgequollen, bis er sie nicht mehr herunterwürgen konnte. Halb murmelnd, in unbestimmter, ferner Ahnung stieg es aus seiner trockenen Kehle, dazu hielt er die Beine weit von sich gestreckt, gleichsam zum Schutz gegen die erwartete Antwort.

»Nichts für ungut, Wichmann, wie sagst du doch – ich meine bloß –, wie hieß der Kapitän, der dich brachte?«

Kaum war das gleichgültige Wort verklungen, da war es mit dem Hüpfen und Springen des Kleinen vorbei. Eingefangen wurzelte er in einer Sonnenlache auf dem Fußboden fest, die unruhigen Augen begannen wieder von einem zum anderen zu huschen, und die Stimme verfiel von neuem in das harmlose Kinderwispern, als er nach einigem Zögern erwiderte:

»Ich sagte schon, es war ein Ansehnlicher unter den Freibeutern. Gödeke Michael.«

»Gödeke? ... Gödeke Michael?« wiederholten die drei, langsam in die nächtige Kluft ihres Gedächtnisses hinabsteigend.

Eine Weile herrschte Stille, jeder horchte in den dunklen Schacht hinunter, gespannt, angestrengt, ob nicht dem Laut ein Echo heraufschalle, bis endlich vor dem kranken Fischer etwas Gestaltloses, mit Schrecken Bekleidetes emportappte.

»Laß mich – laß mich – hab' doch schon mal gehört ... Singsang ... wie war's noch?«

Noch gelber stach das Antlitz des Leidenden unter dem wirren Bart hervor, da er mit Mühe die einzelnen Fetzen zusammensuchte. Scheu, verstohlen summte er vor sich hin:

»Der Gödeke, Gödeke Michael.
Der führt auf dem Schwarzschiff allein den Befehl.«

Da stürzte es aus dem Kleinen wie gezogen hervor, unbekümmert darum, was weiter daraus entstehen könnte:

»Seine Brust ist wohl eine Elle breit,
Den Bedürftigen schenkt er Speise und Kleid.«

Mutter und Sohn aber steckten die Köpfe zusammen, sie schränkten ihre Hände fest ineinander, und der Atem hörte ihnen auf zu wehen, als die anderen nun lauter anstimmten:

»Und tragt ihr Armen am Leben schwer –
Das Recht, das wohnt allein auf dem Meer.
Dort richtet die Reichen an Leib und Seel
Der Gödeke – Gödeke Michael.«

*

Viele Tage strahlten aus dem Meer und sanken erloschen wieder dahin zurück. Die Jahreszeiten stiegen auf Schneeschauern und Sonnenwolken an die Küste, gleich fremden Eroberern, die sich dann tief im Lande verlieren, und aus Heino Wichmann, dem mädchenhaften Knäblein, dem blondhaarumflatterten Geheimnis, war etwas Alltägliches geworden. Ein Ruderknecht, der seinen Seedienst willig verrichtete und von den Katenleuten nicht geschont wurde. Selbst dem Vogt, der sich bald nach der Ankunft des Fremdlings hartnäckig nach dem Woher und Wohin erkundigt hatte, leuchtete es ein, daß dieses zierliche Geschöpf für die Ruderbank geboren sein müsse, und er lobte heimlich die geschmeidige Gewandtheit, die der Kleine in der Führung eines Bootes an den Tag legte. Ja, sogar der auffallende Drang des Fremden, immer wieder zur Tag- und Nachtzeit in die Wogen hinauszuschneiden, er wurde schließlich von seinen neuen Genossen als der selbstverständliche Trieb eines dem Handwerk mit ganzer Seele Hingegebenen erachtet. Worüber man sich jedoch stets von neuem wunderte, das war die unermüdliche Zähigkeit, jene aus allen Gliedern des Kleinen rastlos quellende Frische, die an keinem Ding vorbeiglitt, die von jedem etwas wußte und sich überall zu betätigen strebte.

Heino Wichmann vermochte der Hausfrau höchst merkwürdige Aufschlüsse über Kochkunst und schmackhafte Gerichte zu erteilen, von denen die unverbildete Seele Hildas nicht nur bisher kein Sterbenswort geahnt hatte, sondern die ihre harmlose Rauheit zuerst auch als etwas beinahe Schädliches einschätzte. Aber mit der Zeit wurden auf dem Herde unter dem Rauchfang doch allerlei Versuche unternommen, und während der kleine Strohblonde mit verschmitztem Lächeln die verschiedenartigsten Kräuter und Wurzeln in den großen Kessel schleuderte, da zog von fern der süße Duft einer etwas milderen Lebensführung unter das Strohdach. Man schleckerte und schmatzte und erfuhr zu nicht geringem Befremden, wie köstliche Erfindungen zu Padua, in Wien oder gar zu Paris die Köche großer Herren aus Pilzen, aus Schaltieren und gedörrtem Fischfleisch ersonnen hätten. Wunderlich. Heino Wichmann war weit herum gewesen. Seine doppelfarbigen Augen hatten selbst auf das Geringste Obacht gegeben. Hilda begann ihm abzulernen. Nur zum Spiel, allmählich aber wurde eine Sucht daraus.

Auch mit dem alten Klaus Bekera ging eine Veränderung vor, seit der wirblige Gesell in seiner Nähe weilte. Bisher war der Riese verfallen, still, selbstverständlich und unablässig wie der Wartturm einer zerstörten Feste, aus dessen Gemäuer Tag für Tag gewichtige Feldsteine herabbröckeln. Was nützte es, laute Klage über die erbärmliche Schwäche zu führen? Viel besser war es, die Fäuste zu ballen, die Zähne zusammenzubeißen und selbst dem Bruder Franziskus, der ab und zu den schmerzenden Rücken des Kranken mit dem weißen Saft des Bilsenkrautes einzureiben suchte, eine täuschende Behaglichkeit vorzuspiegeln. Der Mörtel aber sprang weiter auseinander, und der Turm neigte sich tiefer zum Fall. Nun aber wurde es anders. Gott mochte wissen, wieso Heino Wichmann einen Blick in die Heilkunde seiner Zeit geworfen hatte. Fragte man ihn danach, so schlenkerte er mit den feinen Händen und murmelte etwas von den Meistern »der Physika und der Erztney«, was niemand um ihn herum begriff. Was man jedoch nicht leugnen konnte, das war die Wirksamkeit jener Mittel, die er mit seiner sprunghaft lachenden Überredung bei dem Kranken anwandte. Sprachlos standen die Häusler hinter dem ewig Zappligen, sobald er den überwundenen Riesen halb entkleidet in den sonnenwiderstrahlenden Dünensand bettete, wo er den mächtigen Körper dann mit seinen zarten Kinderhänden kreiselnd und wärmend bestrich. Und siehe da, auf ein paar Stunden wichen die schweren Erstickungsanfälle von dem Alten, und der Leidende vermochte sich aufzurichten, um gierig die kühle Seeluft einzusaugen. Als aber der Herbst seine dunklen Hagelschwärme gegen die Hütte warf und der Hustenkrampf die Lungen des Riesen zu zerpressen anfing, da versuchte der Strohblonde sein Meisterstück. Eines Mittags brachte er nämlich aus dem Wald zwei schwarze, schneckengleiche Würmer mit. Die hielt er zwischen zusammengeballten Fäusten, und sie mußten so dem sich kräftig sträubenden Hausherrn ihre Saugrüssel auf die nackte Brust setzen. Langsam füllten sich die schreckhaften Leiber mit dem fieberheißen Blut, und vor den Augen der erstaunten Angehörigen dehnten sich die verkrampften Glieder des Vaters, und ein befreiter Seufzer der Entspannung tönte durch die Hütte. Fast eine Woche lang war der gefürchtete Anfall beschworen.

So wechselten Weiß und Grün unter den Rändern des hohen Küstenwaldes, die Tage strichen dahin gleich einer Rebhühnerhusche, einer hinter dem andern, und Heino Wichmann fing sich jeden einzelnen ein, um ihm vor den Augen der Häusler sein besonderes Kennzeichen aufzudrücken. Immer geschah etwas. Die Zeit bildete für die einsamen Strandsassen keine gestaltlose Masse mehr, sondern die Unruhe des neuen Ruderknechtes trennte sogar die einzelnen Stunden scharf voneinander ab.

In jenen Monaten war es, daß in den jungen Nikolaus ein unbegreifliches Wachstum geriet. Der schlanke Leib des Burschen schoß sprunghaft in die Höhe, bald überragte sein braunes Lockenhaupt um eine Spanne das sich duckende des Vaters, seine Haltung erhielt etwas Gestrafftes, ja Königliches, sein Gang etwas Anmutiges und zugleich

Herausforderndes, und seine Augen konnten plötzlich neben dem wilden Umherflackern einen schwärmerischen Glanz bergen, der über die Dinge dieser Welt hinauszuschweifen schien und etwas von dem unbewegten Flug eines träumenden Adlers an sich hatte. Und der arme, von unruhigen Geistern geplagte Sassensohn badete sich wirklich in den Breiten eines neuen Lichtes.

Heino Wichmann!

Heino Wichmann war für den wilden, durstigen Jungen ein Zauberer, der die schmale Kinderhand nur emporzuwerfen brauchte, damit Sterne und Mond stillstanden und auf den Winden von allen Weltteilen her das Wissen Salomos herbeigeflogen kam. Wenn sich die beiden Unzertrennlichen in dem plumpen Kahn unter dem roten Segel wiegten oder wenn sie im Abendrot hoch oben auf den Hängen der Dünen lagen, dann schwand wie von selbst die lächerliche Maskierung des angeblichen Ruderknechtes, die bäuerliche Sprache tauchte unter, und aus den braunen Lumpen trat ein anderer hervor. Derselbe, der einst die goldene Kette und den welschen Hieber getragen, derselbe, der mit seiner hauchenden Mädchenstimme spöttische Gelehrsamkeit von sich schleuderte und für den es weder Unergründetes noch scheue Ehrfurcht vor etwas Geschaffenem gab. In solchen Stunden der Mitteilung konnte man deutlich merken, wie auch für das kleine Kerlchen jenes unbändige Ausgeschöpftwerden ein nicht zu entbehrendes Lebensbedürfnis bildete, ja, daß er sich trotz seines wegwerfenden Lächelns voll Eitelkeit und Stolz in sich selber spiegelte, sobald sein Zögling sich über ihn beugte gleich über einen tiefen Brunnen, in den man ungestüm Eimer auf Eimer hinabläßt. Da kam dann quellend und perlend Trank um Trank hervor, klar und schlammig, unverdaulich und heilsam, als ob in diesen Brunnen alle Quellen der Erde mündeten. Von dem nächsten fing es an. Klaus erfuhr, in welchem Volk er lebte, wie sich die Stände und Ämter teilten, wo Unrecht und Bedrückung anhob und worin sich sein Stamm von den anderen großen Menschengemeinschaften unterschied. Von da gelangten sie ganz von selbst auf Ausdruck und Redeweise der Länder, die Musik der welschen Sprachen, die Heino Wichmann vollkommen beherrschte, klang vor dem entzückten Knaben auf, und er lernte auch *latina lingua* verehren, die Urmutter dieser Laute, und in verhaltener Begeisterung schaute er in das Sein und Treiben jener untergegangenen Geschlechter hinab, die mit diesen Lauten der alten Welt ihre Gesetze vorgeschrieben hatten. Helden und Weise zogen vorüber, Religionsstifter und Abtrünnige, und ohne daß der Wissensdurstige es ahnte, wurden von dem ätzend scharfen Erzähler Menschen und Dinge alle zu dem einen Ziele gelenkt, wie sie nämlich der Befreiung und Entbürdung der nach Licht und Brot ringenden Armen und Elenden gedient hätten. Denn dieses kleine strohblonde Zwerglein sah, ohne jemals erregt zu werden, und obwohl es selbst sich keinen erlangbaren Genuß entgehen ließ, überall seufzende Scharen der Sklaverei um sich her, viele Millionen gefesselter und gestriemter Unfreier, von denen er verkündete, daß sie nie sterben würden. Und wahrhaft schneidend und fürchterlich klang sein feines Gelächter, sooft er im Gegensatz zu allem Herkommen die gepriesenen Bringer des Heils und der Ordnung, den Kaiser, der doch den Landfrieden befohlen hatte, die Priester, die doch den Verängstigten die Vergebung der Sünden reichten, vor allen Dingen jedoch die Richter, die doch an Gottes Statt die ewige Gerechtigkeit unter den Völkern aufrichten sollten, für die schlimmsten Vergewaltiger und Bedrücker der in Dummheit blökenden Erde erklärte. Entrückt, von aller Gegenwart fortgeschwungen, krallte sich dann Klaus in den mütterlichen Sandboden, sein Atem schoß, als ob er Mauern niederbrechen müßte, in seinen starren Augen züngelte der niedergehaltene Glast von Blut, Einäscherung und Gewalttat, und doch bebten alle seine Glieder im Frost der Angst, und das kalte Fieber des Zweifels und der Unentschlossenheit stieß den Unreifen doch immer zurück in die Schranken des Brauches und des Herkommens. In solchen Augenblicken der Qual und des glühenden Wunsches packte er seinen Verführer oft an der Brust und schüttelte den Kleinen, als ob er ihm das Herz aus dem Leibe schleudern wollte, dazu schreiend:

»Was bleibt uns? Heino, um aller Heiligen willen, sag an, was muß uns allen werden? Was?« Denn der suchende Verstand des Jungen wollte den Weg finden zwischen Gestern und Morgen, eine Brücke, die über das Gewitter fortleitete. Heino Wichmann aber ließ sich, unberührt von diesem Ausbruch, in das weiche Dünenlager zurückgleiten, lächelte mit seinen bartlosen Lippen gegen das in den Himmel flüchtende Abendrot und lispelte kaltblütig und grausam:

»Wer kennt die Medizin für alle? Aber für mich und dich, Büblein, ist am besten ein seidener Pfühl, und saufen und prassen bis in den achten Tag.«

Da heftete Nikolaus einen verlöschenden Blick auf den sich genießerisch dehnenden Kleinen, warf das Haupt gegen die dunkle See und saugte in Verzweiflung an den ewig tränkenden Strömen.

Ekel, unerkanntes Mitleid mit einer zu erlösenden Welt und das rasende Verlangen, sich zu verschwenden, stritten in der sich weitenden Seele.

*

Es kam eine Stunde, da der Hochmut des Knaben es nicht mehr länger duldete, von dem Genossen noch fernerhin in Unkenntnis und Täuschung gehalten zu werden. Ganz früh an einem tauperlenden Herbstmorgen war es. Die Sonne rollte eben aus ihren verhängten Schleiern durch das dunkelblaue zackige Gewölbe. Weit über dem Schlaf der See übten die schwarzen Streifen der Stare schon für den kommenden Abzug. Und hoch oben an dem hallenden Rand des Küstenwaldes klang die Axt. Dort hieb der junge Klaus ein paar schlanke Eichenstämme nieder, denn sie sollten ihm zu neuen Ruderstangen dienen. Aber mitten in der Arbeit schleuderte Klaus die Axt auf den Waldboden, schnellte empor, und während er sich die Fäuste in die Weichen setzte, forderte er dröhnend, ohne Übergang noch Einleitung:

»Genug Verstellung. Du bist kein Ruderknecht, Heino. Du bist keiner. Woher käme dir sonst all die Gelahrtheit? Nun schnell und ohne Windbeutelei, wie steht's um dich?«

Leicht hätte ein anderer ob des ungewohnten Tons außer Fassung geraten können. Der kleine Strohblonde jedoch, der gerade faulenzend vor einer gewaltigen Buche stand, um dort voll Spannung der Zimmerarbeit eines Spechtes zu folgen, er hüpfte selbst wie ein wippender Fink herum, tänzelte ohne jede Verlegenheit auf seinen Zögling zu, um ihm dort von unten herauf einen leisen Backenstreich zu versetzen.

»Kluges Näschen«, wisperte er voller Befriedigung, »gut, gut, Büblein, ist auch Zeit, daß du endlich aus den Eierschalen schlüpfst. Aber nun zieh die Kappe, mein Freund, denn du stehst vor etwas Fürtrefflichem. Weißt du, was ein Bacchant ist?«

Vor dem Glanz jenes Titels wich der Fischerjunge zurück, und doch fiel ihm ein, wie oft jene Lehrbuben und Handlanger der Wissenschaft hungernd und bettelnd durch die Dörfer und kleinen Städte der Insel strichen, ja, daß sie um Geld und Brot vor den Türen der Unfreien sangen. Das Wissen war damals noch dem Elend verschwistert, und mancher Knecht tauschte nicht mit dem dürren Gerippe, das auf einer Lehrkanzel stand. Dennoch sagte er voll Ehrfurcht: »Bist du solch einer?«

»Noch mehr, Liebster, noch viel mehr. Ich wollte erst die Raupe an dir vorüberkriechen lassen, damit dich der Sonnenflug des Schmetterlings nicht blende. Aber jetzt entzücke dich, mein Freund, ziehe deine Schuhe aus, wenn du es hörst, denn ich ward als etwas zugleich Kostbares und daneben Zerbrechliches in den Schrein der Menschheit gestellt. Fasse dich, Holder, und gerate nicht außer dir, denn sieh, ich bin Magister, der Magister Heino Wichmann, versehen von den drei Universitäten Padua, Wien und Paris mit einem versiegelten Lehrbrief, und hosianna, ich verkaufe ihn dir für ein Paar wollene Strümpfe, denn durch die meinen lugen die Zehen.«

Da riß Klaus entgeistert die Kappe herunter und verneigte sich so tief vor dem Männlein in Lumpen, wie er es bis jetzt nur vor dem Abt des Klosters über sich gewonnen hatte. Wirre Vorstellungen und ein tanzender Himmel waren über ihm. Ein Gelahrter, ein Hochgelahrter hauste unter dem Stroh und den Schindeln der Sassen. Alle Barmherzigkeit, er führte das Ruder und fing Fische und ließ sich von den unwissenden Alten ausschimpfen. Und dabei war das kleine strohblonde Kerlchen einer von den Auserwählten, die zwar hungerten und froren und von Handwerkern und Büttteln herumgestoßen werden durften, die aber doch in die sieben Tagewerke so tief hineingeguckt hatten, daß ihr belebendes Wort ferne Gräber öffnete und nahe Kaiser erblassen ließ.

Betäubt, hingerissen vor Dankbarkeit und Ehrfurcht wollte der Junge auf das winzige Menschenkind zustürzen, aber wie nun sein schlanker Leib den anderen so gewaltig überragte, da meldete sich plötzlich etwas von der Überlegenheit des körperlich Stärkeren, und statt der glühenden Zärtlichkeit, die er noch eben auszuteilen gedachte, fing Klaus vielmehr mißtrauisch an, nach den Lebensumständen des Kleinen zu forschen. Warum ein Magister keinen Sitz unter seinen Genossen habe, was ihn fortgetrieben und aus welchem Grund er sich nun schon so lange bei armen, einsamen Leuten verdingt hatte? Das mußte er ergründen, daran klammerte er sich fest.

Beineschlenkernd hockte Heino Wichmann zusammengekrümmt auf dem gefällten Eichenstamm, grinste seinem aufgeregten Zögling spöttisch und erkennend ins Gesicht und wickelte sich gelassen die gelben Haare um den Finger. Endlich hauchte er gefällig und doch kalt wie immer:

»Streng dich nicht an, Büblein. Der Mensch ist ein Trank, von dem man höchstens fünf bis sechs Tropfen genießen soll. Mehr ist schädlich. Aber weil du mir die Narbe über meiner Stirn so aufmerksam belauerst, so magst du erfahren, wo mir diese rote Fahne zuerst aufgezogen wurde.« Er rückte zur Seite. »Komm, setze dich neben mich und dann lerne an mir das Exempel, daß es weichlich und dumm ist, wenn der nach etwas Sehnsucht zeigt, was der Fresser Chronos längst verschluckt hat.«

Durch einen festen Griff fühlte sich Klaus herabgezerrt, dann schlang er die Arme stürmisch um den lächelnden Kleinen und horchte, als ob es um sein Leben ginge.

Wo er sich überall herumgetrieben, das entdeckte der Erzähler nicht, warum er die gelehrten Schulen verlassen, darüber glitt er hinweg. Nur bei einem Punkt blieb er ausmalend stehen. Mitten aus einem tollen, klirrenden Taumel mußte ihn plötzlich eine Begier, ein Heimweh, ein Unbegreifliches nach den Bücherhockern ergriffen haben, nach rauchenden Öllämpchen, die in kalten Kammern über alten Schreibheften dämmerten, nach den raufenden, zechenden und lernenden Bacchanten, nach dem Disput streitender Dozenten und nach den dunklen Bogenhallen, wo aus löchrigen und verschlissenen Professorenpelzen die Weisheit für hungrige Hörer floß.

»Eine Äfferei«, urteilte Heino Wichmann grimmig.

Aus seinen vorsichtigen Andeutungen ging außerdem hervor, daß der ehemalige Magister sich erst einem widerstrebenden und hohnlachenden Kreise heimlich entziehen mußte, bevor er seinen drängenden Plan zur Tat reifen lassen konnte. Aus welcher Stadt er entwichen, aus wie gearteten Verhältnissen, das warf der Strohblonde mit einer abweisenden Handbewegung beiseite. Genug, eines Tages tauchte er unvermutet in Stralsund auf.

»Und dort?« drängte Klaus, immer enger an den Freund sich schließend.

»Dort war eine Schule von Bacchantenschützen versammelt. In einer Bodenkammer über einer Sattlerei hockten sie beieinander, und um den Preis eines geordneten Vortrages stahlen und bettelten die Buben für ihren Magister zusammen, was sie unbemerkt die krummen Treppen hinaufschleppen konnten. So ging es eine Weile auch ohne den Verkauf der goldenen Kette, die der Kleine aus nicht näher zu erörternden Gründen dem Tageslicht keineswegs aussetzen mochte. Und schon faßte der Haufe den Entschluß, sich gemeinsam nach Halle durchzuschlagen, wo der berühmte Doktor Pelicanus die Grammatik lesen sollte, als …«

»Ja, Bübchen«, lächelte Heino Wichmann gönnerhaft, wobei er die gespreizten Finger in das nicht mehr wärmende Sonnenlicht hielt, »aber dann, liebe Unschuld, dann kam der Winter. Hast du schon einmal gefroren, Kläuslein?«

»Ich denke wohl«, versetzte der Knabe mit weit aufgerissenen, verständnislosen Augen.

Der Kleine nickte wegwerfend.

»Ja«, meinte er geringschätzig, »wie der Nordwind so einem von deiner Art ein wenig die spitzen Nägel über den Leib ritzt. Aber was es heißt, wenn die Zunge hinter den Zähnen vereist, oder sobald man halbtot in seinem Bodenwinkel kauert, wo das Denken allmählich in dem klappernden Gebein erstarrt, davon ward deiner Mutter Sohn nichts kund. Nicht wahr? Ich sage dir, da führt man allerlei verrückte

Tänze auf, ja, man vergißt sich sogar so weit, zu beten, zu wimmern um einen einzigen Holzspan für den leeren Ofen. Kuck, so ging es mir. Mein Verschlag lag der roten Marienkirche gerade gegenüber, und durch die Lappen meines Fensters konnte ich den heiligen Johannes auf seinem Postament stehen sehen. Der fror weder in seinem weißen und blauen Überwurf, noch brauchte er von einem Fuß auf den anderen zu hüpfen. Da schrie ich ihn an, er solle ein Wunder tun. Aber als er vornehm gegen mich Lumpen blieb und sich nicht rührte, sieh, da packte mich die Wut, denn ich schämte mich für den herzlosen Holzheiligen, und ich beschloß, den Apostel zu seiner Pflicht zu zwingen. In einer Nacht, wo es weiße Strümpfe durch die Straßen schneite, schlich ich hinüber – und dann, eine Stunde später, oh, da hatte sich Sankt Johann schon meines Ofens erbarmt, und himmlische Glut umfing meine Glieder. Köstlich ... köstlich, der Heilige hatte ein warmes Herz für mich Bresthaften.«

»Du ... du hast mit ihm eingeheizt?« stotterte Klaus. Ein Schaudern wollte ihn überrieseln, und in verschämter Bewegung bekreuzigte er sich die Stirn. Und dabei packte den Mitgerissenen doch eine uneingestandene Lust an dem Niederbrechen alles Herkömmlichen, und jener heimliche Aufruhr, der stets von dem Strohblonden ausging, er zwang ihn immer widerstandsloser in die Gefolgschaft dieses aufreizenden Lehrers.

Darum rechtete er auch nicht länger mit dem Wicht, sondern zeigte nur stumm und hartnäckig gegen die Narbe des anderen.

»Ach so«, erinnerte sich Heino Wichmann bereitwillig, »du hast recht. Dies da oben zog den Schlußstrich unter meinen Rückfall in die Gelahrtheit. – Mein Hauswirt, der Sattler, roch den Brand, er war nicht einverstanden mit Sankt Johannis Einkehr bei mir, und so rückten nicht allein seine Gesellen und Nachbarn mit Knütteln und Hellebarden gegen mich aus, sondern auch die Stadtwache glaubte einen seltenen Vogel an mir erwischt zu haben. O Zeus« – der Kleine wiegte auf seinem Eichenstamm träumerisch das feine Haupt –, »es wurde ein wundervoller Handel zwischen den Sankt-Johannis-Rittern und meinen Buben. Allein, was nützte uns die schönste lateinische Strategie? Pfui Teufel, zuletzt mußte ich zum Fenster hinausspringen, ekelhaft, zum Hinterfenster hinaus, in einen Kehrichthaufen. Behängt mit meiner güldenen Kette und bewehrt mit dem schlanken Ravenneser Hieber stak ich stundenlang im Unrat. Lerne daraus, wie aller Glanz und jede Würde der Erde in der Stunde der Not gern zu Gestank und Kot hinabsteigt. Wobei nicht jedem ein reinigend Bad darauf wird wie mir, der ich zu Nacht auf einem Balken rittlings den schmalen Sund durchschwamm. Was dann weiter geschah« – wollte der Kleine gleichmütig schließen und strich sich prüfend über seine durchlöcherten Schuhe, aber plötzlich bettete er in heftiger Spannung die Hand über die Augen, weil tief unter ihnen, am nahen Strand, etwas Weißes, Glitzerndes, Lebensvolles gegen Sonne und Meer aufleuchtete. – »Was weiter geschah«, fuhr der Kleine hastig und bebend fort, »das weißt du, und sieh, zum Dank zeige ich dir jetzt die einzig vernünftige Gabe deines Gottes, die edelste und doch nie sättigende Speise, die nicht lediglich für den Gaumen der Reichen aufgespart blieb – kurz, ich zeige deinen blöden Augen die schäumige, die hüftenprangende Aphrodite.«

Er warf die zitternde Hand weit vor, und um seinen glatten Mund spielte der unbeherrschteste Zug von Wollust und schonungsloser Sinnengier. Katzenhaft, leise kichernd, glitt er bis an den freien Rand des Hanges. Allein ein rascher Griff des Knaben warf ihn unsanft zurück. Totenblaß, taumelnd, im Innersten seiner bereits zerrütteten Seele aufgewühlt, schwankte der große Bursche vor dem Erstaunten auf und ab. Was er von sich abwehren wollte, das wußte der Halberwachsene nicht, aber seine schon von Stürmen bedrängte Scham tobte noch einmal in Wut und Grauen gegen das Geheimnis, zu dessen Entschleierung ihm bisher der Mut gemangelt hatte.

»Du sollst nicht«, zeterte er besessen und grub seine Blicke angestrengt in das Laub des Waldbodens, »das ist Anna Knuth, die ...«

»Narr«, versetzte Heino Wichmann scharf und schüttelte die Faust ab. »Der Name fällt mit dem Gewand. Geh zum Spinnrocken deiner Mutter!«

Da vergaß Klaus, daß er hier trotz allem mit dem Wohltäter rang, der ihn aus Nacht in den Tag geführt hatte. Besinnungslos, Funken vor den Blicken, hob er die Faust, um dann – wie eine Bildsäule der Ratlosigkeit zu erstarren. Ein freches, höhnisches, gewalttätiges Lachen schmetterte ihm entgegen, lähmte ihm den Arm und grub ihn wie einen Pfahl in den Boden ein. Schon jetzt erkannte der Gebändigte, welche schreckhaften, unheimlich aufspringenden Kräfte in dem Leib dieses bartlosen Kindes verborgen fluteten. Stöhnend, von einem haltlosen Schluchzen geschüttelt, wodurch das Vergnügen des Kleinen aber nur noch gesteigert wurde, und dabei selbst unter den Peitschenhieben eines unsichtbaren Peinigers, so mußte der Fischersohn mit ansehen, wie der Strohblonde, auf dem Bauche liegend, alle Wonnen des Lichtes in sich einschlürfte, und Abscheu und tiefer Schmerz um die entschwirrende Reinheit entluden sich bei Klaus in einem wilden Tränensturz. Unbewußt weinte er um die in Sünden lachende Menschheit.

»Frommes Schäflein«, spottete Heino Wichmann über die Schulter zurück. »Wir wollen dir ein Glöckchen um den Hals hängen.«

V

Kalte, winddurchsauste Nacht senkte sich über den Landflecken Bergen. In dem elenden Orte, der zwei bis drei Wegstunden von dem Sassensitze entfernt auf der höchsten Erhebung der Insel kauerte, war Kirmes abgehalten worden. Zudem hatten sich Gaukler gezeigt, die vom Hofe des Wolgaster Herzogs zurückwanderten. Hinten auf dem Ringelplatz hatten Roßtäuscher die Gelegenheit benützt, ihr Vieh zum Verkauf anzubinden, und die herbeigeeilten Fischer und Bauern versäumten nicht die seltene Gelegenheit zu Spiel und Feier. Noch jetzt, nach Einbruch der Dunkelheit, trieben grölende und trunkene Haufen ihre grobe Kurzweil, ja, durch das Heulen des Sturmes schrillten lauter und ohrenbetäubender als vorher die Posaunen, Flöten und Trommeln der Wandermusikanten und Gaukler, denn diese leichten Vögel marschierten tanzend und springend an der Spitze einer Rotte, die sich eben begeistert und freudentoll zum Höhepunkt allen Vergnügens anschickte – zum Rauchspiel. Man hatte gottlob einen verwachsenen, halbnackten Bettler dabei erwischt, wie er ein Huhn unter seinen Lumpen verschwinden lassen wollte, und jetzt jagte man den Armseligen, der nur mühsam an seiner Krücke sowie auf einem Holzbein daherhumpelte, mit Ruten- und Stockhieben nach dem »Schütting«. Als man in dieser ehemaligen Räucherkammer angelangt war, entzündeten junge Burschen, denen das Amt als Auszeichnung überwiesen sein mochte, das auf den Fliesen der Hütte aufgeschichtete Laubwerk; der Hühnerdieb wurde an einem Querbalken bis unter das Dach des Raumes emporgezogen, und nun knisterten die brennenden Zweige, dicker Qualm wälzte sich an den Wänden hinauf, und es war spaßhaft zu beobachten, wie das Opfer nieste und hustete und durch allerlei Verrenkungen gegen das Ersticken ankämpfte.

»Kuck, Fiek«, meinte ein junger Bauer zu seiner andächtig emporstarrenden Braut, »das Luder hat ein Loch im Strumpf. Ich will ihn ein wenig an den Zehen kitzeln.«

Düsterrot; in langen blutigen Streifen fiel der Widerschein des Feuers durch die Ritzen der Hütte auf die Straße. An der fensterlosen Kalkwand des benachbarten Häuschens lehnten zwei Gestalten in unbeteiligter Ruhe. Ihre braune Fischertracht und die derben Tuchkappen unterschieden sie keineswegs von dem sich drängenden Menschenknäuel. Nur wer sie genauer musterte, konnte trotz der Dunkelheit in ihren blassen Gesichtern lesen, wie wenig sie von der allgemeinen Lustbarkeit angesteckt waren. Spöttisch grinste der Kleinere auf das rohe Getümmel, und wenn die Schreie des Geräucherten lauter herausdrangen, dann zuckte sein schlanker Gefährte vor Unmut oder Mitleid zusammen und konnte nur durch den festen Griff des anderen davon abgehalten werden, über den abstürzenden Weg in der Nacht zu verschwinden.

Um sie herum war Streit, Gelächter und Aufregung. Der Gott der ehrbaren deutschen Lust gönnte seinen Gläubigen neue Freude. Unter der Linde, die vor dem Rauchhaus ihre nackten Äste im Winde knarren und stöhnen ließ, zeterte der Bader des Ortes wütend auf einen Tabulettkrämer ein, weil ihn der Hausierer angeblich mit einem stumpfen Schermesser betrogen hatte. Jauchzend stieß der breite Haufe die beiden Widersacher gegeneinander, reizte sie zu immer heftigeren Tätlichkeiten und fiel schließlich über den ortsfremden Krämer her, um ihn zur Sühnung seines Vergehens zu dem beliebten »Rasieren« zu zwingen. Auf einem Fußknorren der Linde hockend und von zahllosen Fäusten festgehalten, mußte es sich der Gerichtete gefallen lassen, bei Fackelschein von dem gereizten Bartkratzer nach strengen Regeln der Zunft eingeseift zu werden. Aber statt Schaum ward ihm Unflat ins Gesicht geschmiert, und als Messer diente eine schartige Sichel, die ihr Werk mit Kratzen und Geräusch verrichtete.

Tosender Beifall übertönte das Ächzen des Geschundenen, und die Nacht verschlang den tanzenden Wirbel, der um die Linde herumtollte.

»Komm«, fröstelte Klaus, indem er sich gewaltsam losriß, »wir wollen heim.«

»Schürzenband«, spottete der andere und lehnte ruhig weiter an der kahlen Wand, »behagt es dir nicht bei den Deinen?«

Der Junge verzog die Stirn, wie immer, sobald seinem Willen ein anderer entgegengesetzt wurde, dann jedoch kratzte er aufbrausend gegen die Mauer.

»Warum quälen sie sich?« warf er verstört hin. »Weshalb halten sie nicht Eintracht untereinander, da sie doch alle arme Schacher sind?«

»Warum?« Ein bissiges Kichern antwortete auf diesen Notruf eines grübelnden Gewissens, und während der Kleine pfeifend die Hände in seinen Ledergürtel schob, schien er sich innerlich über die Bedrängnis seines Schülers zu ergötzen. »Bist ein zu artiges Muttersöhnchen«, gönnte er ihm endlich. »Weißt du nicht, daß die großen Herren nur so lange auf dem Buckel des Haufens da zu reiten vermögen, als er roh und unbelehrt bleibt? Wenn der abgetriebene Gaul schreiben und lesen könnte wie du, dann würde er leicht um sich schlagen und fürchterlich werden.«

»Was würde er dann tun, Heino?« flüsterte der junge Mensch unruhig.

Nahe unter der Linde tobten die dunklen Schatten immer zügelloser, aus dem Schütting trug man den halb ohnmächtigen Bettler gerade zur

Erholung ins Freie, doch Klaus Bekera durchstieß mit seinen Blicken jene taumelnde Menge und schritt geisterhaft durch sie hindurch ins Weite.

»Was würde der befreite Haufe tun?« murmelte er von neuem.

Mit einbohrendem Verständnis und doch beinahe belustigt hatte Heino Wichmann das Versinken seines Schutzbefohlenen beobachtet, jetzt rüttelte er ihn derb an der Schulter, denn der genießerische Sinn des Kleinen verachtete nichts so sehr als das Vergessen von Zeit und Gegenwart.

»Was weiß ich?« stieß er spitz zwischen den Zähnen hervor. »Vielleicht würden deine wackeren Landsleute, wenn man sie aufweckte, auf den Einfall geraten, anstatt Schweine und Kühe einmal das sanfte Fell von Gräfinnen und Herzoginnen zu streicheln. Oder sie könnten darauf bestehen, das herrschaftliche Land nach einer neuen Ordnung zu vermessen. Am Ende aber begnügen sie sich auch damit, den roten Hahn fliegen zu lassen. Was willst du? Das ist ein schnelles und munteres Tier.«

»Halt ein – so nicht – so nicht«, stammelte Klaus aus seinen hohen Himmeln herabgeschleudert und warf entsetzt beide Hände vor. Ohne Übergang entdeckte der Fischersohn plötzlich wieder die betrunkenen Bauern um sich her, und eine unnennbare Sehnsucht befiel ihn nach der Einsamkeit des Meeres, nach Vater und Mutter und nach seinen schönen schimmernden Gedanken. »Komm«, rief er inbrünstig, »laß uns gehen.«

Allein den Magister verdroß das vornehme Absondern seines Zöglings. Mächtig stachelte es seine Eigenliebe, weil die Unverdorbenheit des Jüngeren sich noch standhaft weigerte, jenes leichtsinnige Lotterdasein anzubeten, wie es der Kleine ohne Scham noch Reue für den einzigen Trost, für die allein lindernde Salbe einer sinnlos in die Welt geschleuderten und sich nun in Knechtschaft und Zwang verzehrenden Menschheit erkannt hatte. Wie kam der Bursche dazu, etwas Besseres erstreben zu wollen als Buhlschaft, Prasserei und Rausch? So viel Anmaßung eines Unmündigen durfte nicht geduldet werden. Mit beiden Händen umklammerte der Strohblonde daher den Arm des Unschlüssigen und riß ihn mit sich. »Wohin gehst du, Heino?«

»Ins Himmelreich, Bübchen.«

»Heino, ich traue dir nicht.« Er wollte sich loszerren. Doch den Kleinen überwältigte die Wut, heftig krallte er sich in den anderen ein und schrie mit einer Stimme, die nichts mehr von Mädchenhaftigkeit an sich hatte:

»Pfui Teufel, zieh dir ein Jungfernhemd an. Wer wird dir noch die Beinlinge glauben? Schmach und Schande! Meinst du, die Welt brauche Männer, die aus einem Rosentopf wachsen?«

Da hatte er den Leichtbeleidigten, Ehrsüchtigen so weit, wie er beabsichtigte. Als ob ihm ein Peitschenhieb rund um den Rücken geknallt wäre, so bäumte sich Klaus auf. Nichts mehr von Besinnung war in ihm. In diesem Augenblick wäre er über die Leichen von Vater und Mutter fortgesprungen, nur um den brennenden Schimpf zu widerlegen. Aber noch mehr geißelten den Atemlosen die Furcht und das Grauen vor dem Verlust von etwas Kostbarem. »Was kann das sein?« durchströmte es ihn noch, als ihn Heino Wichmann hinter sich her um die Ecke der kahlen Mauer herumzog. Er wußte es ganz gut und wehrte sich doch voller Schrecken gegen seine eigene Erkenntnis. Heulend warf sich den beiden Vorwärtstappenden der Wind entgegen, aus ihrer nahen Hütte kläfften zwei bösartige Hunde, und ein langer gelber Lichtstreifen zeigte den späten Gästen eine erleuchtete Kammer an.

»Hier läßt sich's wohl sein«, bestimmte Heino beinahe herrisch. Dann schlug er ein paarmal gewaltsam gegen die Bohlen der Holztür. »Macht auf, Menscher! Es gibt fürnehme Leute.«

*

»Eia«, rief eine helle Stimme, als die beiden Ankömmlinge eintraten. Eine blaue Wolke von Kiendampf wälzte sich ihnen entgegen. Hinten auf dem umnebelten Ziegelherd tanzten für die Nacht bereits unruhige Flammen, und in ihrem springenden Flackerlicht richtete sich mitten von dem Estrich, wo sie bisher gelegen, eine junge Dirne bis zur Brusthöhe empor, stützte sich auf die Ellbogen und ließ ihre neugierigen, grünblauen Augen musternd auf den beiden Männern ruhen. Allein bald mußte sie einzig von der unberührten Schönheit des großen schlanken Burschen gefesselt werden, von seiner deutlich bemerkbaren Scheu und Unruhe, denn sie ließ eine gelbe Katze, mit der sie bis dahin offenbar zur Ergötzung der Gäste eine kosende Neckerei getrieben hatte, von ihrem Schoß herabspringen, setzte sich auf der Diele zurecht und wiederholte mit allen Zeichen der Befriedigung noch einmal:

»Eia.«

»Becke«, ermahnte eine rauhe Weibsstimme, deren riesenhafte, starkknochige Besitzerin neben dem Herd hockte, wo sie unausgesetzt eine Holzkelle in dem Kupferkessel herumwandern ließ, »wie oft muß ich dir sagen, du sollst nicht herumliegen und faulenzen, wenn gute Herren kommen? Bei Gott, ich dresche dir noch den Buckel voll.«

»Haltet Euer Mauk«, widersprach das Mädchen völlig ungerührt und streckte der Wirtin sogar die Zunge entgegen. »Hat Euch der Stadtschreiber nicht erst neulich bedeutet, daß der Rat mich nicht missen will? Wer seid Ihr ohne mich, Ihr garstige Hexe?«

»Nun, mein Püppchen«, schluckte das Weib am Herd und schlug sich mit der Linken auf die gewaltige Brust, als ob sie dort ihren süßsauren Grimm einmauern müßte, zumal ihre übrigen Gäste, die unter einer tiefen Wandeinbuchtung saßen, bereits aufmerksam zu werden begannen. »Es freut mich weidlich, weil dir der Rat so wohlgewogen ist. Mußt aber auch hübsch auf dich aufpassen, damit es lange dauert. Und nun, mein Engel, steh auf und erkundige dich, was den Herren willkommen sei? Ein Krug Met? Oder Mostwein? Oder ein heißes Süppchen? Oder gar etwas anderes? Wir werden es an nichts fehlen lassen.«

Damit zwinkerte Frau Sibba, die Wirtin, mit ihren blau unterlaufenen Augen, die gerade noch hinter dem schmutzigen Kopftuch hervorglotzten, nach einer kleinen Nebenkammer, in der Klaus nichts als ein zerwühltes Strohsacklager wahrnahm. Von der Decke schaukelte eine trübe Ölleuchte in einem halbzerbrochenen Scherben herunter, und ganz im Gegensatz zu all der Dürftigkeit war über das Fußende des Bettgestells ein rotseidener Fetzen mit eingewirkten Goldfiguren geworfen. Ein sichtliches Zeichen dafür, wie dankbar irgendein unsteter Seemann von hier geschieden war.

»Steh auf, mein Täubchen«, ermunterte die Wirtin nochmals mit ihrer harten Knechtsstimme, denn die stumme Verzauberung der am Boden gefesselten, zottelhaarigen Becke dünkte sie zuviel Ehre für zwei armselig gekleidete Fischer. Was konnten solche Netzflicker auch anderes als ein paar erbärmliche Pfennige in ihren Ledertaschen bergen? Wie hoch stieg indessen das Befremden der Hausmutter, als der kleine strohblonde Ankömmling mit einer zwischen Frechheit und Herablassung schwankenden Gebärde, wie wenn das Haus und die Kammer, die Weiber und die Atzung sein unbestreitbares Eigentum wären, sich zu der liegenden Dirne niederwarf, um der Überraschten einen Kuß aufzupressen.

»Wonnige«, schrie Heino Wichmann schallend durch den gedrückten Raum, »Wonnige.«

Die Gäste unter dem Mauervorsprung meckerten und klopften mit den Zinnkrügen ihren Beifall auf den Tisch. Die Dirne jedoch schlug lässig nach der tastenden Hand des Frechen, obwohl die Entrücktheit von ihr so wenig gewichen war, daß sie noch immer wortlos auf dem Estrich kniete. Aber während sie sich die Haare zurückschob, saugten sich ihre glänzenden Augen auffordernd und hungrig an dem blassen Antlitz des erstarrten Burschen fest. Gerade seine ungläubigen, kindlich verstörten Züge schienen ihr Mitleid zu erregen, denn die gemalten Lippen der Becke bewegten sich, als ob sie diesem eigenartigen Besucher Trost zusprechen wollte.

»Feines Bübchen«, murmelte sie unhörbar.

Da klammerte der Magister seinen Arm um den Hals des Mädchens, zwinkerte nur ihr verständlich nach seinem Begleiter hinüber und flüsterte der jetzt zur Aufmerksamkeit Gezwungenen etwas ins Ohr. Das mußte ihr glatt und lockend eingehen, lachend sprang sie empor, schob sich mit einem verstohlen wiegenden Gang bis zur Schwelle, wo sie dann plötzlich und unvermutet nach der Hand des unentschlossenen Gastes griff. Starke, pulsende Schläge hämmerten aus der weichen runden Frauenhand in die schreckgebundenen Glieder des Knaben hinüber, und doch – so unbändig wütete der letzte Kampf in dem zum Niederbruch Bestimmten, daß Klaus noch in diesem Augenblick jähzornig die Faust hob, schwankend, ob er nicht die wohltuende und doch so peinigende Zärtlichkeit mit einem Hieb in das rotwangige Gesicht vergelten sollte.

Wirklich, schon spannte er den Arm. Die Becke aber drängte sich noch dichter an ihn heran, überstrich ihn von unten herauf mit ihren blaugrünen Augen und sprach kosend:

»Komm – du Schöner.«

Da stand er ganz still und horchte in schmerzlichem Erstaunen auf solche nie gehörten Laute. Und während die Becke seine Reglosigkeit benutzte, um ihm schmeichlerisch die flaumige Wange zu streicheln, bis sie es endlich sogar versuchte, ihren Arm um seinen Nacken zu schmiegen, da meinte der Verwandelte ganz deutlich einen Strom zu spüren, der sein früheres Bild und seine lichte Vergangenheit mit sich forttrug. Plötzlich empfand er spitze Zähne an seinem Ohr. Auf einen ungeduldigen Wink des Strohblonden war die Dirne gewandt an dem Fischer in die Höhe gesprungen, jetzt trug er die vollen Weibsglieder rittlings auf seinen Armen, und rechts und links trafen ihn die raschen, schmerzhaften Bisse. Die fraßen den letzten Rest seiner Gegenwehr hinweg.

Ein wilder, unnatürlicher Schrei der Entfesselung war es, der aus der Kehle des Burschen raste. Selbst Heino Wichmann horchte überrascht auf, als dieses gellend grausame Signal von etwas Neuem, bisher Unerhörtem aus der Brust seines so schwer zu brechenden Zöglings herüberschmetterte. Gleich darauf jedoch schüttelte der Kleine leichtmütig, wie stets, den sich leise regenden Zweifel ab, und sein heller Diskant überschrillte sogar noch das wüste Toben der anderen, als er jetzt vor Begeisterung mit den Füßen auf dem Estrich trommelte, weil er wahrnahm, wie Klaus von Glut übersiedet seine Last an den Tisch schleppte. Dort warf er das Mädchen, dessen Arme sich nicht von seinem Halse lösen wollten, mit einem Krach auf die Platte. Ringsum spritzte es aus Kannen und Bechern! Die Becke aber lehnte schnell ihre Wange an die ihres Ritters, versetzte ihm verliebt einen Nasenstüber und flüsterte erregt, jedoch von den anderen ungehört:

»Jetzt nicht, Lieber. Aber bleib hier. Ich zeig dir was.« Damit sprang sie von dem Tisch herab.

Es war ein Bild, wie es später die nordischen Maler aus dunklem Hintergrund herausleuchten ließen, sobald ihnen des Daseins derbe, überschäumende Lust aus keckem Pinsel floß. Aber damals strahlte über der Kunst ein strenger, heiliger Himmel, und auch in der Wirklichkeit versteckten sich solcherlei Begebenheiten noch verstohlen in den finsteren Ecken übel beleumdeter Schlupfwinkel.

Der Magister hatte sich inzwischen in die Höhe gefunden. Jetzt riß er sich die Kappe vom Haupt, daß ihm die langen gelben Haarsträhnen wirr auf die Schulter fielen, und schleuderte die Kopfbedeckung in die Luft.

»Laßt uns das Paar in Wein segnen«, piepste er mit seinem tollen Sperlingsgezwitscher. »Ersäufen wir in der Trauben Blut all die verruchte Plackerei. Riecht ihr es nicht? In Frau Sibbas edlem Haus verbirgt sich die Freiheit. Greift sie, ihr Schindluder, ihr findet sie sonst nirgends.«

»Greift sie«, schrie auch Klaus Bekeras besessene Stimme. Flüchtig erschrak der Bube, als er sich selbst hörte, als das Fremde wie mit einer klirrenden Schere in seinen Gedanken herumschnitt, allein gleich darauf stürzte er umnebelt der entwischten Dirne nach. Die schaffte gerade am Herd, als er nach ihr tastete. Bissig schlug sie ihm auf die Rechte, funkelte ihn an, denn dies Gebaren des Gesellen war ihr nicht fremd, und herrschte hochmütig:

»Jetzt nicht, du unflügges Huhn. Ich hab's dir gesagt.«

Und abermals stand Klaus behext, horchte verwundert auf und schüttelte das schmale Haupt.

Unwirsch hatte bis jetzt die Wirtin das Treiben der beiden Fremden gelten lassen, jetzt endlich riß ihr die Geduld. Mit einem ärgerlichen Gehüstel erhob sie sich von ihrem Herdsitz, und siehe da, als sie stand, streckte sie sich empor wie ein langer Pfahl, auf dessen oberer Kante schmutziger Schnee liegt. Langen Schrittes fuhr Frau Sibba sodann auf den Magister zu, wobei sie es für angebracht hielt, dem kleinen, scheinbar so ungefährlichen Kerlchen ohne weiteres mit der Knochenhand in den halboffenen Kragen zu greifen.

»Wie steht es mit der Zeche?« wollte sie gerade zwischen ihren Zahnlücken liebevoll hervorpfeifen, da pluderte sich ihr Faltenrock kreisrund in die Höhe, und die von ihm bekleideten Glieder flogen, gleichsam geschleudert, auf den Holzhaufen hinter dem Herd zurück. Wie es geschehen war, das konnte sich keiner erklären, da alles durcheinanderlärmte, aber sobald man durch den aufgestörten Kienqualm wieder hindurchschauen konnte, da tanzte der Strohblonde wie von Sinnen mitten in der Schenke herum, während er ein abgerissenes Glied seiner Goldkette hoch über dem Gelbkopf schwang. Dazu flötete Heino Wichmann, sich freundlich nach allen Seiten verbeugend, mit seinen süßesten Tönen, ob man ihn vielleicht auch jetzt noch daran hindern wolle, die hier versammelte Hundeheit durch Wein und Liebe von ihren Stricken abzubinden?

»Durch Wein und Liebe«, wiederholte Klaus sinnlos und versank völlig in die vor ihm geöffnete Grube von Qualm und Glut. Die Becke wischte an ihm vorüber und küßte ihn anfeuernd auf den Nacken.

Das alles verschwamm vor dem schon Nüchtern-Berauschten und drehte ihn nur noch hilfloser in den kreisenden Wirbel. Was dann geschah, das tanzte vor ihm auf und ab. Bald hochflackernd, bald zusammenstürzend wie die blauen Flammen des Herdes. Er sah sich im engen Drang auf die Bank vor den Tisch geschoben, und aus dem Zinnkrug duftete ihm gärender Met entgegen. Er leerte den Becher mehrmals, und seine Sinne gaukelten fortan wie Schmetterlinge über dem süßen Trunk. Warum konnte er diesen oder jenen Gedanken nicht mehr festhalten? Aufgescheucht versuchte er es, aber es gelang ihm um keinen Preis. Statt dessen mußte er den Gängen der Becke nachspüren, die den Gästen immer von neuem das Trinkgeschirr auffüllte, es zog ihn, in ängstlicher Neugier ihren kurzen Rock zu streifen, ja einmal brüllte er drohend auf, als die Dirne sich verweilend auf die Knie eines alten, kahlköpfigen Mannes niederließ, dessen feiner blauer Bürgerrock keineswegs hierher zu gehören schien.

»Was schiert dich, Bübchen?« hörte er zwar gleich darauf die Aufwärterin lachen. Unhörbar war sie herangeschlichen, jetzt beugte sie sich über den Vernunftberaubten, und ihre Augen funkelten, als sie merkte, wie Reife und Knabenschaft in ihm Würfel spielten. Da umklammerte er erbittert die von Met und Hitze dampfenden Weibsarme, und schwankend zwischen Wut, abgründiger Verachtung und stöhnender Besessenheit bettete er sein Haupt an ihre Brust.

»Dummkopf«, sträubte sich die Eingefangene, »du reißt mir ja das Hemd.« Aber es klang doch keuchend, und nur schwerfällig entzog sie sich.

Entzückt über dieses schwindelhafte Werben hatte sich Heino Wichmann auf den Tisch geschwungen. Hier preßte sich das berauschte Kerlchen, obwohl seine zwiefarbigen Augen noch immer so frostig wie früher blinkten, die Rechte aufs Herz und sang mit seiner bohrenden Stimme einen Kehrreim, welcher zur Zeit der fatalen Münzverhältnisse unter dem zur Verzweiflung getriebenen Volke durch Dorf und Stadt lief:

»Dirn im Arm und Wenzels* Geld«

Und sofort wieherte der Chor zur Antwort:

»Was ist falscher auf der Welt?«

»Ihr seid ein Spaßvogel, Kleiner«, sagte die Becke durchaus nicht beleidigt.
Der Sänger aber strich ihr gönnerhaft über die Zottelhaare.
»Und du ein schöner, fetter Bissen, Herzlein«, entgegnete er überlegen, »jedennoch, ich gönne dir alles Gute.«
Quirlende Pfiffe, die aus der Ecke schrillten, belohnten jenen anzüglichen Witz.
Und wieder tanzten vor Klaus die blauen Flämmchen, und die Schmetterlinge über dem Met taumelten schwer und flugtrunken ...
Nach einer Weile ging die Becke und schlug in der Nebenkammer, öfter über die Schulter zurückspähend, das zerwühlte Lager zurecht. Diese Pause benützten die bäuerlichen Zecher zu Flüchen und Verwünschungen über die gotteszerrissene Zeit. Da war zuerst der feine blaue Ratsherrnrock. Am Tage hatte der nackenfette, ewig schmunzelnde Glatzkopf die Stadtwaage sowie Recht und Sitte wahrzunehmen. Aber da ihm zu Hause ein zänkisch Weib eignete, das ihn schlug, so verargte es ihm keiner, wenn er abends Frau Sibba und die Becke besuchte. Er galt als Stammgast, und allerlei Vorrechte wurden ihm eingeräumt. Deshalb war er auch der einzige, der zufrieden und stillbehaglich in seinen Krug blinzelte. Ganz anders die Bauern, deren fünf bis sechs in galgenfröhlicher Verbitterung hinter ihren Töpfen lagerten. Zwischen den haarigen Kerlen schwelte es wie die Lust zur Verschwörung. Denn der Conaer Graf hatte, da er mit der Stadt Bergen im Streit lag, einfach die umliegenden Hufen besetzt, und jetzt führte sein Troß Vieh und Getreide des Landmannes fort als Wehrgeld für den Zug gegen die Freibeuter, so hieß es.

»Es verstößt gegen das gemeine Huferecht«, stöhnten die Gepfändeten, und drohend schrien sie den Ratsherrn an. »Gibt's denn kein Recht? – Gott verdamm mich, gibt's kein Recht?«

Der Dicke jedoch zuckte die Achseln und schwieg. Er wußte, wie wenig gegen Spieße und Armbrüste ein Pergamentfetzen etwas ausrichtete.

Mit weit aufgestemmten Armen lag Klaus über die Tischplatte geworfen, sein glühend Antlitz hatte er auf beide Fäuste gestützt. Und das Klagen und Jammern der Landleute floß in die Adern des Jungen

---

* König Wenzel von Böhmen

hinein wie zischendes Blei. Es zerstach ihm das Hirn, es zerriß ihm die Augen, so daß vorübergehend sogar das Bild der üppigen Dirne aus ihnen herausstürzte. Das unverstandene Drängen und Jagen des Burschen nach vom Himmel strömendem Segen, nach einem Wohlstand, der jedem gleichmäßig die Hand reichte, über welche kümmerliche Scholle er auch schritt, diese gierige Sehnsucht, die sich so ungleiche Schwingen geborgt hatte, die eine von den demütigen Lehren des Pater Franziskus, die andere von den stachelnden Einflüsterungen des kleinen Magisters, jetzt rissen ihn die starken Fittiche über seine irdische Besessenheit hinaus.

Drinnen in der Kammer walkte die Becke das Bett kräftiger, Klaus Bekera jedoch überhörte die aufreizende Hantierung, denn Zorn und Mitleid hatten ihn längst an diese entrechteten Bauern gekettet, deren Plage ihm widersinnig und unmenschlich erschien. Es war eine geschnürte, drohende Unruhe in seiner Stimme, als er sich jetzt flüsternd erkundigte, ob sich denn keiner der Vergewaltigten gegen das schreiende Unrecht zur Wehr gesetzt? Da warfen die Landleute scheue, betretene Blicke auf den unreifen Buben, aber endlich steckten sie die Häupter zusammen und wiesen mit Fingern auf einen untersetzten Mann am Ende der Bank. Der saß in seinem braunen Bauerngewand in sich versunken da, über den violetten Halskragen, der ihm das gefurchte Antlitz zum Teil verhüllte, war noch ein unscheinbarer Tellerhut gedrückt, allein selbst durch diese Vermummung hindurch hatte Klaus aufgefangen, wie der Mann, sooft er sich unbeobachtet wähnte, zuweilen schwer vor sich hinseufzte. Bald griff der Einsame tastend nach dem kurzen Schwert an seiner Seite und von dort wieder unsicher nach dem Stiel einer Axt, die er zwischen seine Knie gelehnt hatte. Kaum aber bemerkte der Grübler die auf ihn gerichtete Aufmerksamkeit, als er zusammenschrak und der Wirtin heftig winkte, er wolle seine Zeche bezahlen.

»Tummle dich, Weib«, drängte er, indem er sich mißtrauisch in den Ecken umsah, bis sein unsteter Blick endlich auf einem zusammengeduckten Sprenkelbart haftenblieb, auf einem schmutzigen Juden, der in seinem gelben Schandrock und der roten Zwangskappe müde auf einem Holzblock neben dem Eingang hockte, wo er von allen übersehen, gleich einem Stück Niemand, ruhig ein Näpfchen Suppe schlürfte. Der Mann mit der Axt jedoch schrie hämisch auf und schlug sich, wie in nagendem Grimm, den flachen Hut tiefer über das Hauptuch. »Für den da, für den verfluchten Juden bezahle ich mit«, rief er schneidend, während die tiefen Furchen in seinem braunen Sorgenantlitz zuckten. »Komm, Mauschel, bist der richtige Gesell für mich. Leck deine Schüssel leer, und dann fort.«

»Was ist mit dem Hebraicus?« unterbrach Heino Wichmann von seinem Tischplatz aus spürend. Die feinen Nasenlöcher des Kleinen witterten dabei wie die eines Jagdhundes, und sein ungleiches Augenpaar sprang die beiden Weggenossen so lauernd und zerfleischend an, daß jeder von ihnen unwillkürlich nach seinen Habseligkeiten griff.

»Was soll sein?« stammelte der Jude, indem er sich mühsam emporraffte. »Ich wandere.«

„Ja, und ich will dir auch sagen, warum«, kreischte die Sibba und riß ihm die Schale aus der Hand. »In Potthagen, wo du wohnst, da hat das große Sterben schon wieder angehoben. Und was steckt dahinter? Ihr Krummnasen, ihr Herrgottsmörder habt die Brunnen vergiftet. Ist es etwa nicht wahr? Man sollte dich totschlagen, du garstiges Gewürm.«

Ein einziger, ein heulender Schrei kam von den gereizten Bauern. Geballte Fäuste fuchtelten in der Luft, und ein schwerer Steinkrug flog schmetternd gegen die Brust des Verhaßten. Welch eine Wollust, sein eigenes Leid abwälzen zu können. Stöhnend sank der Jude auf seinem Platz zusammen, und erst nach einer Weile vermochte er hervorzukeuchen:

»Gestern ist mein eigen Weib und mein Sohn verröchelt. Glaubt ihr ...?« Er murmelte etwas Unverständliches.

Doch der Abscheu der Landleute tobte weiter.

»Stoßt ihn ins Feuer, den Mauschel, soll er uns vielleicht den schwarzen Gevatter an den Hals hetzen?«

Polternd sprangen die Männer hinter dem Tisch in die Höhe, ein fluchendes Getümmel umzüngelte alsbald das Opfer ihrer Wut, und der Angehörige eines aus den Reihen der Menschheit verwiesenen Stammes ließ seine schwarzen Augen ungläubig und doch bereits auf alles gefaßt von einem der Bedränger zum anderen rollen. Allein nirgends erspähte er Gnade, überall nur sinnlose Fremdheit und schäumenden Haß. Da – beinahe im letzten Augenblick –, was war das? Da setzte etwas Wirbliges, Zappelndes, Strohblondes mit einem katzenhaften Sprung von dem Tisch bis dicht vor den Angegriffenen hin, ein helles Gelächter wurde aufgeschlagen, und merkwürdig, die kleine Kinderfigur schien plötzlich biegsam, wuchtig, stahlhart wie eine gute Klinge, die sich zum Hieb erhoben. Im gleichen Moment freilich war auch Klaus Bekera in das Gewühl geschossen. Ihn leitete kein besonderes Mitgefühl für diesen umstellten Juden, nur das stürmische Weh für alle Unterdrückten äußerte sich rückhaltlos auch hier. Es war eine wundervolle Bewegung, als sich jetzt die überragende Gestalt schutzbereit vorwarf, halb geschmeidig, halb gebieterisch. Dazu flammten die schwarzen Augen in einem dunklen, bannenden Feuer, und die metallische Stimme füllte das ganze Haus mit solch fortreißenden Wirbeln einer geschlagenen Trommel, daß selbst die Becke, die neugierig am Pfosten der Kammer lehnte, ihren Nacken von einem eigenartigen Schauder überkräuselt fühlte.

»Weh dem Armen«, schleuderte der zum erstenmal in eine wache Geisterwelt Entrückte seinen Angreifern entgegen, »weh dem Armen, der einen anderen Elenden entheiligt.«

Die Bauern sahen sich an, verstanden nicht und wichen vor der drohend gereckten Faust zurück. Eine Stille, ein Verstummen fiel in den Tumult, um gleich darauf durch ein quirlendes, sich überschlagendes Gelächter abgelöst zu werden.

»Hört – hört den Bußprediger«, schüttelte sich Heino Wichmann, und sein Lachen legte sich wie ein Wall vor den Juden. »Aber nun verstattet auch mir ein Wörtlein, ihr Heufresser.«

»Was sagt er?« murmelten die Bauern, die es nicht begriffen, wie ein Zwerg es wagen könnte, sie zu beschimpfen.

»Ich sage«, fuhr der Kleine in ungetrübter Ruhe fort, während er gelassen vor dem Hebräer auf und ab wanderte, »daß ihr ein Querholz vor der Stirn tragt und Ochsen seid.«

Die Bauern rührten sich nicht und horchten. Selbst die Becke, die nur das Bild des glühenden Knaben verschlang, beugte sich vor.

»Ich dachte, ihr wolltet Edelwild jagen?« sprach der Magister schneidend weiter, und in seinen Augen funkelte eine aufreizende Flamme von Bosheit und verführerischem Aufruhr. »Ein Kesseltreiben gegen den zweibeinigen Schädling!? Oder meint ihr, diejenige Meute sei die beste, die sich selbst zerfleischt?«

Noch nie hatte Klaus die aufwühlende Gewalt des Kleinen auf eine erregte Schar verzweifelter Männer überspringen sehen, jetzt fühlte er selbst, wie die glühende Aufreizung ihm den Atem stocken ließ und daß er im Moment nichts anderes war als ein zitterndes Blatt an einem Strauch, den der Wind zaust. Blätter, bewußtlos vom Sturm geschüttelt, raunende Blätter wurden auch die übrigen. Die Brüste dehnten sich, die wilden Augen richteten sich starr auf den einen, von dem eine unbegreifliche Losung auszugehen schien, selbst der Jude vergaß die ihm nahe Gefahr, denn taumelnd richtete er sich auf und ergriff seinen Ranzen.

»Wohin gehst du?« forschte Heino Wichmann unvermittelt wieder mit seiner weichen Mädchenstimme.

»Ich wandere«, versetzte der Gefragte hartnäckig.

»Ja, wir wandern«, wiederholte nun auch der Mann mit der Axt, der bisher wie im Traum gelauscht hatte. »Komm, Bruder.«

Allein ehe die beiden sich noch aus dem erstarrten Kreise lösen konnten, stand der Kleine plötzlich zwischen ihnen, und leise und doch mit unentrinnbarer Eindringlichkeit sagte er:

»Den einzigen, der dir die Flecken von der Axt fortwaschen kann, den findest du jetzt nicht. Der ist weit.«

Der Bauer wich einen Schritt zurück, stammelnd fragte er: »Wer ist das?«

»Wer?« Heino streckte ihm die Rechte entgegen, in die der andere, wie gezogen, einschlug. »Wer?« flüsterte der Kleine noch einmal. Und kaum verständlich, hinter Schauern von Anbetung und Geheimnis verborgen, hauchte er ihm ins Ohr:

»Der Gödeke ... Gödeke Michael,
Der führt auf dem Schwarzschiff allein den Befehl.«

Eine Woge mußte in das Haus der Sibba geschlagen sein, die alles, was bis dahin aufrecht stand, unter sich begrub. Aus dem Strudel schlang es sich herauf wie die Stimmen von Ertrinkenden. Ein allgemeines brausendes Gebet, das brünstig durch das Dach gegen den Himmel stieg:

»Seine Brust ist wohl eine Elle breit,
Den Bedürftigen schenkt er Speise und Kleid!«

Noch heulte der Sturm, da geschah etwas Ungeahntes. Lallend, trunken von der Gewißheit, in eine Gemeinschaft eingeschlossen zu sein, so hatte der Hebräer die Axt an sich gerissen. Jetzt taumelte er auf den Holzblock, schwang die Waffe fieberhaft über die vielen Köpfe und besessen von einem starren, fanatischen Wahne, kreischte er gellend:

»Und tragt ihr Armen am Leben schwer,
Das Recht und die Freiheit wohnt auf dem Meer.«

Und wieder erscholl es ihm zur Antwort, ernsthaft, schwer, feierlich wie das Responsorium in der Kirche:

»Dort richtet die Reichen an Leib und Seel,
Der Gödeke – Gödeke Michael.«

Aber das letzte klang schon auf der Landstraße. Der Schwarm hatte sich, einer inneren Macht folgend, ins Freie ergossen. Alles, was sich ihm widersetzte, war fortgebrochen, nur die Becke und Klaus befanden sich allein unter dem niedrigen Dach, beide angewurzelt, die Trümmer eines langsam sich fortspinnenden Traumes.

»Komm«, ermunterte endlich das Mädchen und streckte verstohlen die runde Hand nach dem Versunkenen aus. Allein schon die Berührung machte es lechzend und unsicher. Je länger sie mit dem schlanken, gänzlich inneren Liedern lauschenden Burschen allein blieb, desto mehr durchschlug sie das Bewußtsein, dieser große, stolze, widerwillige Junge mit den brennend schwarzen Augen, er gehörte nicht in das Geschlecht der sich am Boden wälzenden Genüßlinge. In diesem wohnte noch eine verzweifelte Scham, eine gierige Andacht, die zugleich beten und doch das Muttergottesbild zerschlagen wollte. Es war eine heiße, betörte Menschenstimme, von der Klaus aus seinen himmlischen Gärten hinweggejagt wurde. Wild, schmerzlich fuhr er auf.

»Was willst du?« stammelte er entsetzt, angewidert, denn in den brauenden Kiennebeln sah er, wie sie sich ihm näherte. Nein, das nicht. Alles, was von Demut gegen seine Mutter in ihm lebte, alles, was er Feindliches in seinem eigenen Geschlecht barg, es empörte sich, und mit einem wuchtigen Stoß schleuderte er die Hingebungbereite vor sich nieder auf den Estrich. Ihren dumpfen Fall hörte er noch, dann befand er sich im Freien.

Draußen Dunkelheit, feuchte, pfadlose Nacht.

Aus den Erlen und Pappeln der Landstraße schwirrte es, feiner Sprühregen stäubte den abschüssigen Weg herauf, und vor den Füßen des Flüchtenden seufzte der aufgeweichte Lehm der Landstraße.

Wohin führt der Pfad? Klaus wußte es nicht. Entschlußlos blieb er stehen, bot die Fieberstirn den kühlen Tropfen und lauschte. Von der Höhe züngelte ihm noch ein Feuerstreif aus den Fenstern des Häuschens nach, das er eben verlassen hatte, und ganz weit, jenseits des Absturzes, wirbelten zerstückte Fetzen des sich entfernenden Bauerngesanges. Ja, das wollte er festhalten, daran wünschte er sich zu klammern. Aber während der Einsame versuchte, die bekannten Strophen aus keuchender Brust aufsteigen zu lassen, da verwirrte er sich. Vergessen, vergessen waren die Worte und Bilder, die er bis jetzt aufgebaut und errichtet hatte. Dafür – er blickte sich wie gehetzt in der Finsternis um –, dafür leuchteten überall aus den Schatten heraus weiße Arme, die ihn einfingen. Er wollte sich wehren, er schrie wie ein Unsinniger, allein das Gewoge erstickte ihn und kehrte ihn um. Vergebens, umsonst, getragen von flatternden Fittichen schoß er zurück – sprengte die Tür und sank wortlos der jauchzenden Dirne in die Arme.

Über dem Hause der Sibba erlosch das Sternbild des Jupiter.

VI

Ist erst das Eis gebrochen, dann spritzt der trübe Gischt des Meeres gewaltsam hervor, und man meint, die wallende Flut schleppe überhaupt nichts anderes mehr als Unrat.

Von dieser Zeit an kehrte Klaus häufiger und häufiger in der Hütte der Sibba ein. Mochte ihn auch am Tage, wenn die helle Sonne der Küste sein Tun bestrahlte, der Ekel und der Abscheu vor dem wilden Zwang quälen, der ihn an einem schneidenden Seil über die Berge zog, in der Nacht schnürte ihm die schmerzhafte Umstrickung alle Glieder zusammen und riß den Unbändigen von dannen. Willig wurde er von seinem hohnlächelnden Lehrmeister mit einem Ring der goldenen Kette nach dem anderen ausgestattet, und Heino Wichmann versäumte nicht, während der Tagesarbeit seinem verbissen vor sich hinschaffenden Zögling einzuprägen, wie es im Altertum ganze Schulen der Weltweisheit gegeben hatte, die im Genuß, in Schwelgerei und besinnungslosem Auskosten die einzige Gewinnmöglichkeit gegen den überall herumschnuppernden Tod gesehen hatten.

»Sieh, Bübchen«, pflegte dann der Kleine zu äußern, während die beiden Genossen im Boot den brauenden Morgennebel durchschnitten, »der letzte Tropfen im Weinkrug ist es, der letzte, den die lechzende Zunge auf sich herablockt, gerade ihn begrüßen wir als den heißen Boten aus einer überseligen, tanzenden Welt. Bei diesem letzten kämpft bereits die Wehmut des Abschieds mit der Hoffnung auf neue Labe. Oder meinst du, das Schwein habe einen anderen Grund, sich beim Scharren nach der letzten im Erdreich versteckten Eichel den Rüssel blutig zu reißen?«

Solchen Einflüsterungen gegenüber, obwohl sie ihn mit der Schärfe eines Rutenhiebes trafen, blieb der hochgewachsene Junge, dessen Wangen schmäler und blasser wurden und dessen Brandaugen jetzt häufig voll selbstquälerischer Verzweiflung glimmten, stumm und taub. Und der strohblonde Magister begann zu wittern, daß sein Geschöpf die aufreizende Absicht unter seinen Stachelreden zu merken anfing. Dazu bäumten sich der Hochmut und das herrische Wesen des Fischersohnes immer gebieterischer, und es kam jetzt oft in dem Katenhause der Bekeras zu Streit und Widerreden. Der Sohn bat nicht mehr, er forderte. Auch äußerte er zuweilen bei geringen Anlässen Gedanken und Meinungen, die bewiesen, wie hoch die Gärung in seiner Brust bereits gestiegen war.

Eines Tages saß der Bruder Franziskus am Herde der Hütte. Er kam, wie er bekundete, im Auftrage seines Klosters, um bei den Fischersleuten eine wirtschaftliche Bestellung auszurichten. Im Grunde aber war er von Mutter Hilda herbeigerufen worden, die die Sorge um ihren, wie sie meinte, verirrten Einzigen nicht mehr ruhen ließ. Treibende Angst beschattete sie jetzt fast stündlich, in ihrem Kinde seien die bösen Lüste seines eigentlichen Erzeugers aufgewacht, seine Genuß- und Raubsucht, die wilde Gier nach Unterdrückung Schwächerer und das kalte Verachten von Recht und Sittsamkeit. Ihre Brust bebte, wenn sie daran dachte, daß sie selbst ja nur gezwungen dieses fremde und doch geliebte Reis empfangen hatte, und die Schärfe des Mutterauges nahm auch wahr, wie in ihrem Sohn plötzlich die Erkenntnis des werdenden Mannes aufgepeitscht war und wie sich Scham und Verachtung vor jenem Wissen in ihm stritten.

Ein kalter Novemberabend fröstelte über der Hütte. Am Buchenfeuer saß der Mönch, und neben ihm, in Decken eingehüllt, hing der Hausherr, halb liegend in seinem Armstuhl, und röchelte unter einem pfeifenden Geräusch die warme Feuerluft ein, die seine wunde Brust doch immer wieder zu einem langen Husten reizte. In einer beschatteten Ecke, in die er absichtlich gerückt war, wetzte Klaus mit einem Stein den Aalspeer, während Hilda vor ihrem Gaste stand, die Hände demütig über der Brust gekreuzt, als wäre sie bereit, jedes Wort ihres geistlichen Führers gleich einer Predigt von der Kanzel herab auf sich wirken zu lassen. Draußen umarmte Nordsturm die Hütte und keuchte begehrlich um das geschüttelte Dach. Dadurch wurde es aber nur noch heimlicher in dem Raum. Und in dem Wohlgefühl über den warmen Platz vergaß der Pater sogar, daß weit hinter seinem Rücken der kleine strohblonde Zwerg auf einem Brett unter dem Rauchfang hockte, sichtlich bemüht, in der rötlichen Schwärze der Höhlung so weit wie möglich zu verschwinden. Der Magister war auch der einzige, der mit spöttischem Grinsen bemerkte, wie den jungen Klaus bei seiner Arbeit mehr und mehr eine fliegende Unruhe stachelte, und er wußte auch, was seinen Zögling an brennenden Seilen von hier fortzog. Darüber freute er sich. Inzwischen lief das Gespräch ehrbar hin und wider. Es wickelte sich meistens so ab, daß die alten Fischersleute ihrem Beichtiger diese und jene wichtige Frage des Alltags unterbreiteten, um sich dann seinen Aussprüchen und Entscheidungen mit unbedingter Zustimmung zu unterwerfen. So hüstelte der Kranke seinem Gast auch dasjenige vor, was in den letzten Tagen dem schon in Gleichgültigkeit sich verlierenden Geist des Leidenden jählings ein sengendes Mal aufgedrückt hatte. Man denke nur, der Vogt hatte im Auftrage des Grafen den Wehrpfennig gegen die Freibeuter einziehen wollen, da er jedoch bei den Bekeras nicht genügend Münzgeld gefunden, so habe er den Ziegenstall geöffnet und eines der Tiere, die beste Milchgeberin, gepfändet und fortgetrieben.

Als der hinfällige Riese sich an diesen Raub erinnerte, da wurde der ehemals so mächtige Körper von einer Wut geschüttelt, daß der Armstuhl unter ihm zitterte. Der Schweiß tropfte dem Aufgeregten in den grauroten Bart, während er halb lallend fortfuhr:

»Schmach – da lag ich – da lag ich – und konnt' ich mich wohl rühren? Nein, ich schrie nur immer, immer nach Gott und den Heiligen. Auch die Ziege schrie – aber was nützt ein Bresthafter, dem das Wasser zudem in den Knien gurgelt – denn so hoch steht es bei mir schon.« Der Alte warf sich herum und nickte in die Ecke hinein, wo sein Sohn heftiger an seinem Spieß rieb, dann keuchte er dankbar: »Nachmittags aber kam Klaus, der Junge kam von der See, und da wurd's anders. Der lief dem Vogt nach und brachte unsere Ziege zurück. – Wir haben sie wieder, Geweihter«, schloß er erleichtert und hauchte sich in die erstarrten Hände.

»Wie geschah das?« fragte der Pater nachdrücklich.

»Hab' sie ausgelöst«, erwiderte Klaus leichthin.

»Mit wessen Geld?«

»Hab' es mir geliehen.«

»Von wem?«

»Von einem Freunde«, vollendete der Bursche trotzig, konnte es aber doch nicht hindern, daß sein Blick wie im Einverständnis zu dem Strohblonden auf dem Herd hinüberflog. Der rückte sich noch tiefer gegen die Wand des Rauchfangs.

Der Mönch schüttelte sinnend das Haupt. Dann sagte er mit seiner gütigen Stimme, die empfängliche Gemüter wie dasjenige Hildas sanft stimmte, gleich einem lindernden Fiebermittel:

»Ihr guten Leute, hadert nicht. Es gilt allerwegen Opfer bringen, ein jeder nach seiner Kraft, wenn wir in der göttlichen Waage das Recht sinken sehen gegen das Unrecht und die Ordnung gegen die Zuchtlosigkeit. Darum steht auch geschrieben: ›Gebt dem Kaiser, was des Kaisers, und Gott, was Gottes ist‹«.

Eingehüllt in den roten Feuerschein wie in den Mantel des Elia und selbst innig von seiner Lehre überzeugt, so urteilte der Mönch, und die alten Fischersleute sahen sein Wort in ihrer Hütte aufwachsen wie eine Wunderblume, deren fremden Glanz sie nicht begriffen. Da ... entsetzlich ... die Häusler fuhren zusammen, sie trauten ihren Ohren nicht ..., da lachte etwas wider alle Ehrfurcht laut und zuchtlos mitten in die frommen Sätze hinein, und in der Ecke stieß der junge Nikolaus seinen Speer aufrecht in den Estrich, so daß das Eisen zitterte und summte.

»Was gibt's?« murmelte der Vater, dem vor Schreck die Sprache verging, während er sich mühselig aufzurichten suchte. »Warum lachst du?«

Der Sohn schüttelte kräftig an dem schlanken Schaft, und durchaus nicht eingeschüchtert, warf er blitzenden Auges zu dem Pater hinüber:

»Von wem stammen die törichten Sätze?«

»Töricht?« Vor dem Bruder Franziskus wurde es dunkel. Das Grauenvolle dieser Unbotmäßigkeit gegen den Himmel zertrümmerte ihm mit einem Keulenhieb das kluge Verständnis, das der Geistliche sonst seiner Umwelt und besonders der Jugend entgegenbrachte. Unmöglich schien es ihm, daß solch ein Frevel in einem menschlichen Hirn groß geworden sein sollte, unfaßlich, daß es gerade jener ihm lieb gewordene Bube war, der ihn äußerte. Gelähmt, seiner selbst nicht mächtig, antwortete er, um dabei doch zu empfinden, daß seine Worte ihm von selbst entliefen, ohne Hemmung, wie der Faden eines Knäuels, mit dem eine Katze spielt.

»Nikolaus«, verwahrte er sich voll Trauer und so leise, als ob er zu sich selbst spräche, »der Allmächtige nehme die Anfechtung von dir. Es ist unser Herr und Heiland selber, mein Kind, der diese Botschaft verkündete.«

Jetzt wandte sich auch die Mutter um. Ihre vorwurfsvollen Augen sowie die entsetzt vorgestreckten Hände bewiesen, sie erwarte, ihr Sohn würde von dieser Belehrung gefällt in die Knie sinken. Allein, was entdeckte sie? Um die Lippen des Jungen flog nur ein überheblich grausamer Schein, und nachdem er sich noch durch einen schnellen Blick des Beifalls seines zierlichen Meisters versichert hatte, holte er zu einem neuen, noch respektloseren Hieb aus.

»Hat der Heiland das selbst geschrieben?« forschte er ungläubig.

Ehrlich schüttelte der Bruder das feine Haupt. An den ergrauten Schläfenhaaren perlte ihm der Schweiß.

»Der Heiland schrieb nicht«, bekannte er, und wieder entfuhr ihm die Antwort gegen seinen Willen, wie ein Hund, der von einem Mächtigeren gelockt wird. »Seine Lehre ging durch viele Hände.«

»Dann taugt sie auch nicht mehr für eine späte Zeit«, bestimmte der Junge nun fest und mit furchtbarer Überzeugung.

»Nikolaus«, jammerte die Mutter, und in ihrem überwältigenden Grauen meinte sie, in der Ecke hocke ein höllischer Dämon, der mit seinem schwarzen Spieß gegen ihr Herz und das innerste Gefüge der Welt ziele. Und doch, der Dämon war noch immer schön und herrlich. Auch der Vater stieß jetzt ein wundes, banges Röcheln aus. Und nur der Mönch lehnte schweigend und starr auf seinem Stuhl, denn der Fels seines Glaubens wuchs unter ihm, so daß die wilden Strudel ihn nicht erreichten.

»Sündige weiter, Korah«, sprach er fest.

Von den Feuern des Kamins jedoch tönte ein spöttisches Kichern, und dadurch gereizt, brach es aus dem Abtrünnigen ohne jede Rücksicht hervor, die Leidenschaft, zu herrschen und andere nach seiner Überzeugung zu formen, schlug Flammen:

»Ist Gott reich oder arm?«

»Reich«, entgegnete der Geistliche schwach.

»Ist der Kaiser reich oder arm?«

»Gott helfe dir – reich«, flüsterte der Priester gezwungen.

Da riß Klaus seinen Spieß aus dem Estrich, streckte das Eisen dem Mönch starr entgegen, und während sein vorgeschobenes Haupt von der Glut des Herdes erreicht wurde, rief er mit düsterem Grimm und funkelnden Auges:

»So soll der reiche Kaiser den Armen geben, was der Armen ist.«

Eine Weile regte sich nichts nach dieser haßerfüllten Empörung. Die alten Bekeras schlossen nur aus dem aufwühlenden, zerfleischenden Ton, daß ihr Sohn, ihr einziges, liebes Kind, bei dem Versuch, an den Ketten zu rütteln, an denen die Erde vom Himmel herabhing, in die kalte, finstere Tiefe der Verdammten gestürzt sein müsse. Auch das erfaßten sie nicht genau, und doch zog es die armen Leute mit zwingender Gewalt, dem Verlorenen die machtlosen Hände in den Höllenspalt nachzustrecken. Noch blickten sie sich ratlos an, suchten Trost in ihren von keinem Verständnis erleuchteten Werktagsgesichtern, da erhob sich Bruder Franziskus in schwerer Fassung von seinem Sitz, und während er sich eng und abschließend in seine Kutte hüllte, schritt er gebückt und vor sich hinstarrend bis zur Schwelle. Hier aber minderte er seinen Schritt, und in das Holz der Bohlentür hinein sprach das zarte Männchen nach hartem Kampfe:

»Rufe mich, Klaus, wenn die Not des Verlassenen dich zwingt. Der Erlöser wohnt auch in denen, die ihn verlästern. Du wirst es merken.«

Dann war er wie ein grauer Schatten entwichen. Und in der Hütte bangte das Schweigen.

*

Aber die frommen Augen des Zisterziensers hatten klar genug in die zuckende Seele dieses ringenden Menschenkindes geschaut, denn etwas von der heilsüchtigen Allbarmherzigkeit des Christenheitsstifters pochte wirklich schmerzhaft in jedem Pulsschlag des Knaben. Und das, was den Mönch abstieß, war einzig in jener lodernden Verranntheit zu suchen, die da begehrte, der Ausgleich und die Verherrlichung der Geplagten und Gepeinigten auf dieser Erde sollten sogleich, ja im nächsten Augenblick, womöglich durch wilde, durch niederbrechende Gewalt bewirkt werden. In den Fieberträumen des Gärenden hob sich immer mahnender eine gepanzerte, goldglänzende Faust – die seine –, die das Jammerdasein zurechtrückte, und seine Nächte wurden beständig durch die Qual gestört, ob er, der Schmutzbefleckte, Sinnenlustverzehrte, auch wirklich das Flammenschwert in die besudelten Hände nehmen dürfe. In solcher funkelnden Finsternis, wenn vor seinen weitgeöffneten Augen der alte Klaus Bekera, die Mutter sowie Anna Knuth in goldverschnürten Purpurgewändern stolzierten, da weckte er häufig den neben ihn gelagerten Magister, um in nicht mehr erträglichen Zweifeln zu flüstern:

»Muß es denn ein Reiner sein, der die Herrlichkeit auf die Erde bringt?«

Allein den genießerischen Zwerg empörte derartig ernsthafter Zwiespalt, weil sein flatterhaftes Gemüt nie aufrichtig an eine Selbstprüfung gedacht hatte, und deshalb schlug er schlaftrunken nach der Hand des Freundes, ärgerlich dazu raunend:

»Laß mich in Frieden! Wer den leeren Bäuchen etwas zu fressen bringt, braucht die Schüssel nicht erst zu putzen.«

Dunkel und dämmriger wälzten sich Winternebel herauf, und an ihre graue Wand schrieb bereits eine Gespensterfaust unverständliche Zeichen des Kommenden.

Schicksalsstunde brach an.

Es war an einem naßkalten Novembernachmittag. Aus dem Dunst gräupelte es in schrägen Linien herab, davon wurde der Rauch des Schornsteins qualmig um die Hütte herumgedrückt, und das Meer zischte glasige Eisstückchen gegen die Strandsteine. Um diese Stunde bedeckte sich Klaus, während der Vater schlief und die Mutter geräuschvoll mit den Töpfen des Herdes lärmte, wie in zorniger Verbitterung mit seiner Lederkappe, hüllte sich hastig in sein Seehundwams und schlüpfte unbemerkt aus der Kate hinaus. Als er den weichen Hagelschlag um sich spürte, atmete er gierig und doch verstohlen die feuchte Luft ein, gleich einem Dieb, der sich auf schlimmer Bahn befindet. Wußte doch der Bursche, daß der zehnfach verabscheute Weg wieder sein Maul gegen ihn öffnete, um den Wanderer mitleidslos zu verschlingen. Seit einer Woche führte er den heißesten Kampf gegen seinen Hunger, gegen die abscheuliche Wonne, ein anderes Geschöpf zu entwürdigen und dadurch doch in beglückter Dienstbarkeit zu halten, aber jetzt, jetzt waren alle Widerstände in ihm mit einemmal erschöpft und gebrochen. In langen Sprüngen hetzte er von den Dünen zum Strand hinab – und richtig –, dort unten schob Heino Wichmann das Boot gerade zwischen den Steinen hervor. Dumpf, in abgehackten, mürrischen Worten begehrte der Bursche von seinem Lehrer, er möge heute das Netzelegen allein besorgen, weil er selbst ... weil ... kurz, gegen Morgen würde er wieder daheim sein. Und seltsam – ganz ohne das gewohnte spöttische Grinsen nickte diesmal der Kleine rasch und einverstanden, ja, es schien beinahe, als käme es ihm nicht ungelegen, allein und unbeobachtet die Meerfahrt unternehmen zu können. Eilfertig trug er dem Aufbrechenden Grüße auf, pries ihn glücklich, mitten im Winter runde Äpfelchen vom Baume schütteln zu dürfen – alles gleichgültig und ohne Anteilnahme – und wendete sich dann wieder doppelt emsig seinem Kahn zu. Aber Klaus zögerte noch eine Weile. Denn für eine kurze Frist befreite sich der scharfe Verstand des Jungen von den üppigen Bildern, die ihn blind machten, und ahnungsvoll durchfuhr ihn die Erkenntnis, wie sehr sich in den letzten Tagen das Wesen des Kleinen verändert habe. Merkwürdig, über Heino Wichmann hatte eine treibende Unruhe Kraft gewonnen. Klaus erinnerte sich, daß sein Freund jetzt nächtelang herumstreife, namentlich auf den Höhen der Insel, ja, der Fischersohn rief sich zurück, wie er den Magister an einem der verwichenen Abende heimlich auf einem ins Meer vorspringenden Steinhaufen beobachtet hatte, wo der Strohblonde ein unbegreifliches Feuerspiel getrieben hatte. Er hatte dort ein Reisigbündel entzündet, und zur Verwunderung des Zuschauers wurden die brennenden Äste einer nach dem anderen von dem Einsamen in die Abendluft geschleudert. Was bedeutete das? Sollte hier irgend jemand ein Zeichen gegeben werden?

Als Klaus ihn angerufen, war der Kleine erschrocken. »Was treibst du da?« hatte der Junge gerufen. Allein statt einer Antwort hatte der Aufgestörte den glimmenden Bund ins Wasser gestoßen, die Achseln gezuckt und verärgert zurückgegeben:

»Meinst du, daß ich es hier noch lange vor Langeweile aushalte? So störe mich wenigstens nicht, wenn ich die dummen Fische anmutig ergötze.«

Damit war er von den Steinen herabgesprungen und hatte sich wortlos in die Hütte getrollt. In seinem Zögling aber nistete seitdem der Verdacht, Heino Wichmann, dieses ihm unentbehrliche Gefäß krausesten Wissens, dieser Galgenstrick, in dem die gemeinsten und liebenswürdigsten Eigenschaften bunt durcheinander wirbelten, ach, dieser unstete Wandervogel spanne gewiß bereits die Schwingen zum Flug ins Unbegrenzte. Und darüber verzehrte sich das Herz des anhänglichen Jungen, das neidisch nichts zu opfern vermochte, wovon es erst einmal Besitz ergriffen hatte. Sollte er nun vielleicht allein zurückbleiben, um abermals zwischen den alten Leuten in Dumpfheit und Knechtschaft zu versinken?

Stunden waren bereits seit dem Zusammentreffen verflossen, nach zügellos verbraustem Verschwenden hing Klaus ernüchtert und voll Selbstverachtung auf dem elenden Bettgestell in der Kammer der Becke, und das Gefühl des Ausgestoßenen, des ohne Zweck und Richtung zum Gemeinen Verurteilten belud ihn mit solchen Gewissensängsten, daß er den Kopf in beide Hände stützte und vergraben vor sich hinstarrte. Was sollte nun folgen?

Wenn Heino Wichmann wirklich eines Morgens verschwunden war, würde dieses elende Weib dann nicht die einzige sein, die ihn über die aussichtslose, ewig gleichbleibende Fron eines Unfreien hinwegtäuschte? Also nur der Ekel oder die grelle Verwüstung blieben ihm übrig, wenn er die Qual eines an seine Scholle gefesselten Knechtes vergessen wollte. Fort? Flucht? Ja, wenn nur ein Sasse nicht zu jeder Bewegung der Zustimmung seines Herrn bedurft hätte. Warum war er hierzu verdammt? Gerade er? Und gab es hier nicht noch unzählige andere, die diesem Fluch verfallen waren? Mit einem heftigen Ruck fuhr er in die Höhe, und so düster und drohend funkelten seine Augen, daß die Becke, die trällernd und hochmütig vor ihm auf und ab tänzelte, befremdet innehielt. Sobald ihr die Selbstbesinnung wiederkehrte, lächelte sie eigentlich über den unreifen Wildling, ja, sein gärendes Wesen sowie das bunte Gefieder seines Geistes reizte die Denkfaule außerhalb seiner Umarmungen höchstens zu Spott und Verhöhnung.

»Geh nach Hause, Büblein«, meinte die Dirne deshalb überlegen und schnippte mit dem Finger gegen ihre vollen Lippen, »damit du deine Mutter nicht störst. Auch meine Alte könnte aufhören zu schnarchen, wenn du die Tür wieder so zuknallst.«

Geräuschlos öffnete das Mädchen den Verschluß der Kammer, um in das Schenkzimmer zu spähen. Allein dort draußen schwebte alles im Halbdunkel, von dem Tisch flackerte nur eine trübe Ölleuchte, und am Herd zusammengesunken schlief ein buckliger Querpfeifer, der am Abend vorher den Gästen seine Stückchen aufgespielt hatte. Jetzt ruhte sein pockennarbiges Haupt auf der Herdplatte.

»Du kannst gehen«, riet die Becke noch einmal, nachdem sie sich von dem freien Ausgang überzeugt hatte. Allein wie stockte mit einem Male ihr herablassender Ton, als ihr gleichgültiger Blick sich jetzt unvermutet mit dem ihres Besuchers verfing. Gebannt blieb sie an der Schwelle, und ihre zitternde Hand nestelte unwillkürlich das Linnen an ihrem Halse enger zusammen.

»Was siehst du mich so an?« stammelte sie ziellos und in aufspringender Feigheit. »Ich habe dir nichts getan.«

»Wie sehe ich dich denn an?« forschte Klaus, den selbst, gleich einem Ertappten, ein kalter Schrecken aus seinen Gedanken gescheucht hatte. Das vollbusige Weib jedoch zitterte noch immer.

»Man möchte fast meinen«, suchte sie ihre Unruhe hinter einem frechen Lächeln zu verstecken, obwohl ihre fröstelnden Wangen sie Lügen straften, »man möchte fast meinen, du wolltest mir an die Kehle.«

Es sollte wie ein Scherz klingen, auch reckte das Mädchen alle Glieder, als wollte sie die Macht herbeirufen, die ihr noch stets geholfen. Allein das ernste Antlitz des Jungen und vor allem seine vernichtenden Augen, sie ließen ihr das sichere Selbstgefühl der Verworfenheit nicht mehr zurückkehren. Und dann – hörte sie denn richtig? Wurde sie nicht vielleicht doch durch einen brenzlichen Spuk getäuscht? Nein, nein, jetzt – es sprang ihr in die entsetzten Augen, der verwünschte Bursche dort griff wirklich in das Gewühl der Betten, preßte den Strohsack unbarmherzig zusammen und flüsterte heiser vor innerer Entwürdigung:

»Höre, Becke, es wäre für uns beide besser gewesen, wenn ich dich vorhin in den Kissen erwürgt hätte.«

Sie schrie nicht auf, sie bebte auch nicht länger, nein, vor dieser wilden Drohung, deren innere Wahrheit die Erfahrene nicht einen Moment bezweifelte, gewann die Dirne vielmehr ihren alten, rohen Übermut zurück. Auch fiel ihr ein, daß sie ja nur zu rufen brauche, um den Schläfer dort drinnen herbeizuwinken. Finster straffte sie die Arme. Dann setzte sie sich ihrem Gast gegenüber auf ein Klappbrett, das sie aus der hölzernen Wand herabließ. So nahe befanden sich die beiden, deren Blut plötzlich verzweifelte Feindschaft vergiftete, daß sich ihre Knie beinahe berührten. Dann stieß die Becke mürrisch und doch von einem lichteren Strahl getroffen hervor:

»Tätst auch was Recht's, ein Mensch, wie mich, umzubringen.«

Es mochte wohl die dumpfe Nachdenklichkeit in dieser Anklage sein, die den Burschen umstimmte. Herrisch bewegte er die fein geformte Hand, als ob er das Wort nicht gestaltet hören möchte, dann blickte er sich verwundert im Kreise um. Zum ersten Male musterte er entzaubert den kahlen Hausrat, das elende, zerfetzte Lager, die grünschimmlige Feuchtigkeit der Wände sowie die qualmige Leuchte zu seinen Häupten. Auch die geschminkten Wangen der Becke stachen ihm grell entgegen. Wie vor etwas Unbegreiflichem schüttelte Klaus den Kopf, dann strich er sich schwer atmend die Locken aus der Stirn. Als aber sein Blick notgedrungen über seine zusammengesunkene, vor sich hingrübelnde Gefährtin streifen mußte, da packte ihn das Zermalmende dieser Stille mit verzweifelter Macht.

»Sprich was!« herrschte er so bedrohlich, daß die Becke emporwankte.

»Was soll ich schon wieder sprechen?« versetzte sie mürrisch.

Der Junge würgte die Hände umeinander, da er sonst für sein Begehren kaum einen Ausdruck fand.

»Wie du so ... so eine geworden bist?« platzte er endlich in grimmiger Pein heraus. »Wie du so eine geworden bist?«

Da starrte die Dirne ihren Bedränger sprachlos an, denn gerade seine zarte Anbetung hatte sie bisher zum Erbarmen gegen dieses halbe Kind gezwungen. Unmutig entblößte sie ihre Zähne, als enthielte sie sich kaum, durch einen unvermuteten Biß sein Gesicht zu zerhacken. Aber allmählich schwand die Feindseligkeit aus ihren grünblauen Augen, und sie brach in ein rohes Gelächter aus.

»Bist mir ein rechter neugieriger Spatz«, spottete sie unsicher, aber dabei klang doch eine grobe Verwunderung in ihrer Stimme mit. »Potz Marter, ich fraß wahrhaftig selbst von dem alten Zeug. Willst es wirklich wissen? Gib acht, Büblein, hier kannst du was lernen.«

Mit einem höhnischen Lächeln lehnte sie sich zurück, krampfte die Hände in ihrem Schoß und dann schleuderte sie ihm ihre Dirnengeschichte ins Gesicht, abgehackt, boshaft, anmaßend, als war's eine lächerliche Überschätzung von solch einem Knäblein, jemals die Wege ihrer Zunft überschauen zu wollen.

»Ja, du Milchbrei, was zehn Mäuler bei einem armen Hufenbauern fressen, davon hat dir deine Mutter hinter dem Ofen gewiß nichts erzählt? Sieh, ich bin solch ein Maulwerk. Auf unserem Äckerlein verhungerte gerade eine einzige Kuh, aber was half's? Der Fetzen Land ist noch nicht lumpig genug, der Edelmann aus der Nachbarschaft muß noch sein gnädiges Auge darauf werfen. Da wird denn die Gegend vollgeschrien von Raub, Diebstahl und Einbruch, bis das Bäuerlein eines Tages im Turm des Junkers seine eigenen Knochen annagt. Kaum läßt man freilich das Gerippe frei, so läuft es vor das Gericht des Herzogs von Wolgast. Die zehn Mäuler wollen nun einmal gestopft sein, und irgendwo wird das Recht sitzen. Nicht wahr, es kann doch nicht aus der Welt fortgelaufen sein? Zwei Jahre dauert der Streit, zwei Jahre, bis einem die Augen vor Heulen und Angst blind geworden sind. Dann, horch, dann haben die Amtleute, Schreiber, Ratsherren und Vögte den Rest des Äckerchens aufgefressen. Heidi, da steht man nun nackt und bloß auf der Straße, und die Nachbarn werfen einem die Tür vor der Nase zu. Was nun, Kläuslein, was nun? Ich will es dir sagen. Wozu hat man den gnädigen Herren ihr Handwerk abgelernt? Man wird es eben auch einmal versuchen. In Wolgast gibt es einen reichen Bäcker, ich selbst hab' die Gelegenheit ausgekundschaftet, der erhielt zur Nachtzeit unseren Besuch – und dann ...«

Die Becke greint und beißt sich in die Finger, allein ihre gemalten Lippen beben jetzt doch wie im Frost.

»Diesmal währte der Prozeß nur kurz«, schluckt sie und reibt sich in unnatürlicher Emsigkeit die Hände, »nach acht Tagen stand ich mit meinem Vater schon unter dem Galgen. Eh sie ihn aber hinaufzogen, oh, das tat wohl, da schrie er mir über alles Volk hinweg noch zu: ›Der Himmel hat Großes mit uns vor. Sieh, Dirn, ich lern auf meine alten Tage noch in der Luft tanzen!‹ Und merk dir's, Büblein, das letzte Wort eines Vaters soll man nicht zuschanden machen.«

Damit erhob sich die Erzählerin, wandte ihrem Besuch den Rücken und kratzte wie unsinnig an der Wand herum. Plötzlich aber schnellte sie zurück, und indem sie die Arme fest um seinen Hals schnürte, bedeckte sie das Gesicht des Erstarrten mit unbändigen Küssen.

»Komm, Büblein«, girrte sie voll gemeiner Angst, als ob Büttel und Todesreiter ihr abermals auf den Fersen wären, »wozu nützen deine Narreteien? Die Hauptsache ist, daß man jung ist. Jung. Horch, unsere Herzen. Hüpfen sie nicht wie die Lämmlein gegeneinander? Komm, gib mir Geld, meine alte Hexe hat dir ja wieder ein hübsches Sümmchen gewechselt, und dann braue ich dir da drinnen einen Met, und wir trinken, bis uns Flügel wachsen. Munter, Bübchen, küsse mich und bleib bei mir.« Berauscht und zugleich verängstigt vor seinem starren Gesicht, klammerte sie sich an ihn. »Was ist dir?« murmelte sie abermals, als sie merkte, daß ihre Glut nicht auf ihn übersprang. Dann sank sie erschöpft wie ein Klumpen schweren Holzes vor ihm zusammen.

Klaus aber stand neben ihr, keiner Bewegung mächtig. Und obwohl seine Glieder zitterten und bebten, so hatte die Dirne doch recht gesehen, als sie spürte, daß ihr Gast nicht mehr bei ihr weilte. Ungläubig, halb erstickt sah er hinter dem seufzenden Scherben zu seinen Füßen die vergewaltigte Menschheit. Und er konnte es nicht fassen, daß dies alles seine Brüder und Schwestern wären. Verfaulte Scharen quollen aus den Türmen der Edlen, voreingenommene Richter schanzten das Recht dem seidenen Kittel zu, und überall aus der Erde wuchsen Galgen hervor, die liefen hinter den Armen und Elenden her.

Nein, nein, das war nicht die Welt, die der Pater oder der Vogt verkündigten. Die nicht!

Als Klaus endlich die Augen aufschlug, da meinte er, aus der elenden Leuchte zu seinen Häupten zischten Blitzstrahlen herab, deren schwefliges Licht ihn blende und versenge. Seine Kleider fingen an, ihm auf dem Leibe zu brennen, und über alles hinweg packte den Überreizten die grenzenlose Furcht, was er, der Frevler, getan habe, um den wütenden Reigen der Galgen einzufangen? Umgekehrt, umgekehrt – er hatte sich ja über eine der Verlorenen geworfen, um sie bis auf die Haut auszurauben und zu plündern.

Inzwischen war die Schwäche von der Dirne gewichen. Brummig richtete sie sich auf.

»Mach, daß du fortkommst, du Lappen. Wozu stierst du mich an?«

Da vermochte Klaus das kalte Entsetzen, das ihn erfaßt hatte, nicht mehr länger zu zähmen. Unbewußt, ob es aus Mitleid oder aus der Sucht geschah, sich loszukaufen von dem Schuldspruch, der über die Erde gegen ihn gellte, schüttelte der Bursche mit fiebrigen Händen einen Regen von Silber- und Kupfermünzen über die Zottelhaare der Kauernden aus, und so von Grund war der Flüchtling aufgewühlt, daß er beim Durchfliegen des Schenkzimmers sogar dem verschlafenen Querpfeifer den Rest des Geldes wie zur Abwehr gegen den Leib schleuderte. Auch der war ja ein Gepeinigter, der zur Nachtzeit auf den Landstraßen fror und sein Elend aus den fünf Windlöchern herausquirlte. Fort, nur fort von hier, um nie mehr der Wahrheit in ihr grinsendes Antlitz zu schauen. Der Querpfeifer aber sprang hurtig hinter den rollenden Münzen her und wurde stark in der Überzeugung, daß er es hier mit einem vornehmen Schwelger zu schaffen haben müsse. Dankbar raffte der Bucklige sein Instrument an sich und stürzte dem wunderlichen jungen Herrn nach, entschlossen, dem so unvernünftig Davonstürmenden den Weg durch seine Kunst angenehm zu kürzen. Draußen tauchte ab und zu die Gestalt in dem Seehundwams aus den Morgendünsten auf, und der Pfeifer keuchte auf dem abschüssigen Pfad hinterdrein, stolpernd und fallend, während sein Instrument seltsam hohe, zerrissene Töne von sich quiekte. Aber allmählich verlor der Verfolger sein Ziel aus den Augen, und an einer Wegbiegung blieb er stehen, verschnaufte sich und streichelte wohlgefällig sein Querholz, das ihm so hohe Ehren eingetragen hatte.

VII

Der Mond verglomm in seinem feuchtblassen Hof, als Klaus aus dem toten Geäst des Sassenwaldes auf die Höhe der Dünen heraustrat. Unten strich ein kräftiger Wind über Strand und Meer, so daß der Dunst hinweggefegt und eine weite Aussicht für den Ankömmling eröffnet wurde. Schwarz und finster wogte die schwellende Fläche vom Rande des Horizontes, und ihre dunklen Hügel wandelten schräg in schwermütigen Reihen der fernen Bucht von Binz entgegen. Dazu glitt von überall her ein nie abreißendes Summen über die Bahn, als ob im Morgengrauen verschlagene Bienenschwärme den Heimweg suchten.

Und doch, dort unten tagte es, und der Spuk der grauen Buchenstämme war überwunden. Endlich! Der Heimgekehrte, Übernächtige wandte sich noch einmal nach dem kalten, nebelhauchenden Gehölz zurück, um ungläubig zu ergründen, ob wirklich all die wirren Gestalten, die ihn bisher begleitet hatten, dort hinten zwischen den triefenden Sträuchern vom Boden eingeschluckt seien. Aber nichts rührte sich mehr, und es war wohl nur seine verzweifelte Erinnerungsgabe, wenn ihm noch immer spitze, halb irrsinnige Töne durchs Gehör schnitten. Es klang wie das Weinen eines geplagten Kindes. Klaus schüttelte sich und spritzte die Regentropfen von der Stirn. Dann trat er weiter hinaus, und seine Augen tranken durstig das stille große Bild. »Ja, dort draußen«, murmelte er wunschbeflügelt, »dort draußen!« Die uralte Vorstellung der Küstenbewohner befiel ihn, der silberne Ring, der die bewohnte Erde umgürtete, er besäße auch zugleich die Kraft, alles Ungemach, alles Leid der Sterblichen in Freiheit und Vergessen aufzulösen. Und er wußte noch nicht, daß alle Wasser der Ozeane nicht genügen würden, um die Brandmale zu kühlen, die seine zarte Seele heute nacht empfangen. Der Wind knisterte um ihn wie Fahnenrauschen, und das Meer sang unter ihm sein tausendstimmiges Schlachtlied, das riß den Leichtentflammten fort. Beide Hände warf er empor und schrie zur Antwort hinunter: »Ich will ... ich will.« Was er freilich damit in heiliger Entschlossenheit beschwor, wer könnte es angeben? Und doch ... es war sein Bündnis mit dem Weltwillen. Und der Weltwille gebiert die Tat. Und die Tat allein ändert das Geschaffene.

In dem unerklärlichen Gefühl der unverdienten Entsühnung schickte er sich zum Abstieg an. Da wurde er noch einmal aus seinen goldigen Wolken herabgerissen. Tief unter ihm, dort, wo zwischen den beiden vorspringenden Hügeln das Häuschen der Mattenflechterin Knuth eingeklemmt lag, dort bewegten sich trotz der frühen Morgenstunde ein paar unerkennbare schwarze Punkte. Es sah aus, als ob hungrige Krähen um einen Bissen Fleisch stritten. Klaus stutzte. Das waren doch Menschen? Was suchte das Gezücht dort? Gerade an jener einsamen Stelle? Und in langen Sprüngen setzte der mißtrauisch Gewordene von den Dünen herab. –

Fast im gleichen Augenblick trafen sich drei Männer vor der windschiefen Pforte der Mattenflechterkate, die sonst nur für Eingeweihte sichtbar, wie ein großer brauner Pilz zwischen dem Geröll herabhing. Vom Strand aus war es der Vogt, der mit schwerer Faust und lautem

Gepolter gegen die Tür schlug, während über den Dünenweg, kaum einen Gedanken später, ein pelzgekleideter Jägersmann mit seinem Knecht um die Ecke der elenden Siedlung bog. Unmittelbar vor dem Eingang stießen sie aufeinander. Überrascht, verdrießlich schob sich der vorderste der Schützen die grüne Schute aus der Stirn und fuhr den Vogt an, als wäre dieser soeben auf einer Überschreitung seiner Befugnisse ertappt worden. Aber zugleich sprühte dem Jäger verräterisch eine Welle der Verlegenheit über die Wangen.

»He, was gibt's?« rief er, durchaus nicht über die Begegnung erfreut.

Langsam zog der Vogt die Lederkappe vom kahlen Schädel.

»Ich bin's, Junker«, erklärte er ohne sonderliche Furcht. »Laut rentmeisterlicher Verfügung muß ich ...«

Allein ehe der Satz zu Ende langte, wurde von innen der Querbalken zurückgeschoben, und spähend, kaum notdürftig bekleidet, beugte sich Anna Knuth über die Schwelle. Vor dem Morgennebel verzog das Mädchen ihre nur durch ein Linnenhemd geschützten Schultern, und unter dem kurzen Rock frösteltelten die nackten Füße. Ihre reichen, blonden Haare fielen ihr noch ungeordnet weit über den Rücken. Statt einer Anrede legte sie nur bittend den Finger vor die Lippen, zum Zeichen, daß vor allem die Ruhe nicht gestört werden möge. Dann glitten ihre noch immer kindlichen Augen scheu und bittend zu dem Grafen hinüber, und ihre ganze Gestalt begann zu zittern wie ein Tier, das den Schlachthieb erwartet. Die Bewegung erzählte von unentrinnbarer Armut, von Verfolgung und Umstricktwerden und dem jammervollen Elend des nahen Erliegens. So sprechend war die Gebärde, daß selbst dem Junker von Cona ein unnatürliches Lachen entfloh.

»Da bin ich«, rief er gepreßt, obwohl der Gruß munter klingen sollte, und ohne daß der Jäger begriff, wie ein Aufmerksamer leicht das abgekartete Einverständnis hinter diesem Ausruf entdecken könnte. Eine Weile blickte daher auch der Vogt schweigsam von einem zum anderen, dann jedoch verzog er die struppigen Augenbrauen, zuckte die Achseln und wandte seine wuchtige Bedrängergestalt wiederum dem Mädchen zu. »Ja, das hilft nichts«, beharrte er, »die Frist ist abgelaufen. Wie steht's?«

Auf die brummige Forderung lief ein erneuter Schauder um die Schultern der Gemahnten, die Farben auf ihren Wangen wechselten, und während sie halb willenlos in die Hütte zurückwies, stotterte sie, um doch irgend etwas zu erwidern:

»Wahr und wahrhaftig, Mutter liegt krank.«

Der Vogt griff sich an die Bartkrause, er schien an die Ehrlichkeit des Einwandes zu glauben.

»Ich weiß«, gab er zu, »wo fehlt's?«

Jetzt hielt sich die Blonde an dem Pfosten fest.

»Das Feuer schlägt ihr aus«, stammelte sie, von der Aussicht getäuscht, ihr Ungemach könne ihr vielleicht doch Mitleid werben. »Sieht und hört nichts.«

»Schlimm«, murmelte der Vogt, »die schwarzen Nebel sind schuld.« Aber gleich darauf schlug er an seine Ledertasche, und in Ausübung seines harten Berufes fragte er weiter: »Hat sie dir den Wehrpfennig ausgehändigt?«

Da riß die Kleine ihre blauen Augen weit auf, und überzeugt, daß ihr jetzt die letzte Hoffnung schwinde, ließ sie den erhobenen Arm sinken, um zerknirscht und auf alles vorbereitet den Kopf zu schütteln. Sie sah aus wie ein eben gefangener Vogel, der kampflos und betäubt durch die Stäbe blinzelt.

»Ja, dann hilft das nichts«, entschied der Vogt, und nach einer Weile knurrig, »kannst du dir's nicht von den Bekeras leihen?«

Noch war es ungewiß, ob das Mädchen in seiner Verständnislosigkeit den ihm hingeworfenen Faden aufzuraffen vermöge, als etwas Rasches, Unerwartetes geschah. Mißfällig hatte der junge Graf schon lange diesen Verhandlungen gelauscht, wobei er von Zeit zu Zeit seinen beiden dänischen Doggen, die ihn schlangenhaft umstrichen, zum Scherz die Köpfe zusammenstieß. Jetzt aber schob sich Malte Cona ungeduldig an das Mädchen heran, ganz dicht und eng, so daß der schmale Türspalt für die beiden Körper fast nicht mehr ausreiche, und es war wirklich kaum wahrnehmbar, wie nun der Jäger seiner Nachbarin, die seine Hilfe nicht im geringsten unterstützte, geschickt hinter ihrem Rock ein kleines Lederbeutelchen in die Hand spielte. Kaum spürte die Tochter der Mattenflechterin freilich den prallen Gegenstand zwischen ihren Fingern, als eine auffällige Veränderung mit ihr vorging. Ihr ganzes Gesicht wurde so weiß und eben wie Leinen auf der Bleiche, die Füße versagten ihr den Dienst, und ihre vorher noch so klaren Augen senkten sich matt und schuldbewußt auf das Riedgras vor der Schwelle. Einem fremden Willen untertänig, völlig ohne eigenen Trieb streckte sie dem Vogt das Empfangene entgegen.

»Hier«, murmelte sie tonlos. Und dann plötzlich, als ob sie etwas zwänge, sich des Geldes schnell wieder zu entäußern: »Da – da – nimm.«

Zu deutlich redete der Vorgang, als daß er mißverstanden werden konnte. Wieder ließ der Vogt seine Blicke prüfend von einem zum anderen gleiten. Dann aber nahm er den Beutel langsam in Empfang, um bedächtig und ohne Eile den Inhalt zu überzählen.

»Es ist zuviel«, stellte er endlich fest.

»So behalt den Bettel«, rief der junge Graf grimmig.

Der Vogt jedoch blieb undurchdringlich wie stets. »Die Knuths haben nichts zu verschenken«, meinte er gelassen, während er dem Mädchen den Überrest bereits zurückreichte, und rätselhaft setzte er noch hinzu: »Ihr wißt vielleicht nicht, Geld kehrt bei armen Leuten gar selten ein.«

Damit begann der struppige Mann umständlich seine Ledertasche aufzubinden und schien nicht übel Lust zu verspüren, auch bei dem, was nun folgen sollte, den Zeugen abzugeben. Allein der Junker, den die feuchte Kälte immer schneidender umwitterte und der durch die Nähe des demütigen, zitternden Geschöpfes daran erinnert wurde, daß er zur Jagd erschienen wäre, zur Menschenjagd, er beschloß all den unnötigen, schon seit Monaten ertragenen Hemmnissen durch ein Herrenwort ein Ende zu bereiten.

»Komm, Dirn«, forderte er bedenkenlos und doch mit einer Art gutmütiger Frische, »ich will dir Ehre antun. Gib mir dort drinnen einen Schluck Heißes, und ich werde dich loben.«

Hier riß der Vogt gewaltsam die Senkel seiner Tasche zusammen und brach in einen schweren Wolfshusten aus. Das Mädchen jedoch, ohne auf die Anwesenheit des anderen noch weiter Bedacht zu nehmen, spannte beide Arme gegen die Pfosten der Tür, so daß der Eingang gewehrt wurde, und indem sie ihre hellen Augen an den stattlichen Menschen hing, rief sie in hoher Angst, aber zugleich auch wie in wirrer andringender Neigung:

»Bedenkt, Herr, das könnt Ihr nicht wollen. Meine Mutter – sie sieht und hört nichts.«

Da lachte der Jäger halb vor Trotz und halb vor Scham, weil ihn ein Dirnlein von ihrer Schwelle treiben wollte. Hastig umspannte er ihren Arm und drückte ihn zur Seite.

»Mach keine Männlein«, redete er ihr zu, »was braucht mich die Alte zu sehen, wenn ich bei dir bin?«

Schon setzte er seinen Fuß auf die Schwelle. Das schwache Geschöpf aber, im Gefühl, wie es jetzt von jeder äußeren und inneren Hilfe verlassen würde, lehnte beide Fäuste gegen seine Brust und hauchte ohne Widerstand noch Zorn:

»Habt Erbarmen, lieber Herr, habt Erbarmen.«

Wäre jetzt ihr Bedränger mit ihr allein gewesen, vielleicht hätte er scheltend und schimpfend von ihr gelassen, denn die schlichte Sauberkeit ihrer Magdschaft verfehlte nicht ganz ihren Eindruck auf sein herrisches und nur arg verwöhntes Gemüt. Allein zum Unglück sahen die beiden Fremden dem Spiel zu, wie konnte da der Grafensohn die

Zurückweisung einer solchen Katendirne hinnehmen? Spöttisch verbog er die vollen Lippen und stieß einen gellenden Pfiff aus, so daß die beiden Tiere hoch an ihm in die Höhe strebten.

»Vogt«, rief er mit seinen dunkel sprühenden Augen, die in ihrem Jähzorn denen von Klaus Bekera so sehr glichen, »wie ist das? Gehören hier nicht längst ein paar Fischerknechte her? Wie wäre es, wenn wir das Nest ausräumten und die Weiber auf den Hof brächten?«

Die Drohung war wohl nur darauf berechnet, das Sträuben der Blonden vollends zu überwinden, auf den Vogt blieb sie jedenfalls ohne Wirkung. Ruhig schloß der breitschultrige Mann seine Tasche, packte seinen Kronenstab fester und schüttelte endlich bestimmt das wuchtige Haupt.

»Dazu habe ich keinen Auftrag«, lehnte er die Zumutung ohne ein Spur von Entgegenkommen ab. »Ich tue, was meines Amtes, nicht mehr.«

»Nun, dann pack dich«, befahl der Jäger dunkelrot und gereizt.

»Gut, Herr, gut, das kann ich tun«, stimmte der Vogt immer mit derselben Bedächtigkeit zu, »warum nicht? Gehabt Euch wohl.«

Ehrbar, als wäre nichts weiter geschehen, lüftete er seine Kappe und strebte dann weiten Schrittes den Dünen entgegen. Allein, kaum hatte er den Saum der Weidenbüsche erreicht, so ließ er sich auf eine Sandwelle niedergleiten und duckte seinen ungefügen Leib vorsichtig hinter die übriggebliebenen braunrostigen Blätter der Ruten. »Potz Velten«, dachte er bei sich, »die Art meint immer, sie sei allein auf der Welt. Wie lange läßt man sie wohl noch den Rahm von der Milch schöpfen?«

Damit stieß er seinen Stab in den Boden und lauerte.

Vor der Katenhütte jedoch hatte unterdessen die Sucht des Besitzergreifens den Streit entschieden. Zwischen Bitte und Befehl war der Jäger in den halbdämmrigen Raum gedrungen, ja, er mochte es nicht einmal hindern, daß seine beiden Doggen ihm schnuppernd voranliefen. Jetzt spürten sie in der düsteren Engnis umher, bis die Tiere plötzlich, wie auf einen Schlag, vor einem traurigen Bettgestell haltmachten. Lechzend wiesen sie ihre roten Zungen einem wächsernen Menschenbilde entgegen, das mit geschlossenen Augen und wehenden Atems tief in einem groben Strohsack eingekratzt lag. Es war ein schreckhafter Anblick, als der Eindringling zuerst dieses fieberzuckende Menschenhäufchen gewahrte, und vor den schwarzen Höhlen der Wangen und der spitz hervorstoßenden Nase wich der Unvorbereitete zuvörderst zurück.

»Gott gebe Euch einen guten Tag, Frau«, ermannte er sich allmählich zu einem Gruß, wobei er nichtsdestoweniger die unerbetene Zeugin seiner tollen Leidenschaft nach Kräften verwünschte. »Wie geht's? – Was treibt Ihr?«

91

Allein aus der Lade drang keine Antwort; nur ein rasches Keuchen vermischte sich mit dem Lechzen der Hunde, und statt der Hingestreckten erteilte endlich die Tochter die Auskunft. Am Kopfende des Bettes stand sie, und während Haupt und Arme ihr schlaff herabhingen, sagte sie leer und geistesfern:

»Sie weiß von nichts.«

»Teufel ja«, nickte der Junker.

Ungemütlich und von der drückenden Sticklust unter dem niedrigen Gebälk benommen, ließ der junge Mensch einen raschen Blick über das kahle Elend seiner Umgebung wandern, über die Holzwände voll Rauch und Spalten, über den geringen Hausrat, und sein Geruchsinn empörte sich heftig gegen den Dunst eines Haufens von Binsen, der wohl in besseren Tagen zum Knüpfen der Matten benutzt werden sollte. Jetzt lag er zum Trocknen geschichtet auf dem Fachwerk unter der Decke. In all dieser hoffnungslosen Armut gab es nur einen Schimmer, eine Helligkeit, so dünkte es wenigstens den immer heftiger Gespannten, die strömten von den langen Flechten des Mädchens aus. Weißblond glommen sie durch den Dämmer, gleich einem fein gesponnenen Netz jungen Flachses, und an jene seidigen Fäden klammerte sich jetzt der unbeherrschte Wille des vornehmen Gastes fest. Unruhig ließ er sich auf den einzigen Stuhl am Tisch nieder, und da er seine Befangenheit vor dem Wachsbild in dem nahen Bett doch nicht ganz bezwingen konnte, so versuchte er seine Absichten vor den verdorrten Ohren der Lauscherin wenigstens möglichst zu verbergen.

»Komm her, Dirn«, flüsterte er.

Folgsam schob sich die Angerufene heran, man merkte kaum, daß sie dabei die Füße bewegte. Dann stand sie dicht neben dem Jäger. Eifrig griff er nach ihrer Hand.

»Kuck«, murmelte er eindringlich und legte ihre Finger auf sein Herz, »wie es klopft! Du hast es mir angetan.« Als das Mädchen jedoch verängstigt den Kopf schüttelte, fuhr er überstürzt fort: »Fürcht' dich nicht, du dumme Trin', es soll dir fortan besser werden. Hast ja nicht einmal ein Bett! – Sag, wo schläfst du eigentlich, du bleiche Leinwand?«

»Dort, Herr.« Sie wies auf den Schragen der Kranken.

»Da?«

Bei dem Gedanken, daß dieser jugendlich warme Leib allabendlich seine Ruhe neben dem grauenerregenden Gerippe suchen sollte, fuhr ein sichtbares Frösteln über den Hals des Mannes. Überredend legte er den Arm um ihre Hüfte, aber kaum spürte er die schlanke, sich leise gegen ihn sträubende Biegung des Leibes, da stieg eine heiße Woge von Begehren bis über seine Stirn, und in ihren roten Wirbeln sank er unter.

»Dirn – verfluchte«, stieß er in einer inbrünstigen, unvernünftigen Hitze hervor. Und während er die Blonde zu sich auf den Stuhl zwang, da kümmerte er sich den Teufel weder um die kurzen Atemzüge, die dort in der Ecke den Strohsack im Schaukeln hielten, noch um die hölzerne Starrheit jener Glieder, die er jetzt durchaus zu biegen und zu brechen strebte. Nur Glut brodelte in ihm und die planlose Verworrenheit des Ergreifens. »Goldfuchs«, stotterte er bei dem heißen Ringen, »komm, sperr dich nicht. Seit Monden bin ich hinter dir her – ja, ja, du weißt es ganz gut. Du bringst mich schier von Sinnen. Oder sag, Dirn, sag, bin ich dir etwa zuwider?«

Sie lag schon in seinen Armen, schreckverwirrt, atemberaubt, aber dicht vor seinem Munde bat sie noch immer mit dem rührenden Bewußtsein der Verlorenen:

»Herr, es taugt mir nicht, darum zu wissen. Schont meiner.«

Da hörte er aus ihrem Erlöschen das Bekenntnis heraus. Jauchzend unter einem hellen Lachen raffte er sie ganz an sich, und in der lebenerschütternden Verschmelzung eines Kusses entschwand ihnen für die Dauer eines fallenden Regentropfens alle Wesenheit. Gleich zwei beseligten Bienen, die selbst der Sturm nicht auseinander treibt, hingen sie in einer unwirklichen, blauen, golddurchzitterten Luft, und das einzige, was die Zeit unter ihnen maß, war der hämmernde Hufschlag ihres Blutes.

Aber dort auf dem Schragen? Öffneten sich nicht ein paar glanzlose Augen? Der tote Silberschein eines geschlagenen Fisches konnte nicht entseelter zu ihnen herüberglotzen, und so eifrig auch der Betörte sein Haupt hinter den Schultern des Mädchens versteckte, das blinde Metall jenes Blickes schmolz durch die lebende Hülle hindurch.

»Dirn, nun hab' dich nicht länger. Die Alte tut dir nichts.«

Am Fußboden schnupperten die beiden Doggen lebhafter, sie wurden unruhig, schlugen an und prallten dann vor dem Ansturm des Tageslichtes zurück, das zu der geöffneten Holztür hereinschoß. Eine hohe, dunkle Gestalt zeichnete sich schwarz gegen die Helligkeit ab.

Da rang sich zum erstenmal ein Laut von den Lippen, die aus Furcht vor dem Junker, aus Scheu vor seinem fremden Glanz und versiegelt von seiner stürmischen Zärtlichkeit bisher der Stummheit verfallen waren.

Ein Schrei gellte gegen die Decke und wurde von dem Querbalken zurückgeworfen: »Klaus!«

Dann wurde es wieder still. Ängstlich, betörend still. Man hörte nur, wie das Röcheln der Kranken durch den Raum sägte.

Endlich raffte sich der Junker auf, langsam, unsicher, denn ihn verwirrte nicht nur der Anblick des Mädchens, das beide Hände vor ihr Antlitz geschlagen hielt, nein, auch die unselige Scham des Ertappten, in seinen brennendsten Wünschen Gehinderten fraß bissig an seinem Hochmut. Dazu empörte ihn immer wilder das rätselhafte Schweigen dieses vermaledeiten Sassentölpels, der bleich und atemlos vor ihm stand, als hätte sein zuckendes Maul einen Richterspruch zu fällen.

»Was soll's?« fuhr plötzlich der Jäger in die Höhe und riß mit einem Griff seine Armbrust an sich. »Weshalb arbeitest du nicht, du Flegel? Was hast du hier herumzulungern? Weißt du nicht, was dir gebührt?«

Ja, der große, schlanke Bursche wußte wirklich nicht mehr, welchen Platz er in der Welt einnahm. In diesem Augenblick empfand er nichts als das ungeheure, qualmige Zusammenbrechen all seiner kindlichen Träume, die so lange und zärtlich von seinen Eltern und dem guten Mönch genährt und behütet waren. Nichts – nichts – die Träume hatte ein Lügner so bunt und herrlich angestrichen, auf der Erde tobte lediglich Gewalt, und nur Gewalt konnte das rasende Wüten der Mächtigen brechen.

In die weit aufgerissenen Augen des Jungen sprang ein merkwürdiges Wandern und Schielen, und obgleich der lange Leib sich kaum bewegte, so bemerkte sein Gegner doch mit Grauen, wie die Finger des Burschen wie im Krampf sich öffneten und wieder schlossen.

Gespenster, schwarze, verzerrte Fratzen tanzten um ihn her. Was aus der verruchten Nacht gegen ihn angesprungen war, das drehte sich jetzt heulend um ihn im Kreise. Geschminkte, an Leib und Seele entmenschte Dirnen zausten ihn an den Haaren, taumelnde Galgen fielen über ihn her, entrechtetes, in Hungertürmen vertiertes Volk spie ihn an, und die zu Lust und Nutzen der Macht Gehenkten, sie schleuderten ihre Stricke um seinen Hals und schnürten ihm die Luft ab. Kein Atemzug schlich ihm mehr aus der zerpreßten Kehle, nur ein heiseres Wimmern riß sich mühsam aus der wunden Brust.

Erde, Erde, wo ist ein sicherer Halt vor Entwürdigung und Schande? Wo eine Zuflucht für die Gequälten? Wo ein Richter für die Peiniger und Erbarmungslosen? Nirgends, nirgends. Zerbrach, verwüstete man nicht hier vor seinen sehenden Augen ein stilles, reines, heiliges Gefäß, aus keinem anderen Grunde, als weil es einem Schwelger gefiel, bereits am grauen Morgen ein Fest zu feiern? Hier wollte ein gekitzelter Gaumen sich Speise bereiten aus Klaus' eigenem Fleisch, aus Klaus' eigenem Blut.

»Vieh«, brüllte der aus seinen Fieberwirbeln Hervortaumelnde und sprang besinnungslos hinzu.

Der Jäger war hinter den Tisch gewichen, nun flog die Armbrust an seine Schulter.

»Knecht«, zischte er in überschäumender, haßverzehrter Wut, »dir wird ein eigener Galgen gesetzt.«

»Freilich, ein eigener Galgen, ich weiß, ich weiß, damit ich doch hübsch jung in der Luft tanzen lerne.«

Ein Satz – etwas Schwarzes fuhr über den Tisch, Bügel und Kolben der Waffe schwankten einen Gedanken lang in der Luft, formlos, bald oben, bald unten, dann ein Schlag, ein dumpfes, weichliches Geräusch, und beide Arme hebend brach der Graf unter den vier Füßen der Platte zusammen.

Nicht lange.

Als der Vergewaltigte unter seinem Tisch mit summenden Ohren und verprügeltem Bewußtsein hervorkroch, da meinte er weit hinten durch die geöffnete Tür seinen Bändiger wahrzunehmen, wie er in weiten Sätzen am Strande dahinfuhr. Über die Schulter hatte sich der Bursche die Dirne geworfen, jene willige Dirne, die dem Gelüst des Grundherrn doch nur aus Bosheit, aus Abgunst geraubt war, und ohne durch die Last behindert zu sein, schien der Strolch, der Aufrührer, auf den doch schon nach Fug und Recht das eiserne Halsband, die Stachelschraube oder der Galgen warteten, dem Schutz seiner heimatlichen Hütte zuzufliegen. Das durfte nicht sein. Auf allen vieren schleppte sich der Gedemütigte bis zur Schwelle, aber während er hier auf die Brust niederstürzte, so daß seine Lippen das Riedgras küßten, quoll es in ohnmächtiger Raserei aus ihm hervor:

»Heda, Thor, Freya, packt an – packt an –«

Und sich noch einmal nach dem Schützen herumwälzend, der seinem Gebieter beispringen wollte, ächzte er sinnlos:

»Schieß – schieß, du Schuft, wenn du den Mordbuben nicht triffst, schmeckst du die Peitsche! Himmel und Hölle, leg an, und wenn du den Heiland mitten durch die Brust spießen solltest.«

Zerrissen, zerstückt wurden Klaus alle jene Flüche durch den feuchten Wind nachgetragen, und alsbald spürte er auch das Hetzen der Hunde über den nassen Sand.

Weiter, weiter.

In ihm nebelte nur der eine Plan, diese zur Entwürdigung Bestimmte, die bei vollem Bewußtsein und doch steif und kalt gleich einem Stein aus seinen Armen ragte, der Gier ihres Peinigers zu entziehen. Die künftigen Mütter der Armen brauchten nicht überall entweiht zu werden.

»Eine einzige …«, stammelte er keuchend, »eine einzige muß bewahrt werden. Eine einzige nur.«

Er wußte nicht mehr, was er bettelte, denn seine eigene Schande und Bedrückung, sie mischten sich mit dem Schicksal seiner Verwandten. Und so wunderte er sich auch kaum, weil ihm keine Antwort zuteil wurde.

Weiter – weiter.

Da waren auch die beiden Doggen schon nah auf seinen Fersen. Leib an Leib peitschten die Bestien über den aufspritzenden Sand, und der heiße Dampf, den sie ausschnaubten, pufftte stoßweise in den dicken Nebel. Einen gellenden Ruf stieß der Flüchtende aus, allein seinen ungestümen Lauf setzte er in wilderen Sprüngen fort.

»Eine einzige nur«, murmelte er noch einmal.

Es zischte etwas. Ein warmer Regen sprühte über den Läufer. Und das Steinbild zuckte und wankte ein wenig in seinen Armen.

»Anna«, schrie er und schüttelte sie.

Da fiel ihm die Last dumpf und dröhnend zu Boden. Und jetzt erst, jetzt entdeckte er den Pfeil, der Hals und Nacken des Opfers durchfiedert hatte. Darauf versank die ganze Gegend eine Weile in Lautlosigkeit, als ob Mensch, Erde und Meer einen letzten Herzschlag erlauschen wollten. Unten auf dem durchweichten Sand reckte sich das Mädchen, es schlug die Augen verwundert gegen den grauen Himmel auf, schüttelte ganz sacht und ohne Begreifen ihr Haupt – und legte sich zur Ruhe.

Entgeistert starrte Klaus in das sich verfärbende Antlitz hinab, und währenddessen rannen ihm statt Tränen die warmen Blutstropfen über Stirn und Wangen bis in den schreckgebannten Mund. Und dennoch – der salzige Trank aus dem Kelch des bittersten Leides, das ihm das blinde Walten des Lebens bis jetzt zum Kosten gereicht, er weckte in dem Burschen an Stelle von Entsetzen und Ergebung vielmehr unbändigsten, gebieterischsten Drang zum Dasein. Der Tropfen Blut, die letzte Labe, die ihm die Heimat bot, er floß ihm glühend und sengend durch Hirn und Herz und begann dort von nun an die Welt zu bespiegeln, in rotem Rahmen und doch eisig und unerbittlich klar!

Er sah vor sich ein neu hingestrecktes Opfer der Willkür, den Pfeil in der Kehle und die offenen Augen auskunftheischend gegen den Himmel gerichtet, er urteilte, daß die beiden Hunde nur noch ganz kurze Zeit die Schläferin auf dem Sand umkreisen würden, und er erspähte, wie der Schütze des Grafen und hinter jenem, unwillig zwar und doch gezwungen, der Vogt in weiten Sätzen auf ihn einstürmten. Da wußte er, daß der Zeiger seiner Sonnenuhr auf Leben wies und noch nicht, noch lange nicht auf Untergang und Ausgelöschtwerden.

Ein düsterer, beteuernder Blick war es, mit dem er von der Toten schied, der ersten, die ihm das Menschheitsmeer vor die Füße gespült, ein zweiter, längerer flog über die Dünenberge zu der Hütte empor, aus deren Schornstein ein friedlicher Rauch kräuselte. Dann wandte er sich jäh und versuchte das Unerwartete. Ein wilder Sprung zur See, die grau und verschleiert auf ihn zukroch, unter seinen Füßen splitterte die dünne Eisdecke, bis zu den Knien sank er ein, dann setzte er abermals in die Höhe, gewann für ein paar Schritte das gefrorene Feld, bis er von neuem in dem berstenden Glas verschwand. Aber gleich darauf hatte der Vorwärtsdrängende das offene Wasser erreicht, und weit ausholend warf sich der geübte Schwimmer hinein. Seine Lebensflamme brannte so stark, daß sie die lähmende Kälte des Elements überwand. Auch hatte er sich den Wogen nicht planlos anvertraut, denn von seinen scharfen Augen war längst ein kleines rotes Segel erspäht worden, das voll gebläht gegen den Strand stürmte.

Heino Wichmann!

Ja, dort hinten, gegen die schwarze Wand des Wassers, dort flatterten die blonden Haare des Kleinen im Wind, geduckt hockte der Meister der Schiffahrt am Steuer, und während das überspülte Haupt des Flüchtenden ab und zu hoch aus den rollenden Fluten auftauchte, da summte ihm die Stimme der Hoffnung zu: »Er sieht dich – noch einen Schlag, und noch einen – er sieht dich.«

Hinter ihm heulten die Hunde und jagten fangbegierig über die noch ungebrochene Fläche, rauhe Stimmen schrien, ein Pfeil sauste über den Schwimmer hinweg und schnitt unhörbar in die Wellen – der Atemlose, vom Kampf bereits Verwirrte schickte dem Todesboten nur ein wildes, verächtliches Lächeln nach. Oh, dieses Herumgeschleudertwerden zwischen Vernichtung und Gelingen, das fühlte der bereits in Wesenlosigkeit Fortgleitende, es bildete das Höchste und Köstlichste, was ihm aus des Lebens Abgrund gereicht werden konnte. Es blitzte wie ein heller Edelstein. Es lohnte sich, danach zu greifen oder im Werben darum zu vergehen. Um ihn begann die eisige Flut mit tausend Stimmen zu singen, und während sein Körper sich immer tiefer hinabgrub, da unterschied er noch die Worte des großartigen Liedes, das ihm den Schlummer und die Schmerzlosigkeit brachte. Sie sangen alle zusammen, die sein Dasein jemals umstanden, Pater Franziskus und die Becke, der Vater und Anna Knuth, der junge Graf und die Mutter, Heino Wichmann und all die vielen Bauern, ja selbst der Jude wirbelte das blitzende Beil um sein Haupt und fiel ein in den gewaltigen Chor, der da trotz allem Leid die unverwüstliche Schönheit von Sonne, Erde und Meer pries und die Feiertäglichkeit jedes wilden, unruhigen Geschehens.

Klaus gurgelte, noch aus der Tiefe wollte er einstimmen in dies allgemeine Lob, da spürte er, wie er ohne sein Zutun stieg und stieg, sättigende Luft drang zu ihm, durch die Schwärze brach Licht und öffnete ihm die Augen, und weit vor ihm dehnte sich die Freiheit des Unbegrenzten.

Er lag im Kahn, und über ihn beugte sich Heino Wichmann. Das Segel war herumgeworfen, das Bugspriet zeigte gegen die offene See. Hinter ihnen schrumpfte die Küste immer dünner zu einem langen schwarzen Arm zusammen, der liebevoll das dunkle Schwellen an sich zog. Kaum unterschied man noch die höchsten Erhebungen der Insel mit ihren finsteren Waldkronen. Mühsam raffte sich Klaus bis zur halben Höhe empor und schickte einen müden Blick aus. Seine Glieder waren noch von seinem Willen und seinem Bewußtsein getrennt, und aus seinen Kleidern floß stromweise das Wasser.

»Heino«, seufzte er, indem sein Herz dem weiten, weiten von Qualm und Nebel erfüllten Raum unruhig entgegenschlug, »wohin führst du mich?«

»Wohin?« Der andere streifte den daniederliegenden Gefährten mit seinem seltsamen Augenspiel, dann brach er in sein gewöhnliches Kichern aus. »He, Bübchen«, meinte er, »welch eine kitzliche Frage! Wohin geht der Mensch, wenn er einen Fuß aus der Tür setzt? Weißt du das? Ich weiß es nicht, denn der Weg kommt meistens auf den Wanderer zu. Aber ängstige dich nicht, ich glaube sagen zu können, ich führe dich deine Straße.«

Dabei stieß der kleine Strohblonde wie zufällig mit dem Fuß gegen etwas Klirrendes. Und siehe da, es war der Ravenneser Hieber, den er bei seiner Ankunft getragen hatte, und neben jenem ringelten sich die Reste der ehemaligen Goldkette. Und jetzt – jetzt entdeckte Klaus auch, daß unter der Steuerbank ein kleiner Flechtkorb verborgen stand, der Brot und Milch enthielt. Es war augenscheinlich, hier an Bord war alles für eine längere Fahrt vorbereitet.

»Heino«, rang der Liegende seiner Schwäche ab, »du wolltest dich von uns fortstehlen?«

Der Angeredete griff fester in das Steuer und verglich die Spitze des Bugspriets mit dem Silberband des Mondes, dessen Phantom noch am Tage durch den Seequalm dämmerte. Dann erst wies er ausweichend und in seiner spitzfindigen Art den erhobenen Vorwurf zurück.

»Sei still, Büblein, was heute geschieht, braucht morgen nicht zu geschehen. Mich dünkt, es lief für dich nicht übel ab, weil ich meine Tage hier für erfüllt hielt. Aber nun verkünde auch du mir, warum man dich mit Hunden vom Strand deiner Väter hetzte? Nicht wahr, du frommes Kind, das ist dir doch geschehen?«

Da kroch Klaus bis zur Steuerbank heran, und seine Arme leidenschaftlich um das Knie seines Lehrers schlingend, ließ er unter Tränen und Verwünschungen, unter Haß und Zweifeln alles aus sich herauspulsen, was die letzte Vergangenheit ihm an Traum und feindlicher, unbegreiflicher Wirklichkeit entgegengeschickt hatte. Es wurde das überströmende Bekenntnis eines Erdenläufers, der sich mit deutlich gefühlten Schwingen zum Himmel heben will und jetzt vor Schmerz aufheult, weil die geballte Kugel des Lehms, des Schmutzes und des Kotes an seinen Füßen klebt.

»Sag mir, Heino Wichmann«, flehte er zum Schluß inbrünstig, während er den Magister mit beiden Fäusten beinahe von seinem Sitz hob, »wer – wer gab diesen Ungerechten, diesen Blutsaugern, Peinigern und Landschluckern jene fürchterliche Gewalt? Wer beugte ihnen diese Tausende demütiger Nacken unter die Füße, wer – wer?«

Mit herb verzerrtem Munde schaute der Steuermann auf den in wilden, zuckenden Feuern Verglühenden hinab.

»Wer?« wiederholte er, und in seinen zwiefarbigen Augen funkelte etwas wie die Befriedigung über ein endlich erreichtes Ziel. »Wer ihnen das alles gab, mein Kläuslein? – Ihr Wille.«

»Und wir?« stammelte der Junge, in Enttäuschung zurücksinkend. »Gib auch uns eine Hoffnung!«

Wir? Wir suchen noch nach unserem Willen.«

»Suchen?«

»Aber wenn wir ihn gefunden haben«, sagte der Kleine unheimlich leuchtend, »dann werde ich mir im Fürstenprunk des Kaisers Tochter laden, und du, Bübchen, magst meinetwegen auf dem Sinai stehen, um neue Gesetze in die Tafeln zu graben.«

So fuhren sie noch manche Stunde in das Meer hinaus. Der Magister das Steuer in seinen feinen Händen, und auf die Schulter des Freundes gestützt der Junge, das Haupt unabänderlich dorthin zurückgewandt, wo nur noch der sich niederwölbende Horizont die Küste verriet. Längst war sie hinter den ruhig tanzenden Wellen versunken, und doch zauberte sich der Sassensohn unaufhörlich das kleine Stückchen gelben Sandes vor und auf ihn hingelagert das tote Mädchen, dessen offene Augen auch jetzt noch verständnislos auf Leben und Vergehen zurückblickten. Abermals schlug ihm das Herz wie eine Trommel, die zum Kampf fordert.

Allmählich sank der Tag, die Wogen wanderten breiter daher, und ihre Hügel bedeckten sich im Widerspiel des Mondes mit tausend unruhigen Silberameisen. Gegen das Bugspriet aber schwoll das Ungewisse, der Dunst, das Geisterreich des Nebels tat sich auf. Da – gerade als Klaus an Gefahr zu glauben begann, da nahm er wahr, wie sein zwerghafter Gefährte plötzlich gegen alle Regel das Steuer freiließ. Im nächsten Augenblick war das Segel herabgerissen, und dann – in dem Tor der

Dämmerung spielten verwunderliche Zeichen auf und ab. Ein rotes Licht tanzte hervor, ein grünes schoß darüber hinweg, eine seltsame Zwiesprache huschender Feuerchen wurde daraus. Und ehe der schreckgebannte Zuschauer seinen Gefährten noch anrufen konnte, da hatte der Magister hastig in seinen Gürtel gegriffen, und gleich darauf schwang sich schrill und gellend ein nie gehörter Pfeifentriller über die Flut. Der weckte in dem Qualm einen ähnlichen Laut. Nur vielstimmig, verzehnfacht kam es die Fläche geschwirrt, und nun schwoll auch schwarz und turmhoch die ungeheure Brust heran, aus deren Tiefen dieses unheimliche Gekicher ausgestoßen wurde. Unvermittelt starrten zwei sonnengroße Augen auf die Meerfahrer nieder, rot und grün, eine breite Treppe fiel an dem hohen Bau herab, und wie im Traum fühlte sich Klaus von den willensstarken Fingern seines Führers über die Stufen gezerrt.

An Bord des Schiffes – eines drei Stock hohen, wie es der Junge vordem niemals geschaut hatte – wurde es hell. Eine Laterne wurde ihnen vor das Gesicht gehalten, ein Schwarm bärtiger, verwogener Gesellen umdrängte die Fremden, und eine starke Stimme schrie nicht eben freundlich:

»He, ihr Vögel, wer hat euch unseren Pfiff beigebracht?«

»Du bist ein Kalb, Zeiso Albrecht aus Wismar«, erwiderte der Magister seelenruhig und versetzte dem Laternenträger eine schallende Maulschelle, »kennst du jetzt meine Handschrift?«

Ein Tumult entstand, aber gerade der Gezüchtigte wehrte mit Armen und Füßen die hinzuspringenden Seeleute ab und brüllte halb toll vor Freude:

»Jungens, Jungens, Mord und Hagel, das Zwerglein ist wieder da, die Brandfackel von Hamburg, der lateinische Hieber. Seht ihr nicht die goldenen Jungfernhaare? Jungens, Jungens, wie werden jetzt die Goldstücke wieder springen. Viktoria für den Hauptmann Wichmann!«

»Heil dem lateinischen Hieber – Viktoria für den Hauptmann Wichmann!«

»Es ist gut«, nickte der Kleine gelassen, »und jetzt führt mich zum Admiral.«

In dem Kreise aber regte sich kleinlauter Widerspruch.

»Er hält Kriegsrat«, hieß es.

»Da gehöre ich hin«, bestimmte der Magister stolz, und sich zu seinem Begleiter zurückwendend, dessen Antlitz bei den letzten Enthüllungen bleich, wie nie zuvor, durch die Nacht starrte, sagte er beinahe mitleidig:

»Fasse dich, Kläuslein, du befindest dich auf der anderen Seite der Welt. Dort das anfänglich Gute zum Schlechten verzerrt, hier das ursprünglich Schlechte fürs Gute eingesetzt. Narretei und Wahn, hüben und drüben. Nur eines haben wir vor den anderen voraus: Wir sind vorläufig noch die Schwachen und Ausgestoßenen, aber aus ihnen geht allemal das Heilige hervor! Komm, Bübchen, ich führe dich jetzt zu einem gar großen Herrn – Gödeke Michael.«

Das zweite Buch

I

Es war um das Ostererwachen. Das Jahrhundert – das vierzehnte, da der Stern über Bethlehem geleuchtet – verträpfelte, und fast dreizehnmal war Winter vom Sommer übergrünt worden, seitdem der alte Bekera in seiner kahlen Hütte auf der Sasseninsel bangsam die Hände über der wunden Brust verkrampft, dazu röchelnd:

»Mutting, es hilft nichts, unser Einziger ist dahin. Paß auf, bald fallen meine Augen mir zu, und sie werden ihn nicht wieder erblicken.«

Es war Osterzeit.

Über Kopenhagen stieg eine flammende Sonne auf, die hüllte die damals noch kleine Stadt mit ihren verstreuten spitzen Kirchtürmen in einen fließenden Purpurmantel. Überall, an den Firsten der niedrigen Holzhäuser wie von den Masten der Flotte, die verankert auf der Reede lag, rollte das Licht in langen roten Fahnen herab, so daß es aussah, als ob die Gottheit selbst ein Fest schmücken wolle. Und Gottheit und Menschen in dieser ruhenden Stadt begingen wirklich einen Feiertag, ohne daß die noch schlafumstrickten Bewohner es ahnten, denn Friede neigte sich sacht zur Erde, Friede nach einer mörderischen, rauberfüllten, unsicheren Zeit, und die Sonne, die da ihr Rubinendiadem hoch in den Osterhimmel hob, sie wollte damit das Haupt des neu entstandenen nordischen Reiches krönen!

Das Menschenhaupt aber, das die drei Kronen tragen sollte, es eignete einem Weib. Königin Margareta von Dänemark, Norwegen und nun auch von Schweden stand unter der Fensternische ihres Arbeitsgemaches, und von diesem Lugaus ihres Schlößchens, das sich ehemals nicht weit von der Langen Linie erhob, jetzt aber längst von der Zeit hinweggezehrt ist, schickte sie schon geraume Weile ihre Blicke nach den sonnenroten Masten der Kriegskoggen hinaus, die sich dort auf der weiten Fläche schaukelten wie in einem Becken voll glutroten Weines. Regungslos verharrte die schlanke und doch imposante und kräftig aufgerichtete Gestalt der zweiundvierzigjährigen Frau neben dem zur Seite geschobenen Vorhang, und man hätte meinen können, die Regentin, die Freundin alles geistlichen Werkes, gäbe sich einer andächtigen Osterstimmung hin. Allein weder auf der merkwürdig hohen Stirn unter den dunklen, welligen

Haaren, die nur ganz verhuschend, kaum merklich, von einem blitzenden Silberstaub bestreut schienen, noch in ihren großen rostbraunen Augen, deren Schärfe und überlegener Spott Schrecken einjagen konnten, regte sich auch nur eine Spur von hingebender Schwärmerei. Nein, unter der schmalen, leicht gebogenen Nase Margaretens würde sich vielmehr sofort der ihr eigene geringschätzige Zug belebt haben, wenn man ihr derartiges im Ernst zugetraut hätte. Denn der Heißhunger, mit dem sie sich auf das Studium der Bibel, der Kirchenväter und der ihr erlangbaren Schriften der Mönche warf, bildete nur einen Teil des sie beherrschenden Dranges nach Macht und Geltung und konnte am nächsten Tage womöglich schon abgelöst sein durch den ebenso versengenden Eifer nach den Gesetzen der Ackerwirtschaft oder den Schönheitsmitteln griechischer Hetären. Alles Erlernbare war von dieser Frau auf sich herbeigerafft worden. In alle Fäden, die still durch die Welt strichen, hatte sie bedenkenlos ihre schmale Hand gestreckt. Mit allen Gelehrten, Künstlern, Staatsleuten ihres Jahrhunderts stand sie in Briefwechsel. Nicht etwa, weil eine heiße, innere Anteilnahme sie trieb, sondern nur, um sich immer von neuem zu rüsten gegen die Feinde ihres Geschlechtes. Diesem Hang entsprang auch die lächelnde Hingabe an bedeutende, wenn auch vielleicht alte und häßliche Männer ihrer Lande. Meinte doch der spöttische Aberglaube der Fürstin, die Fähigkeit der ihr Gesellten auf magische Weise einschlürfen zu können. Oder sie errechnete wohl auch nur ganz kühl und nüchtern, daß ihr die Beschenkten von nun an zu schweigender Knechtschaft verfallen seien. Kein wärmerer Herzschlag pulste den von ihr Erwählten entgegen, nur ihre sicher einfangende, perlende und scheinbar so offen quillende Liebenswürdigkeit spann sich fort und fort und verdeckte den Mindereingeweihten die gefährliche Zwiespältigkeit der ihnen so angenehm fließenden Rede. In jener Kunst jedoch hatte Margareta einen derartigen Grad von Vollkommenheit erreicht, daß sie manchmal beinahe selbst versucht war, das von ihr glänzend und leicht in die Luft Gemalte für körperhafte Gestaltung zu nehmen.

Nur ein Mann lebte, der beim ersten Wort, ja, schon am weichen, wohlklingenden Tonfall seiner Herrin erkannte, wann die Regentin die Pfade der Gradheit zu verlassen gedachte. Und obwohl das bartlose, durchfurchte, mopsnasige Antlitz des Drosten Henning von Putbus jene Kenntnis nicht durch ein Wimperzucken verriet, so empfand Margareta mit ihrem seherischen Blick doch ganz genau, wie sehr sie sowohl als ihre schönen Wortgespinste hier von ein paar trüben, erloschenen und häufig tränenden Fuchsaugen durchschaut wurden. Aber gerade dieses gegenseitige Wissen um ihre tiefsten Meinungen verband die beiden Menschen zu einer gemeinsamen hohen Bewunderung für ihre Klugheit.

Es war das Bündnis eines Fuchses und einer Löwin, die sich gegenseitig um ihre Schliche und Pfiffe beneideten.

Auch heute verharrte der Reichshofmeister wegen des frühen Morgenbesuches in respektvollem Schweigen am Eingang unter dem Spitzbogen. Zwar bestand für ihn nicht der mindeste Zweifel, daß seine Gebieterin, der er ja außerdem durch einen Türwächter gemeldet war, sein Erscheinen längst bemerkt hätte, aber er gönnte ihr gleichwohl den Triumph, ihren ersten Ratgeber so lange harren zu lassen, bis es ihr gefällig sein würde, das tiefe Nachdenken, das sie ihm zeigte, von sich abzuschütteln.

Margareta lehnte ihren Arm an den Bogen des Fensters und trank hingegeben das Spiel der Masten in sich ein, die sich von den roten Wassern her gegen sie neigten. Unterdessen beschäftigte sich der überlange, grausig dürre und schon greisenhaft zitternde Kanzler damit, sein schreiend buntes Prachtkleid zurechtzustreichen, ja, er schien großen Wert darauf zu legen, daß die gewaltigen offenen Ärmel, die ihm fast bis auf die Knie herabhingen, auch nicht eine einzige Falte würfen. Mitleid fast konnte es erregen, wie unbarmherzig eng das Klappergebein bis über die schmalen Hüften in seine himmelblaue, mit Silberornamenten bestickte Schecke eingepreßt war, und die gelben Beinlinge mit ihren überlangen Schnäbelstrümpfen offenbarten geradezu grausam die ausgezehrte Magerkeit ihres Trägers. Dennoch hätte der greise Dürrling um keinen Preis die übel empfundene Unbequemlichkeit missen mögen. Denn dieser reiche und mächtige Mann geizte im stillen danach, dem farbenfrohen Sinn seiner Gebieterin einen Blick des Staunens abzulocken. Ihrer modelüsternen Laune zuliebe spielte das morsche Gerüst den Gecken.

Jetzt wandte sich endlich Frau Margareta, zurück, und sofort begann um ihren etwas breiten, aber sehr ausdrucksvollen Mund ein liebenswürdiges, huldvolles Lächeln zu gleiten. Rasch schritt sie auf den tief zusammenknickenden Drosten zu und streckte ihm die Hand entgegen. Gewonnen führte der Greis die schmalen Finger an seine geborstenen welken Lippen. Auch die Königin trug ein ganz enges, ihre Gestalt fest zusammenschnürendes Gewand von dunkelgrüner Farbe, das eben erst aus dem Süden für sie angekommen war und namentlich die Brüste prall umschloß. Man nannte es »das Gefängnis«, jedoch die Fürstin bewegte sich in ihm frei und anmutig. Als sie den Arm hob, zitterten zwei lange goldene Troddeln bis auf den Erdboden hinab.

»Verzeiht«, begrüßte Margareta den Greis, »ich merkte Euch nicht. Warum habt Ihr Euch nicht kundgetan?«

Der Reichshofmeister pflanzte sein mildes, väterliches Lächeln auf. »Ich wollte den Blick meiner königlichen Frau nicht unnötig von dem

Bild der schönen Freibeuterflotte dort draußen ablenken«, sprach er in sanfter Ergebenheit. Und wie fortgerissen von einem unerhörten Begebnis, keuchte und hüstelte er atemlos weiter: »Ja, seht nur, seht, sechzehn kriegsstarke Koggen. Auch die neuen Lederschlangen führen sie an Bord. Und diese schlimmsten unserer Gegner sind gekommen, um Schwedens neuer Majestät zu huldigen.«

Seine schwache Stimme brach, und die Erregung, die er heraufbeschwor, ließ ihm merklich die Knie zittern.

»Setzt Euch«, befahl Margareta schonend, denn in diesem Augenblick fiel dem kräftigen Weibe der törichte Widerspruch zwischen der Schwäche ihres Kanzlers und seiner putzsüchtigen Maske auf.

Als sich der Drost weigern wollte, tanzte ein vieldeutiger Funke in den großen Augen der Frau. Sie war es gewohnt, mit den Narrheiten auch der Klugen zu rechnen.

»Setzt Euch, Henning«, forderte sie nachsichtig, rückte selbst einen der hohen Stühle von ihrem Arbeitstisch fort und nickte, da der Drost sachte hinsank. »Setzt Euch, mein Freund, Ihr habt lange genug vor mir gestanden, da es noch gefährlich war, sich vor Spindel und Fingerhut zu stellen.«

Die Regentin hatte oft Anfälle einer überwallenden Dankbarkeit, und so strich sie auch jetzt sanft und kosend über die pergamentene Wange ihres ersten Vasallen. Herr Henning von Putbus aber schloß die Augen und war für diesen Augenblick überzeugt, daß seine Treue und Ergebenheit reichlich aufgewogen seien. Auch daß die schöne Frau ihn so traulich beim Vornamen nannte, weckte ihm alte unerfüllte Erinnerungen. Hier in Margaretas Arbeitsgemach saß der gerissene Staatsmann oft und spann wie ein verliebter Kater. Dabei übersah er es freilich heute, wie in seiner fröstelnden Rechten ein umfangreiches Pergament zu rascheln begann, von dem schon an Schnüren die großen Staatssiegel schaukelten. Margareta aber bemerkte es, und da sie keine Freundin von langatmigen Kabinettsvorträgen war, sondern ihre wohlklingenden Worte lieber auf andere wirken ließ, so bettete sie ihre Hände auf den Rücken und kreuzte nach ihrer Gewohnheit mit gemessenen Schritten den kleinen teppichbehängten Raum.

»Ja«, ließ sie ihre dunkle Stimme ertönen, »der Allmächtige hat uns Gnade erwiesen. Nach sieben Jahren voll Streit und Elend endlich ein Ziel. Die schwedischen Edlen für uns gewonnen, ihr verspielter König, der selbst unsere weibliche Ehre nicht geschont« – hier warf sie im Vorüberwandeln ihrem Hörer einen spähenden Blick zu, da das Gespenst im Seidenwams jedoch noch immer wie schlafend hockte, sprach sie beruhigt weiter –, »Gott verzeihe es ihm, er entstammt meiner leiblichen Sippe, und ich folgte nur Eurem Wunsch, Drost, daß wir ihn solange im Turm zu Lindholm bewahrten. Ist es so?«

»Es ist so«, murmelte der Kanzler geschlossenen Auges.

»Ihr wart stets streng und unnachsichtig in meinem Dienst«, setzte die Königin ihren Gang fort. »Ich danke Euch. Aber jetzt wollen wir Gnade üben. Er mag ausgehen, der unselige Mann, und mit ihm sein Bube, der Erbe jener von mir gestickten Narrenkappe und seiner französischen Dirnenpest.«

Auch diesmal zuckte der Kanzler keineswegs. Zu sehr war er an die unerhörte Offenheit gewöhnt, mit der die Witib von Dänemark gerade in Gegenwart von Männern an die verschwiegensten Dinge zu rühren liebte. Jener Freimut bildete eben eines der Mittel, durch die Margareta ihre Hörer zu verblüffen suchte.

Plötzlich jedoch blieb die Königin vor ihrem Ratgeber stehen und setzte die Hände in die Seiten.

»Und wie bürgen die Friedensboten von Falsterbo für ihren Schützling?« forschte sie geschäftlich, »denn abgerechnet unserer verwandtschaftlichen Nachsicht brauchen wir eine festere Sicherung, als sie uns der Wankelmut des entthronten Unruhestifters bieten könnte.«

Der Drost zeigte mit zitternder Hand auf eine Stelle des ausgebreiteten Pergaments.

»Dafür habe ich gesorgt«, wies er, während er befriedigt mit dem Kopfe schaukelte, »die Hansischen verpflichten sich für ihren Verbündeten zu einer Zahlung von 60 000 Pfund Silber oder sind bereit, Schloß und Gebiet von Stockholm nach drei Jahren in die Gewalt Eurer Majestät zu überliefern.«

»O Stockholm«, rief die Regentin heftig, und eine rasche Röte flutete in ihre Wangen, »wenn dort draußen das rechtlose Piratenvolk diese herrliche Stadt nicht durch viele Jahre mit allem Nötigen versehen hätte, wir brauchten heute nicht mit den hansischen Krämern um Bedingungen zu feilschen. Sagt, wieviel boten sie noch?«

»Sechzigtausend Pfund Silber«, schmunzelte der Drost, schnalzte mit der Zunge und rieb sich die Hände.

»Und Albrecht?« fragte Margareta hastig, und die Gehässigkeit der beleidigten Frau schlug in ihr durch, »wohin trägt er seine Narrenkappe?«

»Seine Verwandten räumen ihm in Mecklenburg einen Ruhesitz ein. Dort kann er weiter Püppchen aus Brotteig kneten, wie er es im Turm von Lindholm gelernt hat.«

»Das ist der Friede«, entschied Margareta ohne weiteres, »gebt her, ich unterschreibe.«

Beide Arme spreizte sie weit aus, ihre prallen Brüste rundeten sich unter dem engen Gewand, und der Drost sperrte seine triefenden Augen auf und staunte seine Herrin an wie ein wundersam Gebild.

»Gebt her!«

Sie ließ sich auf dem überdachten Stuhl hinter dem Eichentisch nieder, riß die Schwanenfeder an sich und setzte in einem einzigen Zug ihren Namen unter das Dokument.

Eine Weile blieb es still in dem kleinen Gemach, die Weihe eines bedeutsamen Augenblicks füllte den Raum. Nicht lange. Wie träumend hatte die Königin mit einem winzigen Hammer auf eine Silberplatte geschlagen, und nachdem auf den hellen Ton hin ein Wappenknecht eingetreten war, befahl sie halblaut mit der verschleierten Stimme einer gläubig Entrückten:

»Meldet's den Kirchen. Es sollen alsbald alle Glocken geläutet werden. Der dreieinige Gott hat uns und unserem darbenden Volke Frieden beschert.«

Sanft verschlang sie die Hände auf dem Tisch und wartete, bis der Wächter das Zimmer verlassen. Dann aber lehnte sie ihre geschmeidige Gestalt voll aufatmend an die steile Wand des Thronstuhles zurück und hob ihre scharfen Augen zu den Schnitzereien der Bedachung.

»Norwegen und Dänemark«, flüsterte sie mit der tiefen Versenkung eines Schöpfers, »Drost, laßt von morgen auch das Wappen Schwedens über mir sein. Unsere Stimme wird fortan für ein großes, geeintes Reich gehört werden.«

Ehe jedoch der alte Mann noch sein Verständnis für das erhabene Wesen seiner Herrin bezeugen konnte, da geschah etwas Merkwürdiges. Das Haupt der Fürstin sank langsam zur Seite, bis es an der Schulter des dicht neben ihr sitzenden Greises einen Halt gefunden. Und doch merkte der also Geehrte trotz seines Zitterns sofort, daß Margareta keine Zärtlichkeit spenden wollte, sondern wie sie jetzt wirklich aus Zwang und Besessenheit heraus handelte. Halb gezogen streckte sie ihren vollen Arm nach den Masten aus, von denen die schwarzen Wimpel flatterten.

»Sieh, mein Freund«, raunte sie, ganz als ob sie zu einem gegenwärtigen Traumbild spräche, das eben erst aus ihrem eigenen Hauch entstanden war, »sieh dorthin. Meinst du nicht, daß an uns noch ein höherer Ruf ergehen könnte? Wie sagt die Heilige Schrift? ›Stecke deine Zelte weiter.‹ Dort draußen schaukelt ein Schwert auf den Wassern. Und unsere See spielt um Engelland, Hispanien und Friesland. Ob es Sünde wäre, nach der Waffe zu greifen, die der Herr uns mit Wind und Fluten entgegentrieb?«

Ihre großen lebendigen Augen weiteten sich überirdisch, ihre Lippen murmelten unhörbar weiter, und ihr Atem stand auf einmal still. Diesmal handelte es sich gewißlich nicht um Täuschung, denn der schöne Körper des Weibes lag so gebannt, als ob ihr innerster, unstillbarer Wunsch aus ihr hervorgetreten sei und sie hielte jetzt Zwiesprache mit ihrem leibhaften Dämon.

Der Drost aber zuckte wehleidig zusammen: nicht nur, da sein morsches Knochengerüst nicht länger die angenehme Last des ruhenden Frauenkopfes zu tragen imstande war, sondern weil ihn der trockene Glaube plagte, daß Frau Margareta nur immer dann so hoch in den Himmel entrückt wurde, wenn es galt, höchst irdische Geschäfte als von oben empfangen darzustellen. Deshalb meinte er auch recht nüchtern, indem er jede übersinnliche Sphäre als zeitraubend beiseiteschob:

»Die Freibeuter wissen ganz genau, was sie wert sind. Es sind ungeduldige, hoffärtige Gesellen darunter. Man wird sie nicht allzulange warten lassen dürfen.«

Kaum hatte das nickende Gerippe in dem blauseidenen Wams dies geäußert, als seine Ansicht auch sofort durch ein äußeres Begebnis bestätigt wurde. Von den Schiffen krachte ein Schlag herüber, eine Dampfwolke ballte sich, und von dem ungewohnten, nie gehörten Knall aufgeschreckt, sprang die Königin plötzlich empor, vergaß ihre eben noch gespürte Erweckung und bewegte sich heftig, ohne irgendwelche Gemessenheit, dem kleinen Fenster zu. Draußen schwelte noch die graue Dampfwolke um die Schiffe.

»Was ist das?« erkundigte sich Margareta jugendlich ungestüm.

Um den verrunzelt eingefallenen Mund des Drosten spielte ein behagliches Lächeln. Es befriedigte den Alten, seine Herrin einmal außer Fassung zu sehen. Darum antwortete er gemächlich:

»Das, hohe Frau, sind die drei Lederschlangen von der ›Agile‹, dem Admiralsschiff des Störtebeker. Habt acht, er ist ein Fürst unter den Seinen, unermeßlich reich und von wilder, verwegener Gemütsart. Ihr wißt wohl, was das Volk von ihm singt?«

»Ich erinnere mich«, sagte die Regentin und blickte suchend zu Boden. »Eine dumme, törichte Reimerei. Plump und roh wie alle Bauernpoesie.

>Vom Mast die schwarzen Flaggen wehn –
Klaus Störtebeker ist Kapitän.
Es pfeift der Wind, es schäumt die Flut,
Der Degen kreist, es spritzt das Blut.
Kein Unrecht erbt sich länger fort,
Komm, feine Dirn, zu mir an Bord.
Wir müssen unter Segel gehn –
Klaus Störtebeker ist Kapitän.‹

Lacht nicht«, schloß die Fürstin und verzog verweisend die Brauen, und doch entdeckte der scheinbar so müde Drost, wie Margareta ein paarmal unbeherrscht ihre Zunge über die Lippen wetzte. »Weshalb rühmt man den schweifenden Raubgesellen gleich einem Helden? Besitzt das Volk keine würdigeren Heroen?«

Die Königin schien ernsthaft verletzt, daher war es wohl nur Zufall, daß sie sich dabei prüfend den schweren Stoff über ihrer Hüfte glättete. Der Kanzler aber beugte sich zustimmend vor, er wickelte die langen gelben Beine wurmhaft umeinander und rollte zugleich das Staatsdokument zusammen.

»Verzeiht, Herrin«, versuchte er die Verstimmte vorsichtig zu belehren, »wer lange lebt, der weiß, wie Recht und Unrecht, Gewalttat und Heldenstück keine eigentliche Farbe strahlen. Vielmehr kommt es immer darauf an, woher das Licht auf sie fällt. Und was zudem diese Haufen da draußen angeht, so besitzen sie Freibriefe von Rostock und Wismar, sind daher als kriegführende Macht anerkannt. Meint Ihr wohl, die Kondottieri Eurer italienischen Vettern mit ihrem zusammengelaufenen Gesindel seien besser? Auch halten ihre Admirale Störtebeker und Gödeke Michael unerbittliche Mannszucht und haben sich überdies den Titel ,Mehrer des Rechts' zugelegt.«

»Auch das noch«, zürnte die Fürstin und vollführte eine hochmütige Handbewegung. »Wißt Ihr vielleicht auch, Herr Henning von Putbus, woher die Hauptleute jene göttliche Bestallung erlangt haben?«

Das Unterste war in der Frau gereizt, ihr tief verborgener Stolz auf ihre uralte Heldenabstammung; die Tochter Waldemar Attertags reckte sich, von der hohen Stirn leuchtete ihr eine unbeschreibliche Abgeschlossenheit.

Da nestelte sich das dürre Gerippe mühsam zusammen, wankte und schwankte auf seine Gebieterin zu, und es lag die merkwürdige, beinahe hämische Furchtlosigkeit eines Überalten, dem Tod bereits Befreundeten in seiner blechernen Stimme, als er der höchsten irdischen Gewalt fast warnend ins Ohr hauchte:

»Göttliche Bestallung, Margareta? Kindlein, Kindlein, hat man die Hand schon gesehen, die Euch eine solche aus den Wolken herabreicht? Nun wohl, es genügt, wenn Ihr Erwählte sie spürt. Aber es gibt noch eine andere Bestallung. Die wird vernommen, die schreit nach Brot, bäumt sich gegen Druck, seufzt mit Knechten und Leibeigenen ...«

»Hör auf«, rief die Königin betroffen, die plötzlich wieder völlig der Erde gehörte und ganz genau begriff, daß sie ein armes, ausgesaugtes Volk zu leiten hätte, Bürger und Bauern, die noch vor ein paar Jahrzehnten aus angeborener, verbitterter Gemütsart nichts als schwarze Trauerkleider getragen hatten. »Schnell, Herr Henning, welchen der Kondottieri wollt Ihr mir bringen?«

»Meidet den Michael«, riet der Reichshofmeister bestimmt, und über sein verschrumpftes Antlitz breitete sich der Abglanz von List und Weltkenntnis, »laßt ihn beiseite. Ein kühler, wortkarger Mann – ein Rechner und Überlegter, der nie eine Dummheit begeht. Solche Menschen taugen nicht für Frauenüberredung. Wählt den anderen, wählt den Störtebeker.«

»Was ist das für einer?« fragte die Königin unbefangen.

Die beweglichen blauen Augen des Kanzlers tasteten noch einmal über die aufgerichtete Frauengestalt. »Ein Flackerfeuer«, entschied er sich endlich. »Alles an ihm ist Glanz, Pracht, Abenteuer und Überraschung. Die Einbildung seiner Leute hängt an ihm. Und was gilt's, in seinem eigenen Hirn strahlt beständig ein Regenbogen. Wer weiß, eine königliche Frau wie Ihr könnte ihn weit verlocken.«

Um den breiten Mund Margaretes wollte ihr einfangendes Lächeln gleiten, da begannen aus der Stadt auf einmal dunkle und helle Glockenwogen zu schwingen, und im gleichen Augenblick senkte die Fürstin ihren Blick auf den Estrich, faltete die Hände und entschied ruhig:

»Nun wohlan, Euer Wille geschehe. Morgen nach der Messe wollen wir den Hauptmann empfangen. Sorgt für ein würdig Geleit. Und vergeßt nicht, wie Eure Freundin wieder einmal eine Stunde der Demütigung auf sich nimmt. – Geht!«

*

In der Admiralskajüte auf der »Agile« ging es hoch her. Der Fürst des schweifenden Volkes gab dort seinen berühmten oder berüchtigten »Umtrunk«, und der Reichshofmeister, der gekommen war, um die Einladung seiner Königin zu überbringen, mußte immer von neuem an sich halten, damit er nicht dem fremdartigen Zauber der Umgebung unterliege. War das etwa einer der engen, dumpfigen Kästen, die sonst tief unten im Bauche auch der geräumigsten Schiffe zur Behausung von Menschen benutzt wurden? Nein, bei allen Heiligen, hier hatte ein kühner, ausschweifender, berauschter Sinn aus allen Winkeln der Erde das Erlesenste zusammengetragen, damit es fortan dem Ergötzen, der Wollust und der prunksüchtigen Ruhmbegierde eines ungebändigten Geistes diene. Noch einmal vor seinem Aufbruch, dem er längst begehrlich zudrängte, musterte der dürre alte Mann, der auf seinem hohen, brokatgepolsterten Stuhl, schwächlich zur Seite geneigt, mehr hing als saß, all den verschwendertollen Reichtum dieses kleinen, durchaus nicht niedrigen Saales. Und der selbst begüterte und verwöhnte Adlige mußte sich zwingen, von all jenen bunten Teppichen, köstlichen Schränken, Truhen und blitzendem Gold- und Silbergerät sich wieder zurückzufinden zu den fünf Männern, mit denen er an dem festen Tisch den Abendtrunk teilte. Es hielt schwer, sich eines nüchternen Endzwecks bewußt zu bleiben. Grünblaue, flämische Wirkereien stellten an den Wänden das Leben des Achill dar, und überall, wo sie zurückgeschoben waren, drängte sich wuchtiges Tafelwerk hervor, regelmäßig und erhaben in Felder eingeteilt und wuchtig aus dem dunklen Grunde herausgearbeitet. Ruhebetten und golddurchwirkte Kissen in allen Ecken; und mitten von der Decke schaukelte eine mächtige Eisenlaterne, in deren Hornblenden anmutiges Nymphenspiel geschnitten war. Verschwommen und dämmernd fiel der gelbe Schein aus der Höhe herab. Das Besondere aber verliehen diesem fürstlichen Raum die vier bunten Fackelstandarten, die an den Enden der Eichentafel angeschraubt waren. Hell und blitzend funkelte hier das Licht der Öllämpchen aus den seltenen venezianischen Gläsern heraus und streute kringelnde, unbestimmte Farbenflecke auf die ungleichen Zecher. Dazu hüpfte vom Verdeck des Schiffes eine feine Musik über die Stufen der breiten Treppe, denn die Flötenbläser und Harfenisten der Freibeuter begleiteten von oben her die Freuden ihrer Gebieter unermüdlich mit Tanz und Reigenspiel.

So hatte es der junge, schöne, stets alle Sinne blendende Admiral gewollt, und deshalb betete das schweifende Volk ihn an, mehr als jeden anderen, weil er die lichte Vollendung bildete ihres eigenen, aus allem Herkömmlichen herausgefallenen, auf und ab schwankenden Abenteurerdaseins.

Nimmer konnte der Drost seine Aufmerksamkeit ablenken von der hohen, geschmeidigen Gestalt des Wirtes. Wie der etwa dreißigjährige, von schwellender Gesundheit durchflutete Mann ihm in dem rotseidenen Prachtwams gegenüberlehnte, die linke Hand spielerisch auf einen winzigen Dolch gestützt, während die rechte in malender Bewegung von Zeit zu Zeit seine meist leidenschaftlich hervorgestoßenen Sätze begleitete, da mußte sich der abschätzende Beobachter gestehen, daß Sage und Gerücht die Anmut, ja, den Zauber dieses gefährlichen Seelenfängers eher unterschätzt hätten. Die flammend schwarzen Augen sprühten jedem Genossen eine heitere, unbekümmerte Wärme ins Herz, auf der hohen Stirn wechselte bald ein unnahbarer Stolz mit blitzender Gedankenarbeit, und das braune Lockenhaar zitterte oft, wenn die eigene Bewegung den Admiral fortriß.

»Ob dieser strahlende, selbstbewußte Kondottiere, dem die Natur bereits einen unsichtbaren Fürstenhut auf das Haupt gedrückt hatte, nicht doch ein gar zu überlegener Gegner für das leicht entzündbare

Weib in dem Schloß da droben ist?« dachte der Drost, mit sich kämpfend. Und wieder schob er den Becher unberührt von sich und machte Miene, das schon zu lang fortgesetzte Gelage zu endigen. Sein Gastgeber aber fing jene Gebärde ungläubig auf und winkte lebhaft abwehrend mit beiden Händen.

»Nichts da, hochedler Herr«, widerstrebte er mit einer leichten Verneigung, und seine Stimme lachte und lockte, als ob er zu einem schönen Weib oder mindestens zu einem geschätzten und verehrten Lehrer spräche. »Ihr tatet meinem Weine bisher wenig Ehre an. Mustert ihn besser. Gesteht, glitzert er nicht in seinem silbernen Grund, als ob wir ein Stück Sonne aus Eurem Meere aufgefischt hätten? Es ist Ingelheimer, Herr Drost, und man sagt, Carolus Magnus habe die ersten Reben gepflanzt. Kommt, der Geist des großen deutschen Mannes ist mir nicht zu schade, das Wohl Eurer königlichen Frau zu feiern.«

»Recht – nicht zu schade – wollte auch geraten haben!«, schluckte der Kriegsoberst Konrad von Moltke und rieb sich emsig seine glühende Hakennase, da er in ihr bereits ein verdächtiges Jucken spürte. Er war von dem Kanzler mitgebracht worden, um dem Störtebeker bei dessen berüchtigten Trinkgelagen Widerpart zu leisten. »Gebt her, Schelme! – Ingelheimer – Carolus Magnus soll leben.«

»Wir danken«, fiel hier der Kanzler, erschreckt über die Grobheit des Kriegsmannes ein und rückte sich mit einem leisen Seufzer zurecht, um an dem Becher mit dem vielgepriesenen Wein zu nippen. Innerlich jedoch war ihm jede Zecherei ein Greuel, da sie sein Gallenleiden bissig aufregte. Daher sammelte er sich und sprach überlegt und zu seinem Zwecke weiter: »Unsere erhabene Majestät von Dänemark schätzt die Herren sehr.«

Bei dieser Stelle lächelte der junge Admiral in dem roten Wams überaus höflich. Zugleich aber fuhr sein dunkles Auge blitzschnell und Einverständnis heischend über die wettergebräunten Gesichter seiner Genossen, bis es haften blieb an dem schmalen, feinen Jungfrauenantlitz des Hauptmanns Wichmann. Der hatte sein Kinn auf einen langen Hieber gestützt, und der Schimmer der Laternen glättete ihm weich die seidigen Blondhaare. Allein, wer genauer zusah, der merkte, wie dem Zwerglein inzwischen die Schläfen ergraut waren und wie ihm auch in die Stirn eine Silberlocke hing, gerade über der breiten Narbe. Niederträchtig zuckte es ihm in den zwiefarbigen Augen, als er auf die sanfte Einleitung des Kanzlers ebenso friedfertig, und ohne seine Lage im geringsten zu wechseln, gleich einem artigen Kinde erwiderte:

»*Sapienti sat*, Herr Reichshofmeister. Wir sind überzeugt, daß Frau Margareta uns sehr gewogen sein muß. Wie ja ein groß Gemüt stets dem gefährlichen Gegner huldigt. Man denke nur an die Troer und Griechen, die sich auch liebreich bei Gesandtschaften bewirteten. Nicht wahr? Zudem«, schloß der Kleine milde, »wandelt Frau Margareta vor aller Augen in den Spuren des Christus und deshalb bietet sie auch die linke Wange zum Backenstreich, obschon die rechte bereits geschlagen wurde.«

»Nun, Ihr irrt Euch«, wollte der alte Hofmann seinen gerechten Unwillen über die Frechheit dieses ausgerissenen Magisters bezwingen, da mischte sich zum offenen Entsetzen des Kanzlers eine grelle, kreischende Stimme in den bereits unterirdisch zischenden Disput, und der Kriegsoberst Moltke bellte durch seinen grünen Weinnebel hindurch, gleich einem bissigen Dorfköter:

»Wer redet hier von Backenstreich? Will jemand Margretlein an den holdseligen Leib? Er melde sich. – Ich sage, er melde sich.« Da jedoch niemand der Aufforderung Folge leistete, so schlug sich der Betrunkene völlig verworren auf sein hellrot feuerndes Beindach und brodelte halb klagend: »Ihr Hundesöhne, ihr Spitzbuben – ich wollte euch ja lieber ...«

»Die Schädel einschlagen«, ergänzte Hauptmann Wichmann sanft.

Hier folgte das ruhige, überlegene Lachen eines einzelnen Mannes, und es wurde doppelt wirksam, weil die anderen halb gespannt und halb verlegen die Unterhaltung eingestellt hatten, während dem Kanzler der helle Angstschweiß aus der verschrumpften Greisenstirn perlte. Der Mann aber, der so gelassen sein Verständnis für die geheime Sehnsucht des dänischen Kriegsobersten bekundete, er saß dem Trunkenen auf einem derben Schemel gerade gegenüber und hieß Gottfried Michaelis oder im Volksmund Gödeke Michael. Wie er der einzige war von seinen Gefährten, der zum Empfang der vornehmen Gäste kein Prachtgewand angelegt hatte, sondern gleichgültig das braune Lederwams seines Berufes trug, so hatte er auch bis jetzt in einem kargen, beobachtenden Schweigen verharrt. Keine Bewegung störte die Ruhe seiner breitbrüstigen Gestalt, und in seinem ehernen, düsterblond umrahmten Antlitz zeigte sich weder Teilnahme noch Abwesenheit. Etwas streng Abgeschlossenes beherrschte diesen Menschen, und der Kanzler erriet sofort, daß der Schweigsame nur seinen eigenen Gestirnen zu folgen gewohnt sei. Nun löste der Kräftige die Verlegenheit auf eine ungekünstelte und natürliche Art. Ohne Mühe hob er die gewaltige Silberkanne, seinem Gegenüber neuen Trunk einzugießen.

»Ihr habt recht, Herr«, stimmte er dabei im Ton eines redlichen Zeugen zu. »Welcher Fisch lernt auf sein Alter noch in Milch schwimmen? Als wir bei Wisby aufeinander stießen, da haben wir uns besser verstanden.«

»*Ecco*«, erwiderte der Totenschädel, riß seine Fischaugen auf, und eine schwefelnde Erinnerung überkam ihn, »*diavolo barbuto*, damals, Herr, hab' ich Euch eine Fracht Bier und zwei Last Weizen genommen. Gut... gut... Herr, freut mich, daß Ihr endlich das Maul auseinander bringt. Wann treffen wir uns wieder, Herr?«

Schwankend streckte er dem Ledernen die Rechte über den Tisch. Der schüttelte sie ihm derb. »Wartet«, versicherte er kaltblütig. »Die stillen Tage gehen vorüber. Friede ist ein flüchtig Wort.«

»Wahr... wahr«, jammerte es vom unteren Ende der Tafel aus einer dumpfen, zerknirschten Kehle, und ein paar fleischige Hände begannen die Perlen eines Rosenkranzes krampfhaft gegeneinander zu werfen. »Friede halten nur die unschuldigen Engelein. Oh, du wonnige Jungfrau, oh, Ihr gebenedeiten Nothelfer, warum mußte ich den frommen Bischof Tordo von Strangnäs nackt in den Schnee jagen? Oh, die Kreatur ist böse von Grund aus.«

Ein aufgeschwemmter, stiernackiger Graukopf war es, der so gewohnheitsmäßig seine angebliche Qual herleierte. Gemeinheit wohnte in seinen plumpen, verschworenen Zügen, und seine leeren blauen Augen zwinkerten unter den struppig herabhängenden Haaren oft in scheuer Hochachtung zu seinen Genossen hinüber, als wenn er nicht verstünde, wie er bei seiner Unbildung und Bäuerlichkeit unter die glänzenden Anführer geraten sei. Dies war auch schwer zu begreifen, denn Hauptmann Wichbold stellte nichts anderes vor als einen gewöhnlichen Buschklepper, einen Strauchdieb, dem kein Verbrechen zu abschreckend, kein Diebstahl zu gering galt, vorausgesetzt, daß er hinterher seine jammervolle Seele durch ein paar hundert Paternoster beruhigen konnte. Kunstgerecht schnitt er jede Kehle ab, indem er dabei seinem Schutzpatron gebührenden Anteil gelobte. Darum wurde der wehleidige und zugleich heimtückische Patron von seinen Gefährten und namentlich von den beiden Admiralen auch nur mit äußerstem Widerstreben geduldet. Allein der wüste Mensch war ihnen nun einmal von dem großen Haufen gestellt worden, halb als Beobachter, weil die dunkle Masse den politischen Plänen ihrer Befehlshaber nicht völlig traute, und halb als Hemmnis und Bleigewicht, um die hochfliegenden Pläne der Führer immer wieder auf sein eigenes erbärmliches Raubgelüst zu erniedrigen. Schon seine Gegenwart gereichte den anderen, gerade wenn sie sich am hochgestimmtesten als Bildner einer neuen Weltordnung fühlen wollten, zur düsteren Mahnung, auf welchen Grundsteinen sie die Halle ihres Gerichts zu erbauen strebten.

»Oh, des Elends«, heulte der aufgeschwemmte Wichbold noch einmal in seinen Becher hinein, »die wir nicht Ruhe noch Gesetz halten können.«

Seine Kranzkugeln klapperten wie Zähne aufeinander.

Bei alledem wurde dem Reichshofmeister himmelangst. Er hatte wohl die Einladung seiner Herrin überbracht und in allerlei feinen Andeutungen durchschimmern lassen, wie die Fürstin namentlich an dem Besuch des Störtebeker Gefallen finden würde. Allein bis jetzt hatte er weder von den anderen, noch von dem jungen Admiral irgendeine bindende Zusage erhalten, und allmählich gewann der feinfühlige Alte den Eindruck, als ob sich die Befehlshaber dieser gewaltigen Seemacht von dem eben geschlossenen Frieden durchaus keinen besonderen Vorteil versprächen. Auch darüber hinaus witterte er einen ihm noch verborgenen Widerstand gegen die Verhandlungspläne seiner Königin. Hier galt es, den Zaudernden rasch und reizvoll glühende Zauberfrüchte vor die Augen zu malen. Schmatzend, als ob er etwas Köstliches auf der Zunge spüre, begann er von neuem zu schmeicheln:

»Die Königin hat mit Wohlgefallen die große Flotte der freien Beherrscher des Meeres betrachtet.«

»Margretlein«, lallte hier Kriegsoberst von Moltke bestätigend dazwischen, der nach Art der Trunkenen sich zu strengster Deutlichkeit verpflichtet wähnte.

Als Antwort strich Gödeke Michael an seinem Lederwams herunter.

»Das freut uns«, erwiderte er mit seiner undurchdringlichen Miene. »Wir haben ihr zu Ehren ein Geschütz gelöst. Sonst kommen wir, um Euren Gefangenen, den König Albrecht, abzuholen.«

Das war nun wieder ein anstößig Kapitel. Gar zu leicht konnte die Erinnerung an den eben erst abgeschlossenen Waffengang aufleben, auch sonst schätzte der Kanzler keineswegs das Gedächtnis der sieben mageren Jahre im Turm zu Lindholm, deshalb zuckte er kaum merklich die Achsel und sprach mitleidig weiter:

»Wie gönne ich ihm seinen Ruhesitz in Mecklenburg. Der arme, schwache, redselige Mann. Ihn hat das schmerzlichste Los getroffen. Nicht einmal Euch, seine treuesten Freunde, konnte er belohnen.«

»Wir brauchen ihn nicht«, rief hier Klaus Störtebeker fröhlich, der bis dahin leicht zurückgelehnt all die vergeblichen Bemühungen des alten Fuchses mit seinem feinen, erkennenden Lächeln begleitet hatte. »Bemüht Euch auf das Verdeck der ›Agile‹, hochedler Herr, und Eure Erlaucht können leicht meine Mannschaft singen hören.« Und der Admiral sang selbst:

>»Die Schwarzflaggen laufen in Wind und Wettern,
>Sie stehen in keines Menschen Sold,
>Sie fahren aus auf Pech und Brettern
>Und kehren heim auf eitel Gold.«

»Vortrefflich, auf eitel Gold ... freilich ...«

Das dürre Gerippe stutzte. Es befremdete ihn höchlich, auch diesen jungen, von fürstlichem Anstand geleiteten Seehelden so obenhin über Raub und Brandschatzung urteilen zu hören. Denn seine nicht geringe Menschenkenntnis suchte hinter jener hohen, wetterleuchtenden Stirn noch eine andere, eine höhere Weltauffassung. Trotzdem ging er auf den leichtsinnigen Ton ein.

»Freilich«, grinste er aus dem Gewirr seiner Furchen heraus, während er seinen Blick all die auffallende Pracht noch einmal kosten ließ, »man sieht's. Es verbirgt sich nicht. Nur schade«, schnellte er einen bösen Pfeil möglichst harmlos hinterdrein, »Eure Freibriefe erlöschen mit dem geschlossenen Frieden.«

»Unser Recht beruht nicht auf Schreibwerk«, beharrte Gödeke Michael fest.

»Auf was sonst, wenn es Euch beliebt?« griff der Drost diesmal schnell nach.

Da loderte es auch in den schwarzen Augen des Störtebeker grell auf. Ein Windstoß von Wildheit fuhr über das eben noch so strahlende Antlitz. Es war, als ob ein Blitz in einen Garten geschlagen hätte.

»Auf dem Unrecht der anderen«, rief er hell.

Wem gehörte die Stimme, die jedem Lauscher das Innerste erwühlte? Die Drommete eines fernen, hellseherisch verkündeten Gerichts schmetterte aus dieser Inbrunst. Und siehe da, die wenigen Worte klammerten sich wie ein Ring um den kleinen Kreis. Selbst der Trunkene horchte auf. Dem Kanzler aber wurde unheimlich. Das beängstigende Vorgefühl, in eine rätselhafte, noch nicht entschleierte Entwicklung geworfen zu sein, ergriff den Alten plötzlich, ja, seine aufgejagten Greisensinne wurden unvermutet durch die Vorstellung gepeinigt, er sei dazu verurteilt, wider seinen Willen das Brodeln des ehernen, von grauen Mächten gehüteten Kessels zu belauschen, in dem Weltwenden und Völkerschicksale gleich platzenden Blasen durcheinander tanzten. Nein, dazu war er schon zu alt, dergleichen mochten seine triefenden Augen nicht mehr schauen. Fröstelnd schüttelte sich das Gerippe und dankte Gott im stillen, als er zu bemerken glaubte, wie die Züge des jungen Admirals gleich darauf wieder von der alten Heiterkeit erhellt wurden. Seufzend und mit einem letzten Versuch zog der unermüdliche Hofmann eine neue Saite auf seine vieltönige Geige.

»Ich will die Herren weder überreden noch bestimmen«, sagte er, ganz als ehrlicher Freund und Berater, »da sei Gott vor. Aber mein Herz bedrückt es gleichwohl, wenn ich ermesse, zu welch wertvollen Leistungen ein solch herrliches Werkzeug erkoren sein könnte, sobald es einem sicheren Gesetz oder einer anerkannten Macht dienstbar wäre.«

»Erspart Euch das«, weigerte sich hier Gödeke Michael streng, und aus seinen eisenblauen Augen traf den Alten ein finsterer Blick. »Wir folgen trotz alledem einem Gesetz. Einem so unerbittlichen, daß Ihr die einzelnen Artikel nicht ertragen würdet.«

Der Drost nickte wehleidig. »Mag sein«, redete er halb in Angst und doch von seiner Aufgabe beherrscht weiter, »allein die Umwelt und die gewordenen Verhältnisse, auf denen allein ein gutes Gewissen sorgenlos ruhen kann ...«

»Alter Herr, sang Euch die Amme dies spaßige Märchen?« schoß das blonde Zwerglein bissig dazwischen.

Mühsam überhörte der Drost auch diesen Einwurf, um unter stärkerem Unbehagen fortzufahren:

»Ihr werdet nicht leugnen, das Bestehende kann sich in eure Sitten nicht recht hineindenken. Dazu hängt es zu fest an erprobten alten Geboten, die ihm allerlei Unersetzliches verbürgen.«

Der junge Admiral schnitt mit der Hand durch die Luft.

»Erbe und Besitz, Truhenschatz und Pergamentvorrechte, adlige Bettpaarung und Gottes Wort für die Armen«, half er mit seiner verwirrenden Liebenswürdigkeit ein. »Davon wollt Ihr sprechen, nicht wahr?« Es klang beinahe gutmütig.

»Das auch – gewiß – das ist für den Bürger der Ausgangspunkt vieles Guten. Allein ich dachte auch an etwas Höheres. Verzeiht mir – aber wie schwer muß auf euch allein des Heiligen Vaters Fluch und Bann drücken!?«

Noch war das Bedenken nicht ganz erhoben, als der Kanzler sich auch schon völlig verständnislos umblicken mußte. Ein schallendes Gelächter wälzte sich um die Tafel, und nur der dicke Wichbold schlug weinend vor Gram und Trunk seine fleischigen Hände zusammen, dazu stöhnend:

»Oh, ihr vermaledeites, heilloses Volk – lacht nicht, lacht nicht über Pein und Fegefeuer. Warum mußte ich den Bischof Tordo von Strangnäs an den Seen von Stockholm niederwerfen? Bis aufs Hemd hab' ich den heiligen Mann ausgezogen. Und jetzt, alter Mann, jetzt verzehrt der Frost meine eigene Seele. Ich klappere mitten im Sonnenschein, denn ich allein bin schuld, daß sich uns keine Kirchentür mehr öffnet. Ach, ich verirrte, armselige Kreatur, ich!«

Sein dickes Heulen und Schmatzen verlor sich in dem Schlund des Bechers.

Voller Abscheu, verächtlich sprang der junge Admiral zur Höhe. Aber noch immer wetterte ein Abglanz des wilden Lachens um seinen feinen Mund.

»Habt Nachsicht«, entschuldigte er sich endlich vor seinem verblüfften Gast und schlang den Arm gefällig um eine der Fackelstandarten. »Ich weiß, ich hätte mir eher die Zunge abbeißen müssen, als solch einen verehrten Gönner durch unziemliches Lachen zu verletzen. Doch Ihr konntet nicht wissen, daß wir gerade in den dunklen, die Welt verängstigenden Nebel unser rotes Fackellicht stoßen wollen. Alter Mann, sei ehrlich – meinst du wirklich, Völlerei, Mord, Ämterschacher und das durch Seelenverängstigung erlistete Scherflein der Witwe berechtigten zu dem schwindelnden Anspruch auf Vergottung? He, da seid Ihr gerade unter die Henker solch alter Lügen geraten.«

Er rüttelte an dem Schaft der Laterne, und seine breite Brust dehnte sich unter der rotseidenen Hülle, als er heftig hervorstieß:

»Unsere Schuld und Fehle, das Eigenste, Heimlichste der Kreatur einem anderen aufbürden, nicht wahr, so gefällt's Euch? Das nenne ich mir gar eine tapfere Kunst. Geht, seid Ihr fromm, warum sucht Ihr nicht Euren noch immer unbekannten Gott? Vielleicht, daß er Euch eines Tages begegne. Aber was tut Ihr? Ihr schlagt mit Keulen nach dem Geist, der von ihm strömt, weil er sich überall gegen Euch auflehnt. Geht ... geht, faulende Gräber, geschminkte Heuchler.«

Klaus Störtebeker wandte sich und schritt hochaufgerichtet durch den weiten Raum, bis dahin, wo an der getäfelten Wandung bereits dunkle Schatten auf und nieder schwebten. Leicht konnte man meinen, daß der Gastgeber hiermit die Tafel aufhöbe. So faßte es wenigstens der dänische Reichshofmeister auf. Der Unterkiefer war ihm herabgesunken, der alte Mann konnte sein Staunen über die empörerische Kühnheit der eben vernommenen Ansichten noch immer nicht mäßigen. Zwar dachten zu jener Zeit viele erleuchtete Köpfe ähnlich, aber der Aufruhr wagte sich vorerst nur in den Studierstuben hervor. Langsam schob der Drost seinen Stuhl vom Tisch und raffte seine lange Gestalt in die Höhe. Niederdrückend beschlich ihn dabei der Ärger, und er hing ihm förmlich an seinen schlaffen Wangen nieder, weil ihm, auf die ehrende Einladung seiner Fürstin, keine freundlichere Bereitwilligkeit gezeigt worden war. Ja, daß er, im Grunde kaum mit halben Worten abgespeist, gleich einem aufdringlichen Zwischenträger wieder ans Land zurückgeschickt würde. Jedoch – um alles –, nichts zeigen, nichts merken lassen. Auf seinen Wink hing ihm ein aufwartender Bursche seinen schwarzen Mantel um, und nachdem von dem Buben auch noch der Kriegsoberst Konrad von Moltke seinem Schemel entrissen war, was freilich nicht ohne allerlei Faustschläge ablief, da schickte sich der dürre Drost, äußerlich unverändert, zuinnerst jedoch verletzt und beleidigt, zum endgültigen Abschied an.

»Habt Dank«, knickte er gegen die schweigende Runde zusammen, obwohl sein Blick noch immer die abgewandte Gestalt des jungen Admirals suchte. »Ihr habt uns aufgenommen, wie es eurer Macht und eurem Wohlstand geziemt. Mein Zweck, euch kennenzulernen, ihr Herren, ist damit erfüllt. Auch werde ich reinen Mund halten über das, was ihr mir des Fürderen über eure Feindschaften und Widersetzlichkeit enthüllt. Zudem, ich bin ein guter Christ und habe die gefährlichen Schwarmschriften des Oxforder Professors* nicht so gründlich studiert wie ihr ...«

»He, hochedler Herr, säumt noch, ich zeigte Euch gern lieblichere Schreibereien«, unterbrach aus der fernen Ecke die lachende Stimme des Admirals. Und ohne die Einwilligung seines Gastes abzuwarten, schleuderte der schlanke Befehlshaber mutwillig aus einer geräumigen Truhe ein mit Leder und bunten Steinen besetztes Buch nach dem anderen auf den Teppich. »Seht, würzigstes Gewächs. Ihr müßt wissen, ich ward der Erbe des Bischofs von Strangnäs, den unser lieber Genosse so trostlos beweint. Ein guter, samthäutiger Geschmack, kann ich Euch versichern. Hier, Liebeslieder des Petrarca an Donna Laura. Etwas für stille, verschwiegene Leute. Und dort noch besser ... Geschichten des Boccaccio an Fiametta. Nehmt, nehmt, Herr ... dieser Deckel sei mein Gastgeschenk. Ihr müßt Euch darin unterrichten, denn Ihr seid der Dienstmann einer Frau.«

Versteint, sprachlos stand der Drost, seine triefenden Augen wölbten sich vor Angst und quollen ihm aus den Höhlen, da er die Schrift sich gewaltsam in die Finger gedrückt fühlte.

Der Admiral aber legte ihm sanft die Hand auf die Schulter, blitzte ihn mit seinen schwarzen Augen an und sagte tröstlich:

»Haltet mich nicht für verwirrt, hochedler Herr, ich wollte Euch nur weisen, wie wir schweifenden Leute auch die Strömungen auf dem Lande kennen. So mag ich Euch auch nicht länger ängsten. Meldet mithin Margareta meine Ehrfurcht, und morgen nach der Messe will ich vor ihr erscheinen.« Und bedeutsam und plötzlich in eine andere bisher sorgsam verschleierte Gedankenwelt zurücktauchend, setzte der Admiral geschlossenen Auges hinzu: »Gebe ihr Stern, daß sie mich verstehe.«

Er wachte auf, blickte wie erstaunt auf seine lauernden Gefährten, wechselte den Ton und rief laut:

»Gehabt Euch wohl, hochedler Herr, und sorgt nicht um Euren Abzug. Den Kriegsobersten lasse ich die Treppe hinauftragen.«

---

* Wiclif, ein Vorläufer von Hus und Luther

II

Das Glöckchen der Kapelle läutete noch sacht, da knarrte das Tor in der roten Schloßmauer, und über den hölzernen Pfad der Brücke bewegte sich ein Zug von unerhörter, einzigartiger Pracht. Draußen vor den Wällen blieb ein dichter Schwarm zusammengelaufenen Volkes zurück, der winkte dem einziehenden Freibeuterfürsten mit Tüchern und hocherhobenen Händen unermüdlich seine Grüße nach. Denn das arme Volk liebte jene streifenden Gesellen, von denen es um billigen Preis Lebensmittel, Kleidung und Zierat aus fremden Ländern einhandelte. Und es billigte auch das seltsame Freigericht der Seefahrer, weil der Übermut seiner Großen davor zitterte. In einer rechtlosen Zeit bildeten diese Urteile ein letztes märchenhaftes Wunder, beinahe wie die Tröstungen der Religion.

Im Schloßhof glitzerte es. Den Sonnenstrahlen sprangen Lichtfunken aus einem Goldharnisch entgegen. Kein rechtmäßiger Völkerhirt, noch weniger ein Untertan hatte jemals in solchem, an Wahnwitz streifenden Glanz diese Stätte betreten.

Hinter ihrem Fenster beugte sich Königin Margareta vor. Obschon sie bereit war, etwas Außerordentliches zu erleben, so ließen die Schönheit des wilden Prunkes sowie die rügende Würde und die schlanke Stattlichkeit des bestaunten Besuchers ihre Spottlust zuvörderst verstummen.

Langsam und wie um einen dort hängenden Traum abzustreifen, fuhr sich die Frau über die ganz von Licht und Blitz erfüllten Augen, und ihre Stimme klang weniger klar als sonst, da sie sich zu ihrer mädchenhaften Gefährtin kehrte, die allein mit ihr den engen Raum des Arbeitszimmers teilte. Es war die einzige Hofdame, die die Fürstin sich ebenbürtig wähnte, denn Gräfin Linda von Ingerland entstammte einem norwegischen Urgeschlecht, von dem schon die Lieder der Edda sangen. Gott Thor selbst hatte ihrer Sippe einen roten Hammer als Zeichen seiner Gunst in die Schwelle geschlagen.

»Sieh dort, meine Tochter«, wies die Regentin unsicher, und es schien, als ob sie sich durch Menschenworte selbst zur Besinnung bringen möchte, »der kurze purpurblaue Waffenrock. Wie er von Gold starrt! Und welche Königsgestalt«, zögerte sie weiter. »Ich sah nur einmal einen Mann in gleicher Rüstung, König Wenzel zu Prag. Aber der war kurz und dick«, besann sich ihr abschätzendes Urteil sofort.

Doch das blonde Mädchen wurde von keiner Neugier erregt. Frostig, abweisend griff es nach einem langen schwarzen Kreuz, das über seiner weißen Gewandung nonnenhaft herabhing. Die Bewegung schien geeignet, einen nahenden Spuk zu vertreiben.

»Was kümmert es uns«, entgegnete sie, wie eingehüllt in das starre Leichenhemd einer Heiligen, »woher der unselige Mensch seinen Schmuck geraubt hat?«

»Nicht so.« Die Fürstin hob ihr kluges Haupt. Sie war nicht länger einverstanden mit dieser herben Verurteilung, seit ihr mannslüsterner Blick auf dem strahlenden und blitzenden Seefahrer dort unten geruht hatte. Jener kam vielleicht, um ihre Macht zu mehren, und dann war es in ihre Hand gegeben, Sünde in Tugend, Verbrechen in Staatsnotwendigkeit zu kehren. »Nicht so, mein liebes Kind«, belehrte sie nachdenklich, jedoch mit ihrem gütigen Lächeln, »dein frommer Abscheu führt dich zu weit. Überhaupt, gib acht, daß sich deine Himmelssehnsucht mehr mit Demut nach unten mische.«

Die Fürstin hatte vielleicht schon vergessen, was sie eben geäußert, denn ihre ganze Aufmerksamkeit war auf drei riesige Matrosen gerichtet, die hinter ihrem Gebieter eine breite, ganz in einen Teppich gehüllte Tafel auf ihren Schultern schleppten.

»Womöglich ein Gastgeschenk«, riet Margareta zwischen Spott und Begierde.

Über die Wangen ihrer Dame jedoch hatte der Vorwurf eine flüchtige Röte gejagt.

»Du tust mir Unrecht, Königin«, verteidigte sie sich in stolzer Haltung, »mein Sinn steht, wie du weißt, nach dem Kloster. Das Erdenleid mit seinem Weh und seiner Ungerechtigkeit jagt mich von hinnen.«

Auf den Treppen knirschten Tritte. Das leise Klingen einer Rüstung zitterte hindurch.

»Gut – gut«, wandte sich Margareta hastig zurück und strich prüfend an ihrem engen grünen Kleid herunter, »darüber, meine Linda, sprechen wir, wenn du mannbar geworden bist. Und jetzt – ich will dir nicht zumuten, eine Luft mit einem von dir Verachteten zu atmen. Du bleibst nur bis zu seinem Eintritt, damit ich nicht unbegleitet erscheine. Dann« – sie lehnte sich erwartend an den Tisch – »will ich allein sein, und niemand soll unsere Zwiesprach stören.«

Verstummt verneigte sich die Hofdame. Der Vorhang teilte sich, und ein blauberockter Wäppner trat ein. Breitbeinig meldete er: »Nikolaus Störtebeker, Königin, bittet um deine Gunst. Er nennt sich Admiral und Mehrer des Rechts.«

Eine Sekunde wollte ein bitteres Lächeln um den breiten Mund der Regentin fliegen, fast verlegen streifte sie die unbewegliche Gestalt ihrer Hofdame, dann jedoch entschnürten sich ihre Brauen, und herablassend nickte sie:

»Er ist willkommen.«

Gleich darauf stand der Admiral den beiden Frauen gegenüber. Ein Goldschimmer ging von ihm aus, ein Hauch von Jugend und Kühnheit umspielte den Hochaufgerichteten, und in dem dumpfen Gemach verbreitete sich etwas von der Freiheit und Majestät des Meeres. Unwillkürlich verlor die Königin das Gezwungene ihrer angenommenen Herrschergebärde, sie mußte sich jetzt wirklich kräftig auf den Tisch stützen, denn ihr war, als sei noch niemals ein solch Ungebrochener, deutlich von einem sichtbaren Stern Geleiteter vor sie getreten. Wortlos, ohne Zeichen, ohne Gruß fuhr sie fort, ihren Gast, der sie mit seinen braunen Locken weit über ein Haupt überragte, zu betrachten, seinen purpurblauen, von den Hüften an abgeschrägten Waffenrock, die goldgestickten Löwen darauf und den hohen Goldhelm in seiner Rechten, und erst, als sich der Admiral leicht und mit natürlicher Ehrfurcht vor ihr verneigte, gewann ihr breiter Mund das ihm geläufige Lächeln zurück. Halb abwehrend holte sie aus sich heraus:

»Du bist willkommen, Nikolaus Störtebeker.«

Völlig war ihr dabei entglitten, daß sie diesen gefährlichen Freibeuter als Admiral anreden wollte, auch vergaß sie, ihm nach ihrer Absicht gnädig die Hand zu reichen, so rückhaltlos war sie von einem kindlichen Staunen erfüllt. Nur eines bemerkte sie mit den unfehlbaren Sinnen der Frau, daß nämlich ihre Hofdame, die sich nach der Verabredung jetzt entfernen sollte, ungehorsam oder gezwungen mit ihrem weißen, hochmütigen Antlitz an ihrem Platz verharrte. Das blonde Mädchen hatte das schwarze Kreuz fest an ihre Brust gedrückt wie zur Gegenwehr gegen eine böse und sündhafte Macht. Allein auch Margareta hatte noch immer nicht das Bewußtsein ihrer Erdenhoheit zurückerlangt, sondern sie stand befriedigt als Zuschauerin eines nicht alltäglichen Schauspiels.

Inzwischen waren die so ungleichen Frauen auch von dem Admiral gemustert worden. Ein kurzer, scharfer, durchaus nicht verschämter Blick hatte das blonde Fräulein abgeschätzt, der Blick eines Übermütigen, der eine Ware rasch und ohne Umstände einzuhandeln gewohnt ist. Länger und prüfender blieben die dunklen Augen an der Fürstin hängen. Alles ohne knechtische Demut, sondern wie der Träger eines neuen, die Welt verändernden Gesetzes. Als aber die Stille beharrlich anhielt, da regte sich der Seefahrer entschlossen, so daß die langen Sporen an seinen goldgeringelten Schuhen einen scharfen Ton gaben. Ohne Erlaubnis abzuwarten, erteilte er seinen Dienern, die noch unter dem Vorhang harrten, einen gebieterischen Wink. Sofort wurde die noch verhüllte Tafel an eine leere Wand des Zimmers gelehnt. Dann verschwanden die Träger.

»Erhabene Frau«, begann nun der Störtebeker mit einer so hellen, schmeichelnden Wärme, daß es Margareta vorkam, als wenn die umgebende Luft ihren Hals mit weichen Händen zu streicheln anhöbe. Wohlig überließ sich die Frau jenem ungewohnten Schauer, Gräfin Linda jedoch schreckte zusammen, und ihre Züge nahmen plötzlich den Ausdruck einer bestürzten Feindseligkeit an.

»Erhabene Frau«, erklärte der Gast, leicht gegen die Tafel weisend, »wer wagte ohne Fürsprach noch Geleit vor eine Fürstin zu treten, die von dem bewundernden Urteil ihrer Zeit die ‚Semiramis des Nordens' genannt wird? Aber, o Königin, mein Geleitsmann spricht nicht so laut und vernehmlich zu den Gekrönten als vielmehr sanft und bittend zu denen, die warmen, mitleidsvollen Herzens sind, und besonders zu euch, ihr milden, erbarmenden Frauen. Schau her, du kennst ihn.«

Ein rascher Griff in den Teppich, die Hülle fiel. War es ein Ausruf des Staunens oder des gottseligen Entzückens, der den beiden Überraschten das Herz sprengte? Vor ihnen, in einen geschnitzten Spitzbogen eingefaßt, milde aus einer üppigen Goldwand herausgewachsen, da hing der Erlöser an seinem Kreuz. Und unter der leicht geneigten Stirn suchten zwei tiefe schwarze Augen weit über die gemalten Zeugen, aber auch über die lebenden Beschauer hinweg ernst und dringend nach etwas Unauffindbarem! Die Augen wurden größer und öffneten sich immer weiter, je länger man ihre Frage aushielt. Rechts von dem Pfahl kniete eine Schar anbetender Mönche in faltenreichen, blaß leuchtenden Kutten. Jeder den Heiligenschein um das inbrünstige Haupt. Die göttliche Mutter kauerte vor dem Marterholz, sie hielt das Fußbrett umklammert und drückte ihre Lippen, unsägliches Leid verkündend, auf die blutigen Male. Auf der linken Seite trauerten die Jünger, angetan mit lichten blauen und roten Gewändern, und den Heiland selbst umschwebten in dem Goldhimmel kindliche Engelsgestalten, deren Leiber der Maler, um das Unirdische anzudeuten, von der Mitte an in Rauch und Wolken aufgelöst hatte. So aufreizend und betörend wirkte das Ganze, daß die Frauen ein haltloses Zittern befiel. Zum erstenmal durchschlug jene nordischen Menschen das Wunder der Kunst, denn statt der gewohnten leblosen Gliederpuppen offenbarte sich ihnen Sterbliches und Göttliches, eingetaucht in die Qual und das Heilige des Alltags.

Und diese Erhabenheit spendete ein Seeräuber?

Die Königin wankte. Sie war leichenblaß geworden. Die mahnenden Augen hatten ihr Herz geöffnet, und in ihrem wallenden Blut brannte die Frage weiter, die der Menschensohn dort am Kreuz in aller Einfalt an sie richtete: »Glaubst du an mich wirklich?«

»Wer? ... Wer hat das geschaffen?« stammelte die Regentin und warf, wie abwehrend, die Hände vor.

Aufmerksam stand der Admiral neben der Tafel. Auch ihn erregte das stürmische Drängen des Künstlers nach Wahrheit und Beseelung. Aber er war mit dem Eindruck zufrieden. Mit einer bezeichnenden Handbewegung erwiderte er:

»Du siehst, o Königin, dies hat ein aufrührerischer Geist gebildet. Meister Giotto di Bondone zu Florenz, der sich auch nicht um altüberlieferte Satzungen scherte, sondern das Stückwerk und die Stümperei aller menschlichen Dinge kannte. Wo schaust du hier selige Verheißung? Verheißen ist uns allein Qual und Selbstbefreiung. Dort nur winkt unsere Auferstehung, Königin.«

Und erkennend, daß er bei der großen Bestürzung, die er erregte, noch mehr wagen könne, setzte er mit bewußter Grausamkeit hinzu:

»Du sollst wissen, ich selbst nahm dieses Bild aus einem sienesischen Kirchlein, das mir das dankbare italienische Landvolk öffnete.«

Langsam ließ Margareta bei diesem Geständnis ihre Hand sinken. Sie starrte den kühnen Sprecher an. Alles um sie herum war ihr verwirrt. Plötzlich jedoch überraschte sie die Scham, weil ihr Niederbruch auch von einem anderen Weibe erlebt würde. Und von diesen widerspruchsvollen Empfindungen bestürmt, kehrte sie sich heftig gegen ihre Begleiterin. Verdeckt und erzürnt klang, was sie vorbrachte.

»Was ist das? Seid Ihr noch da, Gräfin? Wir danken Euch. Aber nunmehr bedürfen wir Eures Beistandes nicht länger. Ihr seid beurlaubt.«

Und mit einer höfischen Handbewegung sprach sie die Entlassung aus. Seltsam, in der stolzen Edelingstochter bäumte sich kein Widerspruch gegen die ungewohnte Behandlung. Ja, sie schien den Tadel kaum zu begreifen. Und doch – hinter der ruhigen weißen Stirn regte es sich um so wirbelnder, in den großen blauen Augen erfror ein offenes Grauen, denn das letzte, woran sich diese Einsame klammerte, drohte zusammenzustürzen. Wie? Ein Unseliger, Geächteter, tausendfach Gebrandmarkter bekannte hier frechen Tempelraub, und er stand doch in Gold und Seide gehüllt, übermütig und herrisch und dazu verwöhnt und gekost von den huldvollen Blicken einer Fürstin? Die wunderreinste Offenbarung wurde durch beschmutzte Hände gespendet und zugleich das Tiefste und Ewigste der Lehre von grausamer Verachtung erschlagen? Die Verheißung wurde vom Himmel gezerrt, der letzte Trost aller Verlassenen? Nimmermehr – das durften aufrechte Bekenner nicht dulden. Aus der Bahn gerissen, jedoch noch bis zuletzt bestrebt, ihre gefaßte, ablehnende Haltung zu wahren, so schritt das frierende Geschöpf nach einer Verneigung dem Vorhang zu. Indes ihre Prüfung war noch nicht erschöpft, noch ärger sollte sie versucht werden. Ihr mußte es ein böser Blick angetan haben, denn unvermutet schlug es in sie ein, als ob die schwarzen, feurigen, ergründenden Götteraugen ganz in der Nähe auf ihr ruhten. Sie waren da, sie drängten sich an sie. Ihr weißes Gewand fühlte sich von ihnen durchbrochen, ihr Körper von ihnen angetastet, und jetzt, jetzt merkte es die Aufgestörte erst, der Mann in dem blauen Fürstenrock, der Seeräuber, der Gesetzesverächter, in ihm leuchteten jene heilig-unheiligen Erdensohnaugen nur schamlos und gemein auf sie nieder.

Da verkümmerte ihre Selbstbeherrschung, verwundet raffte sie ihre lange Gewandung an sich, brach durch den Vorhang und stand jenseits der Schwelle, sich selbst unbekannt und entfremdet. Geheime Vorsätze gewannen Macht über ihr Denken. Auch sie glich einem geraubten Heiligenbild. Der Vorhang zitterte in ihrer stützenden, entschlußlosen Hand.

*

»Jetzt sind wir allein«, sprach Margareta bedeutungsvoll, »und darum laß mich dein Geschenk verehren.«

Demütig kniete sie nieder und versank vor der Tafel in ein unhörbar Gebet. Die schmiegsamen grünen Linien des Weibes lagen vor dem Bild hingegossen wie frischer, wölbiger Rasen. So sehr hatte die Menschenkennerin ihre Beherrschung wiedergewonnen, daß selbst der scharfsichtige junge Admiral zweifeln konnte, ob sich hier Echtes äußerte oder der gewohnte Drang zur Darstellung. Allein um die Lippen des Seefahrers regte sich doch ein verborgenes Lächeln.

Die Königin mußte es ahnen, denn sie erhob sich rasch.

»Ich danke dir, Admiral«, sagte sie herzlich und reichte ihrem Besucher die Hand. Es war eine weiche, bannende Frauenhand, und in der Umspannung bebten die starken Kräfte des Willens und der Unterjochung. Der Störtebeker aber stand fröhlich vor ihr, ungebrochen und sie um ein Haupt überragend. Da erkannte Margareta mit Bedauern, daß es Zeit sei, diesem Willensmächtigen vorerst kleinliche Gelüste zu opfern. Voll Würde und mit einer freien Anmut ließ sie sich auf ihrem hohen Sitz nieder. Ihr scharfes Antlitz nahm dabei etwas Festliches an. »Setzen wir uns«, forderte sie, »auch du, Nikolaus Störtebeker, laß dich nieder. Hier, neben mir. Und dann will ich dir verkünden, warum sich meine Gedanken schon lange mit dir beschäftigten.«

Allein Klaus Störtebeker rührte sich nicht. Unanfechtbar sicher klang es von dem Aufgerichteten zurück:

»Ich kenne deine Gedanken, Königin. Und du brauchst mir nichts zu verkünden.«

Was war das? Margareta zuckte getroffen zusammen.

»Was weißt du von mir?« herrschte sie den Mann an, der sie so mühelos entgöttlichen wollte.

Unerschrocken und seinen dunklen Blick fest in den ihren verstrickt, entgegnete der Admiral:

»Ich weiß, daß du ein Reich in Not und Kummer zusammengerafft hast. Aber auch der Dieb, der über die Mauer steigt, erduldet Schmerz und Plage. Jetzt willst du herrschen, wie vor dir zahllose deinesgleichen, Berufene und Unberufene, ihre Gewalt zärtlich hegten. Und deshalb mußt du deine Krone täglich waschen mit Gottes Wort, mit dem Schweiß der Namenlosen, mit List, Tränen und Blut, damit sie den Deinen die Augen blende.«

»Was wagst du?« hauchte das Weib.

»Nichts wage ich, denn weil du dich unaufhörlich selbst krönen mußt, so liegt es dir ob, jeden glänzenden Stein von der Straße in dein Diadem aufzulesen. Und solch ein Stein bin ich.«

Eine Pause entstand, verstört klammerte sich die Regentin an beide Armlehnen, und es war fast, als versuchte sie, ihren Leib rächend gegen ihren Bedränger emporzurichten. Noch war es ihr unentschieden, ob sie Strafe oder Verachtung gegen das Niegehörte aufbieten sollte. Und sie selbst erschrak, als ihr aus dem tosenden Wirbel zuerst nichts als die bangsam demütige Klage aufstieg:

»Mann, siehst du nicht, daß ich ein Weib bin? Noch nie stand ein solch Ehrfurchtloser vor mir. Ich weiß nicht, was mich abhält, dich zu züchtigen.«

»Ich aber weiß es«, sagte jetzt der Störtebeker, jeden Widerspruch dämpfend, indem er auf sie zuschritt. Die Sporen an seinen Ringelschuhen wisperten und kicherten aufreizend mit. »Verstell dich nicht, Fürstin. Dich lähmt zur Stunde der volle Aufruhr deines Herzens. Zum erstenmal blickst du hinüber aus dem blutigen, waffenstarrenden Ring deines vermeintlichen Rechtes in den bereits heranschwellenden Kreis der angeblich Rechtlosen. Dort herrschst du, hier gebiete ich. Tausende verbluten und verröcheln unter deinem Urteil, da sie deinen Erwartungen oder deinem Nutzen nicht entsprechen. Aber schau dafür auch meine Fäuste. Sie dampfen vom Blute gerade deiner Ergebensten, weil sie es sind, die wiederum meinen Hoffnungen ein Hindernis bereiten. Wer von uns beiden ist der Übeltäter? Willst du es entscheiden? Du möchtest deinen Herrgott am Barte für dich aus den Wolken zerren! Vergebens, denn dein Gott hat zahllose Male die Empörer gesegnet. Dort der Gekreuzigte, an den du dich angstvoll drängst, war er nicht der Aufrührer fürchterlichster? Und du willst entscheiden? Du, deren verstopftes Ohr nicht einmal vernimmt, wie unter der dünnen Decke deiner Füße bereits Tausende meiner Stimmen schreien und heulen und winseln?«

Schonungslos füllte der helle Klang den engen Raum, die Glut einer verzehrenden Überzeugung wehte das halbbetäubte Weib an, alle ihre Gedanken wandten sich zur Flucht vor dem fürchterlichen Eroberer, der mit Räuberfäusten an ihr bisher so geschontes Bewußtsein hämmerte. Aber – o Wunder – gerade aus ihrer natürlichen Todesangst, aus der Furcht vor persönlicher Vernichtung oder Schmach, da erhob sich wie der weiße Felsen aus dem überschäumenden Gischt das Eigenste dieser Frau, das Gefühl ihrer königlichen Einsamkeit. Und gewohnt, jede Hilfe, jede Rettung aus ihrer herrschsüchtigen Seele zu holen, überrauschte sie ein Schauer widerspruchsvollen Ergötzens an der nahen Gefahr. Wie von ungefähr verspürte sie sogar das Lockende jener gewalttätigen, grausamen Männlichkeit. Nur eines glitt an ihr vorüber, und dies war gerade das Neue, das sie aufgefangen, das dumpfe Brausen der dunklen, wilden Gestalten, die der seltsame Mensch eben vor ihr beschworen hatte. In dumpfem Murren erstarb ihr der unheimliche Laut hinter einem wohlverwahrten, eisernen Tor, zu dem ihr jeder Schlüssel fehlte.

Aber stattlich richtete sie sich auf, bis sie in voller Höhe von ihrem Herrensitz ragte. Als sie den Arm ausstreckte, blitzten die goldenen Schnüre im Sonnenschein bis auf den Boden.

»Nimm dich in acht!«, warnte sie schneidend, und zugleich griff ihre sinkende Hand nach einem winzigen Hämmerchen. »Besinn dich, wo du stehst. Ein Schlag auf diese Platte, und meine Gewappneten würden dich lehren, wer von uns beiden im Namen des Ewigen richten darf.«

Da stieß der Störtebeker ein kurzes, herausforderndes Lachen aus.

»Weißt du kein anderes Lied?« zuckte er geringschätzig die Achseln. »Komm zu mir auf die ›Agile‹, und es würde dir vielleicht nicht anders entgegenschallen. Aber« – und er schlug wuchtig auf seine Brust – »diesmal wird es nicht gesungen.«

»Woraus schließt du das?«

»Es geschieht mir nichts, Königin«, beharrte der Seemann unabänderlich, »denn ich war nicht so töricht, dir mehr zu trauen als meiner Gewalt.«

Bedeutsam wies er nach dem Fenster. Margareta folgte der Bewegung, und fern auf der Reede schwollen ihr die schwarzen Rümpfe der Freibeuterkoggen entgegen, und da sie diese schärfer betrachtete, fielen der Argwöhnischen mehrere dunkle Riesenaugen auf, die drohend und lauernd zu ihr herüberstarrten.

Der Admiral lächelte eigentümlich, da versuchte auch die Regentin ein gleiches Zeichen der Gemütsruhe zu geben, obwohl ihr die Heiterkeit nur wie ein bleierner Schein um die Lippen irrte. Und doch – dort draußen diese schlanken Masten, sie waren es ja, an denen all ihr Ehrgeiz hing. Über die schaukelnden Planken dort konnte sie stolz und sieghaft, beneidet und bewundert ins Weite schreiten, durch die Jahrhunderte und an ferne Küsten. Und gezogen von ihrer eigenen Leidenschaft lief das Weib fast willenlos an den Ausguck. Als sie sich zurückwandte, da flimmerte mit einem Male wieder das ganze Netzwerk ihrer seeleneinfangenden Künste in ihren scharfen Zügen. Und ihre rostbraunen Augen dämmerten dazu fraulich und verzeihend.

»Wunderlicher Mann«, stellte sie sich dicht vor ihren Gast, und sie legte ihm leicht die Hand auf die Brust, als wenn sie das stürmische Herz darunter besänftigen müsse. »Was streiten wir uns? Da du meine Absichten kennst, so nenne deinen Preis. Und bei meiner Ehre, ich will weder knausern noch feilschen. Denn, Klaus Störtebeker, obschon du mir unsanft genug in meinen Fürstenzierat fuhrst ... ich finde dennoch Wohlgefallen an dir und deiner brausenden Art. Und ich bin keine Undankbare!«

Sanft schmiegte die Frau auch noch die andere Hand auf die Goldlöwen des blauen Wappenrockes, und es gefiel ihr, wie der mächtige Atemzug des Seefahrers ihre Finger gleiten und schwellen ließ. Eine kurze Weile betrachteten beide einander, keiner dieser Stolzen betroffen oder bedrückt über die große Nähe ihrer Leiber. Aber während das Weib allmählich mit lebhaften Nüstern den kecken Sturm des Fremden einzuatmen begann, da streifte ihr Gegner jede Lust nach Abenteuer und Rausch fast vollständig von sich. Gerade das überlegene Wesen der Fürstin, ihre herablassenden Augen und dabei doch das verstohlene Spiel ihrer Hände belehrten ihn, daß er gekommen sei, um ihre hochmütige, ungerechte Welt aus den Angeln zu stoßen. Und kaum gedacht, gab es schon kein Zaudern mehr für den Entschlossenen. Noch einen halben Schritt machte er auf sie zu, und so nahe hingen sie nun zusammen, als ob sie sich umfangen oder einander das Verborgenste zuflüstern wollten. Erwartend, verschmitzt hob Margareta das Haupt.

»Königin«, stieß plötzlich der Störtebeker stürmisch heraus, und auf seinen dunklen Wangen brannte die Erregung des Augenblicks. Eine ungeheure Erwartung hatte ihn gepackt, ein wildes Sehnen nach Angriff. »Du fragst nach meinem Preis?! Erwarte nichts Geringes, dich selbst verlange ich mit Leib und Leben!«

Margareta wich nicht, denn sie war ja auf etwas Ähnliches gefaßt. Genießend schloß sie die Augen, und es war fast, als ob sie leise genickt hätte. Das Wüste und Tolle dieser Werbung bestärkte sie nur in dem sie umspinnenden Mißverständnis.

»Verdinge dich mir«, verhieß sie mit ihrer glatten, überredenden Anmut, und zugleich griff sie zum Zeichen des Bündnisses nach der behandschuhten Rechten des Mannes, »verdinge dich mir mit deinen Schiffen, deinen Lederschlangen und all deinen Gesellen, und welcher deiner Wünsche sollte dir unerfüllt bleiben?« Und da sie zu spüren glaubte, wie die Finger ihres Gefährten schwer und nicht so willfährig, wie sie erwartet, in den ihren ruhten, lockte sie heißblütiger weiter: »Gib dich mir, Nikolaus Störtebeker, und sieh, ich will die Rechtlosigkeit, die dich quält, von dir und den Deinen nehmen, keines Richters Hand soll deine Taten nachblättern dürfen, und dich selbst will ich stellen als Dänemarks Seeobersten auf die erste Stufe meines Thrones. Graf von Gotland sollst du heißen, und es soll mir keiner näher sein als du ... keiner.«

»Das genügt mir nicht«, sagte der Seemann dumpf, und mit einer harten Bewegung setzte er hinzu, »noch ahnst du nicht, Königin, daß ich nichts für mich selbst fordere.«

»Nichts für dich?« wiederholte Margareta enttäuscht, und ohne Begreifen stach ihr scharfer Blick von nun an in dem drohend schwärmerischen Antlitz ihres Gastes umher. In schroffem Übergang fing der wilde Mensch wieder an, ihr unheimlich zu werden.

»So nenne deine Bedingungen«, rief sie beleidigt, während sie ihm ihre Hand entzog. »Bei solchem Handel gelten keine Geheimnisse.«

Der Störtebeker aber reckte sich, und mit ausgestrecktem Arm auf die Tafel des Giotto weisend, brach er von neuem in sein rücksichtsloses Gelächter aus.

»Meinst du wirklich, o Königin, daß ich dir den da nur zum Beschauen brachte? Du irrst, weil er der einzige ist, der auf der weiten Erde mein Geheimnis erfassen könnte, wenn er nämlich lebte, darum lehnt er an der Mauer. Weil das sanfte Lämmlein nur halbe Arbeit leistete, deshalb stehe ich vor dir. Weil er sich fürchtete, Waffen anzulegen, deshalb trage ich sie an seiner Statt. Aber sei gewiß, wenn er mich hörte, er würde herabsteigen und mir folgen.«

»Lästere nicht«, rief Margareta ehrlich erblaßt, ihr grauste vor der mörderischen Wut gegen das große Unbestimmte, vor dem sie sich selbst abergläubisch oder doch beinahe überzeugt neigte. Und ihr Herz klopfte auch widerwillig gegen jenes Neue, das ihr der Frevler dort anvertrauen wollte.

»Komm zu Ende«, mahnte sie ihn daher ungeduldig, und sie schritt hinter den Tisch, wo sie sich gebieterisch aufstützte. Ihre Mienen trugen jetzt deutlich den Ausdruck der Verschlossenheit und der Kränkung. »Endige, damit ich erwäge, wie sich mein Vorteil mit dem deinen verträgt.«

Klaus Störtebeker trat an das andere Ende der Tafel. Dann schlug er leicht auf die eichene Platte.

»Jetzt sprichst du endlich«, verurteilte er mit verhaltenem Tadel, »wie es dich deine Welt gelehrt. Dein Vorteil ... mein Vorteil ... Königin, und du fragst gar nicht, woher die Stimme dringt, die sich jetzt in nie wiederkehrender Stunde an dein Ohr wendet?«

»Ich weiß, woher sie stammt«, schnitt die Königin höhnisch dazwischen. »Meinst du, ich hätte mich nicht vorher über dich belehren lassen, du törichter Mann? Ein Bankert bist du«, stieß sie verbissen hervor. »Edlingsblut und Knechtsblut streiten in deinen Adern. Aber die Abstammung von den Unfreien sitzt dir tiefer, da du dich nicht scheust, mit einer Schar von Dieben und Mördern den Richter gegen unser besseres Blut zu spielen.«

Oh, es tat ihr wohl, als sie die Beschimpfung gegen den schönen, fürstlich geschmückten Mann geschleudert hatte, erst jetzt glaubte sie sich wieder im Besitz ihrer Hoheit und Macht zu befinden, da sie das tödlich erblaßte Antlitz ihres Gegners von einer wilden Verzerrung zerrissen sah. Und sie hätte es bejubelt, wenn sich noch in diesem Augenblick der Freibeuter zu irgendeinem schamlosen Ausbruch gegen sie hätte hinreißen lassen. Erwartend hielt sie schon das Hämmerchen m der Hand.

Allein nur in den dunklen Augen ihres Gastes stäubte es wüst auseinander, seine hohe Gestalt jedoch klammerte sich mit beiden Fäusten an den Tisch, um in erschütternder Bändigung und fast flüsternd die bittere Entgegnung zu finden:

»Aber die Mörder und Diebe des Bankerts möchtest du für dich rauben und stehlen lassen? Und ihren Anführer kannst du zum Grafen von Gotland erhöhen?«

Die Fürstin schwieg. Hierauf wußte sie keine Antwort.

»Weib«, kochte es in der bebenden Brust des Herausgeforderten weiter, und er schüttelte den schweren Tisch, als ob es sich um ein Spielzeug handele. »Diebe und Mörder sagst du? Merke dir, was du jetzt erfahren wirst. Es ist nicht mehr und nicht weniger, als was dein Gekreuzigter zu sagen vergaß. Diebe und Mörder sind wir alle. Alle, hörst du? Nur, daß ich und die Meinen uns immer nur Schrammen und Wunden stehlen, du hingegen mit den Deinen die leckeren Gerichte von der Tafel trägst. Glaubst du, es mache mir Freude, unter den dunklen Seenächten dahinzufahren, um das zu richten, was sich doch nimmer ausrotten läßt?«

»Erkennst du das endlich?« fuhr die gespannt Lauschende triumphierend dazwischen, denn es freute sie, daß sie etwas wie Zerknirschung in dem Freibeuter zu wittern glaubte.

»Unausrottbar, Königin, ist der Hang der Glücklichen zur Unterdrückung, Plage und Entrechtung von uns Armen«, sprach der Seeräuber ganz ruhig weiter, und seine schwarzen Augen richteten sich über die Regentin hinweg auf die leere Wand, als wenn dort all die Elenden litten und stürben, die er in seinem schweifenden Dasein hatte niederbrechen und verenden sehen. »Unaustilgbar dafür aber auch der Haß, der Neid, die fressende Mordlust, die Zerstörungswut der Mißhandelten. Dies ist das Natürliche. Und daran ändert weder deine Gnade etwas, noch das dunkle Gericht, das mit mir über die Fluten jagt.«

»Das hast du erkannt?« zuckte die Königin empor. Noch nie war die Aufmerksamkeit der klugen Haushälterin auf etwas Ähnliches gelenkt worden, obwohl ihr Zeitalter doch von den Verwünschungen und Aufstandsversuchen der Geringen und Bedrückten widerhallte. Man hatte sie eben niedergeschlagen, wie man ein bissiges, unvernünftiges Tier fesselt. Jetzt wurde das Weib von der sonderbaren Ahnung ergriffen, daß hinter dem Toben der Bestie im Stall sich am Ende doch eine eigene Sprache verberge. Und deshalb suchte sie nach Weiberart zuvörderst ihre aufspringende Neugierde zu befriedigen.

»Und wem gibst du an dem ewigen Kampf die Schuld?« erkundete sie beflissen.

Der Störtebeker erkannte ihre Spannung, mit frechem Lächeln gab er zurück:

»Deinem Gott!«

Als der Königin diese Anklage zugeschleudert wurde, verzog sie ein wenig wegwerfend den breiten Mund. Der Mann da vor ihr hatte offenbar zuviel gesonnen und gegrübelt, das lange vergoldete Schwert, das an seiner Linken funkelte, bildete wohl gar nicht das rechte Werkzeug für den Schwärmer. Ganz unvermittelt verlor die tatkräftige Rechnerin die letzte Furcht vor ihrem Gast. Mit dem Anschein der Ermüdung ließ sie sich auf ihrem erhöhten Sitz hinter dem Tisch nieder, um lässig, fast überdrüssig hinzuwerfen:

»Wohlan, da es für eine Änderung zu spät ist, warum gibst du dich mit fruchtlosen Wünschen ab? Ich weiß bessere Arbeit für dich. Laß dich anwerben, Störtebeker.«

»Es ist nicht zu spät.«

»Wie?«

Wer sprach hier? Ging es wirklich wie junges Erwachen durch den Raum? Margareta erschrak bis ins Innerste. Der Seeräuber hatte beide Armlehnen ihres Stuhles umklammert, nun beugte er sich über sie, als ob er sie gefangennehmen wollte. Sie wußte nicht mehr, ob sie ihm seine

Worte vom Munde ablas oder ob sie ihr aus den wilden, glühenden Augen bleiflüssig entgegenschmolzen?

»Königin«, stieß sie sein heißer Atem, »die Zeit ist da. Du stehst vor deiner Entscheidung. Aber künftige Geschlechter werden dich dafür anbeten.«

»Was willst du?« murmelte das Weib entsetzt, während sie sich immer tiefer in ihren Stuhl verkroch. Und ihre Hände vorstreckend, stammelte sie unwillkürlich: »Tu mir nichts.«

Das dunkle Gesicht ruhte unverändert über ihr.

»Du bist sicher, Königin, denn du wirst ja die in Haß und Neid, in Brudermord und Unrecht, in Hochmut und Verleumdung eiternde Erde endlich reinigen. Kain wirst du verjagen und damit das siebente Tagewerk schaffen.«

»Laß mich, du fieberst. Ich verstehe dich nicht.«

»Doch, doch, du bist das Werkzeug, weil ich dir jetzt mein Geheimnis preisgebe. Mein Werkzeug wirst du sein. Höre! Deutliche Zeichen wallen durch die Welt. Was treibt die Geißelbrüder zu ihrer blutigen Selbstpeinigung durch deine Städte? Zu welchem Ziel schwärmen die Scharen halbnackter Kinder durch die Felder und fallen wie Heuschrecken über die Frucht? Welcher Wahnsinn, welche zitternde Unrast jagen Knechte und Herren von dir fort gen Sonnenaufgang? Ein ungeheures Suchen hat sie ergriffen, denn sie alle fühlen, daß die Erde den wühlenden Ekel nicht mehr länger erträgt. Ein anderes will sich gebären. Nun stehe auf, Königin, rufe die Menschheit endlich, endlich nach jahrtausendelangem Irrtum zu neuem Schöpfungsmorgen zusammen. Sieh, um mich her habe ich die Unbändigsten der Ausgestoßenen und Verlassenen gesammelt. Ihr Atem ist Haß, ihr Wort ist Neid, ihre Sehnsucht ist Mord. Diese Verzweifelten lade von ihren unsicheren Pfaden ans Land, in ein Land der Verheißung. Ungezählte Hufen liegen dir ungenützt, laß sie mich in gleiche Lose für die neuen, für die erstaunten Menschen einteilen, laß mich ihnen verkünden, daß Pflug und Egge, Stier und Roß fortan ihrem großen, glücklichen Bunde gemeinsam gehören, laß sie sich selbst richten und schützen, wo es nichts mehr zu richten und zu schützen geben wird, denn dann o Königin, aber auch nur dann wird den Beseligten die Göttergewißheit aufgehen, daß hoch und niedrig verschwand, weil der Mensch, der ursprünglich gute und reine Mensch, wieder an seinem unschuldigen Anfang angelangt ist. Das will ich vollenden, das muß sich vollenden, horch, bräutlich schmückt sich schon die Erde zum Bund mit dem frohen Menschen.«

In ein markerschütterndes Jauchzen wandelte sich das letzte, der junge Seefahrer stand da, angestrahlt von der Röte des Morgens, wie er

Erwählten nur einmal aufzugehen pflegt. Die Rechte herumgeworfen zu dem Knauf des Schwertes, als gelte es nur noch, eine Schar Siegestrunkener, Begeisterter jenen kurzen Weg zu führen, den seine sengenden Augen förmlich aus dem Nebel hervorlockten. Margaretas Züge jedoch hatten sich verzerrt, feindlich öffnete sich ihr breiter Mund, ihre großen Zähne schoben sich vor zum Biß gegen einen ihr Gesicht umwindenden Faden. Nur eins hatte sie erfaßt, aber dies mit der ganzen Schlauheit des Weibes wie der Machthaberin, nämlich, daß der Boden unter ihr wanke, weil der von einem Wahnwitzigen verkündete Bund ihrer und ihresgleichen nicht mehr bedürfe. Vergessen war ihr ursprünglicher Plan, hingemäht von der Schärfe ihrer eigensüchtigen Ansprüche, die Unmöglichkeit eigenen Entsagens entfachte ihr nichts als einen bitteren, giftigen Haß. Kaum sah sie daher ihren Sitz freigegeben, als sie emporsprang, um sich gleich darauf des kleinen Hammers zu bemächtigen.

Mit einer scharfen, ätzenden Ruhe sprach sie sodann:

»Sage mir, Klaus Störtebeker, sind deine Spießgesellen bereits von dir eingeweiht?«

Vor dem Hohn der Anrede erwachte der Admiral, trotzig setzte er seinen gewappneten Fuß auf die Stufe des Sitzes und ließ die Rechte nicht von der Waffe.

»Königin«, warnte er grollend, »das, was mir die Nacht und das Elend in langen Jahren anvertrauten, das wissen nur du und ich.«

Die Königin erkältete sich immer mehr.

»Und mit einer Bande von Dieben und Räubern willst du die ewige Gerechtigkeit begründen?«

Der Freibeuter entfärbte sich. Wild schrie er hinauf: »Auch Rom wurde zu des Gottes Mars Zeiten von Dieben und Räubern geschaffen. Aber Verantwortung, Arbeit und Gemeinsamkeit, das sind die Bausteine eines edleren Geschlechtes.«

»Und wenn sich meine übrigen Lande von der Empörung anstecken ließen? Wenn sie anfingen, das lang Erworbene anzugreifen, die Ämter zu verjagen, den Gesetzen Hohn zu sprechen? Meinst du, das Blut der Zufriedenen sei weniger heilig als der Fiebersaft der Mordbrenner?«

»Weib, deine Augen deckt Blindheit«, tobte nun der Störtebeker außer sich. Schaum trat ihm vor die Lippen, drohend schüttelte er die Faust. »Du siehst nicht, daß du dich selbst nur von Raub und Diebstahl mästest.«

»Und du bist ein Feind des Menschengeschlechtes«, sagte Margareta unbewegt. »Ich bereue, daß ich dir mein Antlitz zeigte. Hebe dich von mir. Und fortan sei Feindschaft zwischen uns, bis du ausgerottet bist.«

Da stieß der Admiral sein helles, schmetterndes Gelächter aus, dann aber verbeugte er sich plötzlich tief.

»Es sitzt wieder einmal eine Leiche auf dem Thron«, wies er mit ausgestreckter Hand, »es wäscht wieder einmal ein Lauer seine Hände in Unschuld. Aber bei den Schwären und Lumpen der Bettler sei's geschworen, ich will für ein königlich Begräbnis sorgen.«

Kein weiterer Abschied. Er riß den Vorhang auseinander und trat hinaus.

Da – dicht hinter den Falten stand es wie ein weißes Bild. Eine schneekalte Wolke stand dort, in der es bebte und blitzte. Ein paar wirre, von frommem Wahnsinn geblendete Augen irrten hinter dem stürmisch Enteilenden her. Der stutzte, irgendwo mußte er eine ähnlich behütete Puppe des Wohllebens schon einmal erschaut haben, und frech und unverschämt winkte er ihr zu, bevor er die enge hölzerne Treppe hinuntersprang. Aber auch die Königin hatte hinter dem geöffneten Teppich etwas Fremdes entdeckt. Heftig erzürnt, noch geschüttelt von den umwälzenden Eindrücken des eben Vergangenen, teilte die Regentin mit einem Riß den Vorhang, um dann sprachlos auf der Schwelle anzuwurzeln.

»Was ist das?« rief Margareta bebend vor unterdrückter Wut, indem eine fahle Blässe über ihre Wangen zog, denn die niederschmetternde Gewißheit sprang sie an, daß der Ausgang ihres zweifelhaften Ringens nun nicht mehr der Vergessenheit anheimfallen würde. »Gräfin Linda, ich merke, Ihr vertragt nicht die Luft des Palastes. Wir sind um Eure Gesundheit besorgt. Verlaßt auf der Stelle die Stadt und wartet ab, was ich weiter zu Eurer Heilung beschließen werde. Keine Widerrede … geht … ich mag Euch nicht länger.«

Und nachdem die weiße Wolke Schritt für Schritt, traumwandelnd, hinter der schmalen Pforte verschwunden war, da stürzte die Königin zurück und hieb besinnungslos auf die silberne Platte.

»Schafft den Kanzler zur Stelle«, herrschte sie die eintretenden Wäppner an. Es klang mehr wie ein bösartiges Kreischen.

Mit beiden Armen lag sie über den Tisch gebettet, verworren kratzten ihre Nägel auf der Platte herum, als das bunt geschmückte Gerippe ihres Ratgebers endlich vor sie schlich. Sie hob nicht das gesenkte Haupt, ohne Gruß, jedoch begleitet von einem widerspruchsvollen, unbegreiflichen Lächeln, stieß sie hervor:

»Sammelt Friedensschiffe, Ihr selbst und alle Edlen rüstet Wäppner. Stiftet einen Bund der Hansischen, schreibt an den Hochmeister von Preußen, keine Ruhe bei Tag und Nacht, bis die Seepest vertilgt ist. Dies ist unsere Bestimmung. Wie eine beißende Fliege sticht sie uns in die Augen.«

Und voll Entsetzen sah der betroffene alte Mann, wie der schöne Busen seiner Herrin mitten unter einem hämischen Lachen von krampfhaftem Schluchzen geschüttelt wurde.

III

Es war an demselben Abend.

Auf Burg Ingerlyst an der schmalsten Stelle des Öresund, eine gute Rittstunde von Kopenhagen entfernt, saß Gräfin Linda in der Ausbuchtung ihres niedrigen, ganz aus dunklem Kiefernholz gezimmerten Saales und grübelte verloren und weit entrückt auf das Anprallen der dampfenden Schaumketten hinab. Ein ununterbrochenes dumpfes Donnern stieg zu ihr auf, und hinter dem pfeifenden Seewind zitterten die Lichter von der jenseitigen schwedischen Küste. Das stille, blonde Mädchen weilte nicht allein. Ihr gegenüber auf der zweiten Seitenbank lehnte ein untersetzter, derbschrötiger Mann, dessen überlegtes, bartloses Antlitz sich kantig aus dem Otterkragen seines schwarzen Reisemantels abhob, da Herr Nikolaus Tschokke, der junge, neugewählte Bürgermeister von Hamburg, noch in dieser Stunde zu Schiff nach Falsterbo zurückzukehren gedachte, wo der Friede unterzeichnet werden sollte. Und er hatte nur deshalb immer von neuem gezögert, seinen Besuch endgültig abzubrechen, weil er bisher diesem stolzen, weißen Jungfrauenantlitz gegenüber nicht den rechten Mut gefunden hatte, dasjenige zu enthüllen, was ihn in Wahrheit hierhergetrieben. Auch beengte ihn nicht allein der seltsam abwesende Schein, der bisweilen über den stahlblauen Augen des Mädchens hing, sondern er fühlte sich auch beeinträchtigt durch die Gegenwart eines Zeugen. Am anderen Ende des kahlen Saales nämlich saß dicht vor dem hohen Steinkamin ein geistlicher Mann in einer braunen Reisekutte, und von Zeit zu Zeit streckte sich dort eine feine weiße Hand den brennenden Buchenklötzen entgegen, die den Schauer des kühlen Frühlingsabends vergeblich zu mildern suchten. Unrastig pustete oft ein Windstoß durch den Rauchfang herunter, und dann hüstelte der Abt Franziskus vom Rügener Kloster Cona kurz und gestört, um sich gleich darauf doppelt emsig der vorgeschriebenen Andacht hinzugeben, die er aus einem kleinen geschriebenen Brevier vor sich hin psalmodierte. Die Äbte des Conaer Klosters gehörten seit alters zu den Gastfreunden auf Ingerlyst, und dieser, der gleichfalls von Falsterbo herübergekommen war, hatte zudem um ein Nachtlager gebeten, weil er am morgigen Tag der Ehre teilhaftig werden sollte, der Königin vorgestellt zu werden.

Friedsam hing die feine, schmiegsame Gestalt in ihrem Armstuhl, versenkt in Andacht, trocken und steif knisterten die harten Seiten des Büchleins, sobald sie umgewandt wurden, und gerade dadurch war Herr Nikolaus Tschokke allmählich in seiner kühlen, kalkulierenden Überzeugung bestärkt worden, daß er aus jener Entfernung wohl keinen Lauscher zu fürchten habe. Auch hatte den jungen, weltkundigen Bürgermeister ein Blick auf die weiß gedeckte Tafel in der Mitte des Saales darüber belehrt, daß man die Zeit der Schloßherrin nicht ungebührlich in Anspruch nehmen dürfe.

So hatte er denn ein paarmal an der schmalen Stehampel gerückt, deren niedriges Ölflämmchen zwischen ihnen schwankte, um endlich würdig und gemessen, ganz so, wie er es sich auf der langen Fahrt überlegt hatte, seine Schicksalsfrage in Ehrbarkeit und redlichem Selbstbewußtsein an das schöne blonde Weib zu stellen.

Nun wartete er voll Ruhe und Anstand auf ihren Bescheid, und das kantige Bürgergesicht mit der kräftigen Hakennase hütete sich, irgendwie Bewegung zu verraten, obwohl es ihn wundernahm, daß die Blonde ihre Augen auf ihn richtete wie auf ein fremdes, ihr unverständliches Wesen.

Weit ausholend hatte der Patrizier ihre beiderseitigen Beziehungen zueinander abgewogen. Und durch Linda lief ein Schauer der Erinnerung, als nun jene Begebenheiten, die sie stets lebendig umstanden, in der Schilderung des Kaufherrn ein so sachlich aufgezeichnetes Gepräge annahmen. Es durchfröstelte sie, weil sie ihr Schicksal, losgelöst von sich, bei einem Fremden gebucht fand.

Trocken und ohne Umschweife, wie aus einer Chronik, hatte ihr der Hamburger das Verbluten und Zersplittern ihres Geschlechtes geschildert. Ein harter, unbeugsamer Stamm, in nordischer Blutrache und Familienfehde verwildert und von seinen eigenen Königen häufig als Empörer an den Block geführt. In roten Strömen verbrauste allmählich die Lebenskraft der unbändigen Sippe, bis sich bei den letzten zwei Grafen von Ingerland, bei Lindas Brüdern, die böse Erbschaft nur noch in Landhunger und wüste Raubsucht verlor. Ein schreckhaftes Bild aus Feuerlärm und glimmender Asche stieg vor der Lauschenden auf. Ihre Brüder hatten sich nicht gescheut, die eigene Mutter, die mit der unmündigen Tochter zurückgeblieben war, auf ihrem nordischen Witwensitze bewaffnet zu überfallen, ja, den beiden rohen Wichten, die mit ihrem Christentum nur Spott trieben, wäre wahrscheinlich das untilgbarste Verbrechen nicht erspart geblieben, hätte nicht ein hansischer

Gastfreund die beiden Frauen in grausiger, branddurchlohter Nacht schnell entschlossen auf seinem Handelsschiff geborgen. Freundlich führte der Retter die Verarmten in sein stattlich Haus nach Hamburg, und hier unter dem Schutz des ehrsamen, herzenswarmen Aldermann Hinrich Tschokke, des Vaters des Bürgermeisters, erwachte die kleine Flüchtige erst zum Bewußtsein einer bürgerlich behüteten Lage. Fast ungläubig sah sie die regelmäßige Arbeit in den dämmerigen Kontoren des Hauses, denn Herrn Hinrich eignete die blühendste Brauerei der Handelsstadt. Mit großen Augen verfolgten die Frauen aus den niedrigen, vergitterten Fenstern die bunten Umzüge der Zünfte und Kaufmannschaft, und sie lernten auch etwas von dem Stolz verstehen, mit dem die Häupter der regierenden Familien die Angelegenheiten ihres Gemeinwesens ordneten. Und doch – die Seele der Heranwachsenden blieb dem Anprall des frischen, tätigen Lebens um sie herum verschlossen. Im Kern ihrer festgefalteten Blüte nistete zu sehr das Entsetzen, das wie ein Wurm in ihre Kindheit gekrochen war, und ihr banges Gemüt löste sich nicht von dem frühen Eindruck, daß Ungerechtigkeit und Gewalttat alle Macht auf Erden an sich gerissen hatte, und wie der einzelne schutzlos umherirre, um sehnsüchtig nach einem Retter auszuspähen. Ein krankhaftes Mitleid mit den Bresthaften, Armen und Beladenen hatte das schweigsame Kind ergriffen, und ihre schönsten Stunden nahten, wenn sich an Feiertagen unter dem mächtigen Ahorn auf dem Hofe des Handelshauses die Kranken und Bettler um den dort sitzenden Aldermann versammelten, um Speise und kleine Geldgaben zu empfangen. Dann war es Sitte geworden, daß Linda selbst die irdenen Näpfe herumreichte, und nur in diesen Augenblicken erhellte sich ihr weißes, vergrämtes Antlitz zu einem beseligten Lächeln, und der junge Nikolaus, der Sohn des Hauses, fand dann, daß die fremde Adelstochter mit ihren blonden Flechten unter dem Lumpenvolk ein mildes Licht verbreite, gleich einem schönen Bernsteinschmuck. Als Fünfzehnjährige war sie endlich, nachdem in der Schlacht von Fallköpping Lindas beide Brüder als Aufständige gegen die Königin ein wildes Ende gefunden hatten, aus dem deutschen Hause geschieden. Jetzt hielt es nämlich die kluge Margareta für angebracht, die Verwaisten mütterlich zu betreuen. Für die eingezogenen norwegischen Güter des Hauses wurde ihnen Burg und Herrschaft Ingerlyst eingeräumt, und hier, dicht unter den Augen der Königin, saß nun nach dem Tod der Mutter der letzte Sproß des dahingewelkten Geschlechtes, weltscheu und abgeschieden als Hofdame der Regentin. Aber heimlich verlangte ihr verwundetes Innenleben noch inniger als früher nach dem unauffindbaren Trost gegen die täglich sich offenbarende Mißachtung von Recht und Sitte, und fast verletzt wies sie den Gedanken von sich, etwa durch eine Vermählung mit einem rauhen, erwerbsüchtigen Gebieter noch tiefer in die Händel und Ungerechtigkeiten dieser Welt verstrickt zu werden. Näher und näher rückte ihren sehnenden Blicken die Klosterpforte mit dämmernden Schatten, und ihr Fuß schritt jener Grenzschwelle immer willfähriger entgegen. Bis heute. Da – war es möglich? – Heute hatte ihr traumbefangener Tritt zum erstenmal gestockt, gezögert. Welch eine heiligwüste Vision, welch eine wetterleuchtende Wolke hatte ihr ganzes Denken und den noch kurzen Weg umnebelt? War es Wirklichkeit oder hatte ihr bang verschlossenes Gemüt selbst jene unheimlich blutige Gnadengestalt geboren? Nein, nein, während sie hier saß, um fast gedankenlos auf die ihr unbegreifliche Bitte des Hamburger Jugendfreundes zu achten, da begann unten aus dem Gedröhn der Strandwellen von neuem diese heiße, markdurchzitternde Stimme zu sprechen, und bald wurde für die Lauschende ein Ruf daraus, der über die Welt hinhallte, um herrisch von tauben und verstockten Seelen Erbarmen für Millionen Geknechteter zu heischen. »Weh euch, ihr Schriftgelehrten und Pharisäer.« Aber bei jedem Wort pfiff gleichzeitig ein Schwertstreich durch die Luft, und das höhnische Gelächter des Räubers und Mordbrenners mischte sich drein. Eine unschuldige befreite Welt wollte auftauchen aus einem kreisenden Meer von Blut.

Ihre Sinne verwirrten sich, ihr ganzes Wesen neigte sich entgeistert über einen Abgrund von Höllenfeuer und Himmelslicht. Und während sie sich irgendwo festzuklammern suchte, drang mit größter Klarheit die Werbung des ehrsamen Bürgers an ihr Ohr, in dessen wohlbestelltem Hause Ruhe und Sicherheit wohnten, und sie mußte doch mit Schrecken auf das Klopfen ihres aufgescheuchten Herzens hören, das sich in altererbtem Edelingshochmut vor der Versorgung in dem Krämerkontor sträubte.

Wie um Schonung flehend, schlug sie ihre großen blauen Augen gegen den Mann in der schwarzen Ratsherrntracht auf.

Herr Nikolaus Tschokke jedoch hatte inzwischen hinter dem flackernden Lichtlein der Stehampel aufmerksam die Veränderung in den Zügen der jungen Freundin geprüft. Auch er hatte sich noch einmal wiederholt, was in langen Beratungen mit seinem Vater sorgsam erwogen war, wie wichtig nämlich die Verbindung mit dem uralten Grafenstamm für die aufstrebende Patrizierfamilie werden könnte. Die Tschokkes gehörten nicht zu den ritterbürtigen Geschlechtern der Stadt, sondern, da sie durch Reichtum und Handelsunternehmung heraufgekommen waren, so mußte es ihnen nützlich werden, sich von außen ihre Ansprüche bestätigen zu lassen. Dazu aber eignete sich nach der Meinung des greisen

Aldermanns keine bessere als Gräfin Linda von Ingerland, da sie nur mißtrauisch beargwöhnt neben der dänischen Usurpatorin leben durfte und zudem durch die Bande der Dankbarkeit an die frühe Zuflucht ihrer Jugend geknüpft war.

Als aber jetzt das in der Zugluft wehende Licht das stolze weiße Antlitz des Mädchens bestrahlte, da fühlte der Bürgermeister wieder mit Verwunderung die einstige Ehrfurcht vor der fremdartigen Edelingstochter.

»Ich wollte Euch nicht erschrecken«, lenkte er endlich ungewiß seinem Ziele entgegen. »Ihr solltet nur wissen, wie weit das alte Haus am Mönkedamm seine Tore für Euch öffnen würde. Es hat jetzt eine gar lustige Malerei vom Giebel bis zur Einfahrt erhalten«, setzte er lobend hinzu, »Schalksnarren und Engelein tanzen um ein Bierfaß. Und was mich und die Meinen angeht, so hat die Zeit Euer Angedenken nicht verwischt. Nur eines hat sich verändert« – er rückte sich jetzt bedachtsam zurecht, und zugleich schlug er den Mantel zurück, damit sich die schwarze Ratsherrntracht mit den ziegelroten Aufschlägen deutlicher offenbare –, »ich nehme nunmehr, wie Ihr seht, in dem Stadthaus den ersten Sitz ein, und ich darf wohl sagen, es möchte mancher Fürst für die, so ihm lieb sind, weniger sorgen können als ich. Wollt auch dies bedenken, Gräfin Linda, denn die Zeiten sind rechtlos und unsicher, und die Ordnung gedeiht fast nur noch hinter sorgsam behüteten Stadtmauern.«

Als er das letzte vorbrachte, da drang zwischen die klare Vorbereitung doch eine raschere Wärme hindurch, denn das blasse Mädchenantlitz in seiner Scheu und Ratlosigkeit hatte das Mannesbewußtsein des festen Bürgers erregt, und so wagte er es, ohne weiter an den Zeugen zu denken, seine Rechte auf die schmale Wachshand zu betten, die sich gerade gegen die Ampel ausstreckte. Die kühlen Finger blieben auch ruhig in den seinen, das kornblonde Haupt jedoch wandte sich, wie gezogen, der Nacht entgegen, und jetzt merkte ihr Gastfreund erst, wie emsig das junge Weib das wüste Tosen der Wasser zu enträtseln strebte. Schlag auf Schlag krachte die Brandung auf den flachen Strand, und Linda zitterte, ob auch ihr Gefährte die gewaltige Stimme vernehme, die von unten heraufbrüllte: »Horch, bräutlich schmückt sich schon die Erde zum Bunde mit dem frohen Menschen.« Dann Stille – und darauf wieder das gräßliche, aufrührerische Gelächter. Nein, nein, dort draußen lauerten Verbrechen und Wahnsinn, und hier – hier drinnen?

Wie zur Flucht bereit zog sie ihre Hand zurück, und während sie sich verstört gegen das Fenster kehrte, gab ihr das Entsetzen über sich selbst das Nächstliegende ein.

»Ihr wißt ja nicht ...«

»Was?«

»Ich ... ich habe schon gewählt.«

»Gräfin?«

So wenig hatte der Kaufherr mit einer solchen Möglichkeit gerechnet, daß ihm zuvörderst der Sinn ihrer Weigerung verschleiert blieb. Aufrecht verharrte er vor ihr auf seiner Bank. Die Blonde aber tastete nach dem Kreuz, das ihr noch immer über ihre weiße Gewandung herabhing, und hob es empor, ihrem Freunde zur Erklärung, sich selbst aber als einen Wegweiser aus Tumult und fratzenhaftem Taumel.

»Hier ... hier«, klammerte sie sich an das Stückchen Holz fest, als ob es ihr immer merklicher zu einem harten Balken aufwüchse, hinter dem sie sich verstecken könnte, »hierhin laßt mich gehen. Ich tauge nicht in Eure Welt. Und nicht in die eines anderen. Keinem würde ich behilflich sein können und ihm nützen. Denn, Nikolaus, Ihr mögt es wissen, ich fürchte mich vor den Menschen, da sie nichts als Übles sinnen und keiner dem anderen zu Freude und Wohltat bereit ist.«

Keiner? Sie stockte. Denn aus der Nacht schlug wieder die dumpfe Trommel den Strandsaum entlang, und im Wirbel prallte es gegen die Hausmauern. »Horch, bräutlich schmückt sich schon die Erde zum Bund mit dem frohen Menschen.« Da entfärbte sich die Verwirrte, und das Kreuz fiel ihr in den Schoß.

Langsam gab der Bürgermeister seinen Sitz auf. Ungern war ihm die Erkenntnis aufgegangen, daß weiteres Drängen seinem Wunsche nur schaden müsse, weil er es hier mit einem verschlossenen Gemüt zu schaffen habe, das am Leben blutete. Die Wunde mußte erst heilen, bevor sich neues Vertrauen entfalten könnte. Und obwohl es ihm vorkam, als ob er jetzt einen Verlust erleide, wie er ihn noch nie in seinen Lederbüchern zu verzeichnen gehabt, so griff er doch mitleidig nach der Hand der Verstummten, in der redlichen Absicht, den Eindruck seiner plötzlichen Werbung nach Möglichkeit wieder zu verwischen.

»Ich wollte Euch nicht erschrecken, Gräfin Linda«, beruhigte er freundlich, »Ihr solltet nur erfahren, wo Euch stets eine Heimat bereitet ist. So will ich Euch auch nicht weiter drängen, denn wir beide sind noch jung und werden uns nach dem, was ich Euch jetzt eröffnete, schwerlich vergessen. Das hoffe ich. Was aber Euren Entschluß betrifft, so sollt Ihr mir versprechen, daß Ihr Euch eine Frist gönnt, bis ich in Tag und Jahr abermals vor Euch trete. Denn mein Weg und mein Wille führen mich wieder zu Euch, und die Zeit ist ein kundiger Arzt und ein gütiger Fürsprach.«

Damit drückte er die kühlen Finger heißer, als er es selbst geahnt hatte, und schritt mit seinem nachdrücklichen Gang über die knarrenden Dielen des Saales, um sich von dem Abt zu verabschieden. Der hatte sein Buch sinken lassen, und seine tiefliegenden klugen Augen hingen schon seit geraumer Zeit an den beiden jungen Menschen. Ehe jedoch der Aufbrechende den Sessel des Mönches erreicht hatte, stockte der Bürgermeister wie von einer Eingebung befallen.

»Noch eins«, erinnerte er sich in seiner bestimmten Weise, »ist Eure Dienerschaft zuverlässig, Linda?«

Das Mädchen stand schon an dem weiß gedeckten Tisch, jetzt mußte es über die unerwartete Frage lächeln.

»Ich halte nur eine Schaffnerin«, gab sie kopfschüttelnd zurück, »wenige Mägde und Knechte und hier diesen verwaisten Knaben aus unserem Kirchspiel«, fügte sie deutend hinzu, denn ein schöner, schlanker, etwa siebzehnjähriger Bursche in der kleidsamen schwarzen Dänengewandung war eben eingetreten, um die Tafel mit allerlei Geschirr zu bestellen. »Und diesen wenigen versage ich nichts, was ich mir selbst gewähre«, sprach die Herrin ruhig weiter, »nicht wahr, Heinrich?«

Es lag so viel mütterliches Wohlwollen in ihrer Aufforderung, daß es nicht verwunderlich war, wenn dem Jungen die Wangen zu brennen begannen. Er warf einen jugendlich schwärmenden Blick auf seine Gebieterin und nickte verschämt, bevor er sich entfernte.

Jetzt mischte sich auch der Abt in das Gespräch.

»Weshalb fragt Ihr, Herr Nikolaus Tschokke?« wandte er sich gespannt an den Bürgermeister. »Euer Blick ist nicht frei von Sorge.«

Der Hamburger streifte sich die schweren Handschuhe auf und prüfte unwillkürlich den kurzen Dolch, der ihm am Ledergürtel hing.

»Ich sorge mich auch«, rang er sich endlich vorsichtig ab, und heimlich umfaßte er abermals das Bild des blonden Fräuleins dort an dem Tisch. »Und deshalb bestelle ich eine Bitte an Euch, hochwürdiger Herr. Ihr wißt, die Gegend hier ist noch unbefriedet. Und wir haben durch Kundschafter in Erfahrung gebracht, daß die Freibeuterflotte gegen Mittag ganz unerwartet Segel setzte und aus dem Hafen verschwand. Wohin, weiß niemand.« Er strich sich unsicher über das glatte Kinn. »Nie habe ich die Vorliebe einzelner unserer hansischen Bundesgenossen für dieses schandbare, gesetzlose Volk geteilt«, fuhr er hastiger fort, »und ich werde nicht eher ruhig sein, als bis der schwarze Fleck von unserer Ostersee getilgt ist. In Euch aber dringe ich, Hochwürden, nehmt das Fräulein morgen mit Euch in die Stadt hinein, wo es am Königshofe sicherer ist als hier in dieser flachen, menschenleeren Einsamkeit.«

Noch hatte er nicht geendet, als dem Eifrigen auffiel, wie erregend sein Vorschlag auf das von ihm umsorgte Mädchen wirkte. Unruhig heftete sie die Augen auf das weiße Linnen, als ob sie angestrengt dort etwas suche, kämpfte mehrfach eine rasch aufsteigende Antwort nieder, bis sie sich endlich zu der Mitteilung entschloß:

»Ich danke Euch, Nikolaus, aber ich darf Burg Ingerlyst nicht verlassen. Die Königin gerade verwies mich hierher.« Und auf den fragenden Blick ihres Jugendfreundes bekannte sie mit ihrer gewohnten bedingungslosen Ehrlichkeit: »Ich habe mich einer Verfehlung in ihren Diensten schuldig gemacht.«

»Ihr?«

Linda nickte, entgegnete jedoch nichts mehr, denn abermals glaubte sie, daß Wellen von Scham und Entsetzen gegen sie anstürzten. Der Bürgermeister indessen forschte nicht weiter.

»Nun gut, Vater Franziskus«, beschied er sich, »dann gebraucht bei Hof Euer Ansehen, damit eine Besatzung hierhergelegt werde. Tut Euer Möglichstes, denn solange die Schwarzflaggen in der Nähe wehen, wälzen sich Gesetz und Billigkeit im Kot, und der gemeine Verstand ermißt den frechen Umsturz alles Bestehenden nicht länger. Eure Hand, ich verlasse mich auf Euch.«

»Das dürft Ihr«, stimmte der Abt bereitwillig zu. »Und nun, Herr Nikolaus Tschokke, nehmt meinen Segen, den ich für jeden Redlichen habe. Wind und Wetter seien Euch günstig, und mögen sich die besten Wünsche Eures Lebens erfüllen.«

Der Bürgermeister heftete einen raschen, prüfenden Blick auf das feine, durchgeistigte Antlitz, als er aber in den abgeklärten Zügen nichts als das reinste, gütigste Verstehen las, da riß er sich schnell los, verbeugte sich noch einmal nach der steifen Sitte der Zeit vor dem Fräulein, und ohne auch nur noch eine Falte ihres weißen Kleides berührt zu haben, schied er mit seinem festen, lauten Tritt aus dem Saal.

*

Die Flamme der Stehampel zuckte, stieg und fiel. Sie war im Verenden. Dafür schickte über den beiden Zurückgebliebenen der eiserne Kranz des Rundreifens das tänzelnde Licht seiner Unschlittkerzen aus, wodurch die Nacktheit der geäderten Kiefernwandung noch deutlicher hervortrat. Auf dem Vorsprung des Kamins ließ eine Sanduhr ihren bunten Staub rinnen und erinnerte die halblaut Plaudernden an das rasche Enteilen der Zeit.

Gräfin Linda und der geistliche Herr hatten ihre Abendmahlzeit beendigt, allein der Zisterzienser Abt machte noch keinerlei Miene, sein Lager aufzusuchen, vielmehr gab er sich Mühe, seine aufmerksame, wenn auch stille und nachdenkliche Wirtin auf eine feine und anregende

Weise zu unterhalten. Leicht konnte die Zuhörerin da merken, welch ein vorurteilsloser und gerechter Geist sich hier über die Unbilden und Streitigkeiten ihrer Zeit verbreitete. Wie von ungefähr war ihr Gast so auf die aufsehenerregenden Schriften des Oxforder Professors Wiclif gelangt, die der Gewalt so kühn zu Leibe rückten, und jetzt schien es, als ob der Erzählende mit einer besonderen Absicht länger bei den Angriffen des Engländers gegen die Klosterzucht zu verweilen gedächte. Spielend drehte er den Stiel seines silbernen Weinkelches zwischen den Fingern, während er gesenkten Hauptes, aber doch mit auffälliger Betonung hinwarf:

»Siehst du, liebe Tochter, wenn wir offen sind, so werden wir fast immer in den Anklagen und Schmähungen sogar eines Aufrührers etwas finden, das uns stutzen läßt. So will mir das massenhafte Flüchten der sogenannten Weltmüden in die Zelle niemals gefallen. Ist doch die Welt selbst in unzählige Zellen geteilt und der Mensch dazu da, die rechte für sich zu öffnen, damit er seinen Anteil an dem erlangbaren Friedensschatz empfange. Glaube mir, er quillt da und dort reicher, als jene frühzeitig Besiegten sich träumen lassen. Ist doch das Leben ein ebenso köstliches Geschenk wie der Tod. Und das Licht ein heiligeres als das Dunkel.«

Linda lehnte sich in ihren Armstuhl zurück und verfolgte träumerisch über die Schulter des Mönchs hinweg das Versickern des bunten Sandes in der Uhr. Sehr klar empfand sie, der Abt billige ihre eigene Sehnsucht, in die Stille zu entweichen, keineswegs, ja, wie er ein Aushalten und Bestehen aller Gefahren geradezu für würdiger erachte. Und doch, sie fühlte, wie ihre Natur dem Hang nach Aufhören immer inbrünstiger nachgab, da gerade jetzt etwas in ihr ins Schwanken geraten war, das sich nicht wieder ins Gleichgewicht bringen ließ. Fröstelnd wandte sie sich und lauschte von neuem auf den hohlen Trommelschlag längs der Küste. Als sich aber die gefürchtete Stimme nicht mehr vernehmen ließ, stürzte sie sich beinahe flüchtend in das rettende Gespräch zurück.

»Hochwürdiger Vater«, tastete sie vorsichtig, denn das Herz schlug ihr, da sie sich mit jedem Wort vor dem Klugen zu verraten wähnte, »Ihr meintet vorhin, daß man auch auf das Drohen und Wüten von Aufrührern und Empörern lauschen solle. Sagt mir, glaubt Ihr wirklich, solche Ausgestoßenen und Verdammten, die die Welt mit Greueln füllen, sie könnten jemals zum Guten gesendet sein?«

Abt Franziskus setzte seinen Becher nieder, und seine sprechenden Augen schienen tiefer in seine Gefährtin einzudringen, als ihr angenehm war. Dann fragte er bestimmt:

»Sage mir, mein Kind, denkst du an einen Lebenden?«

Da zuckte wieder diese schreckliche Angst in ihr auf, von der sie verzehrt wurde. Erblassend senkte sie das blonde Haupt, und während sie emsig auf dem weißen Linnen herumstrich, da suchte die Gräfin sich der drohenden Beichte durch eine Ausflucht zu entziehen.

»Die Erde ist jetzt voll von Gewalttat und Umsturz«, wich sie unsicher aus, »man weiß oft nicht mehr, welchen Pfad man wählen soll.«

Der Mönch nickte sacht. Er strebte, diese verstörte Seele zu sänftigen.

»Wohl, meine Tochter«, stimmte er mit seiner milden, tröstlichen Stimme zu. »Aber alle Pfade, die der Mensch schreitet, sind Gottes Wege. Darin besteht eben das Wundersame dieses uns geschenkten Lebens, daß sein Teppich so bunt und voller Farben prangt. Der Ewige verkündet seinen Willen nicht nur aus eines einzigen Menschen Mund, sondern gerade im Widerstreit der vielen feindlichen Stimmen will er sich offenbaren. Wer von uns schwankem Rohrgeschlecht darf behaupten, ich allein habe die Wahrheit? ›Wo ist Wahrheit?‹, fragt Pilatus noch immer.«

Sinnend senkte der Mönch sein Haupt auf die Brust, rückte seinen Armsessel herum, und die ersterbende Glut des Kamins warf Flammenspritzer auf die sich stark verbreitende Tonsur des Alten und erreichte auch seine noch dunkelblonden Haarbüschel.

»Sieh«, verlor er sich in das Springen und Laufen der Funken zu seinen Füßen, »auf meiner Heimatinsel Rügen, da kannte ich vor mehr als einem Jahrzehnt einen Knaben, ein Kind adliger Gewalt, dem groß Unrecht geschehen war. Dieser taumelte wie trunken zwischen Hölle und Himmel, als sei er ein Spiegelbild oder der Schatten der ganzen leidenden Menschheit. Und ich weiß, er rang redlich mit seiner düsteren, grimmigen, lechzenden Leidenschaft nach Wahrheit und Segen, nicht für sich, sondern für die vom Leben Vergessenen und Verfluchten. Aber dann – ehe er das gefunden hatte, was nur einem vorausschauenden Gott beschieden sein kann, verschlang den Ungerüsteten, Unvorbereiteten bereits die Woge der tollen Zeit, und nur ein Gerücht meldete noch von ihm, daß er ein Mächtiger unter den Gesetzlosen und Ausgestoßenen geworden sei. Ich habe ihn liebgehabt, und liebend gedenke ich heute noch seiner, weil ich ahne, daß er selbst in seiner jetzigen Gestalt ruhelos, wenn auch auf wirren, verworrenen Pfaden dem Wolkengebild der Wahrheit nachjagt. Wo ist Wahrheit?«

Wehmütig lächelnd schwieg der Abt und streckte seine feinen durchsichtigen Hände näher gegen das Feuer aus. So gewahrte er nicht, daß seine Gefährtin von seiner Erinnerung getroffen war, als habe sie eine Faust vor die Brust geschlagen. Atemlos und völlig unvermögend, den Sturm, der sie rüttelte, noch länger zu bestehen, hing das blasse Weib ihre erschreckten Augen an den Mönch und gab sich keine Mühe mehr, sich zu verstellen.

»War das der Störtebeker?« fügte sie mühsam aneinander.

Der geistliche Herr aber, ohne sich scheinbar über den verdächtigen Ton zu wundern oder an dem Zusammenhang deuteln zu wollen, schüttelte leise das Haupt.

»Ich weiß es nicht. Mein junger Freund führte wohl einen ähnlichen Namen, aber vieles, was man von dem Freibeuterführer im Volke erzählt, widerspricht doch gar zu sehr meinem jugendlichen Bilde. Zum Beispiel seine ausschweifende Trunksucht oder die kalte Gleichgültigkeit gegen Rechte und Leben einzelner. Nein, nein, diese helle Jünglingsgestalt habe ich, so wie sie war, in meinem Gemüt bestattet und einen Segen darüber gesprochen. Gebe Gott, daß aus der Gruft nicht ein anderer Mann auferstehe.«

Damit versank der Mönch in erneutes Grübeln und ließ Linda Zeit, sich notdürftig zu fassen. Unruhig blickte sich die Gräfin in dem kahlen Raume um, sie zählte die Windstöße, die um die Mauern heulten, und als irgendwo auf den Fluren ein Tritt laut wurde, da ertappte sie sich dabei, wie sie alle Verstecke und Schlupfwinkel des alten Meerkastells durchstöberte, um sich womöglich dort zu verbergen. Ihr ererbter nordischer Wikingermut war gänzlich von ihr gewichen. Plötzlich erhob sie sich. Ihre Brust ging schneller als sonst. Auch ihr Gast wurde aufmerksam.

»Ich wünschte, ich könnte Euch morgen in die Stadt folgen, hochwürdiger Vater«, überwand das Mädchen einen sie überfliegenden Schauer, und dabei schritt sie in die Ausbuchtung, wo sie die kleine Ampel an sich zog. »In dem finstern Gemäuer hier ist's schlimm. Überall springen Gestalten aus den Wänden, die mir zurufen, ohne daß ich darauf eine Antwort wüßte. Es sind Ausgeburten der Einsamkeit, und ich habe keine Hilfe gegen sie als Schlaf und Gebet.«

»Und ein heiteres, tätiges Frauenwerk, wie es den Müttern ziemt«, schaltete der Abt sanft ein, der geräuschlos seinen Sitz verlassen hatte und nun teilnehmend vor ihr stand. Sachte hob er die Rechte gegen das müde Licht, so daß das rinnende Blut in seinen Fingern zu schimmern begann. »Alte Hausweisheit«, erinnerte er mahnend. »Sorge für Gatten und Nachkommenschaft erschließt den Jungweibern ihre eigene Seele. Alles davor ist Traum und Umweg. Aber nun – ich will mir nicht mehr von dir anmaßen, als du mir selbst gibst –, nun sei Friede über dir diese Nacht.«

Er wandte sich, und die Gräfin folgte ihm, die Leuchte in der erhobenen Rechten. Vor den Schreitenden glitten schwarze Schatten über die rohen Kiefernwände, aus dem Holz beugten sich undeutliche, verzerrte Gebilde und griffen nach ihnen. Der Mönch öffnete gerade die Pforte, als die beiden wie auf Verabredung innehielten. Jeder las in den Zügen des Gefährten, ob auch der andere diesen hellen Schrei aufgefangen, jenes hemmungslos tierische Kreischen, das aus dem Pfeifen des Windes mit schriller Verzweiflung herausgellte, um gleich darauf wieder in dem langgezogenen Winseln zu verschwinden.

Linda zitterte, und doch lächelte sie matt.

»Eulen«, erklärte sie, »sie horsten oben auf den Türmen und fliegen jetzt aus. Es sind meine Haustiere«, wollte sie noch mit trübem Spott hinzusetzen, ohne sich doch selbst dem Glauben an ihre Worte hingeben zu können.

In diesem Augenblick donnerte durch das Gebäude ein kurzes, scharfes Krachen. Ein Schlag schien die Steine aus den Mauern zu reißen, die Dielen wankten, selbst auf dem Tisch klirrte das Metallgeschirr einen singenden Ton. Ungläubig, verängstet hielt sich der Mönch an dem Pfosten zwischen Saal und dunklem Gang fest, sein verblaßtes Antlitz aber war der Gräfin zukehrt, als erhoffe er auch für dieses herzumwendende Toben eine tröstliche Deutung. Und Linda, obwohl ihr Herz in der Erwartung nahen Unheils wie zwischen Eisstücken geschichtet lag, sprach in unnatürlicher Ruhe:

»Der Sturm sprengt die Torangeln. Aber da du hier bist, Vater, wird Gott bei uns sein.«

So standen sie eine Weile, und da sich nichts weiter rührte, so begannen sie einander ihren Kleinmut fortzulächeln. Aber seltsam, warum verharrten sie noch immer, um auf einen einzelnen Schritt zu lauschen, der sich langsam, schwer und wuchtig in den langen Gängen vor dem Saal verkündete? Es war natürlich einer der Knechte, der das Licht zu löschen kam. Nur hätte er schneller nahen können, dienstfertiger. Gleichviel – worauf warteten sie noch? Gemessen drehte sich die große Eingangstür in ihren Angeln, und dann – in dem Saal wurde es still, als ob der Tod eingetreten wäre. Wirklichkeit und Wahnsinn tanzten miteinander. Keiner wagte auch nur durch einen Luftzug zu verraten, daß hier noch Sinn für die gewöhnliche Ordnung der Dinge atmete.

Auf der Schwelle ragte ein übergroßer Mensch, in einen nassen, schwarzen Mantel gehüllt, die Lederkappe zerbeult in die Stirn gedrückt. Gleichgültig schickte der Eindringling einen raschen Blick in dem Raum umher, dann schritt er ohne Eile, wie ein Bewohner des Hauses, auf die Tafel zu, schleuderte Mantel und Mütze mitten auf den Estrich und warf sich selbst in einen der leeren Sessel. Den Tisch, der ihn beengte, stieß er krachend mit dem Fuß beiseite.

»Schafft Wein und Speise«, befahl er den beiden Leblosen, und als sich die Gebannten nicht regten, stieß er ein kurzes Gelächter aus, ein helles, wohlklingendes Lachen, und winkte lässig. »Ihr da, zeigt fröhliche Gesichter – was steht ihr und haltet Maulaffen feil? – Eilt euch, ihr seid geladen!«

Da rann Leben in die beiden Entsetzensstarren zurück, fieberndes, beißendes Blut, und während die Hausherrin sich gegen den Pfosten lehnte, um die Hand gegen die Erscheinung auszustrecken, als hätte sie dadurch die Macht, diesen wahnwitzigen, wohl nur aus vergifteten Gedanken aufgestiegenen Spuk wieder zu verscheuchen, da wankte der Abt etwas weiter in den Saal hinein, entschlossen, seine geistliche Würde gegen den Niederbruch aller Sitten zu setzen.

»Wer bist du?« rief er, indem er sein Zittern überwand. »Im Namen Gottes und seiner unverbrüchlichen Gebote frage ich dich, was du vorhast und wer du bist?«

Die Stimme verstärkte sich, je kräftiger der Sprecher den Widerhall von den Wänden zurückempfing. Auf den hochgewachsenen, schlanken Eindringling jedoch schien sie jede Wirkung zu verfehlen. Das Bellen eines kleinen Hündchens hätte ihn nicht weniger behelligen können. Der Schein der Unschlittkerzen von dem Rundreifen umflackerte ihn, wie er jetzt den ungeheuren Weinhumpen an sich riß, um ihn ohne Umstände mit beiden Fäusten an seine erhobenen Lippen zu führen. Durstig schluckte er den übriggebliebenen Trank, es war eher ein Stürzen zu nennen, nur daß sich zuweilen in der geleerten Höhlung dumpf und kollernd sein spöttisches Gelächter fortsetzt. Der feierliche Anruf des Conaer Abtes schien ihn höchlich zu ergötzen.

»Still, keine Predigt, Braunrock«, atmete er endlich auf, während er das schwere Gerät auf den Tisch krachen ließ, und dabei schob er sich, zu neuen Taten bereit, die Lederjacke zurück, so daß weite rotseidene Ärmel zum Vorschein kamen. »Gib Ruhe. ... Wer soll ich sein? Ein Mensch bin ich, also ein armselig Ding, das von Gott kaum eine Spur und vom Teufel eine reiche Erbschaft miterhielt.« Er lehnte sich zurück und trommelte mit beiden Fäusten auf dem Linnen herum. »Möchtest aber lieber nach Stand und Namen herumkramen?! Komm, trink mit mir und denk inzwischen einen Witz aus, warum deiner Kumpanei der gemeine Mensch in seiner Armut und Nacktheit einen solchen Schrecken einjagt, du Nachfolger Christi.«

Ohne eine Antwort abzuwarten, rückte der Fremde ungeduldig an den leeren Schüsseln, blickte hinein, dann wandte er sich und schrie ein paar Namen gegen den Eingang, als ob er eine eigene Dienerschaft mitgebracht hätte. Draußen wurde es lebhaft, man hörte eilige Tritte in den

Gängen, und von unten aus den gewölbten Hallen drang undeutlich Frauenkreischen und das Geräusch von Waffen.

»Wird hier gemordet?« zitterte Vater Franziskus.

Der andere horchte gespannt und schnürte die Augenbrauen über den schwarzen Sternen fester zusammen.

»Blutvergießen«, tadelte er endlich zurücksinkend, »ist ein töricht und unnützlich Geschäft. Vernichtet und heilt nicht. Aber warum wehrt sich euer Geiz auch so hartnäckig dagegen, wenn wir darangehen, in das Erbgut von Mutter Erde nachträglich ein wenig Ordnung zu bringen?«

»Mensch, entsetzlicher«, rief der Mönch, jetzt all seinen Mut zusammenraffend, da er merkte, wie in dem schmalen, edel gebildeten Antlitz des Fremden sich ein grüblerischer Zug einzeichnete. »Was ersinnst du lügnerische Ausflüchte für Raub und Diebstahl?«

Der in dem Lederwams schüttelte sich leicht, als wenn ihn fröstele, trotzdem warf er plötzlich auch noch die Überjacke auf den Estrich und saß nun da in seiner rotseidenen Schecke, eine goldene Kette über der breiten Brust. Den braunlockigen Kopf stützte er nachdenklich in beide Hände.

»Keife nicht«, brachte er nach einer Weile versonnen hervor, und es war, als ob er mehr mit sich selbst spräche. »Für dieselben Streiche hast du geflennt und Gebete gejammert, wenn sie von euren Trabanten herrührten.« Er strich über die hohe Stirn und schüttelte sich wieder. »Aber darin geb ich dir recht, 's ist kein Sinn und Verstand dabei, die hübschen Goldstücke nur etwas schneller von einer Hand in die andere rollen zu lassen, wenn sie zu nichts anderem verwendet werden als zum Saufen, Huren und Prassen. Zwar auch dies ist ein gut Ding.« Wuchtig schlug er mit der Faust auf den Tisch, daß die zinnernen Schüsseln in die Höhe sprangen. »Komm, bring die Dirne da mit, sie hat einen ranken Leib, und dann trinken wir uns einen Rausch darauf, daß Gott oder der Teufel eine feinere Lebensweise für ihre zweibeinigen Ebenbilder ersinne. Was gibst du mir, wenn der Gedanke schon unterwegs ist? Vielleicht wälzt er sich bereits im Hirn eines Übeltäters. Denn, halleluja, der Gedanke wenigstens braucht kein edel Haus, er wohnt überall!«

Gerade wollte sich der Rotseidene wieder herumwerfen, um sich zu überzeugen, ob seinen herausgeschrienen Befehlen endlich Folge geleistet würde, da brach die Eingangstür auseinander, und vor den fassungslosen Blicken der Hausherrin und ihres Gastes quoll ein Schwarm derber, wettergebräunter Seeleute herein. Alte und junge Männer, verdächtig anzuschauen mit ihren narbenzerrissenen Gesichtern voll Auflehnung und Zuchtlosigkeit, und alle Arme beladen mit der Ausbeute ihres wilden Handwerks. Die einen schleppten Linnenballen und silbernes Gerät mit sich, die anderen schleuderten jauchzend Schinken oder Schüsseln voll geräucherter Fische auf den Tisch, ja, ein paar junge Burschen rollten sogar ein verschimmeltes Weinfaß herein, schlugen den Spund heraus und begannen unter Flüchen und rohen Scherzen eine Kanne um die andere mit dem roten Saft zu füllen. Klatschend stürzte das köstliche Naß auf die sauberen Dielen. Es sah aus, als wäre die fessellose, an keinen Befehl gebundene Gesellschaft bereit, den Rausch ihres so leicht erworbenen Besitzes sogleich an Ort und Stelle auszukosten. Kaum aber hatten die ersten Tropfen des starken Weines ihre Lippen benetzt, da wurden sie alle von einem Freudentaumel erfaßt, die letzte Zurückhaltung ging unter. Genießen, schlürfen, fressen und saufen schien ihr einziger Zweck. Wo sie gingen und standen, fielen sie auf dem Estrich nieder, hieben die Becher gegeneinander, grölten, lachten und zankten, und mitten aus dem wüsten Braus fingen sie an, ihre Zunftlieder zu heulen. Gierige Blicke und geschwungene Humpen richteten sich gegen das Weib, das matt und müde, geschlossenen Auges an dem fernen Pfosten lehnte.

Heiser brüllten die rauhen Kehlen.

Die Jauchzer überschlugen sich, schrille Pfiffe gellten durch den Raum, die Begeisterten wälzten sich auf den Dielen, rissen und zerrten sich gegenseitig an den Frauengewändern, die viele von ihnen verkehrt über die Schulter geworfen hatten, und üble Reden flogen zu den beiden Menschen aus einer anderen Welt herüber.

Ein grausig Gelächter wurde aufgeschlagen, dann spritzte es wieder aus dem Faß, und der Wein klatschte auf die Erde. In all den Lärm hatte der Hauptmann, zu dessen Füßen sich der Knäuel verschlang, mit einem sonderbaren, erfrorenen Lächeln hineingeschaut. Nun aber schüttelte er sich erwachend, wie jemand, der angespritzten Kot von sich abschleudert, und um seinen herrischen Mund irrte ein Zug von Grausamkeit und Hohn.

»Ja, das sind meine lieben Kinder, an denen ich meine Freude habe«, sagte er mit einer biblischen Anspielung, und dabei bewegte er die Hand, als ob er die Rotte in ihrer Gesamtheit vorstellen wollte. »Sie geben sich nicht anders, als sie sind. Lug und Trug kennen sie nicht.« Und als er das ungemessene Entsetzen, den Ekel und den Abscheu in den Augen seiner beiden Gefangenen las, stieß er trotzig und voll grimmiger Rechthaberei hervor: »Folglich sind sie echt. Wer kann das in dieser falschen Welt von sich behaupten? He?«

Plötzlich riß sich der Sitzende herum, bückte sich und packte den vordersten der Gesellen unsanft an der Brust. Ein Zug, und der Stiernackige war auf die Beine gebracht. Da unterbrachen auch die anderen ihr

Schlemmen, und es wurde so still und lautlos, wie es vorher wüst und unbändig gewesen.

»Wulf Wulflam«, herrschte der Anführer scharf, »was habe ich dir befohlen?«

Der herkulische Bootsmann wurde verlegen, er kratzte sich in seiner rotbraunen Schifferkrause und suchte sich, wie ein Schüler vor dem Lehrer, auf seine Aufgabe zu besinnen.

»Du sagtest, Admiral – du sagtest –«

»Was, Mensch?«

»Wir sollten Gold und Silber von hier zu Schiff bringen. Mehr nicht.«

»Mehr nicht! Nun wohlan, das ist deutlich. Aber, Wulf Wulflam«, und er zerrte ihn heftiger an der Brust, »lauert hinter deiner Fratze nicht noch ein ander Gelüst? He?«

Ungewiß starrte ihn der Schiffer an, allmählich erstarb sein Grinsen, und seine anfängliche Sicherheit ging in Scheu und Unterwürfigkeit über. Auch seine Genossen hielten kleinlaut mit ihrem Toben inne, scharrend erhoben sich die Seeleute und rotteten sich verstohlen um ihren Bootsmann zusammen. Lauschend streckten sie die Köpfe vor, als gäbe es nichts so Wichtiges, als das winzigste Wort ihres Führers aufzufangen.

»Herr«, suchte sich der Bootsmann in verlegenem Trotz zu verteidigen, »wir dachten – wir meinten –«, und unwirsch polterte er heraus: »Der alte Kasten hier wäre auch längst reif für den Teufel und zum Ausräuchern.«

Weiter kam er nicht. Eine Blutwelle schnellte bis in die Stirn des Admirals, mit einem erbitterten Griff zuckte er nach seinem Dolch, riß ihn vom Gürtel und preßte das haarscharfe Messer dem Erschrockenen gerade auf die Kehle. Ein lauter Schrei entfuhr den anderen, aber auch Linda und ihr Gast klammerten betäubt, schutzsuchend ihre Hände umeinander.

»Du räudiger Hund«, keuchte der Rotseidene mit einer jedes Maß überlodernden Wildheit. »Meinst du, du seist der erste, den ich von meinen Kindern stillgemacht? Wir stehlen nicht, wir sammeln einen Schatz. Zu welchem Zweck, weiß ich allein. Und wehe dem ... einen Strick am höchsten Mast für den, der meine Pläne stört. Hast du es dir gemerkt?«

»Wohl, Herr«, stotterte der Bootsmann bezwungen.

Ein Murmeln erhob sich unter der Schar, das Verborgene, Geheimnisvolle, das hier angedeutet wurde, oder der unerbittliche Zwang, der von diesem einen ausging, er schloß die Ausgestoßenen wieder zu einem willigen Bund. Das dunkle Gefühl ihrer Sendung packte sie abermals. Der Admiral aber winkte heftig mit der Hand, als hätte er schon zu lange mit dem Haufen geschwatzt.

»Fort – tut, was euch geheißen – und mit dem Morgengrauen sind wir von hinnen.«

Da schob sich die Rotte lärmend, in überstürztem Gedränge zur Tür hinaus, jeder froh, der Gesellschaft dieses einsamen Menschen dort drinnen überhoben zu sein. Hinter ihnen blieb nichts als die leis aufgewirbelten Stäubchen, die blau und durchsichtig zu den Lichtern emporstiegen. Der Verlassene jedoch reckte die Arme, schüttelte nach seiner Gewohnheit das eben Vergangene unbegreiflich schnell ab, und nachdem er die lockigen Haare leichtsinnig in den Nacken geworfen, beugte er sich hungrig über die ihm vorgesetzten Schüsseln. Hastig und doch ganz mit den Gebärden eines großen Herrn begann er zu tafeln. Dabei vergaß er für eine Weile völlig der beiden Zuschauer, die an der fernen Wand, eng aneinandergeschmiegt, unter Grauen und Schrecken beobachten mußten, wie oft der gewaltige Weinhumpen an die Lippen des Fremden stieg. Von Zeit zu Zeit wandte sich der Seefahrer und ließ neuen Trank in die Kanne laufen. Allein bei einer dieser Bewegungen mußten dem Eindringling endlich die zwei Schatten dort drüben an der Kiefernwand auffallen, denn er ließ das Weingefäß sinken und richtete seine schwarzen Augen mehr verwundert als in irgendeiner feindlichen Absicht auf die unfreiwilligen Zeugen seines Schmauses. Die verzerrte Bestürzung in ihren Gesichtern, die quälende Angst, mit der sie ihr Schicksal erwarteten, schienen den Zecher zu stören. Unvermutet sprang er auf, so daß alles auf der Tafel zitterte, und während er rasch auf die ihm Preisgegebenen zuschritt, empfanden diese trotz ihrer wachsenden Not das Wunder, wie geschmeidig und unangefochten der Seefahrer auch nach jenem unerhörten Trunk seinen Gang beherrschte. Kein Rausch hatte ihn unterjocht, nur die dunklen Augen waren unnatürlich erweitert und sprühten und blitzten, als ob sie in Brand geraten wären.

Jetzt stand der Hochgewachsene dicht vor ihnen, setzte die Hände in die Seiten und schlug endlich ein kurzes Gelächter auf.

»Kommt, ihr beiden Lämmer«, lud er sie ein, »nehmt das Ding, wie es ist, und steht nicht wie die armen Schindluder vor dem Henkerkarren. Muß denn Donnerwetter und Gewitter immer nur von oben kommen? Es kracht auch einmal von unten, wie euch der Feuerberg auf Island lehren sollte. Und die Anwohner glauben dann, es gäbe ein fruchtreich Jahr.« Spielend faßte er den Mönch an der Kutte. »Überdies, Hochwürdiger, wie schrieb dein Freund, der Rechtsbeuger Cicero? ›*Varietas delectat*‹, und ich setze hinzu: ›Der Teufel dachte ebenso, da er Buttermilch mit der Mistgabel aß‹«

Dringender zerrte er den Geistlichen an seinem Faltenrock, denn er wollte ihn zwingen, ihm an den Tisch zu folgen, der aber wich schützend vor die Gräfin zurück, und schlug plötzlich beide Hände zusammen. Ein entgeisterter, verzweifelter Blick des Erkennens brach aus den guten Augen des Alten.

»Barmherzigkeit«, flüsterte er schwach. »Klaus ... Klaus Bekera. Du bist's, verbirg dich nicht. Auferstanden aus dem Grabe als blutige Geißel. Als ein vergiftet Saatkorn, von dem die Menschen sterben. Mann ... Knabe ... deine Eltern, deine Mutter ... deine Jugend ...«

Im Saale wurde es still. So still, daß man den feinen Streusand auf dem Estrich unter den Füßen der drei Menschen knirschen hörte. Schweigend, unbeweglich stand der Störtebeker dem Mönche zugekehrt, und man hätte glauben können, daß er gelähmt, erschüttert sei durch das Auftauchen jener längst entschwundenen Gestalt. Allein kein Anzeichen kündete dies. Weder reichte er dem so unvermutet gefundenen Freunde die Hand, noch hieß er ihn sonst durch ein freundlich Wort willkommen. Nein, er starrte nur unverwandt in die greisen Züge, bis endlich ein tiefer Atemzug verriet, daß er aus Erinnerung und Abwesenheit zurückgekehrt sei.

»Es ist gut, Alter«, sagte er halb im Ton des Befehls. »Ich will dich nicht kränken, aber ich kenne dich nicht. Dich nicht, dein Vaterland nicht und vor allem nicht eure Gesetze.«

»Klaus.«

»Still, nur in einem trafst du das Rechte. Auferstanden aus dem Grabe, zu einer neuen Sonne, deren Wärme du nicht mehr fühlen kannst.« Ohne eine Antwort abzuwarten, tat er einen starken Schritt auf die Gräfin zu und hob ihr Haupt gewaltsam am Kinn in die Höhe. Die Zusammengesunkenheit des Mädchens schien seinen Hohn zu reizen. »Warum zitterst du, Weib?« fragte er scharf. Spürbarer faßte er sie an, um sie heftig ins Bewußtsein zu rütteln. »Du siehst aus wie eine Heilige«, rief er wild, sich über sie beugend, »und deine Hand krampft sich um ein Kreuz. Flennst du vielleicht darüber, weil dein Hab und Gut sich zu Speise und Trank wandeln sollen für die, so nicht rein und wohlbekleidet sind wie du Gottselige?«

Da geschah etwas Seltsames.

Weit öffneten sich die blauen Augen des von einem schweren Traum befangenen Mädchens. Abwehrend streckte sie die Hände aus, als wollte sie das Grauen von sich fernhalten, allein, während sich ihr Körper in Erdenqual sträubte, da faltete eine bezwingende, eine ihr ganzes Dasein heiligende Macht ihre Finger zusammen, und über ihre Lippen drängten sich Worte der Demut und des beseligten Gehorsams, wie sie ähnliche niemals vor Altar noch Betstuhl gefunden.

»Nimm, was mein ist«, hauchte sie mit bangem entgeistertem Lächeln. »Da du gekommen bist, die Erde zu reinigen, so geschehe dein Wille.«

»Meine Tochter«, rief der Mönch, über diese fromme Anbetung entsetzt, dazwischen und griff sich verzweifelt an das betäubte Haupt, »du lästerst, du gute Seele. Erwache! In deine Augen spritzt die goldglitzernde Schlange ihr Gift. Die Verführung, die selbst getäuschte, schaut dir ins Antlitz.«

Der Störtebeker preßte plötzlich die Hand des Alten, daß der Abt laut aufschrie.

»Schwatze nicht, grauer Lügner!« fuhr er ihn an. »Meinst du, mein Wein würde schlechter, weil er in einem Mistkübel gereicht wird?«

Allein das Weib, um das der Streit ging, vernahm nichts weiter. In roten Blitzen hatte sich ihr die Vision offenbart, nach der ihre Verlassenheit Tag und Nacht gebangt hatte. Er war da, der Ersehnte war erschienen. Ein herrlicher Mann, blutig und gebieterisch zugleich, beugte sich zu ihr herab, eine rote Wolke umschwebte ihn, und tief unter ihm hoben sich aus dem Morgengrauen tausend und aber tausend Hände, die lobpreisend nach ihm verlangten. Damit sank ihr Bewußtsein in die Knie. Nur verlöschend empfand sie noch, daß sie aufgefangen wurde und geborgen war.

Klaus Störtebeker hielt den Leib der Hingestreckten in seinen Armen. Ein Blatt, das auf ihn herabgeweht war, konnte ihn nicht lastender beschweren. Aber gespannt, fieberig, hingenommen starrte er jetzt auf diese erste Seele, die er von den Zinnen der Menschheit gebrochen und die sich doch zu ihm bekannt.

In halbem Verständnis nur streichelte er ihr das blonde Haar aus den Schläfen und wandte sich erst unwillig ab, als er sich unvermutet am Arm gehindert fühlte.

»Was willst du?« wies er den Mönch zurück, der sich noch einmal an ihn gedrängt hatte, um jetzt eine schwache Bewegung zu vollführen, als wolle er die Willenlose von ihm empfangen. »Was willst du?«

»Klaus«, bat Pater Franziskus, am ganzen Leibe bebend, »ich will dir vergeben. Ich will annehmen, daß meine Zeit und die deine einander nicht verstehen können. Aber hier, gegen diese Unmächtige laß mich meine Pflicht erfüllen, wie ich sie gelernt habe. Hier weiche vor meinem Amt, und ich will dich trotz allem, wie vorzeiten, segnen.«

Es war eine Stimme, die vor Seelenangst und Güte brach, aber der, den sie erweichen sollte, schüttelte hastig und finster das dunkle Haupt.

»Die ist mein«, widerstrebte er auflodernd. »Um Seelen wird nicht geschachert.«

»Klaus, im Namen ...« Der Abt taumelte und vermochte kaum noch die Rechte zu erheben. »Unglücklicher Mensch, denke daran, was deiner Mutter geschah.«

Da wirbelte ein schneidendes Gelächter aus der Brust des Seefahrers, mit einem rücksichtslosen Stoß befreite er sich von dem Alten, und während er seine Last fester an sich raffte, schritt er rasch und sicher bis zu dem dunklen Gang, wo er die Tür dröhnend hinter sich ins Schloß warf. Dann drehte er auch noch den ungefügen Schlüssel herum.

Gleich darauf hallten schwere Tritte auf dem gewundenen, endlos laufenden Flur. Nur ab und zu brach durch ein Bogenfenster wolkiges Mondlicht über die Steinfliesen, und dann konnte der Träger diese und jene Wendeltreppe unterscheiden, die mit rohem Geländergebälk in ein oberes Stockwerk leitete.

Wiederholt hatte der Gewalttätige Vorhänge zurückgeschlagen oder eine schwere Tür geöffnet, doch immer mußte er in der Dunkelheit einen der kahlen Wohnräume erkennen, wie sie solch alten Kastellen eigen ist.

Allmählich aber begann er sich mit den Herzschlägen des stillen Wesens, das er an sich preßte, eins zu fühlen. Eng und warm ruhte es an seiner Brust, nicht mehr als unnahbare, frostige Heilige, sondern weich und biegsam, ähnlich den unzähligen anderen, die der Unbändige nur geschaffen wähnte, um seinen Körperdurst zu stillen. Aber hier war doch etwas anderes. Mit seinen untrüglichen Nerven spürte er, daß dieses hochgeborene, verschlossene, vor allem Unsauberen schaudernde Geschöpf im Innern des Menschen, der ihr gewiß ein Räuber, ein frecher Wegelagerer sein mußte, die goldene Flamme blitzen sah, wie sie einst auf den Altären gelodert. Und dieses Feuer wollte doch aus Kot und Unrat hinauf zur Gottheit, als ein Notschrei, als eine Anklage, als ein Signal. War sie nicht vor jenem Brand verstehend, beseligt dahingesunken? So etwas hatte der Verwöhnte, der doch befehlen durfte, der Gesetze umstieß und verborgene Wünsche losband, noch nie in seinen Armen gehalten. Ein Eigentum, unlöslicher als jedes andere. Erworben, geknechtet ohne Blut noch Schwert!

Unsicherer wurde sein Schritt, schwerer seine Bürde, summend hörte er das vom Wein und Siegerbewußtsein aufgepeitschte Blut in allen Adern rauschen, und nicht gewöhnt, seinem Willen ein Hemmnis entgegenzusetzen, riß seine Rechte den dünnen Schleier vom Hals seiner Last, und sein Haupt bettete sich suchend auf die kühle Brust seines Opfers.

»Mein bist du«, murmelte er, während er verworren auf den regelmäßigen Herzschlag lauschte. »Mein. Deine Welt ist mein. Was kannst du Besseres verlangen, als einzugehen in das, was du erkannt hast?«

Da stand er auch schon vor einer starken Bohlentür, er stieß sie auf, und vom hohen Kamin beleuchtete eine einsame Kerze das starke sechsfüßige Bett, einen Himmel darüber und einen schmalen, mannshohen Stuhl daneben. Und bedenkenlos, freudegeschwellt brach der Störtebeker in den Frieden dieses nie entweihten Raumes.

IV

Sie lag auf ihrem langen breiten Lager, und der Wind der Morgendämmerung, der die Läden aufgestoßen und nun durch die engvergitterten, scheibenlosen Fenster hindurchstrich, er ließ ihre Glieder unter der dünnen Linnendecke frösteln. Empfindlich zog sie die Hülle bis zum Hals, und die Blicke der Erwachten wanderten ruhelos an der glatt gespannten Fläche des Betthimmels, als ob dort etwas geschrieben stände, auf das sie sich besinnen müßte. Aber gelähmt, verworren, zerwühlt versagten ihre Gedanken jede Selbstbesinnung oder Erkenntnis, und trotz aller Anstrengung wußte die Hingestreckte nichts weiter von sich, als daß ihr ein wüster, zackiger Felsstein auf die Brust geschmettert sei, und wie sie zu matt wäre, um sich der Wucht zu entwinden. Vor ihr auf dem Strohteppich atmete etwas, und als sie sich mühsam wandte, erkannte sie ihr schlankes Windspiel, das sich wohl gegen Morgen zu ihr gestohlen haben mußte. Das Hündchen lag, den Kopf zwischen den Pfoten, und äugte über seinem erzenen Halsband achtsam zu ihr hinauf.

Da streckte sie die Hand aus und wollte das Tier anrufen, allein seltsam, sie vermochte sich nicht an den Namen ihres Begleiters zu erinnern, und in der Qual, ihr eigenes Wesen verloren zu haben, sank sie wieder zurück, eine Fremde, Unbekannte in ihrem eigensten, heimlichsten Bezirk.

Draußen auf dem Ahornbaum begannen ein paar Meisen zu zwitschern. Sonst bedeutete dies den Weckruf des Morgens, denn auf Ingerlyst erhoben sich Herrin und Knechte mit der Sonne, heute jedoch blieb alles unverändert still, das Vieh brüllte nicht in den Ställen, und die Holzschuhe des Gesindes klapperten weder auf dem Hof noch in den Burggängen. Auch die Zeit schien sich gewandelt zu haben, auch sie starrte leer und ausgeplündert, gleich der Gebieterin hier auf ihrem kalten Lager.

Geduldig bettete sich die Verlassene auf ihren Arm, lauschte angstvoll auf die zuckenden Schläge ihres Herzens und wartete, ob der Bann noch einmal von ihr genommen werden könnte. So hätte sie vielleicht noch lange hingedämmert, verstoßen von ihrer Vergangenheit und nicht fähig, den Wirbel vor der Gegenwart zu durchbrechen, wenn sich nicht ein leises Ticken gemeldet hätte, das vom Holzwurm herrührte. Ihr gegenüber über dem schmalen Kamin war bis unter die Tafeldecke ein altes, wuchtiges Holzkreuz eingelassen, und in dem braunen Gebälk bohrte und pochte es manchmal, als wäre selbst das heilige Symbol vor Zermürbung und Vergänglichkeit nicht sicher.

Richtig, richtig, Linda raffte sich auf, denn sie meinte sich jetzt zu besinnen, daß sie jeden Morgen noch vom Lager aus ihre Arme zu jenem gewaltigen Stamm erhoben habe. Ja, ja, gewiß, allerlei kleine Bitten und Wünsche bedrückten stets ihr Herz. Und dann die eine große Sehnsucht nach Reinheit und Stille. Aber als sie nun nackt, entblößt, frierend auf ihren Kissen kniete, da erstarb ihr plötzlich die volle Bewegung, über ihr blasses Antlitz zog starres Entsetzen, und wie von einem Blitzstrahl getroffen, stürzte sie rücklings auf ihr Linnen.

Ein Wunder ... ein Wunder ... vor ihren weit aufgerissenen Augen spielte sich das Herzlähmende ab. Ein fremdes Haupt erschien an dem Querholz, ein braunes Lockenhaupt, mit Lippen, rot von Küssen, und wilde, schwarze Augen gierten über ihren Leib. Und jetzt wand sie sich mit einemmal in einem Feuermeer, das sie verzehrte.

»Gnade, Erbarmen.«

Allein der Brand der Erkenntnis überheulte alle früheren Begriffe.

Zu Hilfe – die Welt war eingebrochen. Das Erdrund taumelte und schüttelte alles Lebende durcheinander. Der Heiland des Schmerzes von seinem Holz gezerrt, und an seiner Stelle lachte ein Unbändiger voll Grausamkeit, Kraft und Willensstärke. Schwarz war weiß, Verbrechen Tugend, Sitte Torheit, Entsagung Wahnsinn. Sieh da ... sieh dort, eine unwiderstehliche Faust packte das fliehende Glück, das sonst niemand halten konnte, und knechtete es seinen Anhängern. Allen! Auch dir ... auch dir ... das Glück! Sie wollte schreien, aber sie fühlte, wie sie in unsichtbaren Armen verging, alle Glieder spannte sie zu Kampf und Widerstand, sie biß, sie würgte, aber in der Unterjochung sank sie hin, erlöst von aller Erdenschwere, eine Freie im Angesicht der Natur.

*

Als sie erwachte, war der Rausch verflogen. Sie fand sich wieder, wie sie tränenlos auf ihrem Lager hockte, um mit ausgehöhlten, erfrorenen Augen zu beobachten, wie sich die Blätter des Ahornbaums vor ihrem Fenster in Morgenröte kleideten. Drinnen in der kleinen Kemenate webten noch die unerwärmten Schatten, und jedes der spärlichen Gerätschaften schien zu frösteln, zu zittern und zu schaudern. Stumpf, teilnahmlos warf sich das blonde Weib die gewohnten Hüllen über, und je bekanntere Dinge sie ergriff, ein desto trüberes Erstaunen beschlich sie, daß sie sich bewege, oder warum überhaupt noch Leben in ihr walte? Unbegreiflich, gar nicht meßbar, sie war doch gemordet, ihr Name verschwunden von der Tafel, wo die Reinen und Ehrbaren verzeichnet standen, eine unbarmherzige Räuberfaust hatte die Züge fortgewischt, aus keinem anderen Grunde, als weil sie eben seine Beute geworden war. Sie, ihre Diener, ihr Hab und Gut, ihr Heim und alles, was sie früher geliebt hatte. Eine kurze, ungestüme Lust hatte genügt, um aus einer Aufrechten eine geduckte Verworfene zu formen, beladen mit unaustilgbarer Schande, und nur noch dazu bestimmt, vor ihrem eigenen Ekel in ein geräuschloses Ende zu flüchten. Das war das wirkliche Dasein, so verkündete es sich, ein Tier wurde von dem anderen gefressen, ohne Güte noch Gnade, und alles, was darüber hinaus geredet wurde von umfassender Bruderliebe unter den wilden Geschöpfen, großer Gott, es war nichts als Staub, Wind und schwärmender Wahn.

Ein Tier wurde von dem anderen gefressen. Hilfe – Hilfe! – An welch lächerliche Narreteien hatte sie denn früher geglaubt?

In der unermeßlichen Angst, daß ihr bald auch noch das Letzte, der klare Verstand geraubt werden müßte, griff sich die nun Aufgerichtete an beide Schläfen. Ihre auseinander springenden Gedanken wollten sich an irgend etwas klammern, an ein lebendes Wesen, das ihren Sturz begriffe, an ein Herz, von dem sich liebevoll scheiden lasse. Sie mußte doch irgendwo festhaften? Oder war sie schon immer wie ein dürres Blatt durchs Leere gewirbelt? Aber wohin ihre Verzweiflung auch jagte, immer fand sie sich allein vor dem großen braunen Kreuz wieder, um das ihre Rechte sich krampfte, weil ihre Knie vor Schwäche zitterten.

Das Kreuz – das Kreuz!

Eine fürchterliche Pause des Wartens entstand. Fordernd, dringend tasteten ihre erweiterten Augen an dem toten Holze hin und her, und je mehr Zeit ergebnislos verstrich, desto verächtlicher begannen ihre getäuschten Lippen zu zucken. Dort oben regte sich nichts. Derjenige, der ihr früher an dem Querholz oft in verzückten Stunden erschienen war, dem sie sich geweiht und dessen Güte sie sich bald ganz ergeben wollte, er hatte tatenlos, schwächlich zugeschaut, wie Leib und Seele seiner Jüngerin zu seinen Füßen verheert und besudelt wurden. Von einem anderen, der gleichfalls zu den Armen und Beladenen herniederzusteigen meinte, nur, daß er seinen Weg mit Blut begoß, und daß der Pesthauch aller verdammten Laster ihn umwölkte.

Wie gestoßen fuhr die Gehetzte herum, grub ihre Blicke ungläubig in das zerwühlte Lager und strich dann ruhelos an den Wänden herum, gleich einem Tier, das einen Ausweg aus unübersteiglichen Mauern sucht. Und sie fahndete auch nach etwas – der giftige Atem der Nacht mußte sie benebelt haben –, denn sie suchte fieberhaft, rastlos nach einer Erklärung für ihren grausigen Niederbruch, nach einer Auflösung des Rätsels, warum ihr Körper den geistigen Tod auch nur um eine Sekunde überdauert habe? Vielleicht hatte der große, schöne, gewalttätige Mann ihre Seele mit Zärtlichkeit umstrickt, vielleicht ihr Gemüt dürstend, überredend zu seinem Werk herübergelockt, das wie eine blutrote Erdensonne hinter ihm stand?

Nichts ... nichts, alles Ausrede und Wahn! Ihre Ehrlichkeit gestand sich etwas anderes. Über ihr hatte sich ein Gewitter ausgetobt, in dessen kalte Blitze sie offenen Auges, betäubt, entgeistert, demütig und duldend hineingeschaut hatte. Und jetzt war die Wetterwolke vorübergezogen und hatte gleichgültig die geknickte Flur hinterlassen. Prüfend fuhr Linda an ihren Gliedern herab, und jetzt erlangte sie endlich die ersehnte Gewißheit. Alles tot, gebrochen, leblos, ihr blieb nur noch übrig, den Leichnam einzusargen.

Das war ihr Ziel, ihr letztes. Es stimmte im Grunde mit ihren Kindheitswünschen zusammen, die von je nach Aufhören und Verstummen gelangt hatten.

Mit fliegender Hand warf sie noch ihr zerdrücktes Gewand über und schlich auf den morgengrauenden Gang hinaus. Nicht einmal Zeit hatte sie sich genommen, die Lederschuhe anzulegen. Doch ihr abgeirrtes Bewußtsein empfand die Kälte der Steinfliesen nicht mehr. Mit stützender Hand hielt sie sich an den Wänden, und so schwankte sie ein paar der gewundenen Treppen hinab. Überall offene Türen, sonst Stille und Lautlosigkeit. Einmal stutzte sie. Von fern konnte sie in den großen Saal hineinlugen, in dem sich gestern abend das wüste Zechgelage abgespielt hatte, und eine flüchtige Sekunde klammerte sich eine jähe Hoffnung an ihr fest, ob der Abt, der mildherzige, verzeihende Christenlehrer, vielleicht noch zwischen jenen Mauern ihrer harre. Gleich darauf freilich zuckte sie schuldbewußt zusammen, und wenn der weite Raum auch nicht so menschenleer und unrastig gegähnt hätte, die abgründige Scham würde sie gerade vor dem Angesicht des Priesters in besinnungsloser Flucht vorbeigetrieben haben. Nein, nein, nur keinem Genossen des Gestern mehr in die Augen schauen müssen, nur schnell und unbemerkt irgendwo den Sprung in die fegenden Höllenflammen wagen, damit die Lohe vielleicht die gräßliche Unsauberkeit läutern könnte. Selbst jetzt, wo ihr Erdenweilen kaum noch nach Augenblicken zu bemessen war, da preßte ihr die Scham, eine ganz unausdenkbare, umwühlende Scham, beide Hände vor das Antlitz, und ein winselndes Stöhnen entrang sich ihrer Brust.

Oh, nur dieser überwältigenden, giftigen Verachtung entfliehen, die wie ein Regen überall auf sie niederfiel. Nur schnell diesem letzten, heilsamen Entschluß zustreben, bevor das unschuldige Licht des Tages den für die Befleckte so wohltätigen Dämmer zerstreute.

Weiter, weiter, die Treppen liefen an ihr vorüber, die Hoftür war nur angelehnt, und als sie sich über den Wirtschaftsplatz drückte, da drängte es sich ihr auf, daß auch hier alles Leben erstorben sei. Nirgends mehr ein Stück Vieh, weder im Stall noch an der Tränke ein Knecht, öde und ungenutzt lag das alte Gemäuer, und nur der Wind knarrte ab und zu mit den offenen Türen. Allein gerade jene gespenstische Verlassenheit nötigte dem Schatten, der hier vorüberstrich, ein mattes Wohlgefallen ab. Kein Auge, das sie in ihrer früheren Reinheit gekannt hatte, durfte sich fragend an sie heften, ungestört ließ man das namenlose, geschändete Geschöpf seines Weges ziehen.

Er führte sie nicht mehr weit.

An der hinteren Umwallung waren in schrägem Anstieg ein paar Stufen in die Mauer gehauen. Sonst hatte die verwöhnte Herrin niemals diesen Katzentritt benutzt, nun kroch sie bedenkenlos hinauf und beachtete es nicht einmal, daß ihr das Mörtelwerk die nackten Füße zerschnitt. Keuchend, schwankend langte sie auf der Mauerkrönung an. Und sofort fuhr der Seewind in ihr Gewand und stäubte es auseinander. Ein letzter, vor Vernichtungstrieb bereits trüber Blick belehrte sie, daß sie an der rechten Stelle angelangt sei. Unter ihr zog der Burggraben seinen grünen, fauligen Linsenteppich, bleierner Dunst brach aus ihm empor und spielte mit den Schatten, die eine Reihe uralter Kastanienbäume vom jenseitigen Bord über den starren Tümpel warf. Heiseres Froschgequake klapperte aus dem Nebel, und manchmal huschte es im Sprung über die Fläche, und die grünen Kugeln strudelten dann im engen Kreis auseinander.

Ja, sicherlich, hier öffnete sich das abschüssige Tor, hier konnte ein Wanderer eingehen, der für Vergessenheit und spurlose Entrückung das Letzte, Äußerste zu zahlen bereit war. Linda griff nach einem Tollkirschenzweig, der in dem Geröll wurzelte, und während ihre Füße bereits den Halt lösten, da summte ihr noch wohltätig die Erinnerung durch die Sinne, daß schon zur Zeit der Fehden gepanzerte Reiter mit Roß und Speer dort unten von smaragdgrünen Armen ins Bodenlose gezogen worden seien.

Es mußte ein langes, traumhaftes Sinken werden, und dann würde es sein, als ob eine ungeheure Faust glättend über eine Unebenheit dahingestrichen wäre.

Schon strauchelte sie, schon spannte sich die Tollkirschengerte zum Zerreißen.

Aber es war anders über sie beschlossen.

Kein erschreckter Menschenschrei störte sie, kein schützender Männerarm fing sie auf, nein, es war nur das Leben selbst in seiner überredenden Stärke, das auf sie zuschritt, um die Betroffene ein paar Spannen weiter als bisher in seine schimmernde Vielgestaltigkeit blicken zu lassen. Das Rad, das solange einförmig gelaufen war und nun stockte, es empfing plötzlich einen unbegreiflichen Antrieb nach der entgegengesetzten Richtung. Hinter den Kastanienbäumen brauste ein Windstoß, ein langes Summen wühlte sich über das Meer, und dieser seltsame Ruf schleppte die Aufmerksamkeit der Verlorenen gebieterisch und zwangsweise mit sich. Sieh dort, welch ein Bild? Auf der Seehöhe, abgehoben von dem blauen Strich der aus milchigen Schwaden auftauchenden schwedischen Küste, schwoll der dunkle Leib eines Schiffes. Gewaltig, von nie geschauten Formen, lag es in dem blauschwarzen Teppich, widerstand sogar dem leisen Schaukeln der Fläche und stieß zwei riesenhafte Masten in den matten Silberhimmel. Und jetzt, wehten nicht auch von der diesseitigen Küste undeutliche Stimmen herauf? In den feuchten Sand hatte sich eine Snyke, ein großes, weitgebuchtetes Boot, eingebohrt, und Linda, die sich noch immer an ihren Zweig klammerte, fing auf, wie dort von winzigen schwarzen Gestalten allerlei Vorrat über die Planken verladen wurde. Oh, jetzt wußte sie es, dies Besitztum dort unten war ihr eigenes Gut, das vergewaltigt wurde, ebenso wie es ihr selbst geschehen war, und auf dem Schiff dort hinten thronte ihr Vernichter und spann seine umwälzenden Pläne. Willenlos ließ sie die Gerte fahren, strich sich die Haare aus der Stirn und lehnte sich mit einem tiefen Aufatmen zurück, als wenn sie auf unbegreifliche Weise einen Arm gefunden hätte, der ihr eine Stütze gewähren müsse. Was war ihr denn nur in diesem flüchtigen Augenblick widerfahren? Welch seltsame, überlegene Ruhe strömte in sie über? Woher plötzlich diese Wandlung, die ein und dasselbe Wesen so völlig teilte, daß das Jetzt das Vorher nicht mehr begriff? Unwillkürlich beugte Linda sich herab, um angestrengt zu spähen, ob dort unter ihr nicht doch etwas verschlungen worden sei, was sie kurz vorher noch im Übermaß seelischer Zerrüttung vor dem Morgen verstecken wollte. Jetzt stieg der rote Triumphzug herauf, schlug breite Brücken über das Meer bis zu dem fernen Schiff, und aus dem Wind rauschte eine aufreizende Stimme. Die sprach:

»Was stehst du und fürchtest dich? Wandle über mich fort, denn dort ist dein Weg.«

Entschlossen richtete sich die Verlassene empor, mit einer Entschiedenheit, die ihr früher niemals eigen gewesen war, und sah erstaunt, fast gierig in den sich weitenden und breitenden Tag. Trotz der roten Verklärung zeichneten sich Nähe und Ferne in glasheller Klarheit ab. Die blau und rot geschichteten Linien des Horizontes, die schwarze Wölbung des Schiffes, das steile Ragen seiner Masten, das kurze Schwellen der schaumlosen Wogen, das Erschauern der Fläche unter dem Wind, das schräge Schießen einer Möwenschar, alles erfüllte sich mit Licht und Wahrheit, es verkündete sich so wirklich und voll Absicht, daß die Zeugin jener Dinge bestürzt und beinahe hungrig diese klare, fernsichtige, hüllenlose Welt an sich zog. So hatte sie es nie geschaut. Das, was sie gewesen war, war zertreten. Ob jene Vernichtung berechtigt, schlimm oder gut schien, darüber grübelte sie nicht länger. Was lag wohl daran, ob ein einzelner in dieser kämpfenden Welt rein oder besudelt einherging? Ob er heute Fürstenschmuck oder morgen Lumpen trug? Und ob derjenige, der dies alles gewollt und verschuldet hatte, als ein Elender, Verstoßener gebrandmarkt oder als sieghafter Empörer dafür gefeiert wurde? Was lag an diesem oder jenem, mochte er noch so fürchterlich wüten? Aber – und die Erkenntnis einer neuen, sie völlig überwältigenden Offenbarung leuchtete in die fernsten Winkel ihrer wie von Spinnenweben sich befreienden Seele –, hilf Himmel, dort hinten das gewaltige Schiff führte ja eine köstliche, noch nie an die Welt verschenkte Ladung. Linda mußte sich wieder an das Tollkirschengestrüpp lehnen, denn ihr Herz klopfte zum Zerspringen, und ein sehnsüchtiges Verlangen überglänzte ihr totenblasses, vernichtetes Antlitz. Wie war denn das? Das Schiff schwamm ja nicht allein auf den Wassern, es durchsegelte die Luft und fuhr durch Städte, Dörfer und Geister, weil es von dem Herzblut der Armen und Verlassenen getragen wurde. Es war eine Erlöserbarke und verschloß den Gedanken eines Menschengottes, gewoben aus Mitleid und Kraft. Hilf Himmel! Die Erde mußte bald auftauchen aus der Sintflut ewigen Jammers, der Unsegen und die Ungerechtigkeit vertrieben werden, aus Haßerfüllten und Mordgierigen sollten die sanften Triebe wieder aufblühen, die der Ewige im Anfang in sie gepflanzt hatte, und um alles Lebende sich ein weiches, goldglitzerndes Band schlingen, das Herz an Herzen schloß.

Wer es auch verkündete, der Wille war überirdisch. Er blendete ihr die Augen. Diesem Gedanken war sie geopfert worden, als die Angehörige einer Versippung, die ihn nicht mehr fassen konnte, doch deshalb gehörte sie auch jenem Gedanken. Es war das einzige Besitztum, das ihr geblieben war, und darum durfte sie nicht untergehen, bevor sie nicht einen Strahl der Erfüllung aufgefangen hatten.

Hilf Himmel! Sie war hingemordet und neugeboren, geschändet und gleichzeitig getauft in dem lodernden Geist, der dort draußen über die Wasser glühte, und mit einem trunkenen Schrei löste sie sich von der

Mauer und taumelte über die Stufen in den Burghof zurück, das Eigentum einer fremden, sie unterjochenden Gewalt.

*

In dem leeren Kastell wurden Türen auf- und zugeschlagen, eine fieberische Hand suchte, riß an sich und fand, und eine kurze Weile später sahen die Männer an dem Boot, da man es gerade tiefer in die Flut hinabdrückte, wie sich ihnen ein junger, schlanker Bursche in der schwarzen Dänentracht näherte.

»Kuck«, zeigte der Bootsmann Wulf Wulflam und schob seinen schweißigen Stiernacken vor, »da kommt einer, ist nicht ausgekniffen! Was mag das Kindlein wollen?«

Auch die anderen Matrosen hielten breitbeinig in ihrer Arbeit inne, stemmten die Fäuste in die Seiten und wunderten sich, woher wohl der blasse blonde Fant den Mut aufgebracht hatte, sich so zutraulich ihrer Rotte zu überliefern, die mit Spähern und Kundschaftern nicht gerade viel Federlesens zu machen pflegte.

»Potz Marter«, witterten ein paar der ausgepichten Spürnasen. »Kuckt, die Hüften und das Beinwerk. Gebt Achtung, da stimmt was nicht.«

Und da meckerte auch schon der Bootsmann aus vollem Halse, kniff die Augen zusammen und legte seinen schweren Arm prüfend um die Schulter des Ankömmlings.

»Bist ein Bürschlein, Feintrauter?« schmunzelte er. »Oder ein Jüngferlein? Sag mir's ins Ohr. Was willst du?«

Der Bursche wurde noch um einen Grad bleicher, aber er nahm sich zusammen und zwang seine sanfte Stimme zur Festigkeit, als er erwiderte:

»Wenn du ein Mensch bist, so leite mich zu deinem Herrn. Ich will bei euch bleiben und mit euch ziehen.«

»Viel Ehre, wahrhaftig.« Der untersetzte Kerl vollführte eine spaßhafte Verneigung, dann zwinkerte er noch unverschämter mit seinen verschworenen Augen, winkte jedoch mit beiden Fäusten seine höhnenden Gefährten zur Ruhe. »Halt's Maul, Gesindel. Siehst du nicht, daß ein fürnehmer Junker sich zu uns herabläßt? Eia, welch feines Tuch und welch ein geschorenes Krägelchen!« Er leckte sich die wulstigen Lippen und schlürfte vor Wonne. »Potz Velten, und wie gerade und voll sich die hübschen Beine runden! Traun! Wer möchte sich nicht solch einen holden Schatz zum Freund wünschen?«

Spürend, tapsig ließ er die Hand an der Weiche des jungen Dänen herabgleiten und begriff es wohl selbst kaum, wieso ihn ein verzweifelter Stoß dieser kleinen, kraftlosen Jungenhand so überraschend zurückschleuderte. Aber während der Ungeschickte unter dem schadenfrohen Gewieher seiner Gesellen bis an den Bordrand stolperte, wo er endlich einen Halt fand, wirkte der versteinerte Ernst in den Zügen des Knaben doch so wunderlich auf den Seemann ein, daß er mürrisch von seinen unangebrachten Scherzen abließ.

»Weißt du auch, Milchbart«, brummte er warnend, wobei sein Blick noch einmal die weichen Formen des Fremden betastete, »was geschieht, wenn du keine Gnade bei uns findest? Dann wirst du kopfüber ins Meer gestürzt. Denn nur die Stummen halten reinen Mund.«

»Das schreckt mich nicht«, entgegnete der Däne mit einer seltsam bangen Stimme. »Ich habe keinen Namen, keine Heimat und keine Ehre.«

Der Bootsmann fuhr auf, um ihn herum waren die Leute still geworden.

»Steig ein«, murmelte er nachdenklich, »dann gehörst du vielleicht zu uns. Solchen Burschen haben wir schon geholfen.« Hilfreich bot er dem Knaben die Hand, wenige Augenblicke später knirschte das Boot in die Fluten hinaus, hinter seinem Kiel schrumpfte die menschenleere Küste, und nur das ausgeplünderte Kastell hob sich schärfer über die Gegend, als wenn es aus seiner Starrheit erwache, um ein rächendes Leben zu gewinnen.

*

Unter dem mächtigen Kriegsaufbau am Heck stiegen sie eine breite Treppe hinunter. Dann hob sich ihnen eine eisenbeschlagene Tür entgegen, und davor stand ein bärtiger Matrose, den Spieß aufgerichtet, die Linke auf ein kurzes Schwert gestützt. Er hielt die Wacht.

»Laß das Bürschlein ein, Tielo«, vermittelte der Bootsmann, der hier zögerte. »Mich dünkt, Klaus kennt es schon«, wollte er zweideutig hinzusetzen, aber von einem dieser erdenfernen, unglücklichen Blicke getroffen, verbesserte er sich und polterte ungeduldig heraus: »Laß es ein. Es wird Klaus Spaß machen. Geh, Bürschlein.«

Vorsichtig öffnete er die Flügel nach innen, der Tag schwand zurück, und eine bläuliche Dämmerung empfing die Eintretende in dem tiefen, langgestreckten Raum. Beruhigtes, sattes Morgenlicht floß durch zwei kreisrunde Löcher, deren Bretterverschläge zurückgezogen waren, und die blaue Abspiegelung der See verlieh dem teppichbelegten, fürstlich geschmückten Saal etwas Kühles und Fröstelndes. Aber es war nicht diese Wahrnehmung allein, die dem blonden Weibe in Knabentracht, das doch von ihrem Dämon unerbittlich hierhergetrieben worden war, das Herz erstarren ließ. Nein, als es nicht weit von sich, dicht unter der einen Fensteröffnung, einen überlebensgroßen Mann auf seinem Ruhebett lagern sah, den Frevler, der es hartherzig zertrümmert hatte, da bäumte sich sein besudeltes Magdtum in seiner ganzen Qual und Zerrissenheit auf, Leichenblässe bedeckte es, und wie ein schwerer Stein brach es in die Knie, um starr und sprachlos liegenzubleiben. Im selben Augenblick wurde jedoch auch der Ruhende durch den dumpfen Fall aufgeschreckt. Unwillig über die Störung wandte er seine Aufmerksamkeit von einer in rohen Strichen gezeichneten Seekarte ab, die ihm gegenüber an der Wand angebracht war. Aber kaum hatte er sich halb emporgerichtet, da krampfte er in jähem Erkennen eines der Kissen zusammen, und eine hitzige Welle spritzte ihm ins Antlitz. Das Bild des knienden Wesens offenbarte sich ihm so überraschend und unglaubwürdig, es warf ihm seinen eigenen Frevel so wild ins Antlitz, daß er zuvörderst seine herrische Sicherheit einbüßte und ein widerspruchsvoller Grimm gegen die Mahnerin seine Brauen zusammenschnürte.

»Was willst du?« drohte er in ersticktem Zorn. »Wer ließ dich ein?«

Keine Güte verkündete sich in den heftig hervorgestoßenen Worten, nicht ein Schatten von Reue, nur der verletzte Übermut eines jede Verantwortung Verschmähenden tobte sich hier aus. Aber gerade diese helle, schneidende Stimme riß Linda aus ihrer demütigen Stellung empor. Wie ein Pfeil fuhr es ihr durch den Sinn, daß der Mann auf dem Lager ein bedenkenloser Übeltäter sei, daß er nichts Heiliges an sich trage als seinen fremdartigen, erlösenden, umwälzenden Gedanken, und daß auch dieser nur durch ein unerklärliches Wunder gerade in seine kalte, spiegelglatte Schale verschwendet sei. Und fieberisch getrieben, sich wenigstens das Letzte zu retten, was ihr noch von Hoffnung, Himmel und Jenseits übriggeblieben war, sich nicht ausschließen zu lassen von jener Gnadenfreistatt, die hier allen armen Seelen gepredigt wurde, erhob sie sich und trat dem Gefürchteten stockenden Schrittes entgegen. Ihre blauen Augen drängten sich suchend, flehend, jeden Widerspruch von vornherein fortstreichelnd, in die seinen.

»Du hast mir alles genommen, Klaus Störtebeker, selbst den Winkel, wo ich mich verbergen kann«, sagte sie mit einem unausweichlichen, bebenden Ernst, von dem sogar ihr Zuhörer gebändigt wurde. »Du hast mich getötet, obwohl ich dir nichts Übles sann, da ich dich zuvor kaum zweimal geschaut. Aber sieh, das, was besser ist als du, dein Werk, diese letzte Zuflucht der Mißhandelten und Niedergebrochenen, sie kannst du auch mir nicht verschließen. Der Heiland spricht nicht mehr zu mir. Aber in deiner Hand leuchtet ein Licht, das mich beseligt. Laß mich dir dienen, Klaus Störtebeker, laß mich dir dienen, damit ich den Tag schaue, wo du das Licht zu den Unglücklichen trägst. Denn dies ist der Tag der Auferstehung.«

In ihrer Stimme demütigte sich die ganze Zerbrochenheit eines jämmerlich zugerichteten Wesens, aber zugleich griffen aus jedem Wort zwei flehende Hände in letzter Angst nach einem schwanken Lichtstrahl, als ob er zwischen ihren Fingern zu einem rettenden Seil werden könnte. Der Mann jedoch, ihr Verderber und Zerstörer, von dem ihre hingenommenen, betäubten Augen meinten, daß ihm das weisende Licht in der Rechten flackere, er sprang finster auf, und während er ungehalten das Haupt schüttelte, da stritten sich in ihm niederdrückende Verlegenheit mit der peinlichen Abneigung, seinem lebendig gewordenen Frevel Rede und Antwort stehen zu müssen. Dergleichen war der selbstherrliche Genießer nicht gewohnt. Alle Weiber waren doch nur dazu geschaffen, damit sie auf weichen Kissen der darbenden Lust Genüge täten. Was verschlug es, ob sie unter geschwungenen Weihrauchfässern hingenommen wurden, im Taumel des Weines oder einer überrauschenden Siegerlaune? Nein, nein, den unbequemen Vorwurf wollte er nicht an seiner Seite dulden.

»Weib«, klang es scharf und hitzig von seinen Lippen. »Du träumst. – Das Freibeuterschiff ist kein Platz für Frauentränen. Hier fließt Blut. Nicht zum Scherz nennen wir uns ›aller Welt Feind‹.«

Allein Linda senkte nicht ihren ernsten Blick.

»Ich weiß«, entgegnete sie ohne Zaudern, »du bist ein Feind der verdorbenen Welt. Jedoch, Klaus Störtebeker, auch ich habe meine alte Welt abgestreift. Und du darfst es mir glauben, ich will nicht ruhen noch rasten, bis ich, gleich euch Männern, nur noch das Flammenzeichen vor mir schaue, auf das ihr zufahrt.«

»Weib, Weib«, unterbrach hier der Admiral mahnend und ungläubig, und doch geschah es nur, um zu verbergen, wie sehr er von der sehnsüchtigen Hingabe dieses fremden Geschöpfes getroffen wurde. Unruhig durchmaß er den weiten Raum, bis er plötzlich hart vor dem dänischen Knaben stehenblieb. In seinem schmalen Antlitz zuckte jene wilde Entschlossenheit, die stets seine Züge spannte, wenn es zu Streit und Kampf ging. »Weib«, drohte er ohne Rücksicht und Scham. »Was verstecken wir uns voreinander? Dir ist übel von mir mitgespielt worden. Und ich weiß nicht einmal, was mich dazu trieb. Ob nur der Weindunst oder die Freude daran, deiner Patronin einen Streich zu versetzen. Aber jetzt täusche dich nicht. In mir gibt es keine Bereitwilligkeit, das Begangene wieder gutzumachen.«

Totenblaß warf der Knabe die Hand vor, allein seine Finger wurden von dem Seemann ergriffen und beiseitegepreßt.

»Mein Leben wird kurz sein«, hastete er weiter, »und ich will es mir nicht durch deinesgleichen mindern lassen. Zahlreich schlüpft ihr durch meine Hände, was seid ihr mir?«

Aufgebracht, erzürnt stand der Hochgewachsene vor ihr, als sei er es, der grimme und berechtigte Vorwürfe über die Zudringliche ausschütten dürfe, weil eine Fremde sich unterfinge, sein Dasein zu beladen oder dem Ungebundenen eine Richtung weisen zu wollen. Dazu hielt er noch immer die Hand des Knaben in der seinen und umspannte sie, daß die Blonde einen leisen Wehruf nicht unterdrücken konnte. Und doch, die verletzende Offenheit des wilden Menschen, die das klägliche Schicksal einer Vernichteten erst in seiner ganzen kargen Armut enthüllte, gerade diese schonungslose Roheit, sie ließ die Edelingstochter einen Rest ihres alten angeborenen Stolzes wiederfinden, das Bewußtsein ihrer geraden, rechtlichen Art.

»Was sprichst du von anderen Weibern?« beharrte sie fest. »Begreifst du nicht, daß du mich für immer hinweggelöscht hast? Sei gewiß, niemals werde ich dich an mein Wesen erinnern, aber auch nicht dulden, wenn es im Gedächtnis anderer wieder auflebt. Zudem in der Stunde der Gefahr bietet das weite Meer ringsum für jeden Mutigen eine Freistatt.«

Ruhig entzog sie dem Admiral ihre Hand und lüftete die Kappe von ihrem Haupt. Und jetzt bemerkte der Erstaunte erst, wie ihre Haare kurz abgeschnitten waren, gleich denen eines Knaben. Kopfschüttelnd, mit einem halben Lächeln über die Zähigkeit ihres Willens, trat der Störtebeker zurück. Sein Gast aber sprach mit unvermindertem Nachdruck weiter:

»Darum, noch einmal, Klaus Störtebeker, dulde mich. Denn mir ist es, als ob mein Leben erst enden könnte, nachdem ich das Glück der vielen Tausende geschaut habe, um derentwillen du geboren bist.«

Es lag ein solcher fernseherischer Glaube in dieser Bitte, daß er jedem anderen an die Seele gerührt hätte. – Klaus Störtebeker indessen begann plötzlich zu lachen, streckte sich auf das Lager, und indem er bequem das Haupt aufstützt, warf er hin:

»Sage mir, wie heißt du, Büblein?«

Obwohl sie alle Kraft aufbot, errötete doch die Gefragte.

»Linda«, entgegnete sie, an sich herabschauend.

»Gut«, lobte der Admiral und betrachtete neugierig die ranke Gestalt, »so will ich dich Licinus taufen.« Und auf ihren verständnislosen Ausdruck setzte er angeregt hinzu: »Merke dir, dein neuer Schutzpatron war im alten Rom einer von jenen, denen weder Suppe noch Braten schmecken wollte, solange die Hungrigen in ihren Pesthöhlen verfaulte Tiberfische fressen mußten. In dir sitzt von dem Mann etwas, das ich gern habe. Und nun suche dir hier ein Loch zur Behausung. Was schiert es mich? Es waren schon viele Weiber auf dem Schiff. Du magst bleiben, solange deine Grille zirpt oder es dir sonst Spaß bereitet. – Geh, Licinus.«

Das dritte Buch

I

Von ihrem roten Gefieder getragen, glitt die »Agile« durch Tag und Nacht. Geschmeidig, zuverlässig, wie ein nimmermüder Läufer rannte das Schiff über die blaue Ebene, und sein Erbauer mußte einen eigenen Zauber in den Kiel gesenkt haben, denn es war befähigt, durch eine unscheinbare Schwenkung mühelos den Zusammenrottungen größerer Flotteneinheiten zu entgehen, wie sie sich jetzt auffällig oft auf der Ostersee zu zeigen begannen. Über die Wasser mußte bereits das Gerücht von der Untat auf Ingerlyst schwirren. Mehrfach am Tag wurde die Kogge von allerlei Schiffsgemeinschaften angerufen. Dann bemerkte Linda, die in ihrer schwarzen Knabengewandung hinter dem hohen Bord lehnte, um in das ihr unbekannte Fluten und Schwellen des Seeverkehrs zu starren, wie unter die Freibeuter eine wilde Bewegung geriet. Dunkle Haufen rotteten sich auf den Kriegsaufbauten über dem Bug oder hinten über Steuerbord zusammen, verborgen spannten sich die Armbrüste, die Geschützbedienung trat unten im Raum hinter die drei Lederschlangen, und während unheimliche Ruhe herrschte, kletterte gewöhnlich der Bootsmann Wulf Wulflam in den mannshohen Mastkorb, um von dort faustdicke Lügen auf die Wißbegierigen hinabzuschleudern. Bald nannte er sein Schiff »Roi de France«, bald »Die Perle von Brügge«, und die Flaggen, die er aus Leibeskräften schwenkte, nahmen ebenso phantastische Farben an wie seine Auskünfte über Ziel und Ladung des Seglers. Rückten darauf die fremden Schiffer mißtrauisch und unbefriedigt näher, dann fing mit einemmal die Erfindung des Störtebeker an zu spielen. Eine Hebe-Errichtung trug die Lederschlangen mitsamt den Bombardierern auf den Aufbau über den Bug, und der Donnergruß aus den drei Mäulern vertrieb den Neugierigen weitere Fragen. Um Linda herum aber gellte der höllische Triumph der Freibeuter. Bei solcherlei unbedeutenden Scharmützeln pflegte sich der Admiral fast niemals zu zeigen. Sooft der Blick des Knaben ihn suchte, immer mußte er sich überzeugen, daß der Befehlshaber den Seinen unsichtbar das stolze Fahrzeug lenkte. Fremd und hochmütig vermied er die Gemeinschaft mit dem Seevolk, und Linda entdeckte, daß dieser Schwarzflaggenfürst einen Wall um sich gezogen hatte, über den keiner seiner Untergebenen hinüberzuschauen wagte.

Dafür raunten sie sich über ihn allerlei geheimnisvolle Geschichten ins Ohr. Der Aberglaube der Schiffer spann bereits bunte Fäden um den Lebenden. Daß er eine Hexensalbe besitze, die ihn schußsicher mache, das brauchte nicht einmal der halbwüchsige Schiffsjunge zu versichern. Viele hatten sie selbst gesehen. Bei Mondenwechsel bestrich sich der Herr mit ihr den nackten Leib. Und dann wurde er wieder jung und schön, der scharfe Zug um seinen herrischen Mund verschwand, und in sein Lachen fuhr jener silberne Klang, der die Herzen betörte. Ferner – ihr wißt es wohl – sieben Höhlen eignen ihm in aller Herren Länder. Von unten bis oben vollgestopft mit den herrlichsten Kostbarkeiten. Er ist der reichste Mann der Erde. Hat er doch einmal gewettet, er könne die Ostersee durch eine goldene Kette in zwei gleiche Teile scheiden! Aber was bedeuten solche Nebendinge? Die Hauptsache bleibt, der wilde Klaus steht in Beziehung zur Geisterwelt. Er hat einen Pakt. Und das ist gut für die Schwarzflaggen, darauf bauen sie. Ein graues Männchen, ein Rauch, fährt manchmal zu Klaus herab, dann verschließt sich der Admiral einen Tag und eine Nacht in seine Kajüte, selbst der wachthabende Matrose muß abziehen, und mit Grauen hört man zuweilen aus dem Verdeck, wie der Störtebeker stöhnt und ächzt, weil er mit dem Kobold ringt, um ihm die Zukunft zu entlocken. Erscheint der Anführer am nächsten Morgen wieder auf Deck, so sieht er totenblaß aus, die schwarzen Augen stehen ihm wie zwei glanzlose Brunnen, denn in ihnen hat sich die Zukunft gespiegelt, und sie können sich an das Licht der Erde nicht so schnell gewöhnen. Angstvoll stiebt in solcher Stunde das Schiffsvolk vor dem Gezeichneten auseinander, ein weiter Umkreis bildet sich um ihn, und wen er anruft, der zittert und bekreuzigt sich heimlich. Nur das Hechtkreuz, das man auf der bloßen Brust trägt, schützt vor dem leeren, erfrorenen Blick. Wer kann aber auch wissen, mit wem der Geisterbanner die Nacht verbrachte? Es braucht durchaus kein ehrlicher Christenalp zu sein. Vielleicht war's der Teufel Odin, der ja gleichfalls um die Zukunft weiß und noch lange nicht tot ist. Brand und Not, das Christentum gilt nicht immer!

*

Es traf sich, daß sich der forschende Blick Lindas in solcher Stunde der Einsamkeit mit dem des Anführers verfing. Aufgerichtet lehnte der Störtebeker am Hauptmast, flatternd wehten ihm die braunen Haare um die Stirn, aber während seine sonst so blitzenden Augen wie geblendet mit der Weite stritten, da dämmerte eine derartige Blässe auf seinen Wangen, daß das Mädchen, von einem plötzlichen Mitleid erfaßt, auf ihn zutrat. Sie wagte, was noch keiner sich unterfangen hatte.

»Bist du krank?« fragte sie hastig.

Es war das erste Wort, das sie nach jenem Zusammentreffen in der Kajüte mit ihm gewechselt hatte. Allein ihre Barmherzigkeit fand keine günstige Stätte. Wie von einem Stich getroffen fuhr der Admiral empor, und ein abgeneigter, widerwilliger Zug grub sich um seinen Mund, da er sie kaltherzig von sich wies.

»Torheit«, herrschte er sie an, »um was kümmerst du dich? Wir brauchen hier keine Quacksalber. Scher dich an deine Stricknadeln.«

Dazu streifte sie ein Blick voller Fremdheit und Geringschätzung, der ihr bewies, wie überflüssig ihre Gegenwart von dem Befehlshaber noch immer gewertet wurde. Eine Last, ein Vorwurf blieb sie ihm, deren erzwungene Duldung er sich wohl selbst nicht verzieh. Und doch war Licin, wie der Knabe allmählich auch seitens der Mannschaft genannt wurde, von dem schmunzelnden Schiffsvolk dazu ausersehen, für die persönlichen Bedürfnisse des Admirals zu sorgen. Ohne daß es der Störtebeker sonderlich bemerkte, wurde sein fürstlicher Hausrat von ihrem gefälligen Geschmack in Ordnung gehalten, ja, gleich einem Edelknaben trug sie dem Gebieter täglich sein Mahl auf. Dafür lohnte ihr wohl manchmal ein lässiger Wink, doch duldete Klaus ihre Gesellschaft nie länger, als ihr Dienst unbedingt erforderte. Schweigend, gestört sah er den schlanken Knaben bei sich eintreten, und es geschah fast immer, daß er ihm mitten im Werk ein ungeduldiges Zeichen gab, sich zurückzuziehen.

So flog die »Agile«, von dem Willen ihres verborgenen Lenkers angetrieben, ihrem Ziel entgegen, und schon begann die Mannschaft zu munkeln, daß der Admiral die Stadt Wisby auf Gotland zum Ankerplatz bestimmt habe, jenes ehemalige weltbekannte Handelsemporium, das die Freibeuter seit geraumer Zeit durch einen Handstreich in ihre Gewalt gebracht hatten. Dort, so versicherten einige besonders Kundige, sollte sich etwas ganz Ungewöhnliches ereignen. Doch worin diese Überraschung bestehen könnte, darüber gingen die Meinungen weit auseinander. Vielleicht handelte es sich um erneute Feindseligkeiten gegen die Flotte der Königin, vielleicht winkte der unglücklichen Stadt abermalige Brandschatzung, denn der Admiral besaß keinen Vertrauten für seine Pläne.

Allein, bevor das Schiff noch seine Anker im sicheren Hafen barg, da sollte Linda begreifen lernen, welch blutigem Handwerk sie das Glück kommender Geschlechter anvertraut wähnte. Eines Nachts lag sie in ihrem Verschlag unter dem Steuerbordaufbau, den man ihr als besonders luftig angewiesen hatte, und ein wilder Traum hatte seine haarigen Arme um sie geschlagen. An die Schiffswand plätscherten dazu die Wogen wie ferner Gesang.

Da wurde heftig an die Bretter des Verschlages gehämmert, und als sie angstvoll und noch in halber Betäubung auffuhr, da hörte sie die rauhe Stimme ihres Nachbarn Wulf Wulflam durch die Ritzen hindurch, sie solle sich ankleiden, es sei nicht geheuer! Schon gellten in ihre sich mühsam zurechtfindenden Gedanken von allen Seiten schrille Pfeifentriller hinein. Ehe sie in ihrem Taumel die Gewandung aufstreifen konnte, merkte die Betroffene bereits, wie sich von Minute zu Minute der Lauf der »Agile« verminderte, und über ihrem Haupt vernahm sie die dumpfen Tritte vieler Männer. Notdürftig bekleidet stürzte sie aus ihrer Kammer. Über der See graute gerade der Morgen. Ein ungeheurer, bleierner Schatten lag dem Admiralsschiff dicht zur Seite, unbeweglich aufgebaut, als ob das eigene Spiegelbild des Seglers aus den Wassern aufgetaucht sei. Auch von dort drüben quirlte und rasselte es, und an den nebelhaften Masten kletterten dunkle Punkte empor, für den hinstarrenden Knaben riesenhafte Spinnen, die dicke Stricke zu einem unheimlichen Netz verknüpften. Woher aber drang diese markerschütternde, übermenschliche Stimme durch die Lüfte? Der unter die Freibeuter Verschlagene hatte noch nie die Laute einer Sprachdrommete aus nächster Nähe aufgefangen, jetzt glaubte seine zitternde Seele, nur aus der Brust eines menschlichen Ungeheuers könnten solche schreckhaft verstärkten Töne ausgestoßen werden. Und doch, durchdringend verständlich klang es, was die geisterhafte Stimme durch den Seequalm dröhnte, und obwohl jede einzelne Silbe gleich einem Schlag gegen das Ohr des Knaben hämmerte, so verstand er doch recht gut, wie von drüben in französischer Sprache gefordert wurde, der verdächtige Segler möge sofort beilegen, um sich einer Untersuchung seitens des »Le Connetable« zu fügen.

Hier nahte ein Unheil, das empfand Linda an dem unbeherrschten Beben ihrer Glieder, Untergang und Henkerschande schüttelten bereits ihre Häupter, und trotzdem starrte sie in fieberhafter Spannung auf den gewaltigen Schatten, der immer wuchtiger die Morgennebel zerteilte. Um sie herum regte sich nichts, alles stand gebannt auf Posten, kaum ein Flüstern schlich unter der Mannschaft der »Agile« umher.

Da ... mitten aus der gepreßten Stille schwang sich plötzlich jene Stahlstimme empor, die allen wie ein glühender Trunk durch die Adern schnitt, und sofort erleichterte ein einziges Aufatmen die Brust des bedrohten Schiffes. Da ... dort ... der Admiral ... Klaus ... der Störtebeker lehnte am Hauptmast seines Fahrzeuges, und als ihn seine Gesellen gewahrten, den einzelnen Mann, das feine Linnenhemd offen über der nackten Brust, die derben ledernen Schifferhosen eng um die

Knöchel geschnürt, den langen Hieber aber in den verschränkten Armen, da vergaßen sie die noch eben geübte Vorsicht, und ein toller Jubelruf brauste in den kühlen Wind, der spöttisch mit den Locken ihres Führers zauste.

Der Störtebeker ergriff ein Sprachrohr.

»Connetable heißt du?« rief er gleichfalls durch das Mundstück. »*Mort de Dieu*, seit wann kriechen die Seidenwürmer von Lyon in unsere Töpfe? Hat Charles, euer geistesverwirrter König*, Leibweh bekommen, daß er meint, die Schiffe der Ostersee ständen ihm offen wie sein Nachtstuhl?«

Darauf von drüben:

»Klärt eure Ladung. Zeigt die Briefe eurer Patrone.«

Darauf der Störtebeker:

»Knurrt's euch im Magen, haha, dann freßt den Mörtel eurer Bastille. Dürstet euch aber, so leckt den Panzerschuh eurer Peiniger. Erbärmlich, geknechtet Volk, wie maßt du dir Richterspruch an über windfreie Leute?«

Darauf von drüben: »Wir haben Kriegsgerät. Nenn deinen Namen, Mensch, sonst hängst du in Frist eines Atemzuges mitsamt deiner Mannschaft.«

Darauf der Störtebeker mit einem gellenden Lachen:

»Meines Namens lüstet euch? Es liegt etwas drin, um den Durchfall zu kriegen.«

»Bist du etwa der Störtebeker?«

Noch war die Frage nicht verhallt, da brach die Mannschaft der »Agile« in ein trotziges Kampfgeschrei aus, denn schon der Name ihres Helden trieb ihr das Blut ungestümer durch die Adern. Zugleich aber sah Linda, die vor Erregung ihrer selbst nicht mehr mächtig war, wie die überlebensgroße Gestalt des Admirals, jede Vorsicht vergessend, auf den Bugaufbau hinaufflog, um dort, scharf gerändert von dem ersten Morgenrot, seinen Hieber gegen die fremde Kogge zu schwingen. Eine solche Gewalt ging von dem halbnackten Menschen aus, daß auf beiden Seiten sofort eine erzwungene Stille eintrat.

»Franzosen«, schmetterte die helle Stimme, »ja, der Störtebeker spricht zu euch. Meine Flagge ist schwarz, weil ich um das Leid der geknebelten Erdvölker traure. Was seid ihr anders als wir – zertretene Halme unter dem Eisenschuh eurer Unterdrücker? Die Ebenen zwischen Loire und Somme – wir wissen es wohl – liegen verödet, eure Städte wurden durch Hunger und Pest entvölkert, eure Bauern leben als Räuber in den Wäldern, damit die Seidenwämser behaglich in eurem Schweiß baden

---

* Karl VI. von Frankreich

können. Sperrt eure Augen auf und seht mich an. Ich bin gekommen, um den Fluch der Völkertrennung fortzuwischen. Wenn ihr Mitleid empfindet mit euren Kindern und Enkeln, oh, dann kommt zu mir, ihr armen, blutig geschundenen Tiere, kommt zu den gleich Elenden, auf daß wir zusammen das Reich der Gotteskinder begründen. Brüder, denn das sind alle Mißhandelten und Geplagten, zerbrecht die gepinselten Lügen eurer Schlagbäume, das menschliche Herz kennt keine Grenzen, und wenn ihr mich liebt, wie ich euch, frisch, dann bindet eure Patrone an die Masten und folgt mir nach Wisby. Dort, mögt ihr wissen, dort sollen die Nägel der Armen aus der Erde scharren, was man euch jahrtausendelang begrub – Gerechtigkeit.«

Es war wieder, als ob der Mensch dort oben völlig allein Zwiesprache hielt mit der Sonne oder dem Meer. So herausgehoben ragte er in das Grenzenlose hinauf. Hunderte von Augen hoben sich ihm inbrünstig entgegen. Hunderte von Herzen schlugen unwillkürlich heißer, obwohl ihr enger, unbelehrter Verstand diesen vorausgeeilten Geist nicht begriff. Nur vor dem blonden Dänenknaben zerfloß die Gefahr, ja, die Planken des Schiffes schwanden ihm unter den Füßen, denn er allein nahm wahr, wie die riesige Gestalt dort oben in die Glorie des Morgens hinaufwuchs, er allein ahnte etwas von der glühenden Aufrichtigkeit der Verkündung, und ein ungeheures Glücksgefühl überwältigte die ergriffene Seele und trug sie verbrüdert bis zu den Füßen dieses Sehers. Was machte es, daß sich vielleicht bald Untergang und Tod auf den Wogen heranwälzten, was galt noch ihre eigene Schmach und Verelendung, seit sie die Gewißheit erlangt hatte, daß sie in die Gefolgschaft eines Schicksalgesandten aufgenommen sei, über dem sich jetzt schon das Tor der Zukunft in Firmamenthöhe wölbte? Der dort oben war aus dem Geschlecht des entschwundenen Christus, aber statt des Hirtenstabes schwang er ein Schwert, in dem die Strahlen der Morgensonne vielfarbig widerblitzten.

Ein hartes Geräusch knarrte in die Schwärmerei der Hingerissenen hinein. Eine Bordschwelle des »Connetable« war plötzlich zurückgeschoben worden, und zwischen den Mäulern von zwei riesigen Eisenschlangen zeigte sich die zierliche Gestalt des französischen Kapitäns. Ein vornehm gekleideter Herr war es, mit einem schwarzen Spitzbart, und der Fremde rief scharf und abgehackt herüber:

»Hör auf mit deinem Gewäsch, deutscher Dieb und Galgenvogel. Wir kennen das verlogene Gefasel, durch das du deine Büberei bemänteln möchtest. Nur noch eines, bevor wir dich henken. Der Königin Margareta erhabene Majestät hat 50 Goldgülden auf dein vogelfreies Haupt gesetzt. Du weißt warum, Mädchenräuber. Und deshalb magst du entschuldigen, warum ich, obgleich ein Edler von Armagnac, mich so weit erniedere, das Kopfgeld an dir verdienen zu wollen.«

Zwei düstere Glimmkäfer krochen während der letzten Worte auf die Schlangen, im nächsten Augenblick brach Feuerodem aus ihren Rachen, zwei unförmige Steinkugeln donnerten auf das Deck der »Agile«, rissen den jenseitigen Bord in Stücke, und auf der weit auseinander gefegten Gasse wälzten sich eine Anzahl zerrissener Leiber. Blut spritzte um den Mast, dann ein Stoß, die Rippen des verwundeten Schiffes stöhnten, ein Schwarm von Flugbolzen zischte unter die schreienden Freibeuter, und über die Enterbrücken stürzte es heran, ein Gewoge wütender, verzerrter Gesichter, ein Busch gebeugter Spieße streckte sich wie unter niedermähendem Wind, und zwischen den Hämmern der blutigen Walkmühle stieg der widerliche Ruch des Mordes gen Himmel.

Wo sich Linda befand, das wußte sie von jetzt an nicht mehr. Mitten in dem wüsten Gedränge wurde sie vorwärts geschoben, ein Schlag traf ihre Brust, krampfhaft gekrümmte Finger krallten sich im Fallen in ihre Locken, Gekreisch und Gebrüll lähmten ihr Gehör, nur eines vermochten ihre entgeisterten Sinne festzuhalten, das goldige Schwertgeflimmer auf dem Bugaufbau. Merkwürdig, dort oben lachte etwas, ein fürchterliches, brennendes Gelächter, das die Nüchternsten umwerfen und toll machen konnte. Ein regelmäßiger Blitzkreis trug sich dort langsam vor, und in jenen sprühenden Reifen wurde alles eingesogen, Freund und Feind, als ob trunkenen Motten befohlen wäre, sich in jenen Feuerstrudel zu stürzen.

Noch ein paar taumelnde Schritte, immer näher, immer überzeugter und verwegener tönte das seltsame Lachen, dann ein gelles Aufkreischen der Angst, wie es Tiere vor dem Schlachten ausstoßen, und scharf von einem Messer zerschnitten, sprang der Faden des Bewußtseins in dem gepeinigten Mädchenhirn auseinander.

*

Wurde ihre Wange gestreichelt? Oder zupfte man wirklich an ihren Haaren? Deutlicher spürte sie freilich, daß jemand an ihrem Brustlatz rüttelte, aber schließlich war es doch wieder das gleiche, unerklärliche Lachen, durch das sie plötzlich und wie mit heftigem Griff in bekannte Räume zurückgerissen wurde. Verwundert schlug Linda die Augen auf. Ringsum ungetrübte Ruhe, bläuliche und goldene Lichtrinnen wallten langsam über die Teppiche, und über sie, die schwach auf einem Schemel an der Kajütenwand lehnte, beugte sich der riesenhafte Gebieter. Gerade zauste er wieder an ihren Locken, aber es war nicht böse gemeint, denn als er merkte, daß sich das Blau in ihren Augen belebte, klopfte er dem Knaben lebhaft auf die Schulter.

»Gott zum Gruß, junger Kriegsheld«, tönte es der Erwachenden hell in die Ohren. »Nun, was treibst du, Licinius? Hast du genug, mein Bübchen? Schnell, dir widerfährt groß Heil. Blinzle durch den Ausguck. Eben packen wir die Überlebenden vom »Connetable« in ein paar Snyken und schicken sie deiner Königin als Morgengruß ans Bett. Ha, ha, die Dame weiß, wie man solch flinke Gesellen verwendet. Darum hurtig, besinn dich nicht lange, spring zu ihnen. Und morgen hast du bei Honigseim und Würzkuchen all den blutigen Graus vergessen. Nimm Rat an, Kleiner, ich meine es ehrlich.«

Hastig streckte der Admiral den Arm nach der Treppe aus, er schien den Abschied sogleich ohne Rührung noch Zeitverlust zu erwarten. Der Knabe jedoch erhob sich auf zitternde Füße und starrte dem Befehlshaber mit kaum verhehltem Entsetzen ins Antlitz. Das war nicht mehr das edel gebildete Gesicht, das er kannte. Blut floß dem Störtebeker über die Stirn und verwandelte die stolzen Züge in eine rote Maske. Ein Rinnsal sickerte auch über die gelüftete Brust des Mannes, und unter dem Linnen des linken Armes quoll es unaufhaltsam hervor und zog in klebrigen Streifen über die Schifferhose.

Da wurde Linda von einer unnennbaren Furcht ergriffen.

»Es kostet dich das Leben«, schrie sie schrill und in jäher Verzweiflung auf.

Ja, ja, das war's, das Leben dieses Menschen konnte vorzeitig enden. Aber es mußte ja erst unvergängliche Wurzeln strecken, es mußte höher, weit höher wie andere Bäume emporschießen, um durch Einengung und Schatten hindurch tausend grüne Blätter zum Himmel zu tragen. Auch ihr Leben zitterte an seinem Stamm als solch ein schwirrendes Blatt und bebte jetzt vor Angst, herabgerissen zu werden.

»Es kostet dich das Leben.«

Der Störtebeker schnürte unwillig die Augenbrauen zusammen, die leidenschaftliche Anteilnahme behagte ihm nicht, sie erinnerte ihn an etwas, das er bereits vergessen glaubte.

»Torheit«, entzog er sich ihrer tastenden Hand. »Was soll das Geplärr über den lumpigen Aderlaß? Aber von dir, Licinius, heische ich Antwort. Willst du mit den Franzosen hinüber oder nicht?«

Der Knabe antwortete nicht. Er schüttelte nur bestimmt das Haupt.

Allein in dieser Bewegung bekundete sich eine Entschlossenheit, die nur durch den Tod zu brechen war.

»Dann bleib, zum Teufel«, schrie der Störtebeker ingrimmig und enttäuscht. Das Haupt zurückgeworfen, die blutende Linke in die Weiche gestemmt, wie es sonst seine Gewohnheit war, durchmaß der Verwundete heftig den langen Raum. In seinen Bewegungen fieberte wieder einmal etwas Fegendes, Zerstörungslustiges, und sein Jähzorn stürmte vollends zur Höhe, als er jetzt ohne rechte Absicht einen der bunten Laternenpfähle des Tisches umklammerte. Klirrend brach eines der kunstreichen Gläser aus seiner Fassung, und während es auf der Tischplatte zersplitterte, wich Klaus verwundert zurück, bis er endlich in ein beschämtes Lachen ausbrach. Das Ungezügelte, Knabenhafte seiner Natur verließ ihn nicht bis an sein Ende. Doch seine Wildheit hatte sich immerhin entladen, und so trat er wieder etwas gemäßigter vor den Knaben auf dem Schemel hin, um abermals seine Rechte auf die Schulter des Sitzenden zu betten. »Dann sag mir wenigstens, du halsstarrige Kröte«, fuhr er ihn an, »sag es mir, damit ich es mir endlich merke, was suchst du eigentlich hier? Hab' ich doch nimmer gehört, daß es den Schnürleibern Spaß bereitet, Blut zu riechen. Oder lüstet es dich vielleicht nur, mich hängen zu sehen?« Er preßte die weiche Frauenschulter etwas stärker. »Dann laß dir bedeuten, Junker, der Leichnam des Prahlers, der dir das vorhin versprach, er fährt eben mit zwei Steinen beladen zur Tiefe. Auf dieses Fest wirst du bis zum nächstenmal harren müssen.«

»Laß mich auf etwas anderes warten«, sprach Linda still und erschöpft. Ergeben faltete sie die Hände im Schoß, und ihre blauen Augen füllten sich wieder mit innigster Gläubigkeit. Es war jener hingenommene, bedingungslose Ausdruck, der den blutigen Mann schon einmal in Schrecken versetzt hatte. Ein unerklärliches Frösteln faßte ihn auch diesmal, er wich zurück.

»So sprich, was ist das für ein Wunder?«

Da erhob sich Linda.

»Es ist das Wunder«, sprach sie ganz leise und voll träumerischer Gewißheit, »das du uns Unglücklichen versprachst. Aber eile, Klaus Störtebeker, daß ich mich nicht mehr lange zu sehnen brauche.«

Da schüttelte der Störtebeker befremdet und verständnislos das Haupt. Es war noch nicht die Zeit, daß Männer die Mitarbeit der Frauen erwünschten, und so drängte sich dem Freibeuter dieses heiße Verlangen zuvörderst als eine unwillkommene Einmischung auf, geeignet, seine stürmischen Zeugergedanken, die bis jetzt nur gleich einem Zug brennender Vögel durch die allgemeine Nacht strichen, einzufangen und zu zähmen. Lange starrte er den bebenden Knaben an, dann stieß er endlich ein gepreßtes Lachen aus und brach das Gespräch ohne weiteres ab.

»Gut, gut«, endigte er, »das ist Männerwerk. Warte meinethalben. Aber jetzt komm, Kleiner, damit du etwas verrichtest, was dir besser ziemt.«

Wuchtig warf er sich auf sein Ruhebett, riß das Hemd über seiner Brust auseinander und drückte die Ränder der frisch empfangenen Wunde ohne große Umstände fest aneinander.

»Mutig, Licinius«, rief er, »scheure den Unrat fort. Auf euren Burgen übt ihr ja die heimliche Kunst. Nun zeig, was du gelernt hast.«

Und der Knabe fuhr auf, als ob er zu Fest und Feiertag gerufen wäre. Glühend vor Diensteifer stürzte er davon, kehrte jedoch gleich darauf mit einer Schüssel voll kalten Wassers zurück, und als er dann, über den Hingestreckten gebeugt, in seiner Hast einen brauchbaren Linnenstreifen vermißte, öffnete er ohne Bedenken sein Wams und riß von seinem eigenen Hemd entschlossen einen langen Fetzen herab. Seidig leuchtete die Frauenbrust unter der dunklen Gewandung, und in den Augen des Störtebekers entzündete sich blitzartig jenes züngelnde Feuer, das schon einmal in der Nacht des Niederbruchs über ihr geleuchtet hatte. Ungestüm griff er nach beiden Armen seines Opfers, aber siehe da – als das schmerzliche Stöhnen der Gefesselten an sein Ohr schlug, da lief ein düsterer Schein der Selbstverachtung über seine gespannten Züge, freiwillig gab er die Gepackte frei, und nun stöhnte er selbst auf und warf sich gebändigt zurück.

»Bleib, bleib«, murmelte er, »vertrag dich mit dem bösen Geist, der in mir haust. Beim ewigen Leid, ich wünschte manchmal selbst, es flösse Milch durch meine Röhren und ich hätte gelernt, weiße Lämmer zu weiden. Bleib, ich tu dir von jetzt an nichts.« Er streckte sich aus, schloß die Augen und wartete scheinbar unbeteiligt ab, bis Licinius mit zitternder Hand sein mildherzig Werk vollendet hatte. Erst da er spürte, wie eine Decke wärmend über ihn gebreitet wurde, fuhr er auf und schob die Hülle entschieden zurück. Schonend strich er sodann über die Locken seines Gefährten. »Armer Bursch«, sagte er gutmütig, »armer Bursch, ich wollte, wir wären auf andere Art Freunde geworden.« Und als er gewahrte, welche Blässe seinen Pfleger befiel, versetzte er ihm einen spöttischen Schlag auf die Wange und rief ermunternd: »Laß gut sein, Licinius. Dem Tier sind ein paar Unzen Blut abgezapft, jetzt beißt es für eine Weile nicht und geht nicht auf Raub. Lache, lache, mein Knäblein, dann aber bring eiligst den Weinkrug und laß uns trinken!«

*

II

Bis dahin hatte die »Agile« allein das blaue Feld der Ostersee gepflügt, einzig gefolgt von dem »Connetable«, welcher von den Schuimern besetzt worden war. In den letzten Tagen jedoch tauchten von allen Seiten Schwarzflaggen auf, allmählich wurde ein dichter Schwarm daraus, der sich gleich einem langen Starzug um die Admiralskogge zusammenschloß. Je stattlicher aber sich seine Flotte verstärkte, je zahlreicher spitze Pfeifentriller oder emporschießende Wimpel die sich einordnenden Genossen begrüßten, eine desto auffälligere Unruhe zeigte der Mann, auf dessen Wink all diese Kiele ihrem Ziel zustrebten. Innere Rastlosigkeit trieb den Störtebeker umher. Bald mußte ihm Licinius, den er jetzt ebensooft herbeirief, wie er ihn früher verjagt hatte, beim Schachspiel in der Kajüte Gesellschaft leisten, bald zog er den Knaben, nachdem er die Figuren mitten im Kampf ungeduldig durcheinandergeworfen hatte, auf das Deck hinauf, wo er weit vorn am Bugspriet durch Nacht und Morgennebel hindurchspähte, ob die gotländische Küste sich noch immer nicht vom Horizont trennen wollte. Wisby, die sagenhaft herrliche Stadt, jetzt durch Raub und rohe Volkswut ein menschenleerer Trümmerhaufen, schien den Einsamen auf zauberische Weise anzulocken. Vielleicht weil ihn die Ahnung quälte, daß ihn dort das Schicksal mit fesselnden Armen umschlingen würde. Verschwenderisch hatte er bis jetzt mit Gold und Schätzen jeden Lumpen beworben, der sich seinem Trotz als ein besonders Mißhandelter vorzustellen vermochte, jetzt aber nahte die Stunde, wo er mehr austeilen sollte. Sein Eigenstes. Die Summe seiner heimlich geliebkosten Gedanken. Und dann die Unsicherheit. Wie, wenn das zusammengelaufene Volk, das ihm diente, Verbrecher, Diebe und Mörder, Juden und Heiden, Polen, Deutsche, Franzosen und Engländer, die kein anderes Vaterland kannten als die Planken zu ihren Füßen, zumal wenn die Segel sie möglichst weit von Rad und Galgen entfernten, wie, wenn diese raubsüchtigen, verwilderten Horden das Unrecht, durch das sie zu einem namenlosen Menschenbrei zerstampft waren, dennoch weit weniger schmerzlich empfanden als ihr Anführer, in dem ihre menschliche Schmach wie eine Eiterwunde fraß? Konnte in solchen, von allem Herkömmlichen getrennten Gesellen die Gier nach Genuß und Ungebundenheit nicht heißer lodern als die Freude an der Möglichkeit, jene Welt, die sie verstoßen, durch ein nie geschautes Beispiel zu beschämen? Was geschah, wenn sich der Haufen schon zu roh und verwöhnt zeigte, um zu einer regelmäßigen Arbeit zurückzukehren? Zwang? Das war nicht das Rechte. Dazu hatte ihn in seinen Träumen schon zu häufig der Jubel umbrandet, den allein die Verkündung, die Preisgabe seiner weltverändernden Pläne in den Beschenkten entfesseln sollte. Wie stand es nun in Wirklichkeit um die neuen Römer, mit denen die reingewaschene Erde besiedelt werden mußte? Der höhnische Einwurf der Königin fiel ihm ein: »Und mit einer Bande von Räubern und Dieben willst du die ewige Gerechtigkeit begründen?« Und während er auf der Seekarte zum hundertsten Mal den Ankerplatz von Wisby aufsuchte, klopfte ihm das Herz vor Verwunderung, daß er bis jetzt nur sich selbst, das Haupt des hellen Gedankens, gesehen, indes ihm die Glieder, die doch das Gedachte erleben sollten, in einem gleichgültigen Dunkel verschwanden. Was brütete die Masse? Und weshalb hielt er sie von sich fern?

»He, Licinius«, unterbrach er in einem solchen Augenblick des Erschreckens seinen Gefährten, der ihm bis jetzt unbeachtet und folgsam aus dem Petrarca vorgelesen hatte, »in die Ecke mit der Eselshaut! Der Tagedieb von Italiener ist ein Narr, weil er die Weiber beschnüffelt, nur der Mann ist die lebendige Erde. Komm, du unbelehrtes Kind, damit ich dir eine Handvoll unserer künftigen Werkleute zeige.«

Hastig griff er dem Knaben unter den Arm, zog ihn widerstandslos die breite Treppe hinauf, und was er sich nur selten abgewonnen hatte, er mischte sich unter sein Schiffsvolk, redete es leutselig an und begann die Betroffenen nach Vergangenheit und Heimat zu befragen. Alles unter dem Vorwand, seinen zarten Gefährten unterrichten zu müssen. Da öffnete sich denn manches Schicksal bis zum Grund. Mit bangem Schauder sah der Knabe, wie sich hier Sünde und Gegensünde zum Knäuel verstrickten.

Da war zuerst der Steuermann Lüdecke Roloff. Ein herkulischer Mann mit einem blonden Strohdach, das ihm wirr über die Augen hing. Aber auch so irrte der Blick des Schiffslenkers scheu und schielend zur Seite, als widere ihn das Antlitz jedes Mitgeschöpfes an, und nur in den Stunden vor Kampf und Streit taten sich diese verkehrten Sterne lechzend auf, und ein Blutreifen umschloß sie, gleich dem eines tobsüchtigen Hundes. Der Mann hatte in seiner mecklenburgischen Heimat tanzen müssen. Tanzen? Jawohl, nicht freiwillig. Es bestand nämlich auf dem flachen Lande die ehrbare und fromme Sitte, sobald die Gutsfrau ihren Leib gesegnet fühlte, dann mußten die leibeigenen Bauern zu ihrer Ergötzung um den Dorfteich tanzen. Die Weiber rutschten auf bloßen Knien, die Männer aber tollten und sprangen halbnackt, mit ihrem Nachwuchs an der Hand, ohne Rast, ohne Aufhören, bis sich ihnen ein Quirl im Gehirn drehte. Lüdecke Roloff jedoch war ein Spielverderber.

Als er sah, wie sein Weib bei dieser Belustigung ohnmächtig liegenblieb und Marik, sein Töchterchen, unter Zuckungen in den Teich fiel, da hatte der rasende Tänzer die adlige Zuschauerin erwürgt und dem Gutsherrn seinen Dolch durchs Genick gestoben. Am selben Abend gab's zu dem Tanz überdies noch ein Feuerwerk, das Schloß brannte ab. Seitdem war dem Flüchtling ein bös Erbteil geblieben. Wenn irgendwo die Stunde zu Kampf und Rache schlug, dann mußte Lüdecke tanzen. Hopsend und springend drehte sich der Wütende in den Streit, und in dem wahnsinnigen Reigen fiel er seine Opfer noch immer mit bloßen Fäusten an, um sie brüllend zu erwürgen.

Als Linda jene Geschichte hörte, bedeckte sich ihr die heitere See mit Nacht, Klaus Störtebeker aber strich sich die Haare aus der Stirn, denn er wußte nicht, ob er des Mannes sicher sei.

Da war der schmächtige Arnold Frowein ein ganz anderer Kerl. Immer grinsend, immer lächelnd, was vielleicht daher rührte, weil ihm das weltliche Gericht auf dem Streckbett einmal alle Zähne gezogen hatte, immer einen um den anderen. Weshalb wollte der verstockte Rechthaber aber auch nicht eingestehen, was er über die Besuche Urians bei seinem Weib wußte? Die Nachbarinnen hatten doch nicht umsonst eines Morgens den ungeheuren, schwarzen Kater auf dem Bette seiner Lisbeth schlafend gefunden? Und anders ließ es sich auch nicht erklären, warum ein armer Töpfer zu einigem Wohlstand gelangte, und wieso in den bleichen Milchwangen der Dirn nie ein lebendiger Blutstropfen gerollt war. Aber schließlich hatte das Recht triumphiert. Punkt für Punkt stand es bezeugt in den Akten, wie oft Meister Urian knisternd aufs Bett gesprungen war. Es war alles wissenschaftlich begründet! Und nur eines blieb merkwürdig. In Meister Frowein mußte sich selbst etwas Katzenhaftes eingeschlichen haben. Gar zu biegsam schlich er an den Wänden entlang, immer schnurrend, immer schmeichelnd, und es war wohl nur ein Gerücht, daß er im Gefecht mitunter aus geduckter Stellung einen Satz tat, um dem Gegner mit zahnlosem Maul an den Hals zu fahren.

Ungeduldiger, rastloser rührte der Admiral in dem Menschenbrei herum. Er suchte. Er fahndete nach Bürgertugend und Bürgersehnsucht. Wie tief lagen diese so selbstverständlichen Dinge wohl versteckt?

Der nächste.

Ein himmelblauäugiger, rotmähniger, wüster Bursche, denn obwohl sich Patrick O'Shallo in den weichen Urlauten der »grünen Irin« ausdrückte, so war er doch gefürchtet als streitsüchtiger Zänker, aber noch mehr verschrien als Anführer bei jeder maßlosen Ausschweifung. Weiber, Würfelspiel, Rauferei und Beute waren die vier Stichworte seines rasenden Verbrausens. Und doch mutete es seine Genossen manchmal wunderlich an, wenn dieser nimmersatte Schlemmer zuweilen, wie aus fernem, vergessenem Traum, fremdartige Psalmen vor sich hinmurmelte. Sie wußten nicht, daß Patrick O'Shallo, das ledige Kind einer begüterten Wollweberstochter aus Dublin, von erschreckten Verwandten frühzeitig in die Zelle eines der Irinsklöster gesteckt worden war, damit er durch Hunger und Geißelungen die heimliche Verfehlung seiner Mutter abbüße. Eines Tages aber, als er gerade vom Fluß für die Küche Holz schleppen sollte, hatte eine Flößerin den Buben in ihre schwimmende Strohschütte kriechen lassen, und seitdem wußte das abgezehrte Gebein, wie hell der Tag schimmern konnte. Heißa, jetzt fraß er die Sonne, und seine größte Belustigung bestand darin, Nonnenklöster wie Vogelnester auszunehmen. Auch diesen nimmermüden Gläubiger des Genusses musterte der Admiral mit bedenklichem Kopfschütteln, und ein zweifelhaftes Lächeln mischte sich in seinen herablassenden Gruß, als er sich von ihm trennte.

»Da, Licinius, betrachte dir zum Schluß die Krummnase genau. Womöglich haben seine Vorfahren schon mit dem Heiland um Säge und Hobel gefeilscht. Sahst du jemals solche verzweifelten Hebräeraugen?«

Der Admiral hätte noch hinzufügen können, daß der Jude ein alter Bekannter von ihm sei. Denn der graulockige Isaak war derselbe unglückliche Verfolgte, den er als Knabe im Haus der Sibba aus den Händen abergläubischer Bauern befreit hatte. Jetzt war der immer in sich gekehrte, demütige Menschenscherben der grausamste, unerbittlichste Würger unter dem Schiffsvolk geworden. Zum Zeichen seines sich immer neu gebärenden Rachegelüstes hatte er den gelben Judenfleck auf das Schifferwams genäht, und je mehr ihn die Freibeuter darob verhöhnten, desto zärtlicher streichelte Isaak oft den Schandfleck. Aber in dem Hebräer lebte auch eine unheimliche, vergötternde Liebe. Sobald der Admiral in seine Nähe kam, dann begannen die schwarzen Augen Isaaks die alte, tausendjährige Sehnsucht zu strahlen. Er glaubte. Er glaubte unverbrüchlich an den Messias, der die stinkende Erde von Verfolgung und Menschenhaß erlösen würde. Und nach den Sagen seines Stammes würde der Gesandte Jehovas kein Lämmlein und kein Schriftgelehrter sein, sondern ein Gerüsteter, in dessen Rechter ein goldenes Schwert über die Erde funkelte. Wer war's? Klaus Störtebeker war's, der Schimmernde, Überlebensgroße, der Liebreiche und Befreier, er war es. Kein Zweifel! Der alte Jude stand als der einzige auf den Planken, der das neue Reich im Herzen trug.

Am Abend desselben Tages lag der Admiral in seiner Kajüte und zechte singend und lachend den italienischen Wein, auf dessen Flut es wie von Glühkäfern schwärmte. Auch auf Deck schwirrte und jauchzte es, dort grölten die Freibeuter zum Klang der Instrumente ihre wilden Lieder, denn es war eine laue, windstille Nacht, und die »Agile« plätscherte kaum noch ihren Pfad.

»Horch«, warf sich der Störtebeker zu dem Knaben herum, der müde und schon vom Schlaf bezwungen den Unmäßigen bediente. »Ermuntere dich, Büblein. Du mußt lernen, die Nacht zum Tag zu kehren. Auf, flüstere mir ins Ohr, mein Blasser, wie gefallen dir meine Kinder? Meinst du nicht, es seien Hengste, die sich gerade nur vom Teufel reiten lassen?«

Da erwachte Linda, raffte sich zusammen, und ein leidvoller Blick streifte den Gebieter, denn seine wüste Freude an Trunk und Prasserei schmerzte die ewig Grübelnde.

»Wer den heiligen Gedanken trägt«, erwiderte sie mit leisem Vorwurf, »was braucht der die Menge? – Sie erwartet ihn an jeder Ecke, und mich dünkt, sie zieht stets hinter dem Einsamen her.«

Sonderbar, das Wort übte eine unerwartete Wirkung auf den lässig auf seinem Stuhl hängenden Zecher aus. Kaum war es gefallen, da sprang der Störtebeker stürmisch in die Höhe, das sonnige Strahlen leuchtete unvermutet wieder von seinen Zügen, und ohne Besinnen riß er den Knaben an sich, um ihn jauchzend an seine Brust zu pressen. Er spürte nicht, daß es ein Frauenherz war, das aufgepeitscht gegen das seine hämmerte.

»Gesegneter«, jubelte er und hob seine Last hoch in die Höhe. »Du hast recht. Topp, die Einsamen gelten allein. Brauchte Atlas vielleicht eine Hilfe, als er den Himmel trug? Komm, sei gepriesen, du kluger Wicht.«

Und er küßte seinem Gefährten ungestüm das blonde Haar. Der Knabe aber wand sich beschämt aus seinen Armen, er wagte die Augen nicht vom Boden zu erheben, und ein langes Zittern lief über die schlanken Glieder.

*

In der darauffolgenden Nachtwache war vom Mastkorb »Land« ausgerufen worden, und die »Agile« hatte einen Gast aufgenommen. Auf der Höhe von Wisby schon unter den Lichtern der Stadt, war der Hauptmann Wichmann zu den Schiffen des Admirals gestoßen, und jetzt hockte der strohblonde Zwerg seinem einstigen Zögling an dem Prunktisch gegenüber, vor ihm brach die Tafel fast unter der Wucht von silbernem und goldenem Gerät, und doch streckten die beiden Freibeuter ihre Hände nicht nach Speise und Trank aus, sondern ihre Mienen belauerten einander, ihre flackernden Augen überfielen sich gegenseitig, wie wenn jeder die heimliche Schwäche des anderen erspähen und begleichen müßte. Gar verborgen betrieben sie die Unterredung, niemand durfte die Anführer bedienen, einsam, erhitzt saßen Erzähler und Lauscher unter den brennenden Laternen, selbst Licinius weilte hinter der geschlossenen Kajütentür bei dem wachthabenden Posten, um mit Herzklopfen darauf zu harren, ob ihn bald ein Ruf erreichen würde.

Endlich hatte der Admiral geschlossen. Seine Rede, anfänglich kühl und überlegt, war immer höher und höher gestiegen, wie jemand, der Sprosse um Sprosse auf einer Leiter emporklimmt. Zuletzt wehte diese siedende Glut hoch über dem Haupt seines Zuhörers hinweg. Der krümmte sich in seiner schwarzen Gewandung auf einem Schemel, und indem er das weiche Frauenkinn auf den Hieber gestützt hielt, glitzerte es aus seinen zweifarbigen Augen bald vor Spott, bald vor Erstaunen, und sein Händchen wickelte sich dabei eifrig in eine der Haarsträhnen fest. Zum Schluß ertrug sein Schüler die erkünstelte Beherrschung nicht länger. Rücksichtslos warf er das Geschirr beiseite und beugte sich weit über den Tisch. Unter der rotseidenen Schecke arbeitete die Brust so heftig, daß die Ringe der Halskette ein metallisches Geräusch hören ließen.

»Nun, Magister«, rief er in schlecht verhehlter Spannung, »warum kostest du, als hätte ich dir die tägliche Milch in den Napf gegossen? Hast du vielleicht bei deinen Professoren ähnliches geschleckert?«

Der Zwerg schloß die Augen und wiegte leise das gelbe Haupt. Es schien ihm Spaß zu bereiten, den Entdeckerstolz des anderen zu quälen.

»Doch, Geliebter«, hauchte er mit seiner Mädchenstimme, »das Jubeljahr der Hebräer und die Ackergesetze der Gracchen waren schon da. Auch in den Wäldern der Germanen trug sich beinahe das gleiche zu. Du bist weit zurückgegangen.«

»Zurück?« schrie der Störtebeker verletzt. Jäh fuhr er in die Höhe, als überwältige den Riesen die Lust, den Tisch samt dem Gast umzustürzen. Dann jedoch schlug er ein hochmütiges Gelächter auf, riß den Weinkrug heftig an sich und leerte ihn in einem langen, begehrlichen Zuge.

»Ziere dich nicht«, stieß er in greller Lustigkeit hervor. »Was gibt's weiter zu benagen?«

Er warf sich auf den Tisch, dicht neben den Kleinen, und schlug seinen Gast auf die Schulter, daß es hohl durch den Raum hallte. Doch der Strohblonde wankte nicht auf seinem Schemel, unerschüttert hatte er den Stoß ausgehalten und dadurch dem Admiral von neuem bewiesen, daß er mit keinem gewöhnlichen Manne streite. Jetzt sammelte sich aus den regelmäßigen Gemmenzügen des Hauptmanns ein versonnenes, ein wenig bösartiges Lächeln. Er klopfte seinem ehemaligen Zögling auf den grauen Beinling, als gelte es vor allen Dingen, abzuwiegeln und zu besänftigen.

»Geliebter«, wisperte er voll zärtlicher Bissigkeit, und dabei hüpften in den doppelfarbigen Augen die frechsten Teufel herum, »ich bin nur ein schäbiger Tropf, der Zeit bedarf, um sich an solch beschämende Größe zu gewöhnen. Aber siehe, nun bin ich deinen Spuren nachgeschlichen, und mein Herz zittert vor Freude, weil es dich fassen kann.«

Der Störtebeker griff nach dem Weinhumpen und hob ihn dem Genossen hart über den Kopf.

»Narr«, sagte er ruhig, »achte mich, oder ich zerschmettere dir den Schädel.«

»Später«, entgegnete der andere freundlich, ohne von seinen Liebkosungen abzustehen, »erst laß dir von meiner Narrheit bedeuten, daß sie einen großen Vorsprung für dich wittert.«

»Welchen?«

Bedächtig lehnte sich der Kleine zurück und malte mit seinem Hieber auf den Boden. Die Freude am Zergliedern und Disputieren schien den einstigen Bakkalaureus mächtig eingefangen zu haben.

»Die Staaten sind lockerer geworden«, murmelte er vergraben. »Die Reiche sind zermorscht. Hunger und Elend sitzen zwischen dem Mörtel ...«

»Ein Faustdruck kann ihren jämmerlichen Bau zerquetschen«, schaltete hier der Admiral ein und durchmaß einmal weiten Schrittes den Saal. »Nur die Menge ...«, und er blieb stehen und zerrte an seiner Kette. »Wird sie mit mir ziehen?«

»Sie wird. Die Fahne des ewigen Glücks auf dem Neubau lockt sie an.«

»Halt das Maul«, schrie der Störtebeker dunkelrot vor Zorn, und seine wilden Augen brauten Unheil. Er lehnte gerade an einem Wandteppich und raffte nun das Gewebe um sich zusammen, als ob ihn fröstele. »Packt euch zum Teufel, ihr Gehirnkrähen, was liegt daran, ob ihr meiner Seele nachfliegen wollt oder nicht? Ehrfurcht brauche ich, demütige Nacken, Gehorsam.«

»Gut, gut, das brauchst du, du Herrlicher, aber ich ziehe mit dir.«

»Du?«

Noch hielt der Zweifel den Admiral befangen, gleichwohl stürzte er auf den Sitz des Kleinen zu und schüttelte den halb Emporgezogenen wütend an der Brust.

»Wenn du nicht an mich glaubst ...«, schrie er dem Zwerg ins Gesicht. »Heino Wichmann, du weißt, von allen sind mir die Halben und Lauen am meisten verhaßt.« Damit schleuderte er das strohblonde Bündel gewaltsam hin und her, als könnte er ihm die gewünschte Antwort abpressen, und sein Grimm stieg, als er die Zähigkeit dieser grinsenden Maske erkannte. Bereits war ein nahes, gefährliches Ringen aus der freundschaftlichen Unterhaltung geworden.

Da entglitt ihm der Magister geschickt, schöpfte Atem, und nachdem er wie ein spielend Kind auf den Tisch gehüpft war, ließ er gemächlich die Beine herabschlenkern.

»Sei ruhig«, schmeichelte er, »dein treuer Lehrer verläßt dich nicht. Saß ich nicht in Paris monatelang in einer Goldmacherhöhle, um zu warten, ob der Sud aus Ton und dreizehn Erdkräutern den königlichen Leuen* ergebe? Ha, und ich sollte mir nicht für meinen Liebling abermals die Küchenschürze umbinden? Paß auf, es glückt dir, es glückt, sofern du es nur fleißig mit den Weibern hältst.«

Angeekelt wurzelte der Störtebeker fest.

»Mit den Weibern?« wiederholte er, wie von Eimern kalten Wassers übergossen; und unwillkürlich mußte er nach der geschlossenen Tür spähen.

»Schlepp sie zu Hunderten zusammen und achte darauf, daß sie dir lauter Klaus Störtebeker gebären. Dann wirst du ein Fürst im neuen Reiche sein.«

Da fegte Klaus mit der Hand durch die erhitzte Luft, als könnte seine Faust vom Himmel eine lastende Wolke herabreißen, und ein unmäßiges und doch nicht ganz freies Gelächter erleichterte ihm die Brust. Schneidend hatte sein Verstand erfaßt, wie um den von giftigen Zweifeln zerfressenen Magister nur noch das Unkraut der Erde wucherte.

»Armselig glücklos Gemüt«, rief er voll aufrichtigen Erbarmens. »He, Licinius, wo steckst du? Bring roten Falerner, es gilt, eine matte Seele zu berauschen, auf daß die Fledermaus sich wieder ans Licht traue.«

Und als Licinius, der diesen Ruf ersehnt, willfährig herbeieilte, um die Befehle seines Herrn zu erfüllen, da zog ihn der Störtebeker an sich und streichelte dem Knaben, der sich gezwungen an ihn lehnte, brüderlich die Wange.

»Hast wieder die Nacht durchschwärmen müssen, mein bleicher Freund?« fragte er teilnahmsvoll. »Geh, zeig mir deine Augen, ob noch die reine andächtige Flamme in ihnen brennt?« Und ohne auf das vieldeutige Grinsen des Strohblonden zu achten, führte er das Kinn des

---

* Das Gold

Knaben empor, bis er endlich gefunden zu haben glaubte, was er suchte. Dann jedoch schmetterte seinem Gefährten das ihm eigene glückselige Jauchzen entgegen. »Freu dich, Licinius«, schrie er, »beim Zeus, du kannst fliegen. Könnt ich dich doch als eine weiße Taube aufsteigen lassen! Aber nun setze dich zu mir und sage, wie gefällt dir dies kleine strohblonde Kerlchen, das aus dem Schmutz der Erde nicht heraus kann?«

Über die gespannten Züge des Hauptmanns lief ein begehrlicher Schein.

»Schöner Knabe«, wisperte er, »welche glücklichen Eltern haben dich geboren? Du bist ein anmutig Kind.«

Allein im Sprechen schien ihm heiß geworden zu sein, denn er sprang auf, um eine der Schiffsluken zu öffnen. plötzlich schwiegen die drei.

Drüben zuckten die Lichter von Wisby.

*

Die tote Stadt regte sich. Ihr prächtig geschmückter Leichnam erhob sich und wandelte. Unvermutet begannen die steinernen Adern zu zucken und zu pochen. Von den sechzehn verödeten Kirchen, von den sieben zerbröckelnden Toren löste sich das Schweigen und schwebte als ein graues Spinngeweb über die See.

Durch die gestern noch leeren Gassen von Wisby, in denen jeder Schritt widerhallte, wo verhungernde Hunde das Gras zwischen den Pflastersteinen rupften, schob sich der Braus der Volkshaufen. Kopf drängte sich an Kopf, Schulter rieb sich an Schulter, das scharrende Geräusch nägelbeschlagener Schuhe mischte sich mit dem Gewirr einander verschlingender Stimmen, und das erste Morgenrot, das die kunstreich bemalten Holzhäuser anglühte, es rann allmählich auch auf die zusammengeballten Freibeuter herab, so daß aus der Masse zuweilen Gesichter und Hände aufblitzten. Unaufhaltsam wälzte sich die Menge, einem vorbestimmten Gebote folgend, aus den niedrigen Gassen hinter der Seeumwallung dem hochgelegenen Marktplatz zu. Und je höher sie stieg, desto mehr entstrebte sie dem Dämmer, und desto heller wurden ihre vielfarbigen Ringel vom Licht getroffen. Auch Sprache gewann das Ungeheuer. Oft hörte man es aus seinem Rachen branden: »Wo, wo ist der Störtebeker?« – – »Gott zum Gruß, seid ihr nicht vom Gödeke Michael?« – »Wir sind Wichmannsche.« – »Verfluchte Hunde, habt ihr uns hier in den bunten Kästen was übriggelassen?«

An der leeren Kurie ging es vorüber, durch niedrige Laubenhallen schob man sich, hinter denen einst mächtige Kaufherren ihre Kontore und Warenlager hielten. Jetzt lauschte manch neugierig Ohr vergebens auf das Knistern der Federn oder auf das Rollen der Fässer. Ach nein, da hätte man früher kommen müssen. Schon vor etwa dreißig Jahren hatte der geräuschlose Abzug des Handels begonnen. Damals, als der Dänenkönig Waldemar Atterdag mühelos das köstliche Nest ausgenommen hatte. Aber erst der Handstreich der Freibeuter hatte dem siechenden Gemeinwesen den Rest gegeben. Von dem Augenblick an, da die trunkene Freiheit die Stadtgesetze den Flammen überliefert, die verhaßte Ordnung mit Füßen getreten und jauchzend die allgemeine Willkür verkündet hatte, jenes heiß ersehnte Losungswort aller Geknebelten und Unterdrückten, die nur einmal im Leben das Herrengefühl genießen wollten, seitdem war der steinerne Körper von der Leichenstarre ergriffen. Von da an bedeutete Wisby nichts anderes mehr als einen Stapelplatz für geraubtes Gut, lichtscheue, heimliche Geschäfte wurden hier betrieben, wochenlang tönte kein Laut in den verlassenen Straßen, bis sie plötzlich wieder einmal aufgellen konnten von Händlergezänk, Schifferflüchen und maßlosen Feiern. Aber trotz alledem hingen noch Fetzen ehemaligen Reichtums an dem Gerippe der verwesenden Stadt, und noch immer strahlte zuweilen ein liebliches Grinsen aus dem steinernen Schädel.

Dicht am Markt, in den Fenstern der Herberge »Zum silbernen Bischof«, ächzten die Holzrahmen unter der Last der Neugierigen. Zumeist waren es Dirnen aus aller Herren Länder, die sich stets einstellten, sobald die jetzigen Herren des Platzes ihr blutiges Gold verjubeln wollten. Aber auch Krämer und waghalsige Kaufherren scheuten das Abenteuer nicht, denn nirgendwo in der Welt ließ sich schneller und wohlfeiler Verdienst erjagen als an diesem leicht verderblichen Raubgut.

Unten in der stickigen Gaststube saß Licinius auf der Ofenbank. Andere hielten gerade Wäsche. Die beiden Geschlechter unbedenklich nebeneinander. Zwei Schüsseln waren zu dem Zweck auf Schemel gestellt, und man nahm es nicht so genau, wenn der neue Reinigungsbedürftige noch das alte Wasser vorfand. Derweil rekelten sich auf den Holzbänken einige Schläfer umher, wieder andere schlürften bereits ihren dickflüssigen Mehlbrei, und auf der Diele hockten ein Dudelsackpfeifer und eine Flötenbläserin, und ließen zu ihrer gellenden Musik ein gezähmtes Äffchen zwischen sich tanzen. Niemand nahm Anstoß an dem bunten Durcheinander, weder an der schlechten Luft noch an dem wimmelnden Ungeziefer, denn damals gab es noch keine nach Ständen eingeteilten Wirtshäuser, und der Fürst wohnte dort ebenso wie der Bettler.

Der Knabe auf der Ofenbank verschränkte die Arme über der Brust und ließ sein helles Haupt an die Kalkwand sinken. Aber es war nicht

Müdigkeit, die ihm die Augen zudrückte, obwohl er die Nacht schlummerlos in dieser übelriechenden Hölle verbracht hatte, nein, es bedeutete vielmehr einen Augenblick der Nachgiebigkeit gegen die wilde Flucht, die an seinem inneren Schauen vorüberstiebte.

Hier entschied sich's. Heute würfelte ihr gotterfüllter Spieler um seine eigene Seligkeit, aber noch viel mehr um diejenige, die dauern sollte, solange Menschen auf Erden lebten. Ob das zu erreichen war?

Rascher wehte der Atem des Grübelnden, unbeherrschter zuckten seine Lippen, ein prunkendes, verführerisches Bild trat vor seine Seele. Während er hier saß, um mit immer steigender Bedrückung auf das Plätschern der sich Reinigenden zu horchen, auf ihre derben Scherze, auf das Schlürfen der Trinker sowie auf das Quäken des tanzenden Affen, da zog es den Träumer fort – es riß ihn auf den Markt. Dort draußen durch die ausweichenden Haufen schritt der Störtebeker. Über alles Volk hinweg ragte das schmale Haupt unter dem Goldhelm, die gestickten Wappenlöwen schimmerten auf dem blauen Fürstenrock, und als er sich zu der Menge umwandte, da kam der Bann über die Tausende, genau so, wie er den einzelnen hier unterjochte auf der schmutzigen Ofenbank.

Begannen nicht auch markige Glockentöne zu schwingen?

Ängstlich fuhr der Knabe in die Wirklichkeit. Jetzt lauschte er, lauschte mit dem Aufgebot aller Sinne. Nein, es war keine Täuschung. Dort draußen hatte sich das Meer der Stimmen beruhigt, eine atemraubende Stille legte sich über das Gewoge, und was nur ersonnen war, es geschah. Ganz aus der Nähe donnerten Glockenklänge gegen das zitternde Gebäude. Auch unter den Herbergsgästen erstarb jeder Laut, für einen Herzschlag erstarrte alles, um eine Deutung für den Vorgang zu gewinnen, dann aber bäumte sich der Schall gegen den Ausgang, die Treppen knarrten, und wirre Rufe verknäuelten sich: »Der Störtebeker – der Störtebeker.« Polternd stob man auseinander, um den merkwürdigen Augenblick nicht zu versäumen. Licinius griff sich ans Herz, er wankte auf seiner Bank. Die Entscheidung fiel. Jetzt ein Gebet, ein Notgebet. Allein die Worte wollten sich zu keinem Sinn mehr verflechten. Statt dessen brodelten aus dem kochenden Fieber immer dieselben inbrünstigen Silben hervor, die er selbst nicht begriff.

»Erlösung.«

Wem galt dieser Wunsch?

Draußen verschwang das letzte Beben der Glocken. Da fühlte Licinius, der noch immer kraftlos gegen die Mauer lehnte, wie sich eine spürende Hand in die seine schob. Erschreckt beugte er sich vor. Zwischen seinen Knien hatte sich der Leib der Flötenbläserin aufgerichtet, jetzt streichelte die Dirne ihm vorsichtig das Knie.

»Feins Bübchen«, schmeichelte sie mit einer glatten, liebegewohnten Stimme, »was hast du für ein zartes Gestell? Komm, draußen heckt der Störtebeker etwas Nagelneues aus. Wer weiß, wie voll der großschnäuzige Kerl wieder die Taschen trägt. Ich kenn' ihn. Der feilscht nicht lange um Kissen- und Bettpreis. Komm, will ihn dir weisen.« Und ohne sich darum zu kümmern, in welches Taumeln ihr Begleiter verfiel, packte das fahrende Weib die ihr überlassenen Finger und zog den Willenlosen unter spöttischen Ermahnungen die Treppe hinauf. »Munter, munter – hast wohl schon am frühen Morgen Met getrunken? Hier noch eine Stufe! So, und jetzt zum Fenster. Mach Platz, damit der Junker sehen kann.«

Plötzlich kauerte Linda, eingekeilt in den Drang von Dirnen, Spaßmachern, Wechslern und lichtscheuen Handelsleuten in der offenen Fensterhöhlung, und während ihre Gönnerin schützend den Arm um ihre Hüften schlang, da mußten die Ohren der Halbbetäubten das unsaubere Gewäsch der Nachbarinnen ertragen. Ihren Augen aber bereitete sich zu gleicher Zeit das große heilige Fest.

Unter ihr Kopf an Kopf. Ein Menschensee. Er wogte nicht, er stand ganz still, schwarz und rötlich überlaufen, wie Landseen starren, wenn sich die Spannung des Gewitters in ihnen birgt. Aus allen Fenstern ein Geriesel unerkennbarer Gliedmaßen, bunter Tücher, gefangener Augen, dünne Rinnsale, die in das große Becken hinabflossen. Selbst die Morgenröte hing still an den Mauern. Sie lauschte. Ja, ein Gott zugekehrtes Schweigen schien über die Welt gekommen, so gewaltig, daß Linda erschauerte, als dieses bedingungslose und doch mit Unglauben und Entsetzen gemischte Lauschen auch ihre vorbereitete Seele ergriff. Zitternd, atemlos, neigte sich ihr Leib aus dem Fensterrahmen, und sie merkte es gar nicht, wie sie von dem Arm der Dirne dabei fester umschlossen wurde, während ein Paar heiße Lippen ihr ins Ohr tuschelten:

»Dort drüben, Trauter, auf den Stufen, der Große im blauen Wappenrock, ja, das ist der Störtebeker. Sieh nur, wie die Affen ihm zuhören. Pah, ich kenn' den Saufaus! – Du bist mir lieber.«

Eine brennende Wange schmiegte sich an eine kalt durchfröstelte, und Linda duldete es, so körperlos hing sie hier in dem Gedränge. Ihr innerstes Selbst aber, ihr hingebungsbereites, blutig gequältes Sehnen, es hatte sich längst von ihr gelöst und schritt nun über die vielen Köpfe hinweg den hellen Tönen entgegen, die unter dem gerippten Portal des Bischofspalastes sich hell und markig aufschwangen.

Alles andere ging für sie unter. Linda sah nur das edle, herrschgewohnte Antlitz, überhaucht von einem im tiefsten glühenden Feuer. Seine Worte verstand sie nicht. Wozu auch? Sie begriff dennoch jede

Biegung, jede neue Begründung dieses noch nie vor Menschenohren entwickelten Bekenntnisses. Unten ging ein ingrimmiges Stöhnen durch die Masse. Der fürstliche Verkünder dort auf den Stufen mußte seinem Volk wohl die Verfolgung und die Schmach seiner bisherigen Lage geschildert haben. Nun aber hoben sich die Häupter begieriger, man drängte sich näher, denn der Admiral warf den Arm vor, als deutete er seinen Schiffern eine bisher noch nie gesegelte Fahrt. Der Blonden stockte der Atem. Sie wußte es ja. Nun tauchte vor den Geschundenen und Gequälten, vor dem Auswurf allen Lebens das Gelobte Land auf, nun wurden sie von einer Riesenfaust aus dem stinkenden Schlamm gezogen, und vor ihnen breitete sich eine saubere Erde, damit sie fortan in unangefochtener, unschuldiger Gemeinschaft auf ihr wohnen sollten. Ruhe – Ruhe, Linda preßte die Hände auf das hämmernde Herz. Hier öffnete sich die steile, ungewohnte Straße! Würde das verdammte Geschlecht noch jung und hoffnungsstark genug sein, um sie überzeugt wandeln zu können? Oder hielt seine Verderbnis es bereits bei dem unheiligen Rachegeschäft fest?

Noch regte sich nichts. Keine Welle lief über den Menschensee. Und so tief sich auch Linda beugte, ihre brennenden Augen nahmen weder Hohn noch Widerwillen, aber auch keine jauchzende Zustimmung wahr. In erstarrtem Schweigen stand die Flut, nur auf ihren Gründen wälzte es sich zuweilen wie ein langes, banges Wühlen.

»Horch«, sagte die schwarze Dirne neben Licinius, »was faselt der Störtebeker? Will er Geld unter uns werfen?«

Aufgeregt nestelte sich die Flötenbläserin los, verließ den Knaben ohne weiteres, und bald hockte sie ganz vorn in der Höhlung, wo sie die nackten Beine frech herabschlenkern ließ.

Siehe, unter dem altersgrauen Portal des Bischofspalastes geriet ein merkwürdiges Wachsen in die ohnehin schon ragende Gestalt des Einsamen. Über sich selbst hinaus reckten sich seine Glieder, eine menschliche Pappel, die kein Ende für ihr Aufwärtsstreben finden wollte, und seine letzten Worte schleuderte er hinaus, selbstbewußt, gewappnet, fordernd, gleich steigenden Lerchen, die sich trotzig jedem Pfeil aussetzen.

Und jetzt? Was geschah jetzt? In der gewalttätigen Überzeugung seiner Natur ballte der Gereizte weit vorgeworfen seine Faust und schüttelte sie, nicht nur gegen die starre Masse, die sich nicht wecken lassen wollte, sondern am meisten gegen den untersetzten Mann in der ledernen Schiffertracht, der kalt und unbeweglich eine Stufe unter ihm harrte. Gödeke Michael.

Das letzte aber, was man vom Störtebeker vernahm, war ein ungeheures, vermessenes, ihn wahrhaft schüttelndes Gelächter.

Die Menge stand verbissen in Taubheit. Ungewiß brütete sie vor sich hin. Träge verfolgte sie allein aus tausend Augen die geballte Faust ihres Führers, denn jene Rechte wurde eben vom Sonnenlicht gefärbt, so daß aus dem Siegelring des Admirals ein schmales rotes Blitzen aufstieg. Ein Feuerstrudel tanzte auf seiner Hand.

Die Menge rührte sich nicht.

Da plötzlich – ungewiß aus welchem Grunde – schrillte ein Kreischen über den Markt. Ungebärdig – vielleicht vor Langerweile, hatte die Dirne in der Fensterhöhlung des »Silbernen Bischofs« ihr Brusttuch von sich gerissen, dadurch entblößten sich ihre Schultern vollends, und nun schwenkte sie den Lappen unter Geschrei und Gelächter ungestüm in der stillen Luft. Als hätte es nur auf dieses Zeichen gewartet, brach endlich das lang gestaute Gewitter über dem Menschensee los. Ein Donnerschlag antwortete, ein Brausen warf die schweren Wogen gegeneinander, ein Orkan von Stimmen wütete, tausend schwielige Hände griffen in die Morgenröte, als wäre es jetzt möglich, die vorüberrollende Sonne festzuhalten, und durchzuckt von krampfigen Erschütterungen schwoll die brüllende Menge dem Portal entgegen.

Wollte sie den einzelnen dort oben, der in tiefes Staunen versenkt war, küssen? Wollte sie ihn ermorden? Keiner Bewegung mächtig, mit geschlossenen Augen saß Licinius und horchte. All die verworrenen Stimmen, die unter Heulen und Toben etwas zu ersticken suchten, das den feinen Ohren des Knaben ein Völkerschluchzen deuchte, das blasse, reglose Menschenkind beherbergte seit Wochen all jenes Sieden, Überquillen und Staunen in seiner eigenen Brust. Aber jetzt, da das Unbegreifliche, in trüben Stunden häufig Angezweifelte sich der Erfüllung entgegenneigte, da Ausgestoßene und Verworfene sich für fähig hielten, ihre Verdammnis durch Arbeit und Brudersinn zulösen, da sie die Macht spürten, das ursprüngliche Gute in sich anzubeten, um es weiter und weiter in Menschenfurchen zu streuen, da schauerte Licinius, denn er fühlte sich von unbarmherzigen Fäusten emporgerissen, und ein herrischer Mund küßte wie schon oft seinen Scheitel. Erlösung durch Menschenhilfe, ein Neuanfang, eine Wiedergeburt schon auf Erden, Gesegneter, o Gesegneter, der diese Quelle des Heils unter dem untätigen, pesthauchenden Himmel erschlossen. O du, Geliebter – Gesegneter – Einziger.

Aufschluchzend preßte der Knabe beide Hände vor sein Antlitz, und während unten des Jauchzens kein Ende war, rieselten ihm Schmerz- und Danktränen reichlich über die Wangen.

»Kuck, wie der Dummkopf heult«, spottete die Flötenbläserin und stieß ihn während des Vorüberschreitens mit dem Fuß in die Seite.

Auf dem Markt hörte man jetzt eine andere Stimme. An der Stelle, wo bisher der Störtebeker sich gezeigt hatte, stand nun der Mann in der ledernen Schiffertracht. Kurze, fortschleudernde Handbewegungen deuteten an, daß er mit hartem Wirklichkeitssinn das einriß, was eben in die Luft gebaut war. Allein der Triumph des anderen überheulte ihn. Das Volk kehrte jauchzend der nüchternen Vernunft den Rücken, um jenem nachzuströmen, der ihm soeben das Herrlichste, nie mehr Erwartete versprochen, die Rückkunft in Sorglosigkeit, Bürgertum und Menschenachtung.

Immer huldigender prallten die Haufen gegen den aufgerichtet Schreitenden an, sie küßten ihm den Mantel, sie warfen sich vor ihm nieder, sie schrien verzückt seinen Namen, und dennoch blieb stets ein Raum zwischen dem im blauen Wappenrock und den Namenlosen gewahrt, denn die unsichtbare Mauer zwischen dem Schöpfer und den Empfangenden ließ sich auch hier nicht überklettern.

Vor der Tür des »Silbernen Bischofs« wandte sich der Gefeierte noch einmal zurück.

»Tut euch gütlich«, warf er hin, »in allen Schenken fließt heute roter und weißer Freiwein, an jeder Straßenecke lasse ich einen Mastochsen für euch braten. So nehmen wir von dem Raubgut Abschied.«

Gebrüll stieg zum Himmel, dann knarrten die Treppenstufen, und der wohlbekannte federnde Tritt verkündete sich. Aber wie anders kehrte Klaus Störtebeker zurück, als der hochgestimmte Licinius ihn erwartet hatte! Erhitzt, mit funkelnden Augen, an jeder Hand eine Dirne mit sich schleppend, so stürmte der prächtig Geschmückte herein. Als er seines Begleiters ansichtig wurde, da stieß er die beiden Weiber von sich, und trunken von seinem Erfolg, schloß er den Knaben in die Arme und hob die zarte Gestalt spielend empor.

»Blondkopf«, löste es sich aus der mächtigen Brust, »hast du's gehört? – Was sträubst du dich? Was starrst du mich so an? Ja, es macht heiß, wenn der Atem der Zwiebelfresser übel um einen duftet. Gib Achtung, ich hab' etwas für dich. Lauf zum Michael, er wohnt in der Kurie, und lad' ihn für heute nacht auf die ›Agile‹. Spring, Kleiner, ich muß ihn haben! Schnell, dies taugt nicht für dich.«

Und als ob er vom Bösen verfolgt würde, stürzte der Knabe durch die Straßen.

*

III

Böses Wetter herrschte über der »Agile«. Nicht, als ob Wind und Wogen den Segler zum Streit herausgefordert hätten, denn der Himmel lachte im hellsten Gold, und die Flut breitete sich als ein blauer Acker vor dem Meerwanderer aus. Nein, es war die schlechte Laune des Admirals, die immer schwer auf dem Schiffsvolk lastete, sobald das Unvermögen besonnenen Wartens die Herrschaft über den Lebhaften erlangt hatte. Die Tat, auch die aussichtsloseste, schloß er jauchzend in seine Arme, das Hinbrüten jedoch, das Minute-an-Minute-Reihen ertrug er nicht, und mitten aus der erzwungenen Ruhe schoß er manchmal empor, entschlossen, durch irgendeinen heftigen Wurf den Zaun, von dem er sich eingeengt wähnte, zu zerschmettern. In solcher Lage aber befand sich der Sieger von Wisby nach seiner Meinung gerade jetzt. Die Tage wollten sich für ihn nimmermehr vom Firmament lösen, und keine noch so drohend emporgereckte Faust beschleunigte ihre Fahrt.

Unerträglich, nicht wert zu leben!

An der Galerie, die ganz hinten am Heck zu Füßen des gewaltigen Aufbaues den Abschluß des Schiffes bildete, schritt der Störtebeker eines Morgens rastlos auf und nieder. Das Haar flatterte ihm um die Stirn, und seine schwarzen Augen spähten über die eingefurchte Kiellinie zurück auf den Weg, den er gekommen. Hinter ihm war die tote Stadt längst versunken, das letzte Goldkreuz ihrer Kirchen hatte sich in Dunst aufgelöst, und das einzige, was sich auf der Fläche abzeichnete, waren die zwerghaften Umrisse von zehn schwarzen Freibeuterschiffen, die im weiten Umkreis dem Kurs der »Agile« folgten. Nur zehn? Wohin hatte sich der übrige Teil, der noch vor kurzem so stattlichen Flotte verloren? Und weshalb befand sich Gödeke Michael nicht in der Gesellschaft seines Freundes? Wo blieben der Magister und der fromme Saufbruder Wichbold? Und noch eins! Den Kundigen war es schon seit geraumer Zeit aufgefallen, daß man die dänischen Gewässer verlassen und auf der Höhe der deutschen Küste kreuzte. Spürte der Admiral plötzlich Sehnsucht nach Heimat und Sippe, die er stets hoffärtig verleugnet? Niemand erfuhr es, und unentwegt hielten sich die Schwarzflaggen auf derselben Meestraße. An klaren Tagen konnte man aus den Mastkörben bereits die blauen Linien von Rügen dämmern sehen, allein kein Näherrücken gab es, sondern man harrte.

Enttäuscht lehnte sich Klaus Störtebeker an die Wand des Aufbaus, kreuzte die Arme über der Brust und schickte noch einmal einen hoffnungslos finsteren Blick über die lachende Ferne. Nichts! Das, was er erwartete, die roten Segel, die in der Nacht seine Träume teilten, sie wollten sich nicht zeigen.

»Ich möchte lieber«, sprach er endlich höhnisch zu dem Knaben Licinius hinunter, der mit einer Schreibarbeit beschäftigt zu den Füßen des Admirals hockte, »der dicke Wichbold schwömme als ein unförmig Bauchgebirge an uns vorüber, als daß mich der wüste Saufaus noch länger narrte. Acht Tage! Könnte ich doch mit dem Wind dem widrigen Kerl meinen Namen in die Ohren heulen, ich ...«

Mitten im Satz schleuderte er jedoch alles Weitere von sich, um sich unvermutet zu seinem Gefährten herabzubeugen, denn das Schweigen des Knaben verdroß den Heftigen.

»Was bedeutet dein ewiges Gekritzel?« rief er hastig. »Was treibst du, Bursche?«

Folgsam schloß der Angeredete seine Wachstafel, allein seine Augen suchten fortgesetzt den Boden, als er still erwiderte: »Ich tue, was du mich geheißen.«

»Ich?«

Plötzlich lachte der Riese und fuhr dem Blonden versöhnt über die Locken. Er besann sich. Damals, als er zur Nacht von Wisby auf sein Schiff zurückkehrte, war ihm zum erstenmal der Einfall aufgestiegen, es sei ratsam, vor Mit- und Nachwelt jene Begebenheiten aufzuzeichnen, die sein seltsam Vorhaben gefördert oder gehindert hätten. Denn ohne daß sich der Sorglose ganz klar darüber wurde, hatte ihn ein drängendes Verantwortungsgefühl gegenüber seinen eigenen Plänen erfaßt, so daß er meinte, sie müßten in ihrer Ursprünglichkeit erhalten werden, auch wenn er nicht mehr atme.

»Geh, Bübchen«, hatte er sofort seinen Gefährten angepackt, da Licinius in jener Nacht auffallend wortlos und ohne Teilnahme neben dem innerlich Berauschten einherging. »Du hast ein rein Herz. Zeichne auf, was du hier erspähst. Mag dein sanft Gemüt einst für mich zeugen wider Trug und Mißgunst.«

Und so hatte der Knabe in all seiner bedingungslosen Schwärmerei und heimlichen Trauer zur Schreibtafel gegriffen.

Heute entdeckte nun der Seefahrer ganz unvermittelt, nachdem er endlich seinem verbitterten Warten entrissen war, was sich längst in seiner Gegenwart entwickelt hatte, und sofort entwendete er dem Knaben die Tafel vom Schoß, um sie in starker Spannung zu überfliegen. Er lehnte noch immer am Aufbau, aber bevor er zu blättern begann, warf er dem Blonden erst noch einen merkwürdig fragenden Blick zu. Der hielt das blitzende Augenpaar gefaßt aus, wie jemand, der mit sich und seinem Urteil im reinen ist.

Da schlug der Störtebeker das Buch auf. »Nun gut, Licinius«, meinte er neugierig, »laß sehen, was ein sauberer Spiegel zu melden weiß?«

Klangvoll fing er an zu lesen:

»Dies schreibe ich der Wahrheit zuliebe, und auf daß mir selbst einst vergeben werde ...

Der Störtebeker hat auf dem Markt zu Wisby alles Volk zu sich bekehrt. Bis auf die wenigen um Gödeke Michael. Dies ist ein Schade, denn es sind gar wackere Schiffer und in guter Zucht. Die anderen aber streckten die Hände zu ihm wie zu einem Gott aus der Höhe, sie küßten ihm den Mantel, einige ließen ihn über sich wegschreiten, und ich habe etliche Narbengesichter weinen gesehen gleich den Kindern. Niemals zuvor wurde aber auch Verlassenen dergleichen verheißen, und unser Herz quoll über vor Dank und Sehnsucht. Am Abend kehrte der Störtebeker heim auf die ›Agile‹. Seinem blauen Prunkrock war böse mitgespielt, und er selbst gebärdete sich hitzig und voll Unrast, so daß man hätte fürchten können, er habe seinen Stern in übler Gesellschaft verloren! –«

Bei dieser Stelle fuhr der Lesende erstaunt herum, strich sich über die Stirn und schlug dann auf die Wachstafel.

»Was hast du hier geschrieben, Fant?« rief er nicht ganz sicher. Dann aber faßte er sich. »Töricht Kind, weißt du nicht, daß des Menschen Gebein aus Ton und Erde gemacht wurde? Es kann den Funken nicht immer vertragen.«

»Ich will den Satz tilgen«, versetzte der Knabe sanft.

»Nein, mag er bleiben«, bestimmte der Admiral nach einer Weile und versuchte zu lachen. »Er meint es redlich. Gehen wir weiter.«

»Zur Nacht kam der Gödeke Michael an Bord. Mein Herr hatte ihn durch mich bescheiden lassen. Wir saßen zu dritt in der Kajüte. Der Michael hatte ein ernst und undurchdringlich Gesicht, und verschlossen war sein ganz Wesen. Es schien mir aber dennoch, daß seine Augen voll Trauer und Teilnahme an dem Störtebeker hingen. Da griff ihn mein Herr gleich scharf an und sprach: ›Gödeke, warum hast du dich heute wider mich gewendet?‹

›Darum‹, sprach er, ›weil du über die Wolken fliegst und der Armen Sach' auf Erden ausgefochten wird.‹

Der Störtebeker hielt an sich und erwiderte: ›Weißt du denn nicht, daß ich darauf bin, ihnen ein Asyl zu öffnen?‹

Der andere zuckte die Achseln und sprach: ›Wie willst du wohl dazu kommen? Auf den Schiffen sind wir stark, aber zu Land ein verloren Häuflein. Mit so geringer Macht wird nicht einmal ein Acker gewonnen.‹

Da lachte der Störtebeker hellauf und sagte: ›Potz Marter, du denkst nur immer an Schädelspalten. Ich aber will mein Land in gutem Frieden mit Gold und Silber einhandeln.‹

Darauf schwieg der Gödeke Michael eine Weile und bedachte sich, dann fragte er, wer solch ein Land wohl freiwillig verkaufen würde? Als er nun hörte, daß mein Herr schon den Hauptmann Heino Wichmann auf Kundschaft zu den Friesen gesendet hätte, da die Großen dieser Stämme aus Geldgier sogar ihre eigenen Weiber preisgäben, da schüttelte er den Kopf und fragte zum Schluß:

›Und woher willst du eine solche Menge Goldes nehmen, wie sie gewißlich von dir fordern werden?‹

Da zögerte der Störtebeker ein weniges, und es war, als ob er sich schäme, dann aber schüttelte er es ab und meinte kecklich: ›Ich weiß eine Stadt in Norwegen. Die hat sich seit alters her gemästet, so daß sie schier erstickt vor Wohlleben und Überfluß. Auch die Hansischen halten dort ihre Kontore und nagen gleich den Ratten am Speck der Eingeborenen. Dorthin will ich den dicken Wichbold mit zwanzig Koggen senden, damit er den feisten Wanst mit Tribut und Steuer zur Ader lasse.‹

Kaum hatte der Michael dies vernommen, da sprang er auf, stieß den Tisch von sich und schrie, während die Zornader ihm schwoll: ›Ist der Wichbold schon fort?‹

Und als mein Herr bestätigt hatte, die Koggen wären schon seit Mondaufgang unter Segel, da geriet der Michael außer sich, hieb auf die Tischplatte und verschwor und vermaß sich. Ganz rot war er im Gesicht, als er hervortobte:

›Wehe, du hast unsere Sache erwürgt und ins Grab geworfen.‹

›Gödeke‹, unterbrach der Störtebeker, und ich glaubte, er ersticke, ›nimm dich in acht! Mich hat noch niemand beschimpfen dürfen.‹

Bevor aber noch ein Unglück geschehen, da hatte der Michael sich selbst an der Brust gepackt, und nun würgte und rang er gar erschrecklich, bis er endlich in seiner gewohnten Weise hervorbringen konnte: ›Ich kenn' deine Stadt. Heißt sie nicht Bergen?‹

›Du sagst es‹, erwiderte mein Herr.

›Und ich kenne auch den dicken Wichbold‹, entfuhr es dem anderen, ›diesen Wegelagerer und stinkenden Weihrauchkessel. Gib acht, in der Linken sein Gebetbuch und in der Rechten ein Bund brennenden Wergs wird er die Bergener rösten, nachdem er ihnen zuvor das letzte Kissen aus dem Bett gezogen hat. Weißt du auch, was daraus entsteht? Die Dänischen und die Hansen werden gemeinsam über uns kommen und um so lieber, als die Schiffe des preußischen Ordens jetzt schon gen Wisby unterwegs sind. Zweifle nicht, dies muß die Schwarzflaggen zu Fetzen zerreißen.‹

Als mein Herr so die nahe Gefahr verkündet hörte, da wuchs er in die Höhe, gerade wie damals, da die Steinkugeln des ›Connetable‹ unser Deck zertrümmerten. Schweigend schritt er in eine Ecke, holte von dort seinen langen Hieber hervor und streckte die Waffe vor sich hin.

›Höre, Gödeke‹, sagte er, und es konnte ihm keiner von uns in die Augen schauen, so grimmig flackerten sie, ›so wenig ich über dies Eisen springen kann, während ich es in meiner Faust halte, so wenig wird dies alles geschehen. Meint der Wichbold etwa, ich wäre ein Hündchen, das im Schoß einer Dame schmeichelt? Er weiß, so auch nur einem Bergener ein Haar gekrümmt wird, so will ich ihn selbst schänden, daß kein Weihwasser mehr das Mal von seinem Pockenfraß abwäscht. Sei sicher, die Furcht wird ihm raten!‹

Damit warf mein Herr den Hieber von sich, holte tief Atem und seufzte. Nachher sprach er mit einer treuherzigen und traurigen Stimme: ›Aber dies ist nicht das Schlimme. Das Schlimme ist etwas anderes.‹ Er legte dem anderen die Hand auf die Schulter. ›Ist es wahr, Gödeke, daß du von mir gehen willst?‹

›Ja‹, rang sich der Michael langsam ab. ›Meine Zeit ist gekommen.‹

›Gödeke‹, rief nun mein Herr, ›bist du des Raubens und Stehlens noch nicht satt?‹

Über das Gesicht des Michael lief eine Röte. ›Ich habe mein Tag nichts für mich genommen‹, rechtfertigte er sich rasch. ›Aber es muß einer dasein, der für die Geknechteten und Geschundenen als ein Racheengel daherfährt. Was würde, wenn die Mächtigen nicht mehr vor dem Würger schauderten?‹

Der Störtebeker nickte und sah vor sich nieder. ›Und von dem Wiederanfang hältst du nichts?‹, fragte er.

›Ich bin ein Kriegsmann‹, zuckte der Michael die Achsel. ›Wir haben am Kreuz gestanden und den Herrn vergeblich verröcheln gesehen. Seitdem weiß ich, daß Blut um Blut gefordert werden muß.‹

›So gehe‹, fuhr der Störtebeker heftig auf, ›und wir wollen warten, wer unserer Sache besser nützt!‹

›Dies geschehe‹, sprach der andere kalt und wandte sich.

So wären die beiden alten Genossen schier unversöhnt voneinander geschieden, wenn nicht der Störtebeker dem Michael mit einem Sprung nachgesetzt wäre, gerade als jener die Treppe erreichte. Aber auch der Michael kehrte zu gleicher Zeit um und streckte meinem Herrn beide Hände entgegen.

›Bruder‹, rief der Störtebeker in einem Ton, wie ich es bis dahin noch nie von ihm gehört. Auch dem anderen schien das Wort durch und durch zu gehen, denn er führte die Hände des Freundes gegen seine Brust und sah ihn lange an. Dann sprach er:

›Klaus, seit du als Halbflügger zu mir kamst, hast du ein reiner Licht über mein Handwerk fallen lassen als je vorher. Das will ich dir nimmer vergessen. Darum kann ich auch in der Ferne nicht aufhören, auf dich zu achten. Geht es dir aber übel, so sende mir unsere Schwarzflagge und hänge deinen Siegelring daran. Daraufhin will ich meinen Kopf für dich wagen, wie bis auf diesen Tag. Und nun frisch, Klaus, tue, was dein Herz dich lehrt und was ich nicht mit dir tun kann.‹

Darauf umarmten sich die beiden Männer und gingen auseinander. –«

Hier schloß der Admiral das Buch, löste sich ein wenig von der Wand des Aufbaus, und sein Blick glitt abgekehrt zu der Kielfurche hinunter, die sich wirbelnd in der Weite verlor. Die Bilder aber, die sein Schreiber entrollt, gaben ihn noch nicht frei, sie fingen ihn vielmehr in einen dichtbevölkerten Käfig ein, aus dem es kein Entspringen gab.

Nein, das nicht! Was sollte der Verkehr mit Schatten? Gewaltsam schüttelte sich der Entrückte, um, wie zur Rettung, abermals nach der Tafel zu greifen. Siehe da! Waren da nicht in kleinerer Schrift ein paar Zeilen eines Nachtrags hingesetzt? Klaus beugte sich, um sie zu entziffern. Und während des Ausdeutens kam dem Lesenden der Argwohn, als habe der Schreiber absichtlich seine Zeichen krauser und undeutlicher gehalten als bisher. Da stand:

»Dies schreibe ich für mich allein!

Als der Michael gegangen war, da stand mein Herr aus Stein gehauen, als wäre er aus der Welt ausgestoßen und verbannt. Aber dem war nicht so! Wer ihn recht betrachtete, der merkte wohl, daß ihm während dieses ganzen Streites ein weißes Licht auf der Stirn geleuchtet hatte, so daß man hätte vor ihm niederknien mögen, um ihn anzurufen: ›Nimm mich mit dir, wohin du dich auch wendest.‹ Deshalb weiß ich, unser Heil ist nur in den Spuren dieses Einen. Denn er sucht das Gute. Und ob es sich auch tief versteckt, es ist nicht aus der Welt. Mögen wir alle es schauen vor unserem Ende!«

Tief aufatmend fügte der Störtebeker die Wachsplatten zusammen, schlang die Bänder um die Holzhülle und reichte Licinius, der sich inzwischen erhoben hatte, die Tafeln zurück. Auf dem engen Raum hinter der Galerie standen sie dicht nebeneinander, ein Ausweichen war nicht möglich. Gern hätte der Knabe erfahren, ob der Admiral mit der Schreibarbeit zufrieden sei, allein dieser hatte sich abgekehrt, so daß seine Gesichtszüge dem Blonden verborgen blieben. Da versuchte Licinius, dem Seemann die Hand bescheiden auf den Arm zu legen. Kaum aber spürte dieser den Druck, da fuhr er zum Schrecken seines Gefährten mit einem Sprung herum – dann ein Augenblick des Erstarrens, und in den Blonden schlug es ein, daß dies nicht mehr derselbe sei, der noch soeben höhnisch, ungeduldig, verbittert nach seinem Schicksal ausgespäht hatte. Nein, wild, hingerissen, über alle Grenzen geschleudert, so stand der leuchtende Mensch vor dem Fassungslosen, der solch jähen Wechsel nicht gleich begriff, dann ein selbstverständliches Zupacken, in irrem Schwindel fühlte Linda ihre Glieder emporgeworfen, und dann lag sie wie in einer mächtigen Wiege, und das edle und doch so fürchterliche Antlitz ihres Bezwingers beugte sich nah und näher auf die Zitternde nieder.

»Knabe – Weib – was bist du eigentlich?« jauchzte ihr eine heiße, verzehrende Stimme ins Ohr. »Du Stern, der mir vom Himmel herabfiel, was soll die Vermummung?«

Da sprang über der Hingestreckten das blaue Gewölbe auseinander, Entsetzen und Verzückung stürzten zugleich auf sie herab, voll Schauder warf sie die Hand gegen die sündhaften Augen, allein der erhobene Arm brach kraftlos auf halbem Wege zusammen, und nichts als eine lächelnde Starrheit war dem erschreckten Bedränger preisgegeben.

Als ihn dies gänzliche Verstummen erreichte, da kehrte dem Betroffenen die Besinnung zurück. Eine bittere Verachtung verzerrte plötzlich seinen Mund, schützend packte er seine Last fester, und zum erstenmal warf er einen scheuen Blick um sich, ob auch die Mannschaft nichts von seiner Verlegenheit erkundet. Allein, da hinter dem hohen Aufbau keine Überraschung zu besorgen war, so öffnete der Störtebeker entschlossen die schmale Hinterpforte, und gleich einem Einbrecher schlich er tief gebückt in die große dunkle Kammer. Ein Lichtstreif verriet ihm die Lagerstreu seines Gefährten. Nur Stroh und Schilf sowie eine rauhe Decke dienten hier zu Rast und Schlummer, und eine heimliche, nie empfundene Bedrückung belehrten den Eingedrungenen ganz unerwartet, welcher Dürftigkeit das verwöhnte Geschöpf, das er jetzt so behutsam auf den Armen trug, sich hier habe anpassen müssen. Und weshalb? Weil sie, die Mißhandelte, unverrückbar und felsenfest an seinen Stern glaubte. Ein heißer, dankbarer Blick streifte das totenähnliche Antlitz, und während er den fühllosen Körper sanft auf die Streu gleiten ließ, da regte sich in dem Prachtliebenden, stets zu jeder Verschwendung Bereiten, ein unzähmbarer Haß gegen die Ärmlichkeit dieses Lagers. Wie? Er selbst wühlte im Golde, und seine Nächsten sollten darben? Das konnte ihm nur Schande eintragen, solches berichteten auch die Lieder keineswegs, die man im Volke von ihm sang.

»Wulf Wulflam«, befahl er eine Weile später, als er über Deck schritt, seinem Bootsmann, »wir haben noch die Schlaftruhe des Bischofs von Strängnäs an Bord. Schnell, schaffe den Plunder zu Licinius in die Kammer. Das Büblein braucht sich die Knie nicht wund zu scheuern.«

Vergnüglich wollte der Schiffer Beifall grinsen, allein ein Blick auf das hochmütige Gesicht seines Herrn ließ es ihm doch geraten erscheinen, lieber die Kappe zu lüften, um sich dann wortlos an seine Arbeit zu trollen. Er wußte aus Erfahrung, wie wenig für Einverständnis und Vertraulichkeit von diesem Seetyrannen in gleicher Münze eingewechselt wurde!

*

Tag und Nacht war verstrichen, und in seiner Kajüte streifte der Störtebeker ruhelos auf und nieder. Zuweilen hörte man auf Deck, wie unten ein harter Faustschlag gegen die Holzwände dröhnte. Zwiefach harrte der Admiral. Auf die roten Segel, die nicht aus dem Horizont brechen wollten – und ein heftiger Zorn peinigte ihn daneben, weil ihm sein Knabe heute zum erstenmal nicht bei Tisch aufgewartet hatte.

Was sollte das? Auflehnung? Der Gereizte blieb stehen, und ein verständnisloser Blick streifte die lederne Peitsche an der Wand. Er wußte nicht, was er wünschte. Gleich darauf zwar brach er in Hohn über sich selbst aus, und er verspottete sich, weil in dieser unerträglichen Spannung Weiberkram seine Gedanken beeinträchtigen konnte. Angestrengt sann er eine Weile nach und horchte, ob sich kein weicher Tritt melde. Als sich jedoch nichts regte, spritzte ihm die Wut verschärft in die Stirn, und doppelt besessen stürzte er an die Schiffsluke, um in ohnmächtiger Verzweiflung über die schwanke Ebene zu spähen. Nichts … nichts … bei den fünf Wunden, nicht der Schatten eines Käfers ließ sich entdecken, und mit schmerzenden Augen taumelte der Unbändige zurück und raufte sich stöhnend das Haar. Zwanzig seiner mächtigsten Schiffe, der Kern der gesamten Schwarzflaggen, sie waren verschollen, er hatte sie unter die Hand eines gewissenlosen Henkerknechtes gegeben, und nun bohrte in ihm die immer spitzere Erkenntnis, daß auf diesen Planken alle Hoffnung der Armen und Elenden verladen war, zu deren Wortführer er sich aufgeworfen hatte. Welch ein Hohngelächter würde rings um die Küste schallen, wenn man erst erfuhr, daß diese gefürchtete Waffe vielleicht von einem seiner eigenen Genossen gestohlen war? Lähmend stieg ihm die Befürchtung des Gödeke Michael auf, und zu stolz und herrschsüchtig, um den geringsten Vorwurf zu erdulden, begann seine Tobsucht nach irgendeinem Opfer Ausschau zu halten. Warum kroch dieser blonde Tröster nicht wie sonst gleich einem demütigen Hündchen zu seinen Füßen? Das durfte der Herr doch verlangen?! Und wieder haftete sein verwirrter Blick an der Lederpeitsche, und seine Rechte streckte sich krampfgeschüttelt nach ihr aus.

Da … mit einemmal, welch ein singender, langgezogener Ruf aus den Himmeln?

Der Störtebeker schnellte in die Höhe, und so sehr hatten sich alle seine Sinne in eine einzige Erwartung verzogen, daß er die Gestalt nicht unterschied, die jetzt in die taghelle Öffnung der Tür drang.

»Herr«, jubelte Licinius, wie immer ein Bote des Glücks, »der Wichbold!«

Da wurde ihm noch einmal der Freispruch von unerträglichen Foltern vergönnt, die Entkettung von irgend etwas Wildem, Bösartigem, das schon Gestalt gewonnen hatte. Beide Arme warf der Störtebeker auseinander und stürzte auf den Ersehnten zu, als wollte er abermals die feinen, schlanken Glieder im Übermaß des Entzückens an sich pressen. Aber der gewaltige Zug, der über ihm war, sprengte ihn weiter. Nur die Hand des Knaben umklammerte er und ohne sich weiter um ihn zu kümmern, riß er den Blonden widerstandslos hinter sich her auf Deck.

Oben ein glasheller Sommertag und unter ihm das seidige Wallen des blauen Meeres. Jedoch der Besessene blieb blind für die gewohnte Pracht, ihn trieb einzig die lodernde Wut seines Wesens an, sein abergläubisch verehrtes Glück allein und weit über den Häuptern der anderen auskosten und ermessen zu dürfen. Niemals hatte er sich dazu hergegeben, heute stürmte er unempfindlich gegen seine Würde über die Strickleitern empor, und bald entdeckte ihn die erstaunte Mannschaft, wie er hoch oben in der rot gestrichenen Masttonne sich weit über den Bügel warf, um die ungeschützten Augen frech und durstig in die Sonne zu bohren.

Ja, von dorther schwamm sein Glück. Mit rot glitzernden Funken war die Straße gepflastert, über die es langsam einherzog, wenn man auch bis jetzt nichts weiter als eine sich immer vergrößernde Anzahl schwarzer Flaggen unterschied, die scheinbar von unsichtbaren Händen durch die Wolken getragen wurden. Da wartete der Störtebeker nicht länger ab, bis sich auch der Rumpf jener Schiffe zu zeigen begann, er fragte sich in seinem Taumel auch nicht, warum der Leib der Koggen gar so dünn und laienhaft am Horizont haftete, mitten in der lauen Luft wurde die riesige Gestalt dort oben von einem übernatürlichen Sturm geschüttelt, und mit einem ins Unermessene langenden Griff zerrte er die Schwarzflagge von der Wimpelstange, und nun schwenkte er sie in langen atemlosen Windungen durch den goldspinnenden Äther, bis das dunkle Tuch selbst von Feuer und Brand erfaßt schien. Er grüßte sein Glück, er grüßte das Heil der Unzähligen, von dem er meinte, daß es ihm jetzt unwiderruflich in die Hände gegeben sei. Da brandete auch unter dem Schiffsvolk der lang gesparte Beifall empor. Linda, die fast unkörperlich zwischen den schreienden, winkenden, durcheinanderwimmelnden Männern umherirrte, denn ihr Blick kletterte über alle hinweg dem trunkenen Fahnenschwinger in die Lüfte nach, sie fing dennoch auf, wie der Jude Isaak den kleinen zahnlosen Arnold Frowein an den Katzenpfötchen packte, dazu inbrünstig murmelnd: »Glaubst du nun, Bruder, daß sie da sind?«

»Wer?« miaute der ehemalige Töpfer, der sein gezwungenes Grinsen nicht lassen konnte.

»Das neue Reich. Der Messias!«

»Mag sein«, zischte der andere, und in seinen Augen entzündete sich ein grünlicher Brand. »Aber die Katzen müssen erwürgt werden, damit Urian sich nicht in dem neuen Reich Kinder zeuge. Und auf das Streckbett soll man spannen, was sich Richter nennt! – Meinst du nicht, Freundlein?«

Der Jude sah ihn starr an, dann ließ er die kratzenden Nägel fahren und grübelte bange in sich hinein: »Laß, dort ist Freundschaft – wo sonst?«

Inzwischen war der Störtebeker geschmeidig an den Wanten herabgeglitten, nun bildete sich eine schweigende, atemlose Menschengasse, durch die er hindurchschritt. Noch immer hing ein Leuchten, ein Jubel an dem Riesen.

»Komm, Licinius«, befahl er, als er den Knaben erreicht hatte, »hilf mich schmücken. Die Spielleute sollen sich bereit halten. Wir wollen dem Wichbold ein Bankett geben, wie sich's Silen und Bacchus nimmer erträumt haben. Tummle dich, Kleiner, daß er uns nicht überrasche!«

*

Allein der Wichbold kam nicht. Längst schimmerte die Kajüte der »Agile« in ihren satten Farben, wie zum Hohn sandten die Spielleute ihre Weisen in den sinkenden Tag, und in seinem roten Prachtwams saß der Admiral blaß und verstört unter den brennenden Laternen und ließ sich von Licinius einen Becher nach dem anderen füllen. Der Erwartete stellte sich nicht ein!

Durch die offenen Luken sah man, wie sich über die Flut grauer Schaum wälzte, allmählich liefen die Mondkäfer über die tanzenden Hügel hinweg, das Gesumme der Nacht meldete sich.

Endlich ertrug der Störtebeker die getäuschte Erwartung nicht länger. Geräuschvoll sprang er auf, und so sprechend war die Gebärde, mit der seine Rechte in die leere Luft griff, daß ihm Licinius ohne weitere Frage den schwarzen Mantel um die Schultern hing. Achtlos nickte der Admiral, dann stieg er schweren Trittes die Treppe hinauf, und kaum hatte er auf Deck die Bordschwelle erreicht, so schrillte jener Pfeifentriller über See, der eine der begleitenden Snyken herbeirief. Gleich darauf schwang sich die hohe Gestalt unter die Ruderknechte des Bootes. Bevor er jedoch die Weisung zum Aufbruch erteilte, warf er noch einmal das Haupt herum, denn er vermißte etwas. Oben an der Bordschwelle lehnte Licinius, um schweigend der Abfahrt beizuwohnen. Da hatte der Riese gefunden, was ihm fehlte.

»Spring herab«, hieß er den Knaben. Und als dieser zögerte, noch einmal ungeduldiger: »Springe, dir widerfährt nichts.«

Da erstarb das Widerstreben in dem Erblaßten, folgsam schloß er die Augen, und ohne einen Laut von sich zu geben, ließ er sich durch die Bordlücke in die Schwärze fallen. Allein er berührte den Boden nicht, denn in heftigem Anprall stürzte er dem Störtebeker in die geöffneten Arme.

»Recht«, murmelte der und setzte seinen Gefährten sorgsam neben sich auf die Ruderbank. »Nun zum Wichbold.«

Rauschend verlor sich das Boot im Dunklen.

Am Nachthimmel hing bereits der Mond, als die Snyke in die Linie der Wichboldschen Schiffe einfuhr. Diesmal aber mußte es auch dem Unbefangensten auffallen, wie tief und schwer beladen die Fahrzeuge im Wasser lagen, augenscheinlich hatten die Ungeheuer über jedes Begreifen hinaus von dem Hab und Gut, um das aller Streit in dieser Welt geht, in sich eingewürgt. Besonders war es die »Goldene Biene«, die Führerkogge des Wichbold, die unbeweglich herabgedrückt in den schwarzen Wassern lag, und als ihre Besatzung von den Bootsleuten angerufen wurde, da antwortete zunächst ein dumpfes, bleiernes Schweigen. Leblos, oder von dickem Schlaf umhüllt, ruhte die »Biene« auf der Flut. Jetzt stieß das Boot an die Wandung, und zu gleicher Zeit richtete sich der Störtebeker sonderbar schwerfällig unter seiner Schar auf und führte mit dem Ruder einen harten Schlag gegen die Planken.

»Wichbold«, schrie er. Es klang beinahe ängstlich.

Auf der Kogge gab sich noch immer kein Laut kund, doch an den Masten glitten wenigstens ein paar Laternen in die Höhe, und eine Strickleiter fiel mit Gepolter über Bord. Wortlos schwang sich der Störtebeker hinauf, ungeheißen kletterte Licinius ihm nach.

Auf dem Deck der »Biene« stand die Mannschaft Kopf an Kopf, eine dunkle, nicht unterscheidbare Masse. Aber merkwürdig, kein Ruf hieß den sonst so gefürchteten Führer willkommen, schweigend, verlegen wich die Menge vor dem einzelnen Mann auseinander, bis ganz hinten am Mast eine aufgeschwemmte, unförmige Gestalt sichtbar wurde. Die sank, wie ein baufällig Weinfaß, vor dem noch Fernen zusammen, und man konnte fast annehmen, sie wolle zur Begrüßung in die Knie brechen.

»Alle Heiligen«, gurgelte es tonlos aus dem Zober. »Du, mein gesegneter Freund.« Irre fuchtelten ein Paar fleischige Hände dazu in der Luft.

Allein trotz dieses demütigen Empfanges rührte sich der Ankömmling nicht, starr aufgerichtet verharrte er in der Menschengasse, und nur die vom Laternenschein grünlich getroffenen Augen des Admirals wanderten ungläubig, ja, wie von aufsteigendem Irrsinn entzündet, über die merkwürdige Beute der »Biene«. Da lagen freilich Kostbarkeiten aufgestapelt, die man sonst nicht oft beieinander findet. Truhen waren über Truhen geschichtet, die meisten halb offen, so daß Gold- und Silbergeschirr, kupferne Ampeln, eiserne Lichtreifen, Holzschnitzereien, bunt bemalte Wappen und Gildenschilder, riesige Deckelkrüge sowie Fetzen unordentlich hineingepreßter Teppiche aus ihnen hervorlugten. Etwas weiter türmten sich verschimmelte Wein- und Bierfässer übereinander, ungeheure Ballen unverarbeiteter Tuch- und Leinenstoffe hoben sich bis zur halben Höhe der Masten, da standen Pferde und Kühe angebunden, dort verschlangen sich Betten, seidene Frauenkleider, Schuhzeug und allerlei Gewaffen zu einem unerkennbaren Haufen, und ganz hinten auf dem Aufbau beugte sich inmitten eines wüsten Reigens von Weihrauchkesseln, Messegewändern und Stolastickereien, Opferschalen und Prozessionsfahnen eine überlebensgroße Mutter Gottes wehklagend zur Erde nieder, obwohl nichts anderes vor ihr lag als ein Stoß scharf duftender Lederhäute. Erst allmählich schwamm dieses tolle Durcheinander aus dem undeutlichen Laternenlicht hervor, und je brütender der Störtebeker auf jedes einzelne Stück hinstierte, desto qualvoller breitete sich unter der Mannschaft diese unbeschreibliche Strafe des Schweigens aus. Einzelne wischten sich mit groben Fäusten den Schweiß von der Stirn.

»Herr, Herr«, jammerte von seinem Mast aus der dicke Wichbold und schlug, während er ein paar Schritte vorwärts wankte, schallend die Hände zusammen. »Dies ist nicht mein Werk. Beileibe nicht. Wie es wohlgetan ist, den Ungerechten von ihrem Überfluß zu helfen, damit er unter die Armen verteilt werde, so ist dies hier eine Versuchung vom Herrn der Finsternis – nicht ich – nicht ich –, so wahr ich will selig werden.«

Noch immer tasteten die Blicke des Störtebeker umher, taub und unempfindlich schien er, und so faßte der schwammige Buschklepper den Mut, wieder einen Schritt näher zu rücken. Verzeihungheischend beugte er sein graulockiges Haupt, wobei er sich selbst voller Anklagen die Brust schlug.

»Ach, du mein gesegneter Freund«, bettelte er, »sprich zu mir. Wolle dich überwinden. Ich weiß, du denkst ungnädig, aber was sind wir armen

Sterblichen anderes als Läuse am Leib eines Hitzigen! Ein Schlag, und hin! Wie habe ich deinen Befehl befolgt – ich lernte ihn auswendig, ich konnte ihn auf dem Nägelein* gleich einem Paternoster, ich sprach ihn voll Ehrfurcht aus, nicht anders als den gebenedeiten Namen Unserer Lieben Frau. Und siehe, ihr Segen ruhte über mir Unglücklichen, denn alles war schon in guter Ordnung. Das Abkommen mit den frommen Bürgern von Bergen, der Tribut auf dem Tisch des Rathauses, auch dein Siegel hing bereits unter dem Pergament ... da ... oh, über die Tücke des Schwarzen ... da warf eine Hure im Zank ein brennendes Scheit gegen eines meiner Kinder ... und ... und ... deine Klugheit errät ... die hölzernen Häuser ... kein Lüftchen ... ach und weh, die Hitze ...«

Er raffte seinen Rosenkranz empor und warf die Holzperlen in jäher Flucht gegeneinander.

»Nicht mein Werk«, stammelte er, »nicht mein Werk.«

Woran aber hafteten die Blicke des Störtebeker während dieser langen Rede so fest, daß sie sich von dem seltsamen Ding nicht mehr trennen mochten? Mitten aus dem Wust hing aus dem kupfernen Reifen eines Torringes ein hölzerner Amselkäfig herab, und ein schwarzes Tierchen sprang ängstlich und ungefüttert zwischen den Stäben hin und wider, wobei es häufig einen schrillen Pfiff ausstieß. Gott allein mochte wissen, aus welch behüteter Ruhe das zahme Geschöpf herausgerissen war. Schützend, ungewiß, streckte der Admiral die Hand gegen diesen winzigen Zeugen ungeheuerlicher Greuel aus, allein plötzlich wandelte sich der anfänglich so harmlose Griff, die Finger des verstummten Riesen spreizten sich, ein Aufrecken, und er hatte die schwere eiserne Laterne von der nächsten Mastleine gerissen, und dann – ehe sich noch die betäubte Mannschaft dazwischen zu werfen wagte, da schmetterte das unförmige Gerät auf den Schädel des versteinerten Wichbold nieder, Flammen und Blut spritzten gemeinsam herum, und wie ein abgesägter Baum rollte der Wanst dem Angreifer vor die Füße.

Doch der Gestürzte war nicht getötet. Obwohl ihm rotes Gerinnsel dick und schwammig über die Stirn rann, so behielt der Gezeichnete dennoch die Kraft, in jämmerlicher Unterwürfigkeit auf seinen Bändiger zuzukriechen, um ganz nahe die Knie des noch immer Schweigenden zu umschlingen.

»Wehe mir«, röchelte er kaum noch verständlich. »Warum befleckst du dich an mir Unseligen? Nackt im Schnee der fromme Bischof von Strängnäs, im Feuer die Mütter und holdseligen Mägdelein von Bergen,

---

* Luther sagt: »Die Heilige Schrift auswendig und auf dem Nägelein können.«

im Schutt die Hostien – überall Todsünde rings um mich Gutwilligen, wehe, wehe, vor wem soll ich noch bestehen?«

Sein aufgedunsenes Pockengesicht verzerrte sich und wurde bleich, mit aufgesperrtem Mund schlug er zu Boden. Da lief ein böser Zug über das schmale Antlitz des Admirals, einen Fußtritt versetzte er dem schwammigen Körper in die Seite, und während er sich tiefer in seinen Mantel wickelte, als ob ihn fröstele, da hob er das Haupt gegen die unmutig anrückenden Freibeuter. Aber vor dem wilden Blick des Gebieters stockte der Schwarm. Starr, geduckt standen die Männer um den Befehlshaber, wie immer bereit, sich der Gewalt dieses Mächtigen, Unbegreiflichen zu überliefern.

Noch einmal stieß der Störtebeker voll Verachtung gegen den aufgetriebenen Leib des Liegenden, dann sprach er mit seiner schneidenden Stimme:

»Wahrlich, ich tat groß Unrecht, weil ich dies Faß nicht völlig leck schlug. Er hat euren Anfang mit Unflat beschmiert, so daß man unser neues Haus einen Schweinekoben schelten wird. Nun wohl, so wollen wir dennoch auf Schmutz und Morast bauen, denn auf Erden, merk' ich, ist kein anderer Grund zu finden.«

Er wandte sich und nickte kurz.

»Zieht euch nah an die ›Agile‹. Wenn der Wichmann von seiner Kundschaft heim ist, so gebe ich euch meinen Willen kund! Und nun leuchtet!«

Damit stieg er als erster über Bord, und sofort vermischte sich die riesige Gestalt mit der Nacht.

IV

»Höret weiter, Herr Nikolaus Tschokke«, erinnerte Königin Margareta von Dänemark, und es schien der Erhitzten in ihrer Hingenommenheit nicht aufzufallen, wie der Gast in seiner schwarzen Ratsherrntracht unbewegt ihr gegenüber in dem Armstuhl lehnte, ohne auch nur durch ein eingestreutes Wort seinen Abscheu vor der so ausdrucksvoll beschriebenen Brandstiftung zu bekunden. Die Fürstin aber hatte sich völlig vergessen, sie hielt das Haupt in beide Hände gestützt, und ihre blitzenden Augen verfolgten das Buchstabengewimmel auf dem Pergament, als starre sie leibhaftig von einem hohen Turm in die brennende Holzstadt hinunter, auf die verqualmten Gassen, auf lichterloh flammende Menschenbündel und auf den Zusammenbruch altehrwürdiger Gotteshäuser.

Damit also begann die neue, die so viel gepriesene Weltordnung, deren inbrünstige Verkündung sie doch manchmal den Schlaf kostete? Die Finger der Verletzten krümmten sich, ratheischend sah sie auf ihre beiden Vasallen, die eine Stufe unter ihr zu ihrer Rechten Platz genommen hatten. Aber das Gerippe von Reichskanzler zitterte frierend in der Höhlung des Stuhls, nur ab und zu über die Goldmünzen seines Prunkgewandes putzend. Der Kriegsoberste von Moltke dagegen drehte seinen Totenschädel häufig nach einer herumsummenden Fliege, denn es reizte ihn, das schwarze Geschmeiß unbemerkt zerquetschen zu dürfen. Margareta richtete ihren wandernden Blick wieder auf den Bürger. Warum nahm dieses kantige Händlergesicht an ihrem gemeinsamen Leid so wenig Anteil?

»Herr Nikolaus Tschokke«, beugte sie sich über den Tisch, entschlossen den anderen zu versuchen, »es ist mit euch bergischen Hansebrüdern zu Ende. Der Störtebeker hat euch Kontorsche ausgeräuchert gleich den Heringen im Schütting. Es ist zu Ende.«

Allein wie enttäuscht zuckte sie zurück, als ihr Gast ohne sonderliche Erregung erwiderte:

»Königin, es wird Euch gewiß freuen, Besseres zu erfahren. Von unseren zweiundzwanzig Giebeln ist nur einer der Feuersbrunst erlegen. Die anderen wurden hinter den Holzmauern von unseren Kaufmannsgesellen verteidigt.«

»Ah, und nun meint ihr Kontorschen, ihr brauchtet euch nicht weiter an dem Giftstreuen gegen den tollen Hund zu beteiligen?«

Der Bürgermeister schwieg.

Rauschend erhob sie sich. Geschmeidig stieg sie von dem Podest herab, und siehe da, es war nicht mehr die Fürstin, die zwischen sich und anderen Schranken zog, nein, ganz unvermutet entzauberte sie sich, so daß jetzt nur noch zu aller Bestürzung ein bösartig gereiztes Weib durch die Zelle strich, das nach nichts anderem züngelte, als dem Gegner auf eine niederträchtige Art das Herz aus dem Busen zu reißen. Mit einer merkwürdig ungezügelten Wiegebewegung glitt sie bis dicht vor ihn hin, um ihm ganz nah ins Gesicht zu schleudern:

»Meint Ihr, Herr Nikolaus Tschokke, der Störtebeker habe sich solange besonnen, bevor er auf Burg Ingerlyst einstieg? Wie ist mir denn? Der Conaer Abt erzählte doch, der Galgenvogel habe auch Euer künftig Nest beschmutzt?«

Es war die nackteste Absicht, den Vorsichtigen zu kränken oder ihn vielleicht gar zu sinnlosen Geständnissen zu reizen. Selbst die beiden dänischen Großen, obwohl ihnen die Vorliebe der Frau für unbegreifliche Zoten bekannt war, schüttelten erstaunt die Köpfe. Dem Hamburger jedoch hatte es zuerst das Haupt auf die Brust gepreßt. Jetzt aber richtete er es entschlossen auf, und aus seinen blauen Augen wie aus der festen Stimme des Mannes schlug der Regentin eine unbeirrbare Geradheit entgegen.

»Der Conaer Abt, Herrin«, entgegnete er ohne jedes Zaudern, »wird Euch auch gemeldet haben, daß eine höhere Hand meine Rechnung durchstrich. Gräfin Linda ist tot und verschollen, Königin.«

»Ihr irrt, mein Freund.«

Um ihren Besuch krachte die Erde. Jetzt verlor er jede Vorsicht.

»Was wißt Ihr von ihr?«

Da sprudelte es in Margaretas ausführlich malender Schilderungskunst hervor, wie sich der Seeräuber die Ohnmächtige über die Schulter geworfen, um sie in schlimmer Absicht von dannen zu tragen. Und in der unehrlichen Vornahme, zu trösten oder zu entschuldigen, setzte sie hinzu:

»Sie konnte sich nicht wehren. Er mißt sieben Fuß.«

In dem Antlitz des Bürgermeisters stritt sich die grünliche Blässe des Todes mit der eigenen unrächbaren Entwürdigung. Ein Paar kreisrunder Blutkugeln erschienen auf seinen Backenknochen, bevor er heiser hervorstieß:

»Aber seitdem hat die Unglückliche, wie nicht anders zu erwarten, die Erde verlassen. Am Jüngsten Tag wird auch ihr Gerechtigkeit widerfahren.«

Die Königin schüttelte das Haupt.

»Herr Nikolaus Tschokke, hier täuscht Ihr Euch abermals.«

Spürend hielt sie das Antlitz ein wenig geneigt und zuckte jetzt fast feindselig die Achsel. Sie begriff im Grunde den Reiz nicht, den das frömmelnde Nonnengesicht ihrer früheren Hofdame auf den nüchternen Stadtbürger ausübte. Noch weniger freilich vermochte sie zu ermessen, welch verdorbene Lust den Heiland aller Mordbrenner gerade zu jener Himmelsbraut geführt haben mochte. Und in dieser Stimmung verkündete sie rücksichtslos, was ihr selbst von den Flüchtlingen des »Connetable« über den Aufenthalt des Mädchens auf dem Seeräuberschiff zugetragen worden war.

»Ihr sollt alles erfahren. In Männerkleidern, in Beinlingen und in der gepreßten Schecke geht sie dort unter den Vitalianern umher. Sie wartet dem Unhold bei Tisch auf, und er herzt und streichelt sie dafür. Was weiß ich, was er ihr sonst noch erweist?«

So wenig vermochte die Königin bei den letzten Worten eine Art ferner, sie quälender Eifersucht zu unterdrücken, daß sogar ihr hindämmernder Kanzler vieldeutig die Lippen spitzte. Der Mann aber, auf den die niederträchtige Schilderung allein wirken sollte, er blieb zuvörderst ganz still.

Endlich brach es aus Herrn Nikolaus Tschokke starr, trotzig, überzeugt hervor:

»Dies ist nicht Gräfin Linda.«

»Wer sonst?«

»Kenn' ich alle Dirnen auf der ›Agile‹? Aber Linda ist es nicht. Könnt Ihr meinen, Königin, eine nur dem Himmelslicht sich öffnende Seele, sie könnte plötzlich zu einem Pfuhl zerfließen?«

»Doch, doch.«

Margareta sprach diesmal mehr zu sich selbst. Sie hatte die Hände auf dem Rücken gebettet und schritt, nur mit sich beschäftigt, im Zimmer auf und nieder. Deshalb klang auch wahrer, was sie in die Tiefe ihrer eigenen Brust hinabsandte.

»Doch, doch, lehrt mich die Weiber kennen. Die da stehen sind andere, als da auf weichem Pfühl liegen. Tag und Nacht wechseln schnell unter unseren Zöpfen.«

»Seht«, murmelte der Bürgermeister verworren. Eine geraume Zeit verstrich in tiefem Schweigen. Dann tat der Hamburger einen schmerzlichen Atemzug und griff sich an den kurzen Dolch seines Wehrgehänges. »Gebt mir ein Dokument des Vertrages mit«, wandte er sich rauh an den Kanzler, der sich vor Überraschung nicht zu erheben vermochte. »Und sollte ich auch von dem mir lieb gewordenen Amt scheiden müssen, ich will durchsetzen, was Ihr von mir verlangt. Im Frühjahr seht Ihr mich wieder. Gewappnet. Versäumt nichts, meidet lieber den Schlaf und die Kost, als daß Ihr in diesem Ding lässig seid. Und nun laßt mich an mein Werk gehen, Königin.«

Er beugte sich über die ihm dargereichte Hand, schlug den Vorhang zurück und schied. Die drei anderen blickten ihm nach, als ob sich ein gewöhnlicher Mensch in eine Traumgestalt verlöre.

*

Mit brennenden Augen spähten die Freibeuter durch Luft und Erde, ob ihr Kundschafter nicht endlich heimkehre.

»Wie lange wartete wohl Josua auf die Boten aus dem Gelobten Lande?« fragte der Störtebeker seinen Knaben, mit dem er lang ausgestreckt unter dem Sonnensegel des Bugaufbaues lag. Sie spielten Würfel, allein ihre Gedanken fanden in dem ledernen Becher keine Herberge.

Seit dem Streit mit dem Wichbold war der Riese wortkarg geworden. Sein Stolz schien eine eiternde Wunde empfangen zu haben. Nur der Wein, wenn er Gewalt über den schwer zu Brechenden erlangte, schrie manchmal mit fremden, prahlerischen und drohenden Zungen aus dem Entfesselten heraus. Aber selbst dann entdeckte Licinius in den glühenden Augen des Wilden noch das ernste Bild der Gottheit, das durch ihn über die Erde rufen wollte.

Um die beiden Lagernden herum hingen aus wolkenlosem Himmel jene kaum wahrnehmbaren Silbergespinste herab, mit denen Uranos das Meer an sich zu knüpfen und zu sänftigen sucht.

Es war Herbst geworden.

Die See rollte rote Wogen gegen die fernen weißen Kreidefelsen, und über ihnen auf den Erhebungen der Insel meinte das Auge des Seefahrers das Sausen und Wiegen der schwarzgrünen Wipfel zu spüren, sooft uralter Runenzauber in ihrem Schoß wühlt.

Wohl ließ der Störtebeker ab und zu die beinernen Ritter springen, aber er wandte keinen Blick nach ihnen, seine Seele war an etwas Früheres geknüpft.

»Wie lange warten wir nun auf den Wichmann?« fragte er zurücksinkend.

»Es geht bald in den zweiten Mond, Herr«, zögerte der Knabe.

Der Störtebeker streckte sich lang aus und preßte die geballte Faust schwer auf seine Brust. Dann sprach er langsam:

»Ich sage dir, Licin, wenn der jüdische General so lange hätte lauern müssen, wer weiß, ob sein Tatwille nicht gebrochen wäre. Das Warten hat zwei eiserne Arme, komm, ich wollte, mich umfinge Weicheres.«

Als sich jedoch neben ihm nichts rührte, schwieg der Riese eine geraume Weile, bis er endlich die Hand des Knaben suchte, um sich die Finger des Gefährten gewaltsam und wie zur Kühlung auf die geschlossenen Wimpern zu betten. Und wieder nach langer Zeit forschte er, als ob ihn ein Traum beschäftige.

»Sage mir, Bursche, was blickst du so aufmerksam auf die Dünen seitwärts von der Felsenschlucht?« Der Liegende warf den Arm vor und zeigte auf die ferne, strichfeine Küste. »Merkst du dort eine hölzerne Hütte? Und daneben den Stall für die Ziegen?«

»Nichts schaue ich, Herr«, entgegnete der andere verwundert. „Doch, du gibst dir nur keine Mühe. Rauch ringelt aus dem Schlot. Und in dem Riedgras vor der Schwelle steht ...

»Wer?« wagte Licinius zu unterbrechen.

»Ich selbst«, fuhr der Störtebeker plötzlich ungestüm in die Höhe, packte seinen Gefährten an der Brust und schüttelte ihn unter einem rauhen, abwehrenden Gelächter. Ganz nahe brannte das wilde Gesicht des Freibeuters vor den sanften, erschreckten Augen des ihm Preisgegebenen.

»Torheit«, rief der Aufgestörte geringschätzig, »es sind Schatten. – Was kümmert es mich, ob man dort drüben frißt oder modert? Will mich nicht durch welke Küsse von meinem Weg treiben lassen.«

Hingenommen, verängstigt durch die kaum verständliche Drohung, aber auch bezwungen und aufgelöst von dem schreckhaften Zauber des Menschen, so lag Licinius vor dem Gebieter auf den Knien und schaute zu ihm auf. Jetzt aber flüsterte er ganz leise und doch voll Ergebenheit:

»Wer, Herr, kann dich ablenken oder abziehen? Dein Weg führt über die Wolken.«

Es klang so aus einer zur Gewißheit erhobenen Seele, daß es den gespannt Lauschenden wie ein scharfer Trank durchfuhr. Dieses geistigen Weines bedurfte er, er konnte ihn nicht mehr missen. Einen weithin hallenden Ruf stieß er aus, dann aber beugte sich der Riese stürmisch herab, umfing den Knienden, und indem er den schlanken Leib stützte, zauste er übermütig und in vollem Triumph in den Locken des Knaben.

»Recht, Bübchen, fandest immer einen guten Spruch. Hab' schon den besten Fang an dir getan! Nun aber laß das Heulen um alte Weiber. Wollen lieber sehen, wessen Glück besser gelaunt ist.«

Damit warf sich der Admiral von neuem neben Licinius auf den Teppich und begann mit einer unrastigen Gebärde den Würfelbecher zu stürzen. Hastig riß er dabei seine Gürteltasche auf und schüttete einen Haufen Goldes zwischen sich und den Freund.

»Da, Schelm, dies setz' ich gegen dich. Möcht' dich gern vollends um Hab und Gut bringen.« Und als ihm sein Gefährte kleinlaut bedeutete, daß ihm ja nichts mehr an Gold und Besitz eigne, da schlug der andere eine vieldeutige Lache auf und meinte: »Flunkere nicht, Püppchen, es ließe sich dir wohl noch manch Gutes abgewinnen.«

Da senkte Licinius plötzlich betroffen die Augen, zitterte und bettete unerwartet beide Hände über den Becher.

»Was soll das?« rief sein Herr ärgerlich über die Störung, konnte es aber doch nicht verhindern, daß sein Knabe in das eben verlassene Gespräch zurücklenkte.

»Herr«, brach er mit einmal hilflos ab, »ich verbarg dir etwas. Heute morgen wiesen sich zwei Schiffsleute deine Heimat auf Saßnitz. Und der eine meinte, du suchtest nur deshalb nicht nach den Deinen auf der Insel, weil sie arm und elend wären.«

Jetzt sprang der Riese empor und schob seinen Gefährten heftig mit der flachen Hand von sich.

»Dulde dies nicht«, bat Licinius noch einmal. »Warum sollst du Tröster gerade deine Nächsten verachten?«

Unterdessen war der Störtebeker bis zu dem eingebauten Bugspriet geschritten, dort, wo die Riesenlaterne als erstes Wahrzeichen des Schiffes bei Nacht ins Meer leuchtete. Hier stand er abgewandt, nagte verdrossen die Lippen und schleuderte zuweilen die Rechte von sich, als ob er irgend etwas Verbrauchtes ins Wasser würfe. Endlich rief er schneidend über seine Schulter zurück:

»Daß es in euren Hirnen nicht anders wachsen will als die Kohlköpfe, in langen, geraden Furchen. So will ich euch denn zeigen, wer meine Nächsten sind! Ob ihr, die ihr an dem Henkerstuhl vorbei mit mir ins Ungewisse zieht, oder jene, die sich unter ihren Schlafsäcken vor mir verstecken. Bei Sonnenuntergang halte dich bereit. Toren und Strohwische« –, brach er plötzlich anklagend aus, »möchtet gern fliegen und klebt wie Lehm an den alten Nestern.«

*

Sie bückten sich tief, als der prunkhaft geschmückte Mann in der grauen Dämmerung an ihnen vorüberwandelte. Da und dort standen die unfreien Sassen auf dem öden Strand, denn von weit hinter den Bergen liefen sie schon seit Wochen herbei, um ihre schreckstarre Sehnsucht an den fernen Schatten der Gleichebeuterschiffe zu weiden.

Zwar die dort draußen waren Satansgelichter! Das Kloster predigte es, der Vogt bestätigte es, die Gottverfluchten wollten die Welt an allen vier Ecken anzünden. Um mehr handelte es sich nicht. Dumm und verständnislos hatten die Sassen dazu genickt. Aber als jetzt der Übeltäter geschmeidig an ihnen vorüberstrich, der Unheimliche, Glänzende, Sagenumsponnene, vor dessen unmittelbarer Gewalt der Abt, der Graf, ja sogar die kleine Herrscherhoheit des Herzogs von Wolgast verblich, da klopfte den Benommenen das Herz bis in die Zähne, da gurgelten ihnen Wut, Erkenntnis, Hingerissenheit durch die Kehlen, da schlug es ihnen den Rücken ein, und sie brachen vor dem Traumbild ihrer müden Seelen in den Staub.

»Du ... du«, stammelten sie mit hoch erhobenen Armen.

Selbst der Vogt, jetzt ein gichtgekrümmter, hundebissiger Siebziger, an dessen Schläfen nur noch ein paar zerzauste Weißsträhnen flatterten, er ließ mit offenem, zahnlosem Munde das Wunder an sich vorübergleiten und hielt sich mühsam an dem kronengeschmückten Stab aufrecht.

Der Störtebeker aber erkannte ihn sofort. Er maß ihn mit einem mitleidigen Blick.

»Lebst du?« fragte er.

Selbstbewußt nickte der Alte, versuchte sich zu recken und bohrte seinen Stock tiefer in die Nässe. Plötzlich bellte er heftig:

»Es ist verwehrt, an dieser Stelle zu landen.« Da brach der Störtebeker in ein geradezu unbändiges Gelächter aus, selbst der Vogt verfiel vor all den Zeugen in eine unentrinnbare Verlegenheit, und am ganzen Strand heulte und wütete ein einziges tobendes Brüllen. Welch ein frischer Wind, welch ein Wirbeln unter dem jahrhundertealten Staub der Verordnungen. Endlich bezwang sich der Gleichebeuter. Er riß seinem Buben ein Beutelchen aus der Hand. Das warf er dem Knurrenden dicht vor die Füße.

»Mag dich gern leiden, Klotz«, gestand er. Dann zeigte er auf die Dünen. »Und dort oben?« forschte er heimlich.

»Lebt«, kam es aus dem Munde des Vogts einsilbig und ohne Dank.

»Wohlan, so kümmere dich nicht weiter um mich.«

Ungeduldiger als bisher schlang er seinen Arm unter den des Knaben und zog diesen den Dünenpfad in die Höhe. Allein kaum nach ein paar Schritten hielt er inne, um sich nochmals zurückzuwenden.

»Kehre ich wieder«, rief er mit seiner hellen schmeichelnden Stimme, die ihm sooft aller Herzen gewann, »dann, Vogt, will ich nicht mehr die Hafengerechtsame verletzen. Ich bin nicht gekommen, um vernünftige Ordnung zu stören. Möchte sie euch gerne bringen. Hört ihr, in meines Herzens Schale bringen. Und nun bleibt jung.«

Da huldigten unten die Unfreien und warfen dem Menschenfischer die Mützen nach. Der Vogt jedoch schwang in schiefen Wendungen seinen Stock gegen die Menge, keifend:

»Packt euch – was lungert ihr müßig herum? Wir wissen nicht, wer der vornehme Herr war – keiner störe ihn auf seinen Pfaden.«

*

Das verrunzelte Fischerweib trat auf die Schwelle der Kate und schwang einen brennenden Kienspan gegen die Dunkelheit. Fest stemmten sich ihre derben, nackten Füße in den Sand, und ihre mißtrauischen blauen Augen weiteten sich, als hinter dem Vorhang von Kienrauch und feuchtem Seenebel zwei fremde Gestalten auftauchten. Undeutlich leuchtete es draußen von Gold und Seide. Seltsam ... seltsam ... die Alte strich sich über das glatt gescheitelte weiße Haar und wich vor Bewunderung unwillkürlich zur Seite. – Wie lange Zeit mochte wohl verstrichen sein, seit sich ihr – der Jungen, der die Mannsbilder so hitzig nachstellten – ein ähnlich Blitzender genähert hatte? Vorbei ... das war längst vergessene Bitternis. Allein die Art Herren brachte den Geringen nichts Gutes ins Haus! Und was hatte dieser da, der sich unter dem Eingang wohl gar noch tiefer bücken mußte, als es einst von ihrem Verstorbenen geschah, was hatte dieser so befehlshaberisch und sicher in ihre Hütte zu dringen?

Plötzlich ließ Mutter Hilda die Leuchte fallen, so daß sie erlosch. Obwohl Himmel und Meer wie eine schwarze Grube unter ihr gähnten, so waren vor ihrem geistigen Auge dennoch die Umrisse der Gleichebeuterschiffe aufgestiegen. Dann hörte sie das geheimnisvolle Raunen der Nachbarn, sie fing auf, wie man mit Fingern auf sie wies – und mit einemmal spürte sie, wie eine drohende Hand ihr Herz festhielt, bis es ihr nichts mehr vermittelte. Weder Freude noch Scham, weder Hinneigung noch Grauen. Nichts redete in ihr als jene kalte, rauhe Stimme, die da sagte:

»Was will der Fremde?«

Die Falten auf der Stirn zog es ihr kraus, ungerührt konnte sie in die Hütte zurücktreten, dem Unbekannten nach, wie jemand, der sein Hausrecht wahren will. Aber als nun die Frühgealterte im Schein des Herdfeuers unter dem Mantel ihres Besuchers die Fürstenkette blinken sah, als ihr abgeneigtes, strenges Antlitz von den schwarzen, lebhaften, herrschgewohnten Augen festgehalten und angezogen wurde, da wankten ihr die Beine unter dem Leib, und die Gewohnheit sich stumm vor allem zu bücken, was mit dem Anspruch der Macht unter die Geringen trat, es zog ihr den noch eben straffen Rücken furchtsam vornüber.

Verehrungsvoll wand sie die stark geäderten Hände umeinander.

»Kennst du mich?« entglitt es dem Störtebeker, der vor der Esse stand, wo er gegen die lähmende Wirkung des Vergangenen ankämpfte.

»Was sollt ich nicht?« murmelte die Weißhaarige, sich vorsichtig zurückziehend, und dabei bekreuzigte sie sich stumpf.

Ihr Sohn tat einen starken Schritt gegen sie, die Hütte dröhnte von seinem Gang.

»Gib mir die Hand«, forderte er stürmischer, als er ahnte.

Die Fischerfrau sah an dem großen, herrlichen Menschen in die Höhe, dann schüttelte sie in ringender Verständnislosigkeit das Haupt und versteckte ihre Finger hinter der groben Schürze.

»Wir sind arme Leute«, murmelte sie.

Ihr Bedränger jedoch fing ihre Rechte gewaltsam ein und preßte sie, bis die Arme wimmerte.

»Freu dich«, drängte er, als könnte er sogar Wärme und Neigung befehlen.

Wieder jener verzweifelte Blick der Leere und dann unter Scheu und Zögern:

»Ich weiß nicht mehr, wie es tut.«

Da quoll sie endlich hervor, die herabgewürgte Wut einer Vergessenen, da entlud sich das dumpfe Leid, keinen Anteil zu haben an dem, was der Leib in Schmerzen gebar. Und doch, der kluge Menschenverstand des Fischerweibes bedeutete ihm sogar noch zu dieser Frist, daß dies alles nach der Ordnung der Dinge wäre, weil der Fischerkittel niemals erhorchen könne, wie es unter dem Herrenwams hämmere, weil die Engnis der Sassenhütte unmöglich das Gedränge der Welt zu erfassen vermöge, und nicht zuletzt, weil die Jugend von jeher vom Alter fortstrebe wie Störche und Stare, wenn sie die Kälte spüren.

Alles längst ganz vernünftig überlegt. Aber jetzt, wo ihr das Fremde nahe gerückt war, da wehrte sie sich erbittert gegen ihr Geschick und schüttelte hartnäckig den Kopf. In der Stille, die sich einschlich, stand der Heimgekehrte verfinstert neben der Esse. Und siehe da, er hatte seinen Knaben an die Hand genommen, als müsse er jemand nahe wissen, der sich zu ihm rechnete, einen Bürger aus jener Welt, die noch ungeschaffen hinter Kreisen tanzenden Lichtes schlummerte.

Auch die Alte blickte forschend auf das hellglänzende Haar des Jünglings, auf die biegsame Gestalt und auf die ausladende Weichheit der Hüften. Abermals wiegte sie argwöhnisch das Haupt. Über die Wangen des jungen Dänen aber schoß eine feurige Glut. Sie rührte nicht von den brennenden Buchenklötzen des Herdes her. Es war das erstemal, daß Linda seit ihrem tiefen Fall wieder einem ehrbaren Weibe gegenüberstand. Sie fror.

Da rührte sich ihr Herr. Das Leuchten war aus seinen Zügen entwichen, dafür beherrschte ihn gänzlich jenes kurze, rücksichtslose Zugreifen, das die meisten Dinge kaum einer Prüfung für wert erachtete.

»Was weißt du von mir?« warf er der Alten hart und sachlich zu. Die stand und verfolgte aufmerksam, wie der Riese den schwarzen Mantel über den Tisch schleuderte. Es schien also, als wollte ihr Sohn noch länger weilen. Um die geschlossenen Lippen des Weibes zuckte es.

»Die Leute sprechen viel«, überwand sie sich endlich.

»Was?« forderte der Störtebeker, allmählich gereizt ob ihrer sprechfaulen Störrigkeit.

Da geriet etwas mehr Leben in die Erstarrte. Gerader richtete sie sich auf, bis sie endlich gestrafft vor dem Wartenden stand wie in alten Tagen, sobald ihr hitzig Wort oder ihre strafende Hand irgendeine Verfehlung an dem schwer lenkbaren Jungen sühnen wollte.

»Ist es wahr«, erkundigte sie sich schon mit zitterndem Abscheu in der Stimme, »daß du die große Stadt Bergen verbrannt hast?«

War es das Aufflackern des Feuers allein, in das der Freibeuter eben mit aller Wucht die Zange hineinstieß, wodurch seine kühnen Züge so gräßlich verzerrt wurden? Einen wilden Blick des Einverständnisses, des Hohnes, der ohnmächtigen Raserei warf er seinem bebenden Licinius zu, dann ließ er sich auf die Herdbank sinken und riß sich gewaltsam ein hämisches Lachen aus der Brust.

»Wahr«, rief er in widersinniger Freude über das Entfetzen, das er entfesselte, »was weiter? Die Fackeln, die die Welt erleuchten, riechen oft nach Menschenfett!«

»Ach du Barmherziger, vergib uns unsere Sünden«, stöhnte die Mutter geistesabwesend und schlug im Jammer um eine untergegangene Menschheit beide Hände vor ihr Gesicht. Jedoch nicht lange, denn gleich darauf schreckte sie auf, um geschäftig ihre Finger unter dem Brusttuch zu verbergen. Alle ihre Bewegungen malten deutlich die Angst, auch sie könnte irgendwie durch Asche, Blut und Unrat besudelt worden sein.

»Was willst du?« wehrte ihr Sohn den stummen, unbequemen Angriff ab. »Gib uns was zu zehren.«

Die Fischerfrau hörte nicht, sie streckte vielmehr den Arm gegen die Fensterluke, als könnte sie durch sie hindurch auf die verbrannte Stadt deuten, denn die verkohlten Sparren zeichneten sich für sie zackig gegen die Nacht ab.

»Bin nur dumm und ungelehrt«, beharrte sie mit dem Starrsinn des Bauernmenschen, »deshalb sage mir, warum du das verübt hast.«

Da griff sich der Störtebeker an die Kehle, als könnte er in diesem dumpfen Loch keinen einzigen freien Atemzug mehr gewinnen, ein Ringen war's, das den Krämpfen des alten Klaus Bekera ähnelte, dann aber riß er sich plötzlich in Wut die Goldkette vom Halse und schleuderte sie mitten auf den Ziegelboden, daß sich ein sprungartiges Reißen und Klirren erhob.

»Nimm«, schrie er in der verworrenen Meinung, sich loskaufen oder den unbegreiflich drohenden Mund des Weibes schließen zu können. »Was gehe ich dich an? Aber es ist nicht wahr, daß nur von weißen Lämmern das Gute in die Welt gebracht wird. Schau mich an, saufe das Blut fuderweis und will doch hoch hinaus. Weib, Kain und Judas waren gar große Herren. Die Befreiung geht oft durch das Übel.«

Weit streckte er die Füße von sich, stützte die Fäuste hinter sich auf die Bank und horchte in Qual und Fieber darauf, ob diese Alte nicht doch, wie alle anderen, vor ihm zusammenbrechen würde. Mutter Hilda aber schritt schweigend an den Tisch, dort zog sie ernsthaft ein langes Kreuz in die Luft und sprach beschwörend:

»Ich will meine Hütte scheuern, wenn du geschieden bist. Nur noch eines, damit ich doch sicher weiß, von wem du stammst. – Bist du's, der wehrlosen Weibern Gewalt zufügt?«

Dicht neben der Esse entfärbte sich das Antlitz des jungen Dänen, er versuchte mit erhobenen Händen den Feldstein abzuhalten, der ihm wuchtig gegen die zarte Brust flog, allein er brachte es nur zu einem unverständlichen Flüstern. Mühsam, taumelnd wollte er sich gegen die weißhaarige Richterin schleppen, jedoch bevor er noch eine einzige Bewegung ausführen konnte, da pfiff ein kalter Wind zur Tür hinein, und auf der Schwelle erschien eine zierliche Gestalt, die verbeugte sich artig und schwenkte in übertriebener Höflichkeit die Kappe.

»Heino«, jauchzte der Störtebeker, sprang ungläubig von seinem Sitz, und dabei griff er mit den Armen in die Luft wie ein Schwimmer, der mit ein paar letzten, verzweifelten Stößen schweres, fauliges Sumpfwasser zu durchbrechen sucht. Vergessen war das zermürbende Ringen, der abscheuliche Kampf gegen das, was einst nahe seinem Herzen wuchs, abgestreift, als lächerlich erkannt das Anrennen gegen die bröckelnden Ruinen einer dummen, verfrömmelten Zeit. Sturmwind sauste zur Tür herein, er würde die wankenden Mauerreste von selbst umwerfen, Sturm jagte die Lappen und den dicken Qualm in der Hütte auseinander, und der dort an der Schwelle, der die Windsbraut hereinließ, er war nur einer seiner ausgeschickten Gedanken, die von nun an das verrunzelte Antlitz des Geschaffenen verjüngen und veredeln sollten.

»Heino«, schrie er seiner selbst nicht mächtig und packte seinen Kundschafter an der Schulter, daß der Kleine wankte. »Sendling meiner liebsten Hoffnung, bringst du mir und dir und all den Verschmachteten die Vernunft, die Ruhe und den Frieden? Werden wir Brüder sein? Oder müssen wir einander weiter morden?«

In der Hütte verflog der Atem des Lebens, selbst das strohblonde Kerlchen rang unter den Fäusten des Zitternden nach Fassung. Und seine schrille Stimme drang allen Hörern durch Mark und Bein, als sie sich spitz und schneidend aufschwang:

»Dein Wille und dein Name haben gesiegt, Klaus Störtebeker. Die Edelinge der Friesen wollen mit dir handeln um Land und Niederlassung. Deine Hoffnung erfüllt sich, das Tor springt auf, du kannst einziehen als der Fürst der Hungernden und dein Reich der Brüder begründen.«

Einen Augenblick verstummte der fürstliche Mensch, eingehüllt in eine goldene Wolke, ernsthaft und doch beinahe kindlich in einen fernen Feiertag lauschend. Doch schnell und fast ohne Übergang griffen die Dinge des Tages nach dem für die Erde Geborenen. Das frostige Elend der Hütte, die zersprungenen Ziegel des Estrichs und am meisten die dumpfe Verständnislosigkeit in den zerwühlten Zügen seiner Erzeugerin, sie rissen ihn aus dem Tanz der Lüfte und offenbarten ihm klar und streng, daß von jetzt an nur nüchterne Werkzeuge wie Spaten und Pflug den ersehnten Schatz aus den Schollen schürfen würden.

Ungestüm warf er sich den Mantel um, dann blickte er noch einmal aufmerksam in der trübe verqualmten Engnis umher, bis er ruhig und gelassen vor Mutter Hilda treten konnte.

»Wir gehen zu Schiff«, nahm er von ihr Abschied. »Lebe wohl, Weib. Entweder du und deinesgleichen ziehet mir eines Tages nach, oder deine sündige Frucht mag im Gedächtnis der Menschen faulen.«

Die Hütte stand leer, in Sturm und Nacht waren die Gespenster des Aufruhrs verschwunden.

Da stieß Mutter Hilda nach einigem Besinnen einen Eimer Wasser um und begann, wie sie versprochen, die Stelle, wo ihr Einziger gestanden, zu scheuern!

Das vierte Buch

I

»Wer seid ihr, ihr glatten Dirnen?« staunte der Störtebeker das glitzernde Frauenvolk an.

In der einsamen Ley-Bucht schlich die »Agile« vorsichtig zwischen den grünen Watten hindurch, die der Einfahrt von Marienhaven an der ostfriesischen Küste vorgelagert sind.

Schon konnte der verlangende Blick des Schiffslenkers, denn der Admiral stand selbst am Heck, die braunmoosigen Dächer des kleinen Hafenortes aus den Marschen emporwachsen sehen, schon läuteten von rechts und links die Glocken der weidenden Kühe über die schmale Fahrtrinne, da wurde die »Agile« von diesen übermütigen, kurzweilsuchenden Schwimmerinnen umzingelt, eingefangen und umtanzt. Rudernde Arme schnitten durch die Flut, helle Leiber blitzten, ein jauchzender Reigen bildete sich, und siehe da, tief unten, auf das ungefüge Steuerschwert hob sich bis zur Brusthöhe die Anführerin der Rotte, und ein feuchter Spritzer aus ihrer Hand flog dem Störtebeker ins Gesicht. Der Gleichebeuter jedoch war schon vorher geblendet. Die kecken braunen Augen unter den nassen Goldflechten, das Wunder der Nacktheit betörten ihn, so daß er in seiner glücklichen Habsucht für einen Herzschlag sich, seinen Zweck und den Sinn seiner ernsten Fahrt vergaß. Völlig behext warf er sich über die Brüstung der Galerie, ganz an den unmöglichen Versuch verloren, aus dieser Höhe den Seespuk für sich einzufangen.

Da lachte es frisch von unten herauf, weiße Zähne enthüllten sich, und eine unerschrockene Stimme rief:

»Bist du nicht der Störtebeker? Der Schuimer, der hier ein ganz Land stehlen will?«

»Der bin ich«, gab der Admiral schwer atmend zur Antwort, denn von der tiefen Beugung war ihm das Blut gewaltsam in Stirn und Wangen gerollt. »Warum aber läßt du dich nicht fischen? ... Wer bist du?«

»Ich?« höhnte es von unten, und zugleich ließ es sich von dem Brett herabfallen. »Hier wirst du nichts fangen, Gleichebeuter. Ich bin Eala, frya fresena.«

Es war das Losungswort der alten freiheitsdurstigen Gaue, in die der Störtebeker eben einfuhr. Im nächsten Augenblick huschten und ruderten die Mädchen schon von allen Seiten dem Schiffsungetüm aus der Nähe, und bald hatte ein hohes Binsengestrüpp, das auf einer Landzunge weit in die Bucht hineinschnitt, den Schwarm jeder Verfolgung entzogen.

Wohlig reckte sich der Störtebeker, kam zu sich, und da ihm zuerst sein Knabe in die Augen fiel, der düster und von ihm abgekehrt weit über die sich neigenden und schwirrenden Wiesen starrte, so schlug er ihm derb auf die Schulter und rief, noch ganz erfüllt von dem unerwarteten Gruß:

»Welch schönes Land! Welche Freuden erwarten uns hier. ... Geh, fange keine Grillen, Licin! Laß uns das freundliche Vorzeichen vielmehr annehmen. Wie sagte das Ding? Eala, frya fresena!«

Und er breitete in der weichen Herbstsonne beide Arme aus, als ob seine Brust und die näher rückenden Weiden miteinander kosen sollten.

Warum aber konnte sich der Knabe seiner schweigsamen Versunkenheit nicht entreißen? In ihm zitterte etwas, wie wenn ein feines Glas einen Sprung erhält. Enttäuscht, blaß, verängstigt hatte er das nackte Treiben um das einfahrende Schiff beobachtet. Und sein sehnsüchtiger Glaube sträubte sich erbittert gegen den Widerspruch zwischen der Heiligkeit seiner Erwartungen und dem leichtfertigen Schauspiel, das hier ihren frommen Einzug begleitete. Zum erstenmal, seit das sich entfremdete Weib dem gepanzerten Heiland folgte, wie Linda ihren Bezwinger ergebungsvoll getauft hatte, wurde sein Bild durch Vorstellungen ihres früheren Daseins verdrängt. Weit öffneten sich ihre Augen für etwas Altgewohntes und doch längst Entfremdetes. Über die saftigen Wiesen der Marschen sah sie hinter einer Schmetterlingswolke einen Wanderer ziehen. Er trug weißes Gewand, dunkle Locken fielen ihm tief über die Schultern, ähnlich wie sie es auf dem Bilde des Giotto geschaut, und der Mann streckte seine Hände über die Häupter von Krüppeln und Bresthaften aus, die am Wege auf ihn lauerten. Nur ganz hinten, im Wesenlosen des feuchten Brodems, folgte ihm eine Schar zaghafter Frauen. Toller gaukelten die Falter, die Erscheinung verging und kehrte zurück. Verstrahlte und leuchtete wieder auf.

Was bedeutete das?

Linda zitterte und schloß die Augen. Furcht hinderte sie, noch mehr wahrzunehmen.

»Eile, Licinius«, schrie der Störtebeker, der weiten Schrittes über Deck wandelte, dazwischen. »Laß der Mannschaft Wein austeilen. Und du selbst fliege zu mir, mein Büblein, damit wir uns gütlich tun.«

Der Turm an der Hafenmündung rückte heran, Boote begannen das Fahrzeug zu umkreisen, der Lärm der Werkstätten und der Arbeit meldete sich, und die »Agile« warf Anker.

*

Bis in den späten Nachmittag hinein stieß die Brust der mächtigen Führerkogge ein einziges Jauchzen aus. Angefeuert vom Wein, berauscht durch die gar nicht faßbare Aussicht auf unangefochtenes Bürgerleben, jubelte, sang und pfiff die Mannschaft, sie säuberte und wusch sich, als ob es zum Tanz ginge. Ja, der Ire Patrick O'Shallo, der mit fünf der schmucksten Burschen auserwählt war, die schweren Geschenktruhen in das nahe Häuptlingsschloß zu schaffen, er ließ sich von dem Hebräer Isaak einen metallenen Spiegel vorhalten und kämmte in inniger Befriedigung sein langes gelbes Haar. Zum Schluß steckte er sogar ein Heidekrautbüschel, das ihm von einer kleinen, rotröckigen Friesendirn über Bord zugeworfen war, an die lederne Kappe, und während er vor geschmeichelter Eitelkeit einen Luftsprung tat, biß er dem Juden zärtlich in die Wange.

»Jetzt freie ich«, flüsterte er hingerissen, »und gib acht, Mauschel, wie oft du bei mir Gevatter stehen wirst.«

Aus den Augen des alten Juden aber antwortete ein Fieber. Inbrünstig, mit einem unheimlichen Verlangen verschlang er das nahe Land, und zuweilen blickte er fassungslos in den goldroten Abendduft, als wäre dies ein anderer Himmel, wie er sich sonst nirgendwo über Menschen und Ansiedlungen ausspanne.

Auch in der Admiralskabine hallte es von Frohlocken und Liedern wider. Dort ließ sich der Störtebeker von seinem Knaben sorgsam Stück für Stück seines blauen Prunkgewandes anlegen. Und obwohl er dabei oftmals die Verträge durchstöberte, die vom Hauptmann Wichmann sauber aufgesetzt waren, so behielt er doch immer noch Zeit, seinem sanften Helfer übermütig das Haar zu zausen oder ihm sogar einen neckischen Backenstreich zu versetzen. Keineswegs merkte er dabei, daß es ein Weib sei, das er in Verwirrung bringen könnte, und auch Licinius versah seinen Dienst in einer glücklichen Ferne und schreckte nur zuweilen empor, wenn ihm sein Gebieter die Hand um die Kehle legte, dazu beteuernd:

»Büblein, dir soll es gut werden. Magst du beten, wohlan, ich will dir eine Kirche bauen. Willst du jagen, du sollst Hunde und Falken haben. Nur lache und sei vergnügt. Wie jetzt.«

Und auf den Lippen des stets Bereiten erschien ein folgsames Lächeln.

Ja, in dieser ersten Stunde war die »Agile« in den offenen Himmel eingelaufen.

Die Flut strömte schon mit dem licht aufsteigenden Mond in den Hafen zurück, als vor dem auf Deck wartenden Admiral zwei Reisige der Häuptlingswitwe Fölke then Broke erschienen. Sie brachten ihm den Geleitbrief zum Ritt nach der von ihrer Warfe* düster und schwer herabdrohenden Steinburg, und die beiden Kerle in ihren langen pelzbesetzten Röcken und den röhrenartigen, schwarzen Filzhüten stützten sich im Gefühl ihrer altererbten Freiheit furchtlos vor dem mächtigen Seebeherrscher auf ihre Spieße, ohne auch nur im geringsten Miene zu machen, ihre Häupter zum Gruß zu entblößen.

»Die Fölke gibt dich in unseren Schutz«, meldeten sie in ihrer kargen, breiten Sprache.

Aufmerksam maß der Störtebeker die beiden Hochgewachsenen. Das ganze Volk in seinem sicheren Kraftbewußtsein schätzte er nach diesen ersten Boten ab, und ein heißes Wohlgefallen überkam ihn, als er daran dachte, welche ruhige Würde, welche natürliche Selbstachtung die Freiheit verlieh.

Ganz in der Nähe winkte wohl doch das Land der Menschen.

»Wir nehmen den Schutz der Fölke an«, sprach er deshalb mit weniger Spott, als er beabsichtigte. »Kommt, Burschen.«

Vielleicht hatten die Reisigen einen schweifenden Seeräuber zu finden gemeint, einen Angehörigen jener Friedlosen, mit denen man wenig Umstände machte, die fürstliche Weise dieses Mannes jedoch brachte sie außer Fassung. Vor ihre Füße rollten ein paar Goldstücke. Der Admiral, nachdem er sich zum Gehen gewendet hatte, hatte sie ihnen hingeworfen, wie man Hunden den Fraß streut. Bereitwillig bückten sich die Spießträger und sammelten den ungewohnten Schatz auf, denn auf ihrer mühsam dem Meer abgerungenen Scholle griff man gierig nach Besitz und Wohlstand.

Betroffen hörten sie mit an, wie die große Trommel geschlagen wurde, als der Gleichebeuterfürst, gefolgt von seinem Knaben, über die breite Treppe das Schiff verließ, und sie erschraken mit den anderen Matrosen, da sie wahrnahmen, wie die riesige Gestalt des Anführers gleich beim ersten Schritt aufs Land der Länge nach niederstürzte.

»Was ist dir?« erblaßte Licinius und wollte nach seinem Gebieter greifen.

Der aber wandte ihm sein lachendes Haupt entgegen, sprang auf und reichte ihm eine Krume der eben beschrittenen Erde.

»Tor«, flüsterte er dem Schreckgebannten zu, »merkst du nicht? Ich äffe den Makedonen Alexander nach. Ich eigne mir dies Land an. Und

---

* Hügelerhöhung

dir gebe ich es, du Reiner.« Und in sich gekehrter setzte er hinzu: »Mir ist, als würde ich es behalten, solange du neben mir wandelst.«

Alles Blut strömte dem Blonden zum Herzen, schreckhaft färbten sich seine Wangen, aber über dem Abendgold des Himmels sangen für ihn doch wieder jene seligen Scharen, die schon sooft um das dunkle, eigenwillige Herrscherhaupt musiziert hatten. Und vertrauter, inniger schmiegte sich der Verstummte seinem Gebieter während des Schreitens an.

Nicht lange.

Dicht neben dem Fluß wurde von einem dritten Knecht ein starker Schimmel gehalten, von jener wohlgenährten Art, wie sie das Brokmerland damals züchtete. Mähne und Schwanz waren von langen bunten Bändern durchflochten, die fast bis auf die Erde hingen, und ein goldenes Blech lag dem Tier dicht um die Stirn.

»Eia«, rief der Störtebeker wohlgelaunt, während er sich in den Sattel schwang. »Frau Fölke weiß, wie man artig schenkt.«

Da lachten die Knechte und raunten untereinander. Bis einer von ihnen sich die schwarze Filzröhre aus der Stirn schob, um sich zu der Auskunft zu bequemen:

»Schlecht kennt Ihr die Fölke, Herr. Noch nie hat sie etwas verschenkt. All ihr Vieh würde hungern, wenn wir es nicht heimlich fütterten. So ist auch dies Roß hier nur geliehen.«

»Potz Velten«, rief der Reiter, der inzwischen sein Tier angetrieben hatte, »so will ich ihr die Mähre in Silber aufwiegen. Gehört mir doch für immer, was mir einmal gedient.«

Der Knabe, der den Zügel gefaßt hatte und nun neben dem Schimmel herschritt, hob versonnen den Blick zu seinem Herrn. So zogen sie über die einsamen Wiesenpfade der Burg entgegen.

*

Auf dem Kastell der Brokes knisterten an den Wänden des langen Saales die Leuchtfackeln. Der Raum war so niedrig, daß ein hochgewachsener Mann, wenn er sich aufreckte, wohl die schmucklosen Bohlen der Fichtendecke hätte fassen können. Manchmal knackten dort oben die von der Kaminhitze ausgedörrten Bretter, als ob jeden Augenblick ein neuer Riß das Holzgefüge sprengen wollte. Ein Frösteln wehte durch die schlecht erleuchtete Halle. Nur mühsam konnte ein Fremder die im Flackerlicht wechselnden Gesichter der Häuptlinge erkennen, die sich hier auf einen Wink der Fölke zur Beratung zusammengefunden hatten. Wohl waren sämtliche dieser kleinen Burgherren seit Geschlechtern durch bittere Erbfehde, Blutrache und Zerwürfnis voneinander getrennt, allein ihre Gier nach Vorteil und Gewinn fraß dennoch hitziger als selbst der alte Haß. Gebot doch auch der gute, nachbarliche Neid, daß man den Brokes keinen besonderen Nutzen gönnte, zumal der blutlosen, brandroten Fölke nicht, der man wie einem gefährlichen Gespenst den Namen der »Quade«, das heißt der Bösen, zugelegt hatte. Wahrlich, niemand konnte es den Edelingen von Dornum, Norden und Faldern verargen, wenn sie lieber auf Mord und Brand ausritten, ehe sie auch nur eine Stunde der heimtückisch lächelnden Quade Fölke gegenübersitzen mochten, der Witwe des tollen Occo, von dem sie überdies alle, Freund und Feind, ohne Unterschied betrogen, verprügelt und an Land und Leuten geschädigt waren.

Aber die Quade Fölke war schlimmer.

Man brauchte nur den braun gesonnten Propst Hisko van Emden zu fragen, der heute gleichfalls mit den anderen Gästen auf einer langen Bank an der rechten Seite des Saales lagerte, während die Fölke mit ihrer Tochter auf einer erhöhten Estrade an der Mittelwand Platz genommen hatte, der wußte Bescheid, woher der Menschenhaß der Hausherrin sowie ihr Vergnügen am restlos Bösen ihren Ursprung ableiteten. Vor dreißig Jahren schier hatte der Pfaff, obwohl er zu jener Zeit von geistlichen Dingen fast noch weniger verstand als heute, den tollen Occo und seine Braut in diesem selben Saale zusammengegeben. Und damals eben geschah das Unerhörte. Auf die gewohnheitsmäßig hergeleierte Frage nämlich, ob das Weib willig sei, fortan mit dem ehrsamen Ritter einen Leib und eine Seele bilden zu wollen, da hatte sich die blasse Braut endlich unter ihrem friesischen Brustschild geregt, um plötzlich ein schneidendes »Nein« hervorzustoßen. Gleich darauf freilich knallte es durch den Saal. Der Bräutigam hatte seiner Verlobten eine Maulschelle geschlagen, daß die Betäubte ihren silbernen Hauptschmuck verlor. Eilig war dann die halb Ohnmächtige getraut worden, wenn auch der in Aufruhr geratene Hochzeitsschwarm genau wußte, warum die Braut sich noch zur letzten Frist so verzweifelt gesträubt hatte. Lag doch zur nämlichen Stunde in einem Turmloch die Lieblingsmagd des jungen Eheherrn, die er nicht von sich lassen mochte, in den letzten Wehen, und als unten zur Mitternacht die Burgfrau von einem Bezechten aufs Hochzeitslager gestoßen wurde, schrie auf dem Turm bereits ein Bastard. Seitdem war die brandrote Teufelsschönheit der neuen then Broke von dem wilden Occo unzähligemal mißhandelt und verwüstet worden.

Nun aber war der Kraftstrotzende schon lange still geworden. Zu Aurich moderte er unter einem gesprengten Wachtturm, denn in einer der Fehden hatte er seinen letzten Gang getan. Die Leute in Marienhafen aber erzählten, daß sich auf die Kunde seines Endes die Fenster der Brokeburg festlich erleuchteten und wie man eine wüste Frauenstimme in greulichem Jubel bis in den Morgen hätte singen hören.

An dieses Nest einer hornigen Kröte, die ihre ganze Seligkeit darin fand, ein zehrendes Gift in sich zu sammeln, klopfte an dem windigen Herbstabend des Jahres 1399 der Störtebeker, ein Mensch, der wie eine Sonne über dem Glück von Unzähligen aufgehen wollte.

Er trat herein, den Arm um die Schulter seines Knaben geschlungen, gefolgt von den beiden Spießknechten, und als der Riese in dem blauen Fürstenwams, leuchtend vor Gold und Selbstbewußtsein, in dem halbdunklen Saal stand, da verstummte auf einen Schlag das laute Gezänk der Junker, und über ihre Häupter hinweg fuhr ein heller, silberkehliger Ruf. Ein Gruß, so frisch und übermütig, wie er dem gefährlichen Gast ursprünglich kaum zugedacht war. Wer konnte in diesem Kreise so unbedacht sein Wohlgefallen äußern?

Es war eine Frauenstimme.

Spürend, witternd rückte die Fölke auf ihrem erhöhten Sitz zur Seite. Griesgrämig musterte sie ihre schöne Tochter Occa, die sich eben derart auffällig vergessen hatte. Aber als die Alte zu ihrem Erstaunen auffing, wie die Goldblonde neben ihr fortgesetzt ihr feines, von einem roten Haarnetz umspanntes Haupt zu neuen Grüßen gegen den Fremden neigte, fast als ob sie einen längst Bekannten auf sich aufmerksam machen müßte, da ging ein befriedigtes Greinen über das blutleere Antlitz der Quade, und in der Überzeugung, daß sich hier vielleicht Unheil, Verirrung und Sünde unter der heißblütigen Jugend entspinne, wickelte sie ihren dürren, stockartig aufgerichteten Leib fester in das verschossene graue Fälteklkleid, um den Gleichebeuter mit einer harten Männerstimme anzuherrschen:

»Mach's kurz. Was willst du?«

Damit zog sie unter ihrer gelben Lederkappe ein graurotes Haargezottel hervor, drehte es sich fest um den Finger, schlug ein Bein über das andere und wartete.

Der Störtebeker aber starrte sie fast mitleidig an. Nach den Schilderungen des Hauptmanns Wichmann hatte er auf dem Regentenstuhl des Brokmerlandes ein gefährlich Wesen vermutet, eine ansteckende Krankheit, der man ausweichen mußte. Diese armselig gekleidete Auszehrung dagegen, aus deren erschreckend verkümmertem Antlitz nur ein Paar merkwürdig blutige Lippen hervorstachen, sie schien höchstens einem Bettelweib vergleichbar, das verbittert nach Almosen schielte. Aber sieh dort – neben dem Gerippe? Beim Zeus, wie kam dies liebreizende Gebilde neben das Klappergebein? Welche kaum erwachte Jugend, welch ein ungesättigtes Locken in den braunen Schelmenaugen, und vor allem welch ein wohliges, ungescheutes Darbieten hinter dem weiten Brustausschnitt. Wahrlich, hier wollte ein goldroter Apfel vom Baume fallen.

Ungeduldig tat die Fölke ihre brandigen Lippen auf.

»Wir warten«, fingerte sie auf ihrem Faltenrock vorwurfsvoll herum. »Sage, Gleichebeuter, willst du hier noch länger Maulaffen feilhalten? Offenbare kurz, was dich herführt.«

Da trennte sich der Freibeuter von seinem Gefährten, reichte ihm den schweren Helm, so daß sein braunes Gelock sichtbar wurde, und anstatt sich vor der Brokmer Herrin zu verbeugen, lachte ihr der Zügellose jetzt gerade ins Gesicht.

Es war der rechte Ton für die derben, ungeleckten Burgtyrannen. Schadenfroh traten sie näher. Auch die schöne Occa beugte sich weiter vor, damit ihr jetzt keine Bewegung des Fremden entginge.

»Du bist bei Laune, Frau Fölke«, spottete der Störtebeker von unten herauf, indem er einen Fuß kräftig auf die Stufe stellte. »Was kümmert es mich, ob die Junker wissen, daß du mit meinem Abgesandten längst einen Vertrag aufsetztest? Wozu hast du mich sonst eingeladen, da ich doch nicht um Botenlohn durch die Welt laufe?«

Hätte der Umstürzler durch eine Feuerwaffe die mürbe Decke zum Einstürzen gebracht, nicht drohender und wilder hätte das Geschrei unter den Edelingen umherfahren können. Der Argwohn, die schlaue Fölke könne von dem fetten Braten bereits das Hauptstück abgeschnitten haben, erregte die eigennützigen Männer zu höchstem Zorn.

»Ei, sieh da, du heilloses Weib«, so sprang der junge Folkmar Allena wütend auf die Estrade, um der Hausherrin beinahe die Faust unter die Nase zu setzen, »auf welchen Schleichwegen bist du wieder betroffen? Hat dein Gespons noch nicht genug Raub heimgebracht? Oder meinst du, wir anderen errieten deine Pfiffe und Schliche nicht?«

Die Quade aber blieb stockgerade sitzen; verächtlich schlug sie nur mit der Hand nach dem Erhitzten, wie wenn sie eine aufdringliche Fliege scheuchen müßte.

»Spare deinen Witz, Folkmar Allena«, rief sie starr und bissig. »Verschleudere ihn nicht, mein Bürschlein, so töricht wie dein Hausgut. Du wirst ihn heute noch brauchen.«

Es mußte eine treffsichere Bosheit in dieser Abwehr enthalten sein, denn der schlanke Junker stotterte plötzlich vor Verlegenheit, während seine Genossen ein helles Gelächter aufschlugen. Wußte man doch allgemein, daß Folkmar Allena zu jenem Schwarm berückter und zu jeder Torheit entschlossener Männer gehörte, die hinter der goldblonden, jung verheirateten Occa herpirschten wie hinter einem flüchtigen Wild.

Bestürzt, mit einem vorwurfsvollen Blick auf die Schöne, die heute von ihm nicht viel zu merken schien, drängte sich der Allena in die Schar der laut verhandelnden Edelinge zurück. Statt seiner aber löste sich jetzt eine andere Gestalt aus ihrem Kreis. Ein starker, schwerfälliger Mann im ledernen Jägerwams, über das er jedoch merkwürdigerweise ein zerdrücktes Bischofsmäntelchen geworfen hatte. Ein pfiffiges Lachen auf den braun gesonnten, bartlosen Landwirtszügen, hinkte er heran, da er auf der Sauhatz soeben erst einen schmerzhaften Sturz getan hatte, und legte nun dem Störtebeker vertraulich die Hand auf die Schulter. Wie nebenher versuchte er sodann mit der anderen das Zeichen des Segens zu spenden. Allein, da der Seefahrer ablehnend auswich, beschwichtigte Propst Hisko van Emden die Abneigung des Fremden ganz gemütlich, indem er selbst eine wegwerfende Geste ausführte.

»*Salve Care*«, begann er mit einem belegten Trinkerbaß, denn dieser emsige Landwirt liebte es, gleich bei der ersten Bekanntschaft die wenigen lateinischen Brocken, die er irgendwo aufgelesen hatte, wieder zu verausgaben. »Willkommen, Klaus Störtebeker. Bist ein toller Christ. Gib mir deine Hand. Hab' mich immer über deine Streiche gefreut. Bei der heiligen Dreifaltigkeit, es tut wohl, daß endlich eine starke Seemacht in unsere Häfen einläuft.«

»Hütet euch«, schnarrte der steife, hochmütige Enno von Norden dazwischen, der seine Umgebung durch eine beschränkte Frömmigkeit peinigte, und er pfiff seine Worte beinahe durch eine dummgerade Nase: »Denkt an die Suppen, die er den Bergenern angebrüht hat! Wie wollt ihr euch schützen, wenn euch von dem Seedieb das gleiche widerführe?«

»Vermaledeit, das wäre uns ein sauberer Gast«, stimmten ein paar der kleinen Burgherren zu, denn die kriegsgeübten Scharen des Schuimers erregten in ihnen ein Grauen. »Wer bürgt für den Brandstifter?« eiferten sie, stampften mit ihren schweren Holzschuhen auf den Estrich und spien breitbeinig vor sich nieder auf den Holzboden. »Wer hat hier heimliche Verträge mit ihm geschlossen?«

Da warf der Propst die fleischigen Hände in die Höhe.

»Ihr *boves malefici*«, sprudelte er, indem ihm vor Aufregung der Bauch über den Gürtel quoll, und dabei schüttelte der wuchtige Jäger den Wulst seines ihm über die Stirn fallenden ungekämmten Haares erbost hin und her. »Störtebeker, mein edler Freund«, warf er über seine schmatzenden Genießerlippen, »du siehst, *tot homines, tot sententiae* ... so viel Menschen, so viel Meinungen. Halte dich daher an mich. Hast den Bergenern eingeheizt? *Habeat sibi* ... meinetwegen ... vielleicht warst du ein Werkzeug der Gerechtigkeit. Was wissen wir von so fernen Dingen? Hierher, nach Friesland, kommst du dagegen mit wohlgefüllten Truhen ... wir werden schon auf dich aufpassen ... kommst um *commercium et connubium*. Eröffne mir daher, mein lieber Sohn, was bietest du uns? Denn die Freundschaft der Menschen will erworben werden.«

»Beim Schinder«, sprang der wilde Folkmar Allena mit geballten Fäusten wieder hervor, »möchten die Fetthälse wieder alles allein in ihren Schlund schütten? Der Schuimer soll endlich das Maul auftun! Was glotzt er uns an, als wären wir seine Schalksnarren?«

»Gebt Ruhe«, tönte hier plötzlich die grobe Männerstimme der Fölke.

Der verworrene Tumult legte sich, allen war dieser kratzende Ton in die Glieder gefahren. Zusammengeduckt, grau und unscheinbar hockte die Kröte bewegungslos auf ihrem Regentensitz, nur ihre brandigroten Augen liefen befriedigt von einem zum anderen, da es schließlich mehr Genuß versprach, wenn man von dem riesigen Menschen erst jeden Vorteil erpreßte, bevor man ihn aushöhlte und niederstürzte.

»Tritt näher, Störtebeker«, befahl sie deshalb unbewegt und legte die Hand hinter das rechte Ohr, das wächsern unter dem Ausschnitt der gelben Kappe hervorstach. »Tritt näher, damit ich dich jetzt vernünftig und vor aller Welt nach deinen Absichten befrage.«

»*Recte*«, rieb sich Propst Hisko eifrig die Hände und humpelte, um den anderen ein Beispiel zu geben, unverzüglich auf die lange Bank zurück. »Folgt der Quade, ihr edlen Herren, sie ist ein kluge Frau.«

Geräuschvoll, mit ihren Holzschuhen stampfend, zogen die Junker auf ihre Sitze, rekelten sich, jeder nach seiner Weise, auf das glatt gescheuerte Brett, die einen rittlings, die anderen, indem sie beide Beine weit in den Saal streckten, bis von allen Seiten ein Rufen durch ihre Reihen ging:

»Macht ein Ende, damit wir zum Nachtimbiß kommen.«

Giftig-süß greinte die Quade. Sie wußte, wie schmal es bei ihr zuging. Auch war es ein entzückendes Vergnügen, wie spöttisch und hochmütig der Mensch in dem blauen Wappenrock bisher ihre lieben Nachbarn behandelt hatte. Nur durch eines wurde sie selbst in Verlegenheit gesetzt. Warum mochte wohl der Fremde seine großen schwarzen Augen so begehrlich über das Haupt der Fölke hinweg auf die hintersten Deckenbohlen des Saales richten? Flammend, schwärmerisch züngelte es dann aus den unheimlichen, branderfüllten Sternen, und so zwingend war die Kraft des Blickes, daß sich die Hausherrin nach vergeblichem Widerstand selbst umwenden mußte, um verständnislos die geborstenen Balken am Saalende zu mustern.

Nichts.

Nur ein paar lange Spinnweben schaukelten dort, getrieben von der Flamme der Fackeln. Seltsam, was suchte der mächtige Geselle dort, warum vergaffte er sich nicht lieber in ihre lüsterne Tochter?

Dort hinten aber in Dämmer und Dunkelheit tanzten die ungestümen Wünsche des herumgetriebenen Mannes. Wuchtig fühlte er seine Pulse hämmern, schmerzhaft fast dehnte sich die breite Brust, denn er stand nur noch einen Schritt vom Ziel. Dort oben drängte sich ein Getümmel unwesenhafter, gebückter, gestriemter Leiber, schwielige Fäuste streckten sich nach ihm aus, heisere, gequälte Stimmen riefen ihm zu, lauter und lauter, ohne sich übertönen zu lassen:

»Gib uns ... gib uns, was uns gebührt.«

Unwillig warf der Riese die Hand gegen den Raum, denn selbst von seinen Hirngespinsten war der Herrschsüchtige nicht gewohnt, sich drängen zu lassen. Dann aber schüttelte er aufatmend die Schatten von sich und trat dicht vor den Stuhl der Fölke hin.

»Was willst du wissen?« rief er ohne Rücksicht. »Denn beim Henker, es fehlt nur noch, daß ihr mir ein Armsünderbänklein hinsetzt.«

»Friede, Friede, mein Sohn«, murmelte der Propst besorgt und kreiselte auf seinem schmerzenden Knie herum.

»So sage mir zuerst«, begann die Fölke, sich auf ihr übergeschlagenes Bein stützend, »warum liefst du allein und ungeleitet in unseren Hafen? Wo blieben deine Genossen? Der Wichmann, der Michael und der Wichbold? Und wo liegen deine übrigen Schiffe?«

Da lachte der Störtebeker und schlug sich auf die Brust. »Alte«, gab er getrost zur Antwort, »der Fuchs ist dir zu schlau. Die Meinen werden kommen, sobald ihr mir diesen Fetzen mit Eid und Siegel behängt habt.«

»*Bene optime*«, lobte der Propst voller Bewunderung und blickte sich, beifallheischend, im Kreise um. Allein unter den Hörern entstand von neuem drohendes Gezänk.

»Still«, verwies die Fölke, die sich nicht rührte, »dies verstehe ich, Störtebeker. Doch nun das Wichtigste. Du willst Land von uns erwerben. Gesetzt, wir wollen dir willfährig sein, was gedenkst du mit den Gütern zu beginnen?«

Jetzt sprangen die Edelinge wieder von ihren Sitzen, denn der Kern der Verhandlungen schälte sich bloß.

»Er soll gleichmäßig von uns kaufen«, schrien sie.

»Darauf kommt es nicht an«, sprach die Fölke in den Lärm hinein.

»Doch ... doch.«

»Achtet auf die Quade«, schimpfte der wilde Allena, »die Hexe betrügt uns.«

»Was willst du mit den vielen Jochen anfangen?« wiederholte die Hausherrin kaltblütig.

Mit einem Satz sprang der Störtebeker zu ihr in die Höhe, und während er heftig an der Lehne ihres Sitzes rüttelte, da quollen hinten aus dem Pechqualm abermals die ungezählten Scharen hervor, Kopf an Kopf, Hand in Hand, tausend unglückliche Augen starrten ihn an, und aus dem Geistersturm schallte es: »Du Menschensohn, du Sohn armer Leute, jetzt gib uns Brot und Kleider und ein Menschenlos.«

Ungestüme, ihn schüttelnde Wut packte den Besessenen, jener nicht zu bändigende Zorn gegen die Unterdrücker und Mächtigen, die nach seiner Meinung das Elend in der Welt festhielten, damit es ihnen Vorteil brächte. Da stürzte fast gegen seinen Willen die Schranke vor seinen mißtrauisch behüteten Schätzen zusammen, zu Streit und Angriff streckte sich der Riese, und als wirbelnde Wurfgeschosse schleuderte er seine geistigen Kleinodien wütend, hohnlachend unter seine betroffenen Zuhörer. Freiheit mußte wohl sein schäumender Mund gebrüllt haben, gleiche Landteilung, aus der Mitte der Gemeinschaft geborenes, allen erlangbares Recht, »und vor allem, ihr Schinder, ihr Landjäger, ihr Händler mit Menschenfleisch, die Glückseligkeit einer beruhigten Brüderschar.« Blind rasten Traum und Wirklichkeit um sein Haupt, er schrie und tobte gegen die von der Decke stierenden Hungergesichter sowie gegen jene breitbeinig ihn umdrängenden Zwingherren. Doch nur zwei Frauen empfanden in dieser Versammlung erdgebundener, habsüchtiger Menschen die Schönheit, die aus der Vermischung von streitbarer Tatkraft und wilder Schwärmerei über den Einsamen ausgegossen wurde. Die eine im Knabengewand faltete krampfhaft ihre Hände um den Goldhelm, den sie für ihren Gebieter bewahrte, und preßte ihre Brust gegen das Metall, als müsse sie ihr glühend Herz für immer in die unempfindliche Härte einschmelzen. Die andere, die gesündere und blühendere, lehnte genießend ihr Haupt unter dem roten Haarnetz zurück, ein glühend Schlänglein, lief ihre Zunge zwischen den Lippen, und ihr schlanker, ungekühlter Leib hob sich ahnungsvoll und gewiß dem Glänzenden entgegen. Auch sie hungerte nach Besitz und Gewinn, doch sie wollte dabei unendlich viel mehr einhandeln als selbst ihre geizige Mutter, sie wollte die heimliche, unbekannte Lust der Hingebung und dafür die Macht über den ganzen Mann. Wie aber wirkte das tolle, herausfordernde Gestammel, der nie vorher vernommene Schrei nach Selbstbescheiden und Einordnung auf die besitzstolzen Häuptlinge? Zuerst suchten die Grundherren, die eben drauf und dran waren, jene tölpelhafte Freiheit ihrer eigenen ortsangesessenen Bauern durch allerlei listige Künste, wie Borg, Auskauf und Pfändung, in straffe Gefolgschaft zu verwandeln, zuerst suchten sie ihre eigene vollständige Begriffsarmut auch den anderen von den offenen Mäulern abzulesen. Wie? Was? Faselei! – Was wollte der Hundsfott, der fahrende Sonnenbruder, der gestern noch den Leuten die Taschen abschnitt, wo er nur konnte? Gleichen Besitz? Der ungewaschene Haufe sollte keine Edelinge mehr über sich tragen? Hast du's gehört, Allena? Welche Büberei versteckt der Galgenvogel wohl dahinter? Meint die Schwarzflagge etwa, hier Schindluder mit uns treiben zu können?

Und die erste Verblüffung löste sich in ein schallendes Gelächter. Sie schlugen sich die Seiten, stießen einander in die Rippen, blinzelten sich aus sonnengebräunten Bauerngesichtern verschmitzt ihr Einverständnis zu, trampelten mit den Holzschuhen, ja selbst Hisko, der Propst, der in den Marschen ein Muster der Wirtschaft abgab, er humpelte schluckend hinter den verrückten Gleichebeuter und hieb ihm dort auf die Schulter, daß es krachte.

»Geliebter Freund«, platzte es über die dicken Lippen, »welch ein windiges Schiffermärchen hast du uns hier soeben aufgetischt? Nicht wahr, Fölke, was meinst du? Ja, wir sind einfältig, *animae stultae piaeque*, aber man darf uns doch nicht gar zu sehr unter dem Preis einschätzen. Du willst für dich selbst nichts? Alles für die Deinen ...«

Unten die Junker wieherten vor Vergnügen und Besserwissen.

»Nun gut, gut«, keuchte Hisko kurzatmig weiter, zog das Bischofsmäntelchen vor und schneuzte sich damit die Nase, »du kennst die Gauklerkniffe, hast den steifen Böcken, den Hamburgern, manch

Faß und manchen Ballen damit abgejagt. Aber jetzt sprich, mein Söhnlein, was du etwa noch im Ernste für deine Sache anführen magst?«

»Ha ... ha ... im Ernst?« So lange hatte der im blauen Wappenrock, erwacht, ernüchtert, mit unheimlich rollenden Augen auf die blonden Männer herabgeschaut, die sich vor Heiterkeit und hochmütig geliebkostem Unverstand förmlich blähten. Jetzt aber überwand der Seefahrer jenes innerliche, ihn fast zerschneidende Gelächter, das nicht zum Ausbruch kommen wollte, mit einem Griff riß er die große Hornpfeife an den Mund, und schrill, spitz, gellend fuhr das vibrierende Signal durch die Halle. Aufgescheucht schlugen die Friesen ihre langen Röcke zurück und griffen verdutzt an ihre kurzen Schwerter, selbst die Fölke rückte ungemütlich auf ihrem Sitz. Doch es war auf keinen tollkühnen Überfall abgesehen. Nur die Saaltür öffnete sich, und schallenden Schrittes trugen sechs Gleichebeuter eine gewölbte Truhe herein.

Da löste sich die Spannung der Edelinge in einem lauten Freudenschrei, ihre Augen begannen plötzlich verständnisinnig zu blitzen. Keiner nahm es dem fremden Seefahrer, der so unermeßliche Schätze mit sich führte, im geringsten mehr übel, als der Riese sich plötzlich unter Püffen und Stößen eine Gasse durch ihr Gedränge bahnte. Ob auch einer von ihnen rechts taumelte, der andere zur Linken flog, wer von ihnen scherte sich noch um die ungemessene Verachtung, den fast wahnwitzigen Hohn, mit dem der Störtebeker jetzt den Deckel der Kiste zurückschlug.

»Frisch, tummelt euch«, schrie er in einer gräßlichen Vertraulichkeit, die zu jeder anderen Stunde den Hörern hätte das Blut in den Adern gefrieren lassen. »Munter, ihr Edlen, ihr werdet mich gleich besser verstehen. Hier liegen meine Gründe, meine Pläne, meine Aufzeichnungen! Flandrisches Laken! Wie? Was? Mit der Elle? Torheit, ich messe meine Absichten mit dem Spieß! Sind gar klar und vollwichtig.«

Und der Tolle riß einem der Knechte die Lanze aus der Hand und begann in langen schwebenden Wendungen die weißen Wolken auf den Estrich zu schleudern.

»Hier Erklärungen für den Herrn Propst, hier ein anmutig Geheimverträglein für die Frau Fölke ... sachte, sachte, der Allena und der Rüstringen werden nicht vergessen!«

Eine Weile rieselte das feine Gewebe, knisterte und rauschte, gleich großen Schlangen hüpfte es aus dem Nest. Bald freilich ward dem Schuimer sein Maßwerk überdrüssig. In hohem Bogen warf er den ganzen Ballen unter die Edelinge, und gleich darauf sauste die Lanze hinterdrein. Die Junker aber balgten sich um den kostbaren Stoff. Jeder stieß halb im Scherz, halb im Ernst seinen Nachbarn beiseite, um möglichst früh an die reichtumsprudelnde Quelle zu gelangen, und man ertrug es nur mit Ungeduld, als Propst Hisko auf den unschuldigen Einfall geriet, sich wie ein Kreisel in dem Gewebe einwickeln zu lassen. Gewandter drehte sich der dicke Landwirt, als es sein verletztes Knie irgendwie vermuten ließ. Der Riese jedoch hatte sich, angetrieben von der höllischen Flamme der Versuchung, von neuem über die Truhe gestürzt, und nun schleuderte er besinnungslos Gold, Silber, Brokate, Ringe, Armbänder, Seiden und Meßgewänder unter die geblendeten, fassungsberaubten Friesen.

»Mir ... mir«, kreischte die Fölke, die ihre Habgier nicht mehr länger bezwang und plötzlich mit ausgebreiteten Fängen, wie ein Habicht, von ihrem Sitz herabschoß. »Sollen Hiskos feiste Mägde etwa gleich uns Edelfrauen Ringe und Ketten tragen?«

Damit krallte sie ihre spitzen Finger in die Wand der Truhe, beugte sich hinüber und schickte sich eben an, rabenlüstern auf das Geschmeide hinabzustoßen. Allein sie gelangte nicht mehr dazu. Es geschah etwas, was selbst den rohen, unbesinnlichen Häuptlingen in seiner grausigen Verrücktheit den Atem benahm. Mit beiden Armen nämlich wurde das graue Gerippe von dem Seefahrer eingefangen. Und geschüttelt von dem unheimlichen Spaß, diese zitternde Habgier dicht vor dem Ziel verdursten zu lassen, drückte der Störtebeker seine Wange zärtlich verliebt an das steife Pergament der Quade, und dann küßte er sie schallend auf das blutige Krötenmaul und die furchige Stirn.

Da entsetzte sich selbst Propst Hisko van Emden, der doch in mancher Wein- und Männerschlacht seinen Mann gestanden hatte, stolperte über die Leinwand und fiel mitten in den Saal.

Der Störtebeker aber lärmte und tobte während dieser erzwungenen Liebkosungen immer wüster und wahnwitziger.

»O du wonniges Weib, o du Weinberg mit quillenden Beeren, was könnte ich dir nicht alles zuliebe tun. O du Gebenedeite unter den Frauen, laß mich dir selbst das Hemdlein von Seide oder Brokat anmessen.«

Und obwohl die Fölke zischend und fauchend mit ihren mageren Armen und Beinen um sich schlug, der Besessene herzte und liebkoste das abscheuliche Gespenst nur um so wolfshungriger.

„O du fruchtreifer Regen«, schrie er ihr ins Gesicht, »o du Wunder des Brokmerlandes, wie preise ich mich selig, weil ich einen festen Bund mit dir schloß. Du sollst sehen, niemals gehe ich von dir, niemals verlasse ich dich.«

So raste und wütete der unbezähmbare Mensch, und um ihn her quirlte Grauen, Abscheu und roher Beifall brodelnd durcheinander. Bis sich endlich die wüste Geistesstörung auch auf die Zuschauer übertrug. Mit einemmal hatten sich die blonden Männer an den Händen gefaßt, und nun tanzten sie im Kreis um das wunderliche Paar inmitten der Ballen flandrischen Lakens und der offenen Truhe herum, dazu jauchzend:

»Wohl ... wohl, der Störtebeker soll bleiben. Die Verträge gelten. Soll der Quade Fölke einen Sohn zeugen. Heißa ... hussa ... horrido!«

Und auf dem Estrich hockte noch immer der Propst, und während er sich verwirrt den Reigen zu erklären suchte, murmelte er von Zeit zu Zeit:

»*Absolvo te.*«

Doch er wußte nicht mehr, was dies bedeute.

II

Über die braunrote Heide trabte ein Reiter auf seinem prächtig geschirrten Schimmel. Schwer schlugen die Hufe des Rosses auf den unübersehbaren, farbenfrohen Teppich. Wie von einem leichtsinnigen Weib war das lustige Tuch zwischen dem grauen Schlick der Marschen und der schwarzen Erde älteren Ackerlandes hingeworfen. Eine helle Herbstsonne leuchtete gläsern vom Himmel, und der erste Frühwind sprühte zuweilen bunte Tropfen von den Kräutern.

Dem Tier aber ward keine leichte Bürde, denn sein Lenker hatte einen Knaben vor sich auf den Sattel genommen. Den hielt er fest mit der Linken umfangen, und während er den Gaul allein mit den Schenkeln steuerte, zeigte die Rechte unaufhörlich auf Nähe und Weite. Jeder Tümpel mit Torf oder Meergrund, jede einschießende Wiese wurde mit hellem Jubel, mit freudeerfülltem Stolz begrüßt.

»Sperr deine blauen Augen ja weit auf, mein Büblein«, lud der Störtebeker triumphierend ein, und dabei drückte er seinen Gefährten ohne weiteres an seine weitgeschwellte Brust, ja, er herzte sogar stürmisch das vor ihm flatternde blonde Haar, weil er in diesem Augenblick nichts neben sich dulden konnte, was nicht bedingungslos seiner Macht unterworfen war. »Sieh, da und dort, vor uns, neben uns, alles mein, dein, uns allen.«

Und berauscht von dem ungeheuerlichsten Erfolge, trunken von der Vorstellung, daß auf diesem morgenfrischen Boden Menschheitswende wachsen sollte, so grundsprengend, so segensschwer, so planvoll, wie es vorher auf deutscher Erde weder von Carolus Magnus, dem Ordnungsstifter, noch später von Priestern oder Laien geahnt war, da ließ der von Schöpferlust Beseligte seinen Begleiter zur Seite sinken, warf sich über ihn und preßte seine Lippen durstig auf den Frauenmund. Was er hier liebkoste, das verschwamm ihm. Er küßte seinen eigenen Gedanken, der in der Frauenbrust wie in einem Tempel für ihn bewahrt lag, er umfing in jenem Leib, der sich zu ihm bekannte, gewissermaßen die Erfüllung und Vollendung seines Traums. Und diesmal widerstrebte ihm Linda nicht. Selbstvergessen, verklärt, ganz und gar eins mit dem Willensmächtigen, blickte sie mit großen, grüßenden Augen zu ihm empor, und in ihrem Kinderlächeln prägte sich die Überzeugung, daß alle Schmach, alle Schande in dem Feueratem, in dem brausenden Wehen des Werkes geläutert und von ihr genommen sei. Ein segenspendender Gott hatte sie befruchtet, und sie diente ihm dafür und empfing zum Lohn die Gnade des Schauens. Eine Entzückung durchrieselte sie, und aufgehoben von einem Wirbel unvorstellbaren Empfindens, unterfing sie sich dessen, was sie nie vorher gewagt hatte, schüchtern schlang sie beide Arme um den zu ihr geneigten Männernacken und hielt ihn fest. Selbst den wilden Mann beschlich ein fernes Verständnis für die opfervolle Gabe, die ihm hier gereicht wurde.

»O du blondes Gold«, entlud er sich in frohem Übermut, »wie freue ich mich deiner. An dir klebt kein Unrat, bist nicht durch der Krämer Hände gewandert, und man kann sich leicht die Seligkeit um dich kaufen.«

Noch einmal vernahm die käferdurchsummte Heide neben dem regelmäßigen Hufschlag das helle Jauchzen befriedigten Siegerglückes, und die Heideeinsamkeit legte sich tröstend um ein aufgestörtes Frauenherz.

So zogen sie weiter, an dunklen Torfmooren und weiten Strecken gelben Flugsandes vorüber, und solange die silberne Morgenstille mit ihnen wanderte, waren die Einsamen nicht nur eng aneinandergebunden durch das gemeinsame Drängen nach einem frommen, kindlichen Zeitalter, sondern auch das geheimnisvolle Weben zwischen Mann und Weib spann seine heißen Fäden um sie. Immer wieder, wenn das Hochgefühl seiner Sendung dem Reiter die Brust sprengen wollte, dann warf er sich gegen die schlanken Frauenglieder, und mit Herzklopfen und entzückter Duldung vernahm Linda all die Tollheiten und unbändigen Neckereien, die er ihr zuflüsterte.

Wo war ihre Nonnensehnsucht geblieben?

Aus einer moorigen Senkung waren sie eben aufgetaucht, als ein Wiehern ihres Schimmels die Versunkenen weckte. Heftig schleuderte das Tier den Kopf. Ein weiter offener Wiesenplan dehnte sich vor ihnen, verschiedene Wege schlängelten sich über die Grasebene, und an einer Kreuzung dampfte eine Staubwolke.

»Holla«, rief der Störtebeker, froh, den ihm bereits eintönigen Schleckereien entzogen zu sein, und bettete die Hand über die Augen. »Schau, ein Trupp von Reisigen. Laß uns sehen, wen sie schon so früh geleiten?«

Und sofort setzte er dem müden Gaul die Sporen ein, keuchend und schnaufend trabte der Schimmel dem Kreuzweg entgegen.

Vor ein paar Balken, die roh und kunstlos über eine Binsenniederung gelegt waren, hielt ein Zug berittener Spießknechte. Sie trugen sämtlich den blauen Brokmerpfeil an ihren schwarzen Filzröhren und warteten nur darauf, daß der elende zweirädrige Reisekarren, wie er zu jenen Zeiten von vornehmen Frauen benutzt wurde, ungefährdet über das Balkengestell hinüberknarre. Die Dame selbst jedoch, anstatt geduldig auf dem harten Sitzbrett ihres Käfigs auszuharren, hatte längst den Braunen eines der Knechte bestiegen, denn es war Occa, des tollen Occo Tochter, die, kaum der Aufsicht ihrer Mutter entzogen, ihrer Neigung zu ausgelassenen Streichen verfiel. Rittlings wiegte sie sich im Sattel, und da sie heute das kniefreie rote Friesenröckchen angelegt hatte, so sah der sich nähernde Freibeuter mit Behagen, wie die eng verschnürten Beine der Reiterin geschmeidig und wohlgefügt den Leib ihres Rosses umfingen.

Da sprang dem stets erhitzten Weiberjäger sofort das Blut in den Adern. Das ungewöhnliche Bild junger, zu jeder Verschwendung bereiter Lebenslust berückte ihn, und plötzlich sah er sie weißgliedrig auf dem dunklen Fell reiten, Meerwasser träufelte ihr über Brust und Nacken, und das aufgelöste Gold der Haare flatterte ihr feucht um die Schultern.

Kein Zweifel, der begehrliche Mann atmete schneller – er hatte die Schöne bei seiner Einfahrt schon so geschaut, wie er sich alle Weiber am liebsten vorstellte.

Mit einem Stoß schob der Störtebeker seinen Gefährten zur Seite, um frei und ungehindert den Anblick genießen zu können. Und in der eigensüchtigen Meinung, daß seine Gedanken auch unausgesprochen von jedem verstanden werden müßten, schwenkte er heftig seine Kappe zum Gruß und schrie hinüber:

»*Courte el bonne*, bist du der Wasserteufel oder nicht?«

Die schöne Occa jedoch verstand. Auch sie wirbelte ihre gelblederne Kopfbedeckung durch die Morgenluft und rief mit heller Stimme zur Antwort:

»Und du, Schuimer, was bist du für ein vierbeiniger Reiter?«

Da beugte sich der Seefahrer noch weiter vor und klopfte, nahe genug herangerückt, Occas Braunem die Halsung.

»Laß gut sein«, erwiderte er hastig und nur darauf erpicht, das kurze Reitergewand der Blonden zu berühren, »dies hier ist mein Diener. Ich gönne dem Zarten gern jede Schonung. Doch nun, du Fisch und seltener Vogel, sage mir, wohin geht die Reise?«

Langsam löste die Broke-Tochter ihre braunen Augen von dem Knaben, der noch immer durch die Linke seines Herrn vor dem Sturz bewahrt wurde, und da sie mit dem Scharfblick der Frauen wohl gleich das wahre Geschlecht dieses Dieners erraten haben mochte, so glitt ein spitzbübischer Zug über ihr feines Antlitz, und der Zwang überkam sie, den frechen Reiter sogleich bestrafen und peinigen zu müssen.

»Nun, du Allwissender«, entgegnen sie mit strahlendem Spott, »da du doch den Umgang mit edlen Frauen zu kennen scheinst, so sage mir, wohin gehört eine ehrbare Hausfrau rechtmäßiger, wenn nicht zu ihrem Eheherrn? Der meinige ist, damit du es weißt, Luitet van Neß, und ich hoffe, daß er meiner allewiel in Sehnsucht gedenkt.«

»Nun, da wollte ich doch …«, fiel der Störtebeker aus allen Himmeln, der ganz offen seinen Grimm darüber verriet, weil dieser glatte Vogel aus dem Garn zu hüpfen versuchte, »nun, da wollte ich doch, der unterste Grund der Hölle öffnete sich …«

»Für wen?« lauerte die Goldblonde, innig befriedigt über die Wirkung ihres Geständnisses, indem sie sich blinzelnd nach vorn krümmte und dabei ihre Knie immer höher auf den Rücken des Pferdes zog.

Der Riese aber hatte seine erste Anfechtung überwunden. Und da – juchhe – da höhnte er schon über seine gewissenhafte Bürgerbedenklichkeit. Seit wann machte er denn vor Weihwasser und Sakrament halt? Bei allen Wonnen des heißen Blutes, und würde diese Occa mitsamt ihrem Hausherrn statt auf dem Karren in ihrem Ehebett durch die Lande rollen, der Wilde schwor sich, er wollte sie dennoch vor den Augen ihres Nutznießers aus den Laken reißen.

So raste die unstillbare Wut nach Alleinbesitz von allem Schönen und Sinnepeitschenden durch denselben Erlöser, der gekommen war, um die Mißgunst und den ewig regen Neid der anderen zu befriedigen.

Im Augenblick aber verbeugte er sich geschmeidig im Sattel, schwenkte noch einmal die Kappe und griff ohne weiteres nach den Zügeln von Occas Braunem.

»So werbe ich denn«, sprach der Schalk, »bei der Hausfrau des Häuptlings van Neß um gute Nachbarschaft.« Und ehe noch eine Antwort erteilt werden konnte, warf er die Hand vor. »Geh, heiße deine schwarzen Filzröhren sich beiseitedrücken, denn ich will dir selbst das Geleite geben.«

Überrascht, mit jenem schwebenden Lächeln, das mehr verhieß, als es zu halten gesonnen war, und vor allen Dingen brennend vor Neugier, was ihr wohl bei dem Zusammensein mit dem blutigen, sagenumsponnenen Gewaltmenschen bevorstehe, nickte die schöne Occa, schon wandte sie sich mit einer kurzen Bitte an ihre Begleiter, als unvermutet das so vielversprechend eingeleitete Abenteuer gestört wurde.

Besorgt um jedes Wort, das nicht der gemeinsamen – oder noch besser, der ihr allein gehörigen Aufgabe galt, so hatte Linda, noch im Arm ihres Gebieters, dem leichtfertigen Geplänkel gelauscht.

Und nun? Diese kaum verhüllten Scherze hier auf heiligem Boden?

Ihr schwindelte, sie wußte nicht mehr, was sie trieb. Ach, sie vergaß sich. Zu ihrem Unheil trat sie aus dem Bann ihres bisherigen bescheidenen Dienens heraus.

»Herr«, kehrte sie sich bebend zurück und legte dem Riesen ihre zitternde Hand auf die Brust, »du wolltest ...«

Gestört verzog der Störtebeker die Stirn, sein gekrümmter Arm schob die Andrängende von sich.

»Was wollte ich, Licinius?« warnte er, als ob er seinem Gefährten noch bei rechter Zeit zu Einkehr und Besinnung raten möchte. »Was wollte ich?«

Doch Linda war durch das, was vorausgegangen, durch die wilden Liebkosungen ebenso wie durch die Nähe des ersehnten Zieles zu sehr aus ihrer Bahn geschleudert, als daß sie ihr bescheidenes, unauffälliges Wesen nicht völlig verleugnet hätte.

»Herr«, mahnte sie mit einer dringenden, beschwörenden Gebärde, »wozu willst du hier noch länger säumen? Vergiß nicht, o vergiß nicht, daß deine Flotte und die künftigen Ansiedler deiner harren.«

War es die Zurechtweisung, die ihm hier öffentlich erteilt wurde, oder drückte die Gewißheit dem Herrschsüchtigen ihren Stachel tief ins Blut, daß nun auch andere an seine Pläne tasten durften? Rot vor Unmut schleuderte er sich herum, und die Bewegung war so gewaltsam, so rücksichtslos, daß Licinius ohne weiteres aus dem Sattel geworfen wurde. Kaum vermochte sich der Halbbewußtlose noch vor dem Sturz zu bewahren. Aber auch so taumelte er ein paar Schritte über den

Grasboden, bis er endlich an Occas Braunem einen Halt fand. Luftberaubt, an allen Gliedern bebend lehnte er sich hier an den Leib des Tieres.

»Bube«, schrie der Störtebeker in einem schrecklichen Ton, und man sah, wie seine Rechte vergeblich die Lederpeitsche suchte, »will das Gesinde seinen eigenen Herrn zu Botengängen heuern? Gleich pack dich und tu selbst, was du so schön beschrieben hast. Oder, bei allen Furien, ich will dir Beine machen.«

Schon hatte der Gereizte den Striemer gefunden, und nun knallte er ihn, zur Züchtigung entschlossen, so grausam durch die Luft, daß Occa, von einem Schauder ergriffen, sich schützend über den Knaben beugen mußte.

»Laß ab«, wehrte sie dem Ergrimmten, dessen in Brand geratene rollende Augen ihr plötzlich Grauen einflößten, und bezeichnend setzte sie hinzu: »Willst du Wüterich etwa dies zarte Gebein zerfleischen?«

Da hielt der Seefahrer auf halbem Wege inne, aber auch Linda erwachte. Einen leeren, weiten, zerrütteten Blick heftete sie auf den Mann, der bisher in einer aufrechten Flamme vor ihr hergezogen war, dann schüttelte sie stumm das Haupt. Und wie jemand, der für immer den Weg verloren hat, stürmte sie mit einemmal über Wiesen und Heide von dannen.

Winziger und unkenntlicher wurde der schießende, schwarze Fleck hinter den ginsterbraunen Erdwellen.

Hätte sie sich nur noch ein einziges Mal umgewandt, sie würde bemerkt haben, wie der Reiter, der sie eben züchtigen wollte, jählings die Faust vorwarf, als könnte er seinen Gefährten mit diesem einen Griff bändigen und wieder an seine Seite zwingen. Allein die Entfernung hatte sich bereits zwischen beide gelegt und verschlang alles. Um die Flüchtende kreiste die Ebene in langen, sich jagenden Streifen. Bald wirbelten Moorgründe auf sie zu, bald tanzten Gräben um sie her, dann hüpften plötzlich wieder Dornbüsche aus dem wild gewordenen Sande, bis schließlich allerhand Wege ihr entgegenstürzten, die sich um die Verirrte stritten.

Nach Stunden erst langte ein bestaubter, zerrissener, kotbedeckter Knabe auf dem großen Schiffe im Hafen an. Hohläugig, zusammenhanglos richtete er den Befehl des Herrn an die Mannschaft aus, dann verkroch er sich unter den Aufbau, und auf dem Prunkbett des Bischofs wälzte sich bald darauf ein krampfgeschüttelter, fiebernder Haufe. Immer von neuem falteten sich ein Paar blutlose Hände, damit sie Gedeihen, Segen, Vollendung auf das Werk herabflehten. Auf das Werk – auf das Werk, das sich von seinem Schöpfer trennen wollte.

*

Nach mehrstündigem Ritt machten die Broke-Reisigen endlich Rast. Auf den Wunsch ihrer Dame waren sie dem nachfolgenden Paar weit vorausgeritten, so daß sie ihre Herrin sowie deren Begleiter fast aus den Augen verloren. Jetzt tränkten sie ihre Rosse aus einem der flachen Heidebäche.

Die Knechte aber konnten auch deshalb ihre Herrschaft nicht entdecken, weil die beiden, während sie ihre Pferde friedlich grasen ließen, sich in eine der vielen Flugsandgruben gelagert hatten, um nun ebenfalls der Ruhe zu pflegen. Trotz des dürren Bodens war die Senkung über und über mit bunten Wiesenblumen bestanden, und auf dem oberen Rand blühten Ginster und wilder Dorn. Ein verwunschener, heimlicher Platz. Langhin hatte sich der Störtebeker ausgestreckt, wohlig fühlte er unter sich die heiße Erde, und da er stärker atmete, so war es ihm, als sei es ein leichtes, auch den blauen Himmel in sich einzuschlürfen. Unter halbgeschlossenen Wimpern blinzelte er zu der unweit sitzenden Occa hinüber. Die flocht an einer langen Ringelkette von Marienblumen. Sobald sie jedoch ihre braunen Augen spähend über den scheinbar Ruhenden hinstreifen ließ, dann glitt jedesmal ein spöttisches Lächeln um den herrischen Mund des Riesen, denn seine Ungeduld errechnete bereits den Augenblick, wo seine Wünsche sich erfüllt haben würden. Hier, an diesem eigens dazu geschaffenen Fleck, mußte das ihn sooft anspringende Fieber gelöscht werden, sonst wäre es ja eine Ruchlosigkeit gewesen, seinen treuen Licin durch Peitschengeknall von seiner Seite getrieben zu haben.

Als ihm der Knabe einfiel, schlug er die schwarzen Augen hartherzig auf, er schüttelte sich, und eine wirre, unklare Rachsucht erfaßte ihn, als wäre der Fall dieser Nahen die schuldige Genugtuung für die andere. Und ohne sich noch durch irgend etwas hemmen zu lassen, richtete er sich auf und schnellte wie eine große Schlange zu seiner Gefährtin hinüber. Verwundert verfolgte die sein Treiben.

»Fürchtest du dich nicht?« forschte er, als er Occa erreicht hatte, und dabei stützte er sich mit beiden Armen über die Zusammensinkende. »Du weißt doch, was man für Lieder von mir singt? Ich spaßte nicht lange mit schönen Frauen, die mir gefallen.«

Die Broke-Tochter regte sich kaum, und während jenes spitzbübische Lächeln ihren Mund verschönte, das ihren Bedränger immer ärger zu

Tollheit und Gewalt reizte, da warf sie dem Geneigten lässig ihre Blumenkette um den Hals.

»Gewißlich, du langer Mensch«, sprach sie sorglos zu ihm empor, »mir geschieht nichts von dir.«

Doch der Störtebeker hielt sich nur noch mit Mühe.

»Du möchtest leicht irren«, entgegnete er gepreßt, und es klang wie das dumpfe Murren vor einem Gewitter, »was sollte mich hindern?«

Da geschah das, was den eigenwilligsten und herrschsüchtigsten aller Männer mitten im Lauf festhielt. Eine kleine Hand war es, die erst neckisch an der Blumenkette zauste, bis sie ihm unvermutet einen leichten und doch fühlbaren Backenstrich versetzte. Dem Freibeuterfürsten aber schwirrte es vor Augen, tausend zügellose Stimmen schrien in ihm auf, die Züchtigung, und wenn es auch nur eine eingebildete, im Spiel zugefügte war, sie erinnerte ihn an seine Sassenzeit und versetzte den Ungebändigten in Raserei.

Mit einemmal fühlte er einen sich windenden Frauenleib in seinen Armen, er wollte ihn schonen, um sich seiner Beute desto ungestörter freuen zu können, umsonst, wieselhaft glitt es unter seinen Armen dahin, im nächsten Augenblick schon fuhr von dem Hügelrand, auf den das kurzröckige Weib gesprungen war, ein heller Ruf über die Ebene.

Von fern antworteten die Knechte.

»Merke dir das, du leichtfertiger Tor«, sprach Occa derweil strafend, obwohl ihre blitzenden Augen und ihre rasch schöpfende Brust Milderes verhießen. »Weißt du nicht, daß jeder, der einer Friesin Ehre verletzt, dem Tod vor dem Upstalsboom* verfällt? Auch wir, du Schuimer, scherzen hier nicht. Zudem ... ich bin eine Fürstentochter. Was würde mit dem neugekauften Land und deinen Ansiedlern geschehen, wenn deine Untat ruchbar würde? Zweifelst du etwa daran, daß die Burgherren, meine Freunde und Vettern, froh, einen Anlaß gefunden zu haben, über eure kleine Schar herfallen würden, um die Gefährlichen wieder zu verjagen? Warum handeltest du auch so unklug, die See zu verlassen, wo du ein Gewaltiger warst, mehr und fürstlicher als all die kleinen Tyrannen hier in der Runde?«

Als die wohlbedachten Worte auf den Gescholtenen herabfielen, da riß der Mantel von Wollust und Üppigkeit auseinander, mit dem der Seefahrer dieses junge Weib einzig bekleidet wähnte. Denn der Weltkundige erkannte, wie hinter der goldumrahmten Stirn, im verborgenen zwar und doch schon geformt, Absichten und Pläne wuchsen, die seiner Erdum-

---

* Ein uraltes friesisches Volksgericht.

gestaltung feindlich entgegenwirkten. Deutlich erriet der Scharfsichtige, daß hier ein fein spinnender Eigennutz am Werke wäre, der, wie überall auf der mißgestalteten Erde, von der Bedrängnis der anderen seinen Vorteil ziehen wollte.

Da lachte der Störtebeker über seine törichte Verblendung und sprang mit einem Satz, geheilt und entladen, wie er glaubte, neben die Reiterin.

Die aber achtete seiner nicht weiter. Mochte sie durch die Gewohnheit belehrt sein, daß es keiner stärkeren als Blumenketten bedürfe, um solch üppigen Jäger nach sich zu ziehen, jedenfalls warf sie sich, ohne ihrem Begleiter auch nur noch einen Blick zu gönnen, rittlings auf ihren Braunen und sprengte dann in scharfem Flug voran. Und doch meinte der nachsetzende Freibeuter, der schmale, feine Goldkopf unter der gelben Lederkappe hätte ihm einen bestimmten, nicht mißzuverstehenden Wink erteilt. Da knallte der Störtebeker während der sich jetzt entspinnenden Hetze fröhlich, kraftbewußt seine Lederpeitsche durch die Luft. Heißa, solch eine Pirsch war gerade nach seinem Geschmack. Er wußte ja, wonach er strebte.

»*Tamen*«*, schrie er plötzlich voll stürmender Wildheit, während der Heidepfad unter ihm dröhnte, und er warf beide Arme gegen den Silberhimmel. So lautete der Schildspruch, den sein Lehrer Wichmann ihm einst mit auf den Weg gegeben hatte: »*Tamen*«.

Da wandte die vorausfliehende Occa zum erstenmal ein wenig das Haupt zur Seite.

*

Im Burghof zu Neß erst kehrte sich seine Führerin unter dem rohen, viereckigen Hauseingang nach ihrem Gaste um.

»Komm«, sagte sie kurz, »damit ich dich leite.«

Leicht strich sie den Staub von ihrem wamsähnlichen Oberrock, dann stieg sie ihm eine dunkle Treppe voran. Sie mußten sich in einem turmartigen Gebäude befinden, denn die Stufen wanden sich im Kreise und wurden immer enger und ausgetretener. Eine faule, stockige Finsternis quoll ihnen entgegen und beschwerte den Atem. In dem Schuimer aber regte sich sicherste Erwartung. Jeden Augenblick meinte er, eine Hand müßte nach der seinen tasten.

Allein seine Sinne spannten sich vergebens. Nach wie vor hörte er die leichten, huschenden Tritte über sich, die Dunkelheit schien sich mit ihnen zu drehen und hauchte eine feuchte Kälte aus.

---

* Dennoch

Aber da endeten die Stufen, ein ebener Gang oder eine Halle mußte erreicht sein, denn plötzlich spürte der Gast seine Führerin dicht neben sich. Wiederum strich sie ihm über das Gesicht und flüsterte:

»Warte!«

Dann entfernten sich ihre Schritte, und der Fremde stand allein, eingeschlungen von der Schwärze. Einen Augenblick lang beschlich den Einsamen das Bedenken, es könnte ihm hier vielleicht von seiner Wirtin eine Falle gestellt worden sein, ja, den zur Tatlosigkeit Verdammten durchzuckte die Ahnung, die wilde, herrliche Jagd nach allem Unerreichbaren möchte womöglich in diesem Moderwinkel ihr Ende gefunden haben. Allein, kaum gedacht, ließ ihn sein unerschöpfliches Vertrauen auf seinen Stern all solche Einwendungen hinter sich schleudern. Und jetzt ... nein wahrhaftig ..., ganz in seiner Nähe, nur gedämpft durch eine verschlossene Tür, fing er ein sonderbares Grunzen auf, wie wenn ein Schwein sich über dem Futtertrog besonders wohl fühlt, und alsbald gesellte sich das feine Gelächter Occas hinzu.

Dem Störtebeker schoß das Blut ins Antlitz. Giftig träufelte ihm sein Jähzorn ein, er selbst böte wahrscheinlich den Anlaß zu dem heimlichen Vergnügen seiner Schönen, er, der gefürchtete Schwarzflaggenherrscher, der als Gefoppter, als demütig Wartender vor der Tür einer Listigen lauerte.

Da aber stand der Freibeuter geblendet still. Unmerklich war eine niedrige Tür vor ihm aufgeglitten, und der Anblick, der sich ihm jetzt bot, traf den Eindringenden so unerwartet, daß er in jähem Wechsel kaum eine rohe Lachlust bezwang. Wahrlich – und der Störtebeker hieb sich auf die Brust, wie wenn er unbedingt Spuk und Augentrug von sich scheuchen müßte, dort drinnen in dem kreisrunden Turmloch, unter allerlei albernen Geräten und verworrenen Meßtafeln, dazu bestimmt, nach dem Aberwitz der Zeit den Gestirnen ihr Geheimnis zu entlocken, da hockte auf einem niedrigen Dreifuß ein Wulst von Speck und Fett, der sich eben in seinem weiten grünen Tappert mühselig umwandte. Dies war der Häuptling Luitet van Neß, ein Mann, den selbst seine besten Freunde »das Ferkel« nannten. Fragwürdig blieb nämlich seine Menschengestalt. Kleine, triefende Schlitzäuglein, eine ungeheuerliche, weit vorstrebende Schnauze sowie ein ebenso heftig zurückfallendes Kinn gaben dem kurzbeinigen Fettklumpen tatsächlich etwas vom Borstenvieh. Und es bedurfte für den Beschauer nicht erst seiner grunzenden Stimme sowie der blonden Stacheln auf dem platten Haupt, um die Ähnlichkeit unheimlich zu vervollständigen.

Und dies sollte der Gatte der schönen Occa sein?

Vorgebeugt verharrte der Störtebeker an der Tür, offenen Mundes, mit dem ganzen beleidigenden Unglauben eines von der Natur Beglückten starrte er bald auf dieses Schaubudenwunder hin, bald suchte er von der Goldblonden eine Erklärung zu erhaschen. Als er jedoch auffing, wie das junge Weib dem behaglich Grunzenden die kurzen Borsten kraute, wobei sie hinter dem Rücken des Dicken dem Freibeuter schnippisch zunickte, da löste sich die ungemessene Verstricktheit des Betroffenen endlich in einem langen, wilden Gelächter aus. Sogar Herr Luitet, der eben zur Begrüßung heranwatschelte, verfiel in ein beifälliges Grunzen, auch die Burgfrau schloß sich von der großen Heiterkeit nicht aus. Um ihre Lippen aber zuckte es wie jemandem, der sich des Endes bewußt ist.

Kannte sie doch allein den Anfang.

Von ihrer eigenen Mutter, der Quade Fölke, an dieses gemästete Scheusal verkuppelt, sollte die heitere Lebensfreude der Jungfräulichen wohl nach Absicht ihrer Peinigerin möglichst bald in Trübsal und Elend ersticken. Allein diesmal erwiesen sich die Berechnungen der Quade als trügerisch. Da das Ferkel einzig und allein auf der nächtlichen Sternenwiese graste, so stellte es an seine irdische Begleiterin keinerlei Ansprüche, ja, bald geschah es, daß Occa mehrfach am Tag in die Turmzelle ihres Gatten emporsprang, um ihm voller Genugtuung die Wünsche und Verlockungen ihrer junkerlichen Anbeter zu offenbaren. Und während ihre kleine Hand den behaglich Grunzenden pufftte oder ihm spöttisch die kurzen Borstenhaare kraute, da konnte man die beiden häufig in ungemessene Heiterkeit über die genasführten Liebhaber ausbrechen hören. Frau Occa hielt sich das »Ferkel«, wie vornehme Damen ihrer Zeit mancherlei mißgestaltete Kreatur in ihrer Nähe fütterten, und so hatte sich zwischen den Gatten allmählich die beide Teile befriedigende Vertraulichkeit guter Geschwister ausgebildet.

Auch über den Seeräuber mußte dem Klumpen wohl schon vorher eine ausführliche Schilderung hinterbracht sein, denn während er ihn pustend und schnaufend begrüßte, blinzelte er aus den schrägen Schlitzäuglein beinahe mitleidig an dem Riesen in die Höhe. Fast schien es, als ob der Weise seinen ungewöhnlichen Gast bereits im voraus bedauerte. Dann aber besann sich der Hausherr auf seine dunklen Künste oder vielleicht auch auf das, was man seinem platten Schädel eben erst eingeblasen hatte. Geheimnisvoll wickelte er sich in sein grünes Kleid, um ernsthaft das Haupt zu schütteln.

»Du überschreitest das Maß«, vertraute er endlich seinem Besucher an. Witternd und feucht zitterte dabei sein Rüssel.

»Getroffen«, nickte der Störtebeker, der sich noch immer nicht fassen konnte, wobei er allerdings mehr die Burgherrin als den Klumpen im Auge behielt, »ich messe sieben Schuh.«

»Das ist es nicht«, murmelte das »Ferkel« abmahnend. Darauf ergriff er eine durch allerlei Striche und Zeichen geteilte Stange und hielt sie schräg gegen den Fremden, so daß die Sonne einen schwarzen Strahl über den Freibeuter malte. »Du überschreitest das Maß«, wiederholte er hartnäckig.

»Potz Blitz«, fiel der Störtebeker lebhaft ein, indem er frisch nach der Stange schlug, »ich will auch mein Begehren nicht messen, und wenn es bis an den Mond wüchse.«

Rasch wechselte er dabei einen Blick mit Occa, die noch immer hinter der Lehne eines unförmlichen Stuhles stand, und so frech und gefräßig züngelte wieder seine Flamme, daß er gar nicht merkte, wie auch dem »Ferkel« jene geheime Zwiesprache keineswegs entging.

»Vom Übel«, verurteilte der Sternendeuter, nunmehr seiner Sache sicher. »Jedem ward sein Maß bestimmt. Der Kundige zählt die Regentropfen. Höre, du bist wohl ein lang aufgeschossener Bursch und tobst auf der Erde lärmvoll umher, aber weißt du denn, was am Himmel für dich angeschrieben steht?«

»Meiner Seel«, beteuerte der Störtebeker, der sich jetzt ungebeten auf eine Ecke des Ziegelherdes niederließ, denn das Geschwätz des Dicken wurde ihm lästig, »laß mich die Erde zurechtrücken und heiße du inzwischen dein Weib, mir einen Morgenimbiß auftischen, so will ich dir wohl oder übel den Jupiter, die Venus und die beiden Dioskuren dazu verkaufen.«

»Verspotte nicht die Ewigwachen«, murrte der Klumpen und hielt jetzt seine Stange prüfend gegen das Fenster und mitten in das Sonnenlicht hinein. »Occa mag dir Hunger und Durst stillen, wie ihr beliebt. Ich wehre ihr nichts. Sie ist frei. Weil alles Geschehen ohnehin aus dem Lichtnebel quillt, der, gewogen und gezählt für jeden von uns, im Unendlichen schwimmt. Occa mag dir das Nachtlager rüsten, und du wirst nicht anders handeln, mein Freund, als die Staubkörner es wollen, die gebieterisch über dir und in dir tanzen. Geh hin und versuche es.«

Diese Gelassenheit jedoch übermannte sogar den sorglosen Gewaltmenschen. Geräuschvoll sprang er vom Herd, und seine Verblüffung steigerte sich noch, als ihm der helle Triumph aus den Zügen der Goldblonden entgegensprühte. Mühsam nur faßte er sich, und indem er sich neigte, warf er im Trotz und wie zum Abschied hin:

»Wohlan, Luitet van Neß, so nehme ich deine Gastlichkeit an, und ich will hoffen, daß es meinen Staubkörnern unter der Pflege deines Weibes wohlergehen werde.«

»Jeder muß das hoffen, was ihm beschieden ist«, sprach das »Ferkel« dunkel.

Ruhig ließ der Nekromant seinen Besucher zum Ausgang gelangen, aber gerade als die Reckengestalt sich unter das niedrige Pförtlein bücken wollte, da scharrte der Klumpen, der sich inzwischen wieder auf den Dreifuß niedergezwängt hatte, mit dem Fuß über ein auf der Diele herumliegendes Pergament, so daß ein trockenes Rascheln entstand.

»Nimm dies mit dir, Maßüberschreiter, Tobender im Käfig«, grunzte er gleichgültig, »ein Bote unserer lieben Mutter Fölke brachte es heute. Vielleicht erkennst du daraus, wie das Unsichtbare auf Erden stets hinter uns hersprengt. Hier« – er bückte sich und reichte das Blatt unter Keuchen seiner Hausfrau –, »es ist nur eine Hornisse aus dem großen Schwarm«, schnarchte er schläfrig, in sein Fett versinkend.

»Was für ein Fetzen?« wandte sich der Störtebeker gebieterisch zurück.

Und Occa las. Es war ein Sendschreiben der Hansestädte an die ostfriesischen Häuptlinge, eine freundliche Mahnung, die aber viel eher einem düsteren Drohen glich, indem dadurch den Edeljunkern, den Enno, den Allena, Beninga, Cankena, den Neß, Broke und dem Propst Hisko van Emden auf das gemessenste untersagt wurde, irgendeinen Verkehr mit den Vitalianern, den Gleichebeutern, diesen Schwären und Beulen am Leibe der handeltreibenden Völker zu unterhalten. Und mit heller Stimme, beinahe jubelnd, verkündigte Occa, während ihr der Störtebeker belustigt über die Schulter schaute, den Schluß:

»Von allen Gottabtrünnigen, von allen lästerlichen Bösewichtern aber, so jemals die Ruhe, den Frieden und die Ordnung in Stadt und Land gestört haben, ist gewißlich der Störtebeker der verworfenste und wird der Strafe der Verdammnis nicht entgehen.«

»Sicherlich, das wird er nicht«, unterbrach Occa vergnügt und versuchte den ihr Nahen an einer seiner Locken zu reißen. Dann fuhr sie fort:

»Es ward uns jedoch kund, daß dieser friedlose Übeltäter, nachdem er die Ostersee durch Mord rot gefärbt, auch gestohlen und gebrannt hat, wo er nur konnte, jetzt unter euch das lügnerische Gerücht aussprengt, er wolle eine Bruderschaft aufrichten, derengleichen selbst unserem Seligmacher Jesu Christo nicht gelang.«

Hier stockte die Goldblonde abermals, biß sich auf die Lippen und schüttelte unbefriedigt das Haupt, bis sie endlich aufmerksamer weiterlas:

»Um diesen neuen Frevel gegen Obrigkeit und schuldige Demut nicht reif werden zu lassen, damit aber auch weiterhin der gemeine Kaufmann sein Handelsgut ungefährdet über See bringen möge, sei hiermit den Edlen der Friesen zu ihrem eigenen Nutz und Frommen voll Ernst und schwerer Sorge empfohlen, die Raubgesellen ohne Zögern aus dem Land zu jagen, Burgen und Häfen ihnen zu verschließen, ihren Anführer aber zu greifen und nach peinlichem Gericht genädiglich vom Leben zum Tode zu befördern. Sollte dies indessen nicht geschehen, so wollen die hansischen Städte doch all ihre Macht aufbieten, um unter dem Beistand des Himmels dem Schwarmwesen in euren Ländern ein Ziel zu setzen.« Unterzeichnet war das Schriftstück »Tschokke, erster Alderman von Hamburg«; und das schiffgeschmückte Siegel der Stadt hing darunter.

Der Störtebeker spießte das Manifest mit dem Schüreisen und warf es ins Feuer.

*

Gleich einem Fürsten ward der Schuimer auf Burg Neß bewirtet. Occa ließ ihm ein wohlduftend Bad richten, Knechte und Mägde bedienten ihn, frisches Linnen ward dem Gast gereicht, und immer hörte der in der Badestube lärmend Singende, wie die Hausfrau nicht weit von der geschlossenen Tür herumstrich. Diese Nähe bestärkte ihn noch in seinen wilden Vorsätzen. Allein bald merkte er, wie die glatte Tochter der Quade es mit vieldeutigem Lächeln darauf abgesehen hatte, ihn zu necken und dem Gewalttätigen unter allerlei Schmeichelei und trügerischer Zuvorkommenheit die Hände zu binden. Ja, manchmal blitzte es in dem Geiste des Riesen geradezu auf, als ob alles nur geschehe, um dem abwesenden »Ferkel« ein Ergötzen zu bereiten. Occa saß zwar beim Mittagsmahl neben ihrem Gaste an der Herrenseite der Tafel, jedoch der lange Saal war mit so zahlreicher Dienerschaft angefüllt, Köche, Mundschenken, Spießknechte liefen ab und zu, daß jedes vertrauliche Wort untergehen mußte, und der Störtebeker, nachdem er im Unmut Becher auf Becher herabgestürzt, plötzlich aufbegehrte:

»Du Allerschönste glaubst wohl, ich sei König Wenzel, der Hundezüchter*, daß du so bunt geschmückte Pfauen vor mir auftragen läßt? Und weißt doch, wie mein Sinn nach ganz anderer Labe steht.«

»Du könntest auch mehr sein, als du bist«, entgegnete die Goldblonde, zur Seite rückend.

Der Schuimer verstand dies nicht. »So laß mich aufbrechen«, fuhr er wütend vom Stuhl.

»Bleib«, flüsterte Occa hinter ihrer Hand.

Da vermochte der Begierige sich nicht loszureißen.

Am Abend gab es auf der Burg Neß ein Gelage. Im Vorbeireiten waren Propst Hisko van Emden sowie Occas sprudelköpfiger Verehrer, der junge Allena, auf der Feste eingekehrt, und nun saßen die Männer in dem langen Saal hinter den Weinkannen beieinander, ließen abwechselnd den unsichtbaren Hausherrn, aber noch öfter die um den Durst ihrer Gäste so sorglich bemühte Burgfrau leben, und unter klappernden Würfeln, unter Lärm und Schelmenliedern wußten sie allerlei von den Händeln des gerade jetzt bedrohlich aus den Fugen brechenden Reiches zu berichten.

»Weißt du schon, Teurer«, schlang der Propst weinselig seinen Arm um den Nacken des Seefahrers und brachte seine wulstigen Lippen bis dicht an das Ohr des Gefährten, »wir sind drauf und dran, den Prager Judenschlächter** in die Moldau zu werfen. Wir jagen ihn fort. Kann auch in einem Weinfaß Buße tun. Gib acht, bald wird der Pfälzer*** auf seinen Stuhl hüpfen. Da schlägt für mutige Degen wie dich ein glücklich Stündlein. Wie mancher ritt nicht unter einem Federhut aus und kam mit einer Krone heim. Wie wär's, du Siebenschuhhoch? Wir könnten den Handel selbander schlichten.«

Mißmutig schob der Störtebeker den gar zu Vertraulichen zurück, denn in ihm kochte Grimm, weil er den Allena ihrer belustigt lauschenden Wirtin seine verrückten Geständnisse zuflüstern sah.

»Laß das Gefasel, Hochwürdigster«, zischte er böse und zerdrückte fast den Silberbecher in seiner Faust, »mein Ehrgeiz sucht Futter für leere Mäuler.«

Als der schöne Mann abermals die Hungernden erwähnte, da sandte Occa dem Riesen einen offen feindseligen Blick zu, der Propst aber

---

* Man erzählte damals, daß König Wenzel seine erste Gattin eines Nachts durch seine wilden Hunde zerreißen ließ.
** König Wenzel, zu dessen Absetzung schon Vorbereitungen getroffen wurden.
*** Ruprecht, der Gegenkaiser

brach in ein unvernünftig Gelächter aus. Sein Leib hüpfte ihm. Er erstickte fast.

»Schäker du«, prustete er, indem er dem Freibeuter seine Faust fest in die Rippen setzte, »da wir hier in Liebe und Traulichkeit beisammensitzen, so offenbar uns doch, welch ein einträglich Schelmenstück du hinter deinem wüsten Gerede verbirgst? Weiß doch jedes Kind, daß Reichtum und Völlerei gerade so ewiglich beschlossen sind als Därmeknurren und Hungereingeweide.«

Der Propst ahnte wohl kaum, wie nichts den Störtebeker so verstörte, so von Grund aus umwühlte als Spott über jenes nackte Elend, das seine Phantasie sich in grausiger, jahrelanger Arbeit als ein düsteres Feld ausgemalt hatte, über das entblößte Menschen auf Nacken und Schultern Steinlasten in eine hoffnungslose Ferne schleppen, während den Trägern Arme und Beine bereits verfaulen.

Unheimlich erblaßt sprang der Riese auf, der herrische Mund bebte ihm, da er an seine Jugend dachte, und in jäher Wut schlug er nach der Weinkanne, so daß sie umstürzend ihren Inhalt ergoß.

»Weh euch«, schrie er, wobei er jeden einzelnen seiner Genossen in tödlicher Fremdheit maß, denn in diesem Augenblick wurde ihm klar, daß der Wahrspruch der Schwarzflaggen sein eigenes Schicksal tatsächlich bis zum Rand füllte. »›Aller Welt Feind‹ ... hütet euch ..., es ist nicht wohlgetan, wenn ihr den bösen Geist in mir gegen euch wachruft, ihr, die ihr nichts als schmausen und tanzen könnt.«

Das viele vergossene Blut seines Lebens hüpfte vor ihm auf dem Tisch in roten, zuckenden Flämmchen. Es wurde ängstlich still um die Tafel.

»Und gerade will ich tanzen«, meldete sich mit einemmal Occas helle, aufreizende Stimme.

Furchtlos, nur darauf erpicht, die Spannung aufs äußerste zu steigern, ergriff die Goldblonde unvermutet die umgeworfene Kanne, und sie höhnend gegen den Seefahrer schwingend, begann die Geschmeidige zu aller Erstaunen mitten im Saale einen zierlichen Kreis zu schlingen. Die Augen ihrer Zuschauer vergrößerten sich, eine Weile wurde durch den seltenen Anblick jedes Wort und jede Bewegung der Männer gelähmt. Dies war ja auch nicht der schwerfällige Reigen, wie er sonst im Brokmerland geübt wurde. Nein, der hinstarrende Störtebeker wußte allein, daß so – den Krug auf der Schulter, den Leib zurückgeworfen – Künstler der Hellenen einst ihre berauschten Nymphen auf schwarzen Vasen zu bilden pflegten.

Da brach plötzlich der tosendste Beifall aus. Der Propst hämmerte mit den Fäusten auf den Tisch, der Allena schleuderte seinen Becher durch die Luft, der Störtebeker jedoch, von einem Wirbel in den anderen gejagt, durch listige Berechnung aus Eis in Siedehitze gerissen, und vor allen Dingen unfähig, irgendwo eine Grenze für sich zu dulden, er machte Miene, den Tisch umzustürzen, um gleichgültig gegen all die Zeugen mit zitternden Fäusten sich dieser behenden Beute zu bemächtigen.

»Sachte, sachte, Freundchen«, lallte der Propst und hing gewaltsam seine Wucht an den Bewußtlosen. *„Amantes, amentes*.* Schier dich, ich rate dir, um dein Hungerreich und laß hier Herrn Luitet, den Tanz und den Wein herrschen. Hörst du?«

In diesem Augenblick aber hielt auch Frau Occa inne, atemschöpfend stellte sie ihren Krug auf die Erde, verneigte sich dankbar gegen den Propst, und während sie ein paar Mägde zu sich winkte, sprach sie mit kaum verhehlter Genugtuung:

»Es ist Mitternacht, ihr Herren. Suchet jetzt still euer Lager auf, damit ihr meinen Eheherrn nicht stört. Denn sein Tagewerk beginnt erst, wenn wir anderen ruhen.« Und blitzend vor Übermut setzte sie noch hinzu: »Und träume jeder von dem, was er wünscht.«

»Nun, Gott verdamm' dich«, murrte der Emdener hinter der rasch Entschwindenden her und lockerte bereits seinen Gürtel vom Leibe. »Soll man denn nicht mal im Traum seine Ruhe finden? Komm, Teurer.«

Damit wollte der Weinvolle seinen Arm unter den des Seefahrers schieben, der Störtebeker aber stieß ihn zurück, daß der Betroffene in die Arme des Allena taumelte, und offenen Mundes mußten die beiden Zurückbleibenden erleben, wie der Riese ohne Abschied gleich einem Sturmwind aus dem Saale fuhr. Bald darauf verkündete Hufschlag, daß ein Reiter trotz Nacht und Pfadlosigkeit seinen Weg suchte.

Verdutzt strich sich Propst Hisko über die niedrige Stirn, dann, nachdem er sich ein wenig besonnen hatte, sagte er gähnend:

»Heißt mit Recht Schuimer, der Kerl. Wer weiß, wie lange seine Woge steigt? Wollen doch mit den Hansischen nicht gänzlich brechen, Allena. Vorsicht ist ein sicherer Hühnerstall.«

*

Über der nächtlichen Heide flimmerte der weite Sternenhimmel, der Meerwind schlich summend durch das kurze Gestrüpp, und

---

* Verliebte – Verrückte

im Mondlicht wanderte der unmäßig verlängerte Schatten von Tier und Mensch seitwärts neben dem Trabenden her. Eine angespannte Stille mühte sich, dem Einsamen ihr Geheimnis ins Ohr zu wispern. Aber dem Störtebeker war diese Sprache lang vertraut. Befreit lauschte er dem Atem der Weite, und als er den Erdgeruch spürte, als die feuchten Moornebel um ihn quollen, da brannte in ihm eine unerklärliche Sehnsucht auf, und ein wahnwitziges Gelüst packte den Stürmischen, sich mit dieser Erde zu vermählen, tief alle Wurzeln in sie zu strecken, damit er auf ihr blühen könne wie ein Baum. Unsichtbar, sichtbar stiegen vor ihm aus schwarzen, bläulich glitzernden Torfgründen zukünftige Häuser und Gehöfte auf, er hörte Menschengesang aus der Leere, erkannte das Brummen des gesättigten Viehs, und weit hinten in der Schwärze verlor sich das Stöhnen zusammenbrechender Leiber, das bisher in der rasenden Musik seines Lebens stets den Unterton geseufzt hatte.

Wie leicht verbrauste doch, was er eben noch der Gier und der Lust abjagen wollte, nur das Ausweiten für die Unzähligen versprach Dauer, nur alle Leben zugleich gelebt zu haben, das, ja, das allein sättigte, das stillte.

Dies war die glücklichste Stunde des Gewaltmenschen. Traum und Erfüllung hielt er zu gleichen Teilen in seiner Rechten wie in seiner Linken. Mit einem Ruck zügelte er sein Roß, und sich weit zurückwerfend, so daß alle Gestirne ihm standhalten mußten, hob er die Faust gegen den brennenden Wirbel, und heiser vor Inbrunst schrie er in die ewig sich vertiefende Gasse hinein:

»Lauert nur, schielt aus tausend zornigen Augen, ihr könnt mir die Saat nicht mehr aus der Brust reißen. Sie soll aufgehen, trotz euch, wider euch!«

*

Gegen Morgen erst zog er sein Tier hinter sich her auf die Warfe der Brokeburg. Auf einer Steinbank im Hof hockte die Fölke in ihrem grauen Fälltelkleid, und ihre Spinnenfinger verfolgten eifrig die breiten Zeilen des Hamburger Manifestes. Kaum wurde sie jedoch des abgetriebenen Reiters ansichtig, da strich ein giftig-süßer Schein über das blutlose Antlitz der Quade, und sie stopfte das Pergament in ihre Tasche, als ob sie einen köstlichen Schatz vergraben müßte.

»Nun«, fragte sie mit ihrer harten Stimme, »bringst du mir Grüße von Occa, Mann?«

Der Störtebeker aber antwortete nicht. Sein Blick hatte von der Anhöhe den Hafen getroffen, und siehe da – dort unten in der schmalen Fahrtrinne lag Schiff an Schiff, eine Gasse von Masten hatte sich gebildet, und überall flatterten die schwarzen Wimpel in den frühen Morgen.

»Wohl«, sagte die Fölke, ohne sich zu rühren, »die Deinen sind gekommen. Und hier auf der Burg harrt dein Diener – dein Bube«, setzte sie spürend hinzu.

Noch immer stand der Riese sprachlos neben ihr. Nur seine Brust dehnte sich weiter, höher – bis zum Zerspringen. Dort unten – sein Schwert, sein Pflug, sein Werkzeug. Hier oben die Schale, in die sein Gedanke gegossen war, und weit umher unter dem Frührot die zukunftsdampfende Erde.

Mächtig breitete er die Arme, und trunken vor Glück, im Ton des Bräutigams, der endlich die Entschleierte umfängt, jauchzte er:

»Mein – mein.«

III

Weit war schon der Herbst in den Oktober vorgerückt. Aber das Meer trug mit der Flut einen südlichen Wind gegen die Marschen, der duftete den neuen Ansiedlern seltsam nach fremden Blumen und würzigen Kräutern, und tief unter dem hellen Himmel strich Milde und Wärme dahin.

Hungrig öffneten sich die Schollen zur Aufnahme.

Eine Viertelmeile etwa von der Brokeburg entfernt pochte emsiger Hammerschlag. Dort hatte sich der Ire Patrick O'Shallo auf einer Wiesenschwellung und hinter ein paar einsamen Pappeln ein flüchtig Bretterhaus errichtet. Nur leicht und obenhin mit Moos und Schindeln gedeckt. Denn der streifende Geselle kannte noch nicht die Gewalt des Schneesturms, wenn er über die schutzlose Ebene fegt. Nun hämmerte der sangesfreudige Bursche rasch und ungeduldig an einem Holzzaun, damit er sein künftig Gärtlein schützen möge. Waren doch Hühner und Ziegen seines Nachbarn, des Hebräers Isaak, bereits häufig in die abgesteckten Beete eingebrochen, und das wollte der leicht erhitzte Ire nicht leiden. Auch sehnte sich der Blonde Tag und Nacht nach Weib und Ehschaft, kurz nach Wesen, die seines Winks gewärtig ihm billig einen Teil der Arbeit abnehmen sollten. Dazu gehörte aber auch, daß sein Anwesen, das ihm auf unbegreifliche Weise von der Güte dieses mächtigen Anführers zugeteilt war, nicht dem Fußtritt jedes Störers offenstehe. Und daher gedachte sich Patrick O'Shallo keineswegs mit dem Gartenzaun allein zu begnügen, sondern allmählich sollte die ganze Liegenschaft durch Busch und Hackelwerk abgegrenzt werden. Was er mit seinem sauren Schweiß bestellte, dahin brauchte ihm nicht stets der arbeitstolle Jude hineinzutappen, der unheimliche, schweigsame Christusmörder, der besessen und wie verfolgt bis in die Nacht hinein pflügte, streute und wühlte, wenn er nicht gleich einem Wurm durch die Erde kroch.

Merkwürdig, der lustige Bursche wußte auch nicht, wie es kam, jedoch er konnte dies unablässige Mühen seines Nachbarn nicht ohne Murren und Zorn mit ansehen. Und seine Vorliebe zu Lust, Spiel oder Feiertag fühlte sich durch das rastlose Wirken des nur auf Zunahme und Erfolg Bedachten zuerst beschämt und dann beleidigt.

So hielt er auch jetzt verärgert mit dem Einrammen der Pfähle inne, wischte sich die rotblonden Haare und stützte sein Kinn ausruhend auf eines der Hölzer. Wahrhaftig, abermals packte ihn der Unmut. Denn nicht weit von seinem Platz sah er den alten Isaak eifrig an einer Rinne graben, die das von ihm bereits umgeworfene Feld entwässern sollte.

Da begann Patrick O'Shallo leise Verwünschungen zu murmeln.

Natürlich, nun würde der niederträchtige Schleicher wieder einen Vorsprung erhalten, denn der Ire hatte an solche Hilfsmittel noch keineswegs gedacht, da er zuerst für einen reichen Tisch und ein recht wohliges Lager sorgen zu müssen glaubte. Zum Henker, er wollte doch ein junges Weib darauf betten! Und nun? Haha, um den alten eisengrauen Maulwurf dort drüben schnupperten noch obendrein ein paar kleine Ferkel herum! Wie kam der Kerl schon wieder zu dem neuen Erwerb? Da sollte doch das böseste Wetter dreinschlagen! Was nützten schließlich das gleich abgesteckte Land oder die gleich abgezählten Gulden, wenn der verfluchte Mauschel dort drüben keinen Schlaf kannte? Keine Weiber, keinen Trunk, kein Spiel und keinen Feiertag? Womöglich würde er, der kräftige, weibverbrannte Geselle, von den Mägden noch verachtet werden, weil er sein Gut nicht ebenso gründlich zu bestellen vermochte wie das graue Schindluder von jenseits!?

Dem Iren hing eine rote Wolke vor den Augen.

»He ... du ... hilf mir«, schrie er zu dem Spatenschwinger hinüber, denn sein Zorn gab ihm ein, daß den Ansiedlern von dem Admiral gegenseitige Hilfeleistung in allen Fällen und bei jeder Gelegenheit befohlen war. Nur nahm es sich Patrick nicht weiter übel, daß er zwar jene Unterstützung unausgesetzt von dem Alten beanspruchte, hingegen es regelmäßig versäumte, dem Nachbarn etwas Ähnliches zu erweisen. Wozu auch? Der Sprenkelbart entstammte dem verstoßenen Volk, und die Mahnung des Störtebekers von der Bruderschaft aller Sterblichen, sie konnte unmöglich auf den Fremden gemünzt sein.

»He ... du ... hilf mir«, schrie er noch lauter als zuvor.

Auf den Anruf hob sich über der Rinne ein eisengraues Haupt, folgsam wandelte die breite, untersetzte Gestalt des Hebräers heran. Er stützte sich auf den Spaten, als er den Zaun erreicht hatte.

»Wo fehlt's?« fragte er bereitwillig. »Brauchst du Nägel, Freund?«

Der andere schüttelte heftig den Kopf. Seit sie von dem Schiff herunter waren, störte ihn die Vertraulichkeit der Anrede.

»Sollst mir die Querbalken halten«, forderte er ungebärdig, »das Gebastel geht mir zu langsam.«

Verstehend nickte der Alte, und während er bereits die lange Leiste ergriff, damit sein Gefährte die spitzen Stäbe an ihr festschlagen könnte, da huschte ein dunkles Lächeln unter seinem angeschnitten Bart hervor.

»Kannst es auch nicht mehr erwarten, hier Weib und Kind zu sehen?« murmelte er gepreßt.

Aber dem Burschen entfiel fast der Hammer. Die Vorstellung, auch der gebückte Fünfziger könnte denselben Träumen nachhängen als er selbst, versetzte ihn in eine namenlose Wut.

»Willst etwa auch du, Isaak ...?« erkundigte er sich stammelnd.

Sein Helfer jedoch merkte nichts. Mit aller Wucht umklammerte er sein Brett, und tiefgebückt raunte der Jude sein Geständnis in die Erde hinein.

»Doch, doch – einmal wurden sie mir schon genommen – der schwarze Tod und Gewalt. Aber man will doch wissen, für wen man baut. Namentlich wir«, flüsterte er glühenden Auges, »namentlich wir.«

Da schleuderte Patrick seinen Hammer gegen das Brett und stieß noch mit dem Fuße dagegen. Der Jude erwachte, er wankte.

»Nun, Gott verdamm dich«, entfesselte sich der Ire dunkelrot und spie aus. »Warum mußt du es hier treiben wie die Kaninchen? Sind nicht genug von euch auf der Welt? Aber du verübst wohl nur die Schachermachei, weil du deinen Nebenmenschen keinen leichten Gewinn gönnst?« Und hohnlachend brach er aus: »Mir scheint, du hast nicht vergessen, wie der Störtebeker solche durch Tod erledigten Gleichestücke zu neuer Austeilung bestimmt hat?«

»Eben – eben«, ereiferte sich Isaak, der die wahren Beweggründe des anderen durchaus nicht enträtselte, »liebe die Erde, die dir gehört. Ein eigen Stück Land ... Patrick ... oh, ein eigen Stück Land, das muß man vererben auf Kind und Kindeskind. Hier, hier, aus diesen Schollen allein seh ich es wachsen, mein Recht, meine Gleichheit, meine Bruderschaft. Und deshalb« – er richtete seine schwarzen Augen anbetend gegen die ferne Brokeburg, ähnlich wie seine Vorfahren wohl einst ihre Blicke gen Zion erhoben hatten – »deshalb ist der dort oben aus dem Blut des Messias.«

»Ein Quark ist er«, tobte jetzt der Ire, dessen Vernunft völlig in Gift und Galle ertrank, weil er sich zu endlosen Mühen verurteilt fand, die er nicht bewältigen mochte. »Wozu hält der Schelm noch eine Menge der Beute in den Schiffen aufgestapelt, anstatt sie sogleich bis zum letzten Heller unter uns zu verteilen? He, ich will Herr sein gleich anderen Herren! He, verstehst du mich?«

»Bruder«, stotterte der alte Jude betroffen und hob bekümmert die Hände, »bist du denn nicht Herr auf deinem Boden?«

Allein der Streitsüchtige hatte nur noch den einen Wunsch, diesen unbequemen Mahner sowie namentlich den von jenem angebeteten Menschengott niederzuringen und zu besudeln. Vielleicht weil er das Streben und die Andacht der beiden noch nicht begriff. Selbstgefällig steckte er die Hände in die Taschen, und während er seinem Genossen jäh den Rücken wandte, schimpfte er unflätig:

»Meinetwegen friß den geliebten Kot, du demütiger Knecht. Ha, ich sollte nur erst wieder auf den Schiffen stehen, dann wollte ich euch zeigen, wie rasch ich zu Dirnen und Würfelgeld kommen wollt'. Der Gehörnte soll euch Hirneitrige holen.«

Damit stürzte er wütig in sein Bretterhaus, und bald verriet ein unsinniges Sägen und Klopfen, wie der Wahnwitzige es abermals versuchte, in rasendem, zwecklos verdampftem Bemühen den Hausrat für das ersehnte Weib zusammenzuschlagen.

Der alte Isaak jedoch umspannte seinen Spaten gewaltsamer, und ihn beschwörend gegen die Burg ausreckend, stammelte er fanatisch:

»Bleib fest, du Sohn Davids, bleib fest.«

*

In einem der gewölbten Spitzbogenzimmer der Brokefeste durchmaß derweil der Störtebeker mit seinen weiten, beschwingten Tritten den teppichbehängten Raum, und jedesmal, wenn er den derben Eichentisch erreichte, dann fegte er mit der Faust über allerlei Feldabmessungen, die auf der Platte mit Kohle verzeichnet standen. Bis er endlich aufatmend zu seinem Gast, dem Propst Hisko van Emden, hinüberrief:

»Die Erde ist verteilt, genug, mein heiliger Freund, laß uns jetzt den Schmutz des Feldes abwaschen! Mir wenigstens stehen Torf und Moor bereits bis an den Hals. Dafür soll uns aber auch gleich ein Wunder von einem Frankenwein erquicken. Munter, wir wollen dem Bacchus eine Messe zelebrieren.«

Aufgeräumt eilte er bis zur Tür, um einen Befehl herauszurufen.

»*Laudabiliter**«, schmunzelte der Dicke, der enggezwängt in seinem Armstuhl hing und sich nun erwartungsvoll über die wulstigen Lippen strich. »Du hast recht, schöner Jüngling. *Sine Cere et libero friget Venus***.«

Allein, plötzlich besann er sich, denn der zweite Gast am Tisch des Admirals, ein käsig gelber, langaufgeschossener Mensch, dem als einziges Zeichen des Lebens nur eine glühende Trinkernase aus dem Gesicht funkelte, er hatte sich eben verstohlen geräuspert, so daß Propst Hisko aufmerksam wurde. Schwerfällig und ermüdet streckte der Dicke beide Beine von sich. »Verzeih noch ein Weilchen, Herrlicher«, forderte er den rückkehrenden Störtebeker auf, »aber da du vor allem ein Vater der Deinen bist, so mußt du vor eigener Letzung, so beschwerlich es ist, mit anhören, was dir mein Converse***, der Jonkher van Sissinga, über die Roggensaat anzuvertrauen hat.«

»Schon wieder?«

Unmutig verzog der Freibeuter die Brauen. Seine heitere, nach Lebenslust und Freude langende Natur vertrug nur ungern den ewigen Ansturm dieser kleinen zermürbenden Sorgen. Ja, wenn es galt, das große, strahlende Gesetz in die Luft zu zeichnen, oder sobald es nötig wurde, hinauszureiten, um der fronenden Menge ein hinreißend Beispiel zu geben, dann schlug aus dem Lodernden die Flamme himmelwärts. Das sorgsame Vormerken hingegen, das Gegeneinanderabwiegen und Berechnen alltäglich sich wiederholender Wirtschaftsforderungen, das dünkte den Weitausschweifenden kleinlich, und er fluchte oft, warum er sich dazu nicht eine Herde Krämer oder Handelsdiener eingefangen hätte.

»Heraus damit«, fuhr er daher den käsigen Jonkher nicht gerade liebreich an. »Soll ich aus der Kammer des Herrn Propst etwa noch

---

* Lobenswert
** Ohne Speise und Trank friert die Liebe.
*** Conversen waren in Friesland Hofmeier und landwirtschaftliche Berater der kolonisierenden Klöster, ein halbmönchischer Laienstand.

mehr Roggensaat kaufen? Mich dünkt, ich könnte mit dem vorhandenen bereits das ganze Heilige Römische Reich in einen Mehlbrei wandeln.«

»Langt nicht«, sagte der Sissinga, ohne sich zu rühren, allein er holte den Satz aus solch dunklen Kellertiefen, daß kein Fremder diese dröhnende Totenglocke in dem wackligen Gebäude vermutet hätte. Der Störtebeker schüttelte heftig das Haupt, halb über den unerwarteten Ton, halb im aufspringenden Zorn über die stets erneute Quälerei der beiden.

»Langt nicht«, fiel in diesem Augenblick auch der Emdener Wanst ein, der die Zeit für gekommen erachtete, die Veranstaltungen seines Conversen zu unterstützen. Der Riese jedoch, der sich eingeengt sah, riß an seiner rotseidenen Schecke, daß alle Nähte krachten, und schlug ein böses Gelächter auf. Dann stellte er sich unter das Bogenfenster, von wo er die abgetakelten Schiffe im Hafen überschauen konnte, bis er endlich verächtlich über die Schulter schleuderte:

»Macht's kurz! Ich kenn' euch. Ihr hungrigen Wölfe freßt am liebsten aus anderer Taschen. Aber bei den dreißig Silberlingen des Judas, ihr Herren, ich schlage euch auf die Schnauze, sobald ihr mir gar zu gefräßig schnuppert.«

Die beiden anderen am Tisch verständigten sich hinter seinem Rücken durch einen raschen Blick. Gleich darauf begann die Totenglocke abermals zu jammern:

»Du tust uns unrecht, Herrlicher, da du dich vielmehr selbst anklagen solltest. Muß ich dir sagen, die Deinen verstehen nichts von Landwirtschaft?«

»*Recte*«, bestätigte Hisko, da in ihm die Hitze sowie die Überlegenheit des kundigen Ackermannes erwachte, »die Buschklepper – verzeihe –, ich meine die Ansiedler, wissen nicht mit der Wurfschaufel umzugehen. Dadurch streuen sie die Körner nur obenhin in die Furchen, so daß es ein Jammer ist.«

»Und der rauhe Wind und die Feldmäuse vollenden das übrige«, ergänzte der Sissinga.

Verbissen wandte sich der Störtebeker wieder an den Tisch. Allein kaum hatte er ihn erreicht, so stieß er mit dem Fuß gegen die Querleisten, daß das Holz zitterte und stöhnte.

»Kommt zum Geschäft, ihr Edlen«, meinte er äußerlich gelassen, im Innern aber bereits wütend, weil die beiden Berufsmenschen es wagen durften, ihn ungestraft schrauben und übervorteilen zu wollen. »Wo bleibt der Handel? Wie verhält es sich mit dem Gewinst? Was wollt ihr in euren Beutel streichen?«

Vorwurfsvoll schluckte der Jonkher noch ein paarmal, bebevor er endlich in seinem ehrbarsten Baß auseinandersetzte, er wüßte an der holländischen Küste einen Platz, wo der Störtebeker drei Schiffslasten Roggensaat, und zwar viel wohlfeiler als im Brokmerlande, einhandeln könnte. »Und ich rate aus ehrlichem Gemüt ...«

»Einverstanden«, winkte der Admiral ungeduldig mit beiden Händen, der sich inzwischen auf einen Stuhl geworfen hatte und voll Erleichterung den Ausweg aus diesem zerklüfteten Gebiet sich öffnen sah. »Wozu das lange Geplärre? Könntest schon längst beim Wichmann im Hafen sein. Soll sogleich mit drei Schiffen absegeln. Und das Geld...« er schleuderte das Unwillkommenste wie einen Stein von sich – »laß dir von Licinius zahlen.«

»Deine Weisheit trifft immer das Rechte«, verabschiedete sich der Converse unter einer tiefen Neigung und ging.

Der Wirt blieb mit seinem geistlichen Freunde allein. Bald ging das dumpfe Scharren der Weinhumpen über den Tisch, ja, der Freibeuter, in einem Anfall unbegründeter und deshalb um so grellerer Heiterkeit, schlug während des Zechens einen hellen Singsang an. Doch merkwürdig, es war das alte, tumultuarische und sinnenfreudige Schuimerlied, das die freiesten und sonnigsten Tage des Seehelden begleitet hatte.

»Vom Mast die schwarzen Flaggen wehn –
Der Störtebeker ist Kapitän.«

Warm und voll füllte die Stimme des Admirals den gewölbten Raum, das Lied schien ihn auf das Meer zurückzuführen, scharf zeichnete sich in dem schmalen Antlitz die Wollust des Befehlens ab, allein allmählich verebbten die Strophen immer klangloser, und während sie völlig erstarben, ließ der Freibeuter die Faust mit dem Becher bis auf die Erde sinken. Ein unsicheres Lächeln irrte um den gebieterischen Mund.

»Wundersam«, sann er gedankenvoll, und in den schwarzen Augen spielte noch die Freude an alten Abenteuern, Ruhm und Waffenklirren. »Ich singe, und am Kiel der ›Agile‹ nisten allmählich Muscheln und anderes Schalgetier.« Er rüttelte an dem Tisch, als wollte er sich erwecken. »Ein Leben lang bin ich auf diese Küste zugesegelt«, sprach er hart und fest, »und jetzt bin ich hier.«

Eine Weile stockte die Unterhaltung der beiden und ging völlig in Stille unter. Friedlich kringelten die Sonnenstrahlen über die Zeichnungen auf dem Tisch.

Der geistliche Landwirt aber wußte, was dies alles bedeutete. Zu oft hatte er schon Gutsherren beobachtet, die heil und fröhlich von Jagd und Kriegszügen gekommen waren, aber Pflug und Sense hatten ihnen die Adern zerschnitten.

Bedachtsam strich er sich über das lederne Jägerwams, drückte die verschworenen Äuglein zu, da er seine Kenntnis nicht vorzeitig zu verraten strebte, und indem er sich noch behaglicher ausstreckte, tastete er vorsichtig weiter:

»Höre, mein Söhnlein, auf dem Wege hierher traf ich die schöne Occa. Mag sie nicht mitsamt ihrer rosigen Haut. Ist ein ungestillt Eichkätzlein, das gern ein groß Tier in seinem Gezweig ergattern möchte. Gib acht.«

Auf diese Warnung jedoch warf der Admiral hoffärtig den Kopf zur Seite und schlug mit der Hand durch die Luft wie jemand, der ein gespenstisch aus dem Boden wachsendes Schattenbild zerstören möchte.

»Was ist mir ihr?« drängte er abgeneigt und mit solch widerwilliger Gegenwehr, daß der schlaue Hisko sogleich merkte, wie oft die Goldblonde schon als ein Alp an den Tagen des Riesen gezehrt haben müsse.

»Oh, sie läßt dich nur in aller Ehrbarkeit befragen«, murmelte der Dicke in seinen Krug hinein, »wie lange es noch währen möchte, bis du endlich Fortuna für dich und die Deinen am Schopf gepackt hieltest?«

Selbst in der Wiedergabe des Dicken klang die Bestellung boshaft genug. Und trotz aller Vorsicht konnte es der Propst nicht vermeiden, daß aus seinen verschworenen Äuglein gleichfalls ein Strahl mitleidigen Spottes schielte. Allein der Störtebeker war nicht zu täuschen. Längst hatte sein heller Verstand durchschaut, wie der Unglaube seiner Umgebung ihm am liebsten täglich, stündlich vergiftete Stacheln ins warme Herz gedrückt hätte. Krachend warf sich der Seefahrer in seinem Sessel zurück, und nun schwang er seinen Humpen so übertrieben gegen den Gefährten, daß man hätte meinen mögen, er wolle das Gerät an der nächsten Wand zerschmettern.

»Komm, laß dich noch einmal auffüllen, du mein gesegneter Bauch«, so überbot er sogar die an ihm gewohnte Wildheit und lachte und dröhnte dazu, daß dem erschreckten Hörer die Ohren gellten. »Eile, du verdienst dir ein Botengeld, Würdigster, wenn du noch heute der schönen Occa samt ihren Freunden bestellst, in welch vortrefflichem Zustand du mich bei Trunk und Gesang getroffen hast. An den Wänden der Brokeburg niste bereits der Weinschwamm. Hörst du? Es wird sie freuen, die Liebreichen, ich kenne sie. Und sage ihnen auch, welch merkwürdige Art von Augen mir im Kopfe steckten. Ha ... ha, die vermöchten Wachstum und Blüte zu schauen, selbst wenn der Schaft noch tief in der Erde schlummere. Begreifst du, Bruderherz? Und zum Schluß, ganz ledern und nebenbei gesprochen – jed' gut Ding will Weile haben. Und dein Rom wurde auch nicht an einem Tag erbaut. Du verstehst, Freund?«

Mit einem dumpfen Schlag, als habe der Freibeuter schon zu lange an sich gehalten, sauste der Humpen jetzt wirklich gegen die Wand, Scherben polterten an der Mauer nieder, und ein wüster Regen edlen Weines klatschte auf die beiden herab.

Da entsetzte sich der Propst und duckte sich tief.

»War nicht bös gemeint«, wollte er sich schütteln. Allein auch diese kümmerliche Entschuldigung gedieh nicht zu Ende, denn die Tür ward aufgerissen, und auf der Schwelle zeigte sich der Knabe des Admirals. Bleicher noch als sonst stach das vergeistigte, jetzt ganz von einer zehrenden Leidenschaft erfüllte Antlitz von der schwarzen Dänentracht ab.

»Licinius«, fuhr der Störtebeker empor, denn die Gegenwart dieses Wesens rief ihn stets und wie durch Zwang zu seinen reineren Eingebungen zurück, »was bringst du?«

Auf den Anruf stillte der Jüngling das rasche Wallen seiner Brust, nur ganz wenig stützte er sich an dem Pfosten des Eingangs, bevor er zwischen Empörung und Hilferuf hervorstieß:

»Herr, es ist Übles geschehen. Als ich, wie du befahlst, die Lebensmittel zu den Ansiedlern fuhr, da fand ich, daß zwei unserer Seeleute, der schmächtige Arnold Frowein und der Stotterer Lubbert Onderdonk, ihr Gleichestück dem Bootsmann Wulf Wulflam verschrieben hatten. Sie sagen, sie wollten lieber eines kundigen Mannes Knecht sein, als noch länger hungrig und ziellos auf Eignem sitzen. Herr, Herr, wie ist das zu verstehen?«

»Ei der Tausend«, wiegte der alte Propst in behaglicher Anteilnahme das Haupt. *„Non omnia possumus omnes**.«

Langsam schritt die aufgerichtete Gestalt des Freibeuters an die Seite des Pfaffen. Geraume Zeit sprach er kein Wort. Auch täuschten sich die beiden Zeugen, wenn sie erwarteten, eine Sturmflut von Zorn und Wildheit würde nun die letzten Reste der Selbstbeherrschung von dem Zügellosen fortreißen. Nein, es war nur jenes bittere, eisig kalte Erbarmen mit menschlicher Verkehrtheit, das sein Antlitz in fahle Blässe

---

* Nicht jeder kann alles.

tauchte, obwohl er solche Verirrten seit seiner Jugend überall gefunden und mit ihnen gerechnet hatte.

Jetzt aber bäumten sie sich vor seinem letzten Ziel, vor dem Zweck seiner Sendung.

Lastend ließ er seine Hand auf die Schulter des Dicken sinken, so daß der Propst noch tiefer in den Sessel einbrach, bevor er kurz, abgehackt und voll vernichtender Anklage sprach:

»Ihr habt redlich gewaltet auf Erden. Meinst du, es ginge noch viel tiefer bergab mit den Ebenbildern Gottes? Jahrhundertelang habt ihr ihnen die Knechtschaft eingelöffelt, bis sich jetzt ihr Magen an der Freiheit erbricht. Darum Schande über euch, weil nun sogar der Arzt jene Gequälten zu ihrer Heilung schlagen und züchtigen muß. Weh euch aber, wehe, sobald der Tag erscheint, an dem ihr selbst den Trank schlingen müßt, den ihr gebraut habt. Ihr werdet daran sterben.«

Finster winkte er dem Knaben, und Hisko, der sich benommen auf die Fensterbank stützte, sah mit an, wie Herr und Diener kopfüber die Warfe hinabjagten.

*

Die Zeit verstrich, Schneeflocken wirbelten über das flache Land, pralle, gemästete Leiber, die wie weiße Vögel über Felder und Dächer herfielen.

»Ich wollte, man könnte euch schlachten«, sprach der Steuermann Lüdeke Roloff, der frierend und beschäftigungslos unter den Pfosten seiner baufälligen Schindelhütte lehnte, und er drehte seine verkehrten Augensterne grimmig gegen das Gewimmel. Seit man ihn in seiner mecklenburgischen Heimat zum Ergötzen der Edelfrau zu abscheulichem Tanz gezwungen hatte, mochte der Mann keinerlei Reigen mehr dulden. »Kreiselt nicht«, dampfte er in die Kälte hinaus. »Fliegt lieber in meinen Topf und werdet Hühner. Seit zwei Tagen ist der Bube des Admirals – seine Buhldirne – wieder nicht mit dem Futter für Vieh und Mensch dagewesen. Und die friesischen Schwarzröhren in der Nachbarschaft wollen nichts mehr verkaufen. Fürchtet zu verhungern, das hartherzige Pack.« Er griff sich an die Kehle, denn der Schauder wollte ihm die Zunge lähmen. »Wozu hat uns der Störtebeker hierhergeschleppt?« bohrte er in sich hinein. »Was nützt mir der Haufe Sand, wenn er mich ausmergelt und doch nichts hergeben wird? Tod und Teufel, der Rotseidene auf der Brokeburg ist auch weiter nichts als solch ein Zwingherr. Frißt und säuft und läßt uns tanzen. Überall stecken sie. Aber bei allen Nothelfern, man wird's wenden müssen, wenden – wenden!«

*

Längst waren die Schiffe im Hafen vereist, das Brokmerland erstarrte allmählich unter der schneidenden Kälte, und die dürftigen Häuschen der Ansiedler verkrochen sich im Schnee wie Bettelbuben unter einem Schaffell. Tagelang kräuselte sich aus den versunkenen Essen kein Rauch, denn es wurde schwer und schwerer, den Kolonisten Kost und Unterhalt zuzuführen.

Aus der Stille, aus der oft schmerzhaften Todesruhe der Ebene, die zu dem heimlich rauschenden Fieber in seinen Adern einen unerträglichen Gegensatz bildete, rettete sich der Störtebeker an solchen Tagen häufig zu seinen Schiffen im Hafen. Zu der großen hölzernen Herde, zu den geflügelten Rossen, die sich sonst auf seinen Wink munter um ihn getummelt hatten. Nun lagen sie festgefroren, gefangen, beinahe wie er selbst.

Dann suchte der Rastlose, jetzt stets von einer bohrenden Sorge Umhergetriebene, in seinen friesischen Schafpelz vermummt, das Admiralsschiff auf, wo seit langem der kleine Wichmann über die spärlichen Wachmannschaften das Kommando führte. Seltsam, dieser zurückgelassene Rest seiner alten Schuimer war der einzig zuverlässige Stamm der einst gefürchteten Freibeutermacht geblieben, und er wurde von dem Zwerg ohne große Worte und wie von selbst in scharfer Manneszucht gehalten. Über den Störtebeker kam während solcher Wahrnehmung häufig ein bitteres Wundern. Was geschah hier? Das gewohnte Handwerk, das nachdenkenlose Unterwerfen unter ein eisernes Gesetz, das keine Gnade kannte und den Willen der einzelnen ausschaltete, es schmiedete diese Menschen zu einem brauchbaren Werkzeug, es erfüllte sie sogar mit einem ausgeprägten Stolz auf ihren Beruf, während die anderen, die Befreiten, die Glücklichen ...?

Unmutig, verängstigt schüttelte sich der Riese. Er stäubte sich natürlich nur die Schneeflocken ab, und doch blickte er sich, während er über die breite Schiffstreppe stieg, mißtrauisch um, ob auch kein Späher beobachtete, was er sonst noch etwa von sich abzuschleudern strebte.

Durch die hohen Fensterluken der »Agile« träumte ein weißer Widerschein der umlagernden Schneemassen. Dadurch empfingen auch die Wirkereien an den Wänden ein geisterhaft schwebendes Leben. Mitten in dem Prunk dieses fürstlichen Raumes lag der kleine Wichmann auf einem Ruhepolster und ließ bei dem bekannten federnden Tritt seines Zöglings ein paar mächtige, geschnitzte Holzdeckel sinken. Es war eine Abschrift des Seneca, auch ein Beutestück aus der Reisebibliothek des Bischofs von Strängnäs. Eine Weile musterte der Zwerg den hochgewachsenen Besuch, sich langsam aufrichtend, mit seinen zwiefarbigen Augen, denn der andere schaute sich in dem wohlbekannten Saale so heimgekehrt, so besitztrunken um, als ob diese farbenfrohe Schöpfung ihm eben erst aus Wunsch und Willen entsprungen wäre.

»Nun, alle neun Musen küssen dich, Magister«, so grüßte der Riese, durch den Anblick erwärmt, seinen ehemaligen Lehrer und schleuderte während des Auf- und Niederschreitens den unbequemen Schafpelz auf den Laternentisch. »He, sag an, du auserwählter Genießer, wie nistet sich's in meinem Nest, unter meinen Büchern und bei meinem Wein?«

Der Kleine dehnte sich behaglich und verschränkte die Hände über dem leicht ergrauten Haar.

»Ich bin es gewohnt, auf anderer Kosten zu leben«, versetzte er, indem er seelenruhig die Täfelung der Decke studierte, »nur fehlt mir hier, was auch die Nächte zum Kampf und die Tage vergnüglich und eilfertig macht.«

Es war die alte leichtblütige Weise, die sonst aus dem Lebenssturm des Störtebekers gewiß Bündel von Blitz und Funken geweckt hätte. Heute aber zuckte er hoffärtig die Achseln. Und da er gerade vor der Pfanne mit brennendem Torf hielt, durch die der Raum erwärmt wurde, so streckte er die Hände über die Glut und murmelte in sich hinein:

»Speist du noch immer in den Brand und meinst, du wirst ihn löschen? Tor, segne du wenigstens meine Flamme, solange sie noch brennt.«

Noch nie hatte der Kleine von dem fortreißenden Menschen, über dem stets Erfüllung und Vollendung schwebten, einen Zweifel oder gar eine Klage vernommen. Deshalb wurde der Zwerg durch das unvermutet offenbarte Schwanken des selbstsicheren Führers so von Grund aus überrascht, daß er katzenhaft aufschnellte, um nun den Abgewandten in hoher Neugier zu durchdringen. Aber es war nicht die besorgte Teilnahme eines Freundes als weit eher die Spannung eines Alchimisten, der gefesselt und angelockt die Entwicklung seiner eigenen Künste abwartet.

»Ehernes Gefäß des Weltwillens«, sammelte er sich endlich, und seine hohe Knabenstimme tönte so sanft wie je zuvor, »verleugne nicht die wonnigste der Lehren deines Meisters. Was raunst du von Tropfen, wo doch nur ein schwellend Bad die Geister des *Homo supra hominem*[*] erquicken kann? Mich dünkt, ich hätte läuten hören, die schöne Occa wolle dir dies edelste aller Elixiere reichen!?«

Jetzt rückte der Störtebeker die Glutpfanne geräuschvoll hin und her. Verdüstert, mit weit aufgerissenen Augen starrte er dabei in den Brand.

»Bleib mir mit den Kindereien vom Leibe, Heino«, forderte er heftig, »die Zeit kennt Höheres. Und doch ... will's nicht verschwören, schaff mir den kecken Spatz ins Nest, und er soll eine weiche Daunenstatt finden.«

Geringschätzig bewegte er die Hand, man sah ihm an, daß er nicht zum Scherzen aufgelegt war. Der Magister verzog den weichen Mund:

»So zahm ist mein Büblein worden?« sang er verwundert und ein bißchen höhnisch zurück. »Wo mangelt's noch? Wollen sich die neuen Erdklöße von den Prometheushänden nicht formen lassen?«

Kaum war dem Zwerg der leichte Spott entglitten, da wandte sich der über das Feuer geduckte Admiral jählings herum. In dem geröteten Antlitz sprang eine Glut hin und wider, durch die dunklen Augenhöhlen fegte eine Brunst, daß der Kleine, der solch tiefen, zermarternden Ernst nie bei seinem Gefährten vermutet hatte, den Atem anhielt.

Schwerfällig erhob sich der Störtebeker, und nachdem er nahe genug an das Ruhepolster geschritten war, zog er den Magister mit einem Faustgriff in die Höhe. Auf den Knien lag nun der Wicht vor dem Riesen, und dieser umhüllte den strohblonden Schopf des Kleinen erst sanft mit beiden Händen, bevor er ihm, wie ein Knabe seinem Spielzeug, in zitternder Bewegung das unterste Geheimnis anvertraute:

»Heino«, wollte er flüstern, allein es klang scharf, gleich dem Ritzen eines Messers, das in hartem Gewebe auf Widerstand stößt, »der Lehm, aus dem die Brut werden sollte, ist schon vorher von rohen Fäusten verstümpert worden. Hält schwer, diese Masse zu kneten, wie wir es stets im Sinn trugen. Und dann ... du folgst mir doch, Freund? Du lächelst doch nicht? Ich würde dich erwürgen, wenn du jetzt grinsen könntest ... dann ..., wo nehme ich das Messer her, das Beil, die Säge, damit ich dem einen jenes Haupt aufsetze, um das der andere höher ragt? Und die Füße und Hände,

---

[*] Des Übermenschen. Ein Ausdruck des Seneca.

die ich abschneiden muß? Und die vielen Sehnen und Glieder? Höre, Heino«, und die schwarzen Sterne des Sprechenden erweiterten sich immer mehr zu großen, glanzlosen Sonnen, die ihre eigene Farbe verzehrt hatten, »ich meinte, die Freude würde es wirken. Die Freude am gleichen Besitz, der Jubel über die Freiheit, sie könnten den alten Geist aus dem Raubtiergezücht austreiben. Den Rost aus ihren Seelen. Neue Menschen würden neuen Tag grüßen.« Er schüttelte das lockige Haupt und kam dabei dem Knienden so nahe, daß ihr Atem sich vermischte. »Dem ist nicht so«, sprach er unterdrückt. »Bald wird es sein. Bald. Aber jetzt noch nicht. Wir müssen warten. Diesen Winter noch! Diesen einen nur. Aber warten heißt die Straße des Todes. Mein Atem vereist mir auf diesem Weg. Ich mag nicht warten. Ich kann nicht lauern. Deshalb, Bereicherer meiner Jugend«, und die hohe Gestalt warf sich neben dem Winzigen nieder und umklammerte seinen Hals, »deshalb brauche ich Teilnahme, Unterstützung, ich muß an mich ziehen, was ich besitze ...«

Und stürmischer als je folgte nun die Auseinandersetzung, die schon oftmals zwischen den beiden Freibeutern ohne Ergebnis zerronnen war. Heute aber warf sich der Admiral mit solch drängender Überredung auf seinen alten Gefährten, daß er dem Klugen, ohne es zu wollen, arglos die ganze Bitternis seines Suchens enthüllte.

Da vernahm es der Magister abermals.

Von Anfang an und besonders seit der Landung in Marienhaven hatte der Störtebeker das verwickelte Werk der Ansiedlung allein und selbstherrlich auf seine mächtigen Schultern geladen. Er kaufte das Land, er zahlte die Summen, und die Güter und Äcker vergab er nach eigenem Gutdünken. Keiner der Waffenbrüder fand sich bereit, auch nur ein Geringes der Lasten mit ihm zu teilen. Unter allerlei fadenscheinigen Ausflüchten – er sei kein Landmann oder das Rechnen laufe ihm zuwider, hatte selbst Heino Wichmann von vornherein sein Verbleiben auf dem Admiralsschiff betrieben. Und von den anderen Führern genoß keiner ein genügend Ansehen, als daß ihnen der Riese ein Verständnis für die Möglichkeit neuer Werdestunde zugetraut hätte. Besonders dem fetten Wichbold nicht. Der lag indessen zum Glück, seit ihm der Störtebeker nach dem Brand von Bergen den Schädel so wuchtig zerschlagen hatte, mit dick verbundenem Haupt in der Kajüte der »Goldenen Biene«, und sein Fluchen und Stöhnen quoll häufig widerlich aus dem Bauch des Schiffes hervor. So war es wohl auch nur einer der sprunghaften Einfalle des Zwerges, wenn er dem Störtebeker gelegentlich unter vieldeutigem Grinsen zutrug, man hätte den Kranken zur Nachtzeit auf heimlichen Pfaden über Land streichen sehen.

»Mag er«, pflegte dann der Riese kaltblütig zu entgegnen.

»Mag er sich seinen Strick am Lande suchen. Darf meine Hände an dem Eitrigen nicht beschmutzen. Aber du, Heino Wichmann, du«, so schloß der Glühende auch heute seine Werbung, und er streichelte dem Zwerglein brüderlich die langen gelben Haare, »hast einst das verschlossene Hirn des Fischerbuben aufgeriegelt, damit Hochmut und Glanz und dieses rasende Lauschen nach dem gleichen Schlag alles Lebendigen ihren Einzug halten konnten. Und jetzt? – Will mein Bruder, mein Freund, mein Lehrer dies wollüstige Fieber nicht mitfiebern? Will er, ein Hochgelahrter, den Blinden nicht erklären, was das für ein Licht sei, das jetzt auf ihren Schaufeln brennt? Ja, es auch mir ausdeuten, da es mich manchmal schier verwirrt und blendet?«

Wer hätte diesem von Schönheit und Anmut Gesegneten, dem auch die goldenen Bienen der Beredsamkeit ihren Honig auf die Lippen getragen hatten, wer hätte ihm widerstehen können? Wahrlich, selbst dem Zwerg schien es schwerzufallen, als er sich jetzt der Umstrickung des anderen geschmeidig entzog. Allein überlegt und abweisend, schüttelte der dennoch das Haupt. Dann versetzte er kaltblütig:

»Nein, Büblein, kann dir nichts nützen. Bin ein Lump und bleib ein Lump. Bin halt eine von den Büchermotten, so ihr Leben lang um das Wort herumkriechen. Kann's wohl aussinnen, aber von der Zunge bis zur Hand ist's weit. Pfui, und der Schweiß dünkt mich ein gar saurer Saft. Ja, wenn's dir gelingt, Bruderherz, dann will ich einen Panegyricus auf dich dichten, und wenn's dir zerbricht, dann beweise ich dir gleich darauf, wie man's besser hätte machen müssen. Zu was Edlerem tauge ich nicht und gräme mich nicht darüber.«

Es mußte etwas Ergötzliches in dieser schneidenden Selbstbeurteilung liegen, denn um die Lippen des Hörers kräuselte ein beifälliges Lächeln. Ungekränkt erhob sich der Störtebeker, reckte sich und schritt ein paarmal mit seinen weiten, entschlossenen Schritten über den Teppich. Plötzlich blitzte es ihm von der Stirn. Er warf sich den Schafpelz um und forschte rasch:

»Erinnerst du dich, Heino, was der Pharao tat, als er die Hebräer fronen ließ?«

»Er bleute ihnen weidlich Rücken und Hinterteil, mein Liebling.«

»Aber aus Schweiß und Blut wuchsen dennoch die Pyramiden. Wir haben sie gesehen. Weht Ewigkeit um ihre Gipfel! In solcher Luft läßt sich's atmen. Will's ähnlich versuchen.«

Er drückte dem Strohblonden krampfhaft die Hand und sprang rasch die Treppe hinauf. Der Kleine aber warf sich aufs Polster, strampelte mit den Füßen und krähte wie ein Hahn.

*

In der Gegend der Brokeburg wurde gekämpft. Bei vorschreitendem Winter konnten die Freibeuter in ihren leichten, baufälligen Baracken Frost und Hunger nicht länger ertragen, und da ihre alte Gewohnheit sie auf Raub verwies, so rottete sich eine Schar unter dem hitzigen Iren Patrick O'Shallo zusammen, um den umwohnenden Friesen Mehl, Hühner und Feuerung mit Gewalt abzutrotzen. In einer Winternacht loderte Feuerschein am frostblauen Himmel, Waffen klirrten, das Gekreisch aus dem Schlaf gerissener Weiber mischte sich mit dem Brüllen des Viehs und dem Stöhnen Verwundeter, und erst die rasenden Streiche des halbbekleidet von der Burg herbeieilenden Admirals trieben die Verzweifelten auseinander. Dem wutschäumenden Iren aber hieb der Störtebeker selbst, nachdem er ihn gebunden in den Schloßhof geschafft hatte, besinnungslos mit der Peitsche übers Gesicht, einmal, zweimal, und zwang den Blutenden darauf, seinen Raub bis aufs kleinste herauszugeben.

Allein, damit war der Streitfall, wie er gefürchtet hatte, keineswegs aus der Welt geschafft. Denn als der Riese, aufgewühlt und vom Blutdunst umnebelt, an der Seite seines Licinius die dunklen Treppen hinauftastete, da wurde ihm von einem Knecht bedeutet, die Fölke lade ihn ungesäumt vor sich in den großen Saal.

»Pack dich«, knurrte der Störtebeker gereizt, indem er bedrohlich die Faust gegen den Wäppner stieß. »'s ist Schlafenszeit. Warum schnarcht die alte Hexe nicht?«

Da standen sie bereits vor der doppelt verbohlten Tür, und in einem Anfall höllischer Neugier sprengte sie der Störtebeker vollends auf. Lärmvoll, mit dem Striemer knallend, drang der aufgepeitschte Mann in den dunklen Saal. Nur eine einzige Fackel begann dort eben in ihrem Wandring notdürftig zu glimmen, wobei sie ein paar bläuliche Funken herabstreute. Dadurch ballten sich in dem unrastigen Raum ungeheuerliche Schatten zusammen, zuckten auf und warfen sich, wie in einer Gigantenschlacht, übereinander. Sobald aber der Schein die beiden Sessel auf der Estrade erreichte, dann entdeckte man in einem derselben eine weißgekleidete Frauengestalt, die einen blauen, mit Goldblech besäten Friesenmantel über sich geworfen hatte, um ihre Blöße zu decken.

Es war Occa, die erst seit Stunden bei ihrer Mutter zu Gast weilte und die sich nun mit der von ihr stets gegen den Seefahrer geübten Anmut verneigte.

Da begann dem Aufgeregten das Herz zu klopfen. Die zuckende Nacht, und in ihr das weiße Bild, sie raubten ihm jede Erinnerung an die eben erst verlassene Blutstätte des Aufruhrs.

»Hallo«, preßte er sich heiser ab, »welche Holde ladet mich zu Zwiesprach? Wer bangt sich in dieser Einsamkeit?«

An der Seitenwand erhob sich ein schlurfendes Geräusch.

»Ich bin es«, polterte die rauhe Männerstimme der Fölke, und nun erst tauchte die graue Habichtsgestalt bei ihrer ruhelosen Wanderung im Fackellicht auf. »Was soll das einfältige Gescherze? Weißt du nicht, daß dein Raubgesindel unsere Verträge bricht? Weißt du nicht, daß es in den Gauen der Allena und Beninga genau so steht? He, Störtebeker, du vergißt wohl, daß ihr vogelfrei seid? Überall an den Küsten lassen die Dänen sowie die Hansen es austrommeln. Du hast dir wohl die Ohren verstopft? Ich werde dich wegjagen, verstehst du mich? – He, wer bist du eigentlich?«

Die Fäuste in die Seiten gestützt, die Beine gespreizt, scharf den graurot gefiederten Habicht musternd, so hatte der Riese bis dahin hohnvoll gelauscht. Jetzt aber riß er die Fackel aus ihrem Ring, schwang sie um sein Haupt und zerrte sie dann der Fölke bis dicht vor das blutlose Antlitz. Schmerzend begannen der Quade die rot entzündeten Augen zu träufeln, voll ohnmächtigem Grimm hielt sie dem Schuimer stand.

»Wer ich bin?« lärmte dieser nun, daß der Schall von einer Ecke in die andere flog. »Dein Herr bin ich, Weib. Gib genau acht. Glaubst du, daß du ohne meinen Willen lebend aus deinem Modernest ausflattern könntest? Schau meine Fäuste, sie haben schon andere Vögel gerupft. Ein Wink an den Wichmann, und unsere Lederschlangen würden dir überdies ein Grabmal türmen, wie es die Semiramis zu Babylon kaum gefunden hat.«

Die Quade sog Atem, sie wollte von neuem zustoßen, der Störtebeker jedoch klopfte ihr bereits mit der freien Hand begütigend die Wange, was ihren kämpfenden Aufruhr nur noch mehr verstärkte.

»Sei ruhig, Huldreiche«, nickte er gelassen, »du weißt, ich schätze dich, und wer kann bestimmen, wie nahe wir uns einst noch treten werden?«

Er streifte dabei die weiße Gestalt in dem Stuhl, die sich nicht rührte, und fuhr aufgeräumt fort: »Nun aber, meine Taube, rate ich dir, picke gutwillig die goldenen Körner, die ich deinem Hunger streuen will. Werden doch dreißig Pfund Goldes dein Ungemach wie das deiner Untertanen in eitel Freude kehren.«

Dicht an der Tür lehnte Licinius und seufzte. Er allein wußte, wie bedrohlich bereits der ehemals so stattliche Schatz der Freibeuter zusammenschmolz. Die Fölke aber wurde bei diesem Vorschlag durch Zorn und Habgier nach zwei Seiten gerissen. Feindselig reckte sie, zu neuem Streit entschlossen, ihr spitzes Kinn, zu gleicher Zeit jedoch griffen ihre dürren Finger bereits nach dem in Aussicht Gestellten, während ihre Augen in Rabenlüsternheit funkelten.

»Abgemacht«, besiegte endlich der Admiral ihr hartnäckig Schweigen. »Licinius mag noch zehn Pfund Silbers dazu tun. Was liegt daran? Und nun komm, Traute, betrüge den Schlaf nicht um seine Rechte, sondern schmücke ihm das Lager.«

Lachend wandte sich der Freibeuter und reichte seinem Knaben die Fackel, damit er ihnen voranleuchte. Die Fölke freilich ließ nichts von Besänftigung spüren. Fröstelnd zerrte sie ihren grauen Flausch um sich zusammen und rief hart hinter dem Abgehenden her: »Es ist das letztemal.«

Dann entwich sie durch ein Seitenpförtlein.

Die anderen stiegen mehrere Treppen in die Höhe und trennten sich endlich auf einem langen, sich schlängelnden Gang. Als der Störtebeker zum Abschied nach Occas Hand greifen wollte, war die Leichtfüßige bereits in ihre Kammer geschlüpft. Auch Licinius entfernte sich, nachdem er dem Gebieter bis an die Schwelle seines Gemaches geleuchtet hatte. Müde entschwebte hinter der Wendung des Ganges allmählich der Fackelschein.

Da reckte sich der Störtebeker und lauschte noch einmal zurück. Ihm war es, als ob eine warme, fröhliche Stimme seinen Namen gerufen hatte. Einen heißen, kecken, begehrlichen Laut. Sollte ihn das Summen seines eigenen Blutes geäfft haben, oder ...?

Gespannt, blutwitternd wie ein Raubtier, schlich der Riese auf Zehen bis dahin, wo er Occa verlassen hatte. Ein Druck gegen die schwere Bohlentür, sie gab nach. Aber siehe da – durch die Dicke der Mauer von dem Holzwerk getrennt, wurde der Raum noch durch eine Reihe sich kreuzender Eisenstangen verschlossen, die wohl einen Durchblick gestatteten, aber jeden unwillkommenen Besuch zurückhielten. Erstaunt beugte sich der Störtebeker vor. Mitten in der kahlen Schlafkammer, nur spärlich von einem niedrigen Öllämpchen erhellt, fand der unruhige Blick des Seefahrers sofort jene weiße Gestalt, die ihn hierhergelockt hatte. Sie hatte den Mantel abgeworfen, und ihre Arme schimmerten den Strahl der Leuchte in einem unbestimmten seidigen Glanze wieder. Ein seltsames Lächeln, halb bänglich, halb voll Neugier, lief um den Mund der Einsamen, als sie nun verfolgte, wie der Eindringling ohne ein weiteres Wort zu verlieren, Schulter und Fäuste zwischen die Stangen stemmte, nur von dem einen fast selbstverständlichen Trieb beherrscht, die Sperre zu zerbrechen. Wer durfte sich auch anmaßen, Riegel und Schlösser gegen den Beschluß dieses Erderschütterers drängen zu wollen, der in seinen besten Stunden noch immer überzeugt war, daß er das Weltenschicksal auf gestrafften Armen zu den Menschen schleppe? Und jetzt? Occa stieß einen unterdrückten Schrei aus. Wirklich, das Eisen bog sich, das Keuchen des Gewalttätigen ging in ein Stöhnen über, aber im gleichen Augenblick sanken ihm auch die Fäuste wie abgeschnitten herab, und übersiedet von der Scham der Ergebnislosigkeit, preßte er sein Antlitz gegen das Gitter, um wutgeschüttelt hindurch zu flüstern:

»Was wolltest du von mir, du, du …?«

»Ich?« Da zuckte Occa schon wieder beruhigt die Achseln. »Was hätte ich mit dir zu schaffen?« gab sie aufreizend zurück. »Begib dich sittsam von hinnen, oder ich werde den Burgsassen deine Schwäche zeigen.«

Toll gemacht, führte der Störtebeker noch einen dröhnenden Hieb gegen das Eisen, aber da sich nichts als ein Summen vernehmen ließ, so versuchte es der Frauenfänger noch einmal mit List.

»Reiche mir nur ein wenig deine Hand«, schmeichelte er.

Doch auch diese Bitte fruchtete nichts, denn Occa schüttelte, ohne sich von der Stelle zu rühren, ihr schmales Haupt.

„Du Tor«, sprach sie mitleidslos, »meinst du wirklich, eine Fürstentochter beuge sich vor solchem Bettlerkönig?«

»Was sagst du?« taumelte der Schuimer erblaßt zurück, und jetzt bückte er sich und versuchte, Schaum vor den Lippen, die nahe Vergeltung bereits vor den glühenden Augen, das ganze Gestell aus den Angeln zu heben.

Ein langes rostiges Ächzen wurde hörbar. Allein die Broketochter sprach ohne Zögern weiter:

»Ja, wenn du noch ein Meerfürst wärest wie ehemals …«

»Was dann?« rang der Einbrecher nach Luft.

Anfeuernd redete die weiße Gestalt zu dem Knienden fort: »Wenn du ferner von deiner sündhaften, widergöttlichen Armeleutetollheit ablassen, dafür aber deine Macht gebrauchen würdest, um all die kleinen Tyrannen hier zu unterjochen ...«

»Was dann?« stöhnte der Störtebeker, dem die Brust zersprang.

»Ich weiß es nicht«, hielt das Weib listig inne, »ich kenne die Zukunft nicht wie mein Eheherr«, fügte es lächelnd hinzu.

Ganz nahe war sie an das Gitter gelangt, den Knienden durchschlug die Einbildung, ein paar huschende Finger hätten sein Gelock gestreift. Als er jedoch, zum Fang entschlossen, emporschnellte, da entdeckte er nur, wie Occa, nachdem sie das Lämpchen ergriffen, ohne sich umzuwenden, in ihrer Schlafkammer verschwand. Sorgsam hörte er sie noch den Schlüssel drehen.

Tiefe Nacht waltete um ihn. Sie kochte, sie brodelte, gleich einem Kessel, in den seine Gedanken geworfen waren. Er schrie nicht, er tobte nicht, er tat vielmehr etwas, was er sein Lebtag nicht getan – er erschlaffte. Beide Hände schlug er vor das Gesicht und sprach laut durch den hallenden Gang:

»Soll ich der einzig Sehende unter lauter Blinden sein? Es gelingt mir nichts mehr. Es zerbricht mir alles unter den Händen. Ich laufe nur meine Bahn, weil mich ein Wind treibt.«

Leer, ernüchtert, schweren Schrittes strebte er seiner Ruhestätte entgegen. Und ihm fiel nicht einmal auf, wie hinter der Windung des Ganges noch immer ein dünner Lichtschimmer über die Fliesen rann, und daß sein innerstes Bekenntnis nicht nur an fühllose Mauern verschwendet war. Kaum ein paar Schritte von dem Müden entfernt, dicht hinter der Kehrung, da verweilte Licinius noch immer mitten im Gang. Mit der einen Hand stützte er sich mühsam an der feucht-kalten Wand, während die andere die schwankende Fackel von sich streckte. Etwas Gestaltloses, Schreckenverbreitendes mußte vor ihm aufgestiegen sein, denn der Knabe zitterte am ganzen Leibe, und ein Schwindel ließ ihn am Boden festhaften, als müsse ihn jeder weitere Schritt in einen Abgrund stürzen.

IV

Die Zeit verbrauste wie Wein in einem Becher!

Noch einmal leuchtete sein sprichwörtliches, sein Hexenglück über dem Störtebeker, und die Mannschaften raunten, der Klaus habe wieder Rats mit dem grauen Männchen gepflogen. Ein Sommersegen vergüldete die Fluren des Brokmerlandes, dergleichen auch die Eingeborenen selten gekannt hatten, und selbst auf den ohne große Kenntnis und nur oberflächlich bestellten Äckern der Ansiedler sproßte, dünn zwar, aber doch trächtig, die neue Halmfrucht, als hätte ein unterirdisch Feuer ihre Wurzeln erwärmt. Dennoch wurden die Kolonisten der sichtbaren Hoffnung nicht froh. Aus Überfluß und Völlerei waren sie gekommen, freies, wildes Schwärmen auf dem Meer hatte ihnen leichten Erwerb gesichert und dazu noch die grausame Lust der Vergeltung an jenen Seßhaften, im bürgerlichen Recht Wohnenden, von denen sie glaubten, daß ihr angemaßtes Wohlergehen nur aus einer schweren Versündigung gegen die Armen und Unterdrückten herrühre. Und nun? Draußen hatte man Abwechslung genossen, das wilde Behagen an der rächenden Kraft, den täglich lärmenden Triumph, Keller und Truhen jener Genießer zu leeren, die früher das murrende Begehren der Dunklen und Namenlosen mit Hungertürmen und Folter beantwortet hatten. Solch rasendes Glück schenkten die Wogen. Und nun? Was erwartete die aus aller Sitte Gelösten auf den Fluren? Gott verdamme die hirnverbrannte Schwärmerei eines Tobsüchtigen, auf dem Lande ruhte nun einmal der Fluch. Was hatte man eingetauscht?

»Still ... still«, zischelte der Ire Patrick O'Shallo einer Rotte von Schnittern zu, mit denen er verdrossen in einer Bodensenkung feierte, denn die Ungeübten hatten ihre Sensen zu tief in Steine und Härten des Ackers geschlagen, so daß das Werkzeug wieder einmal schartig und unbrauchbar geworden war. »Ich rate euch, laßt die herumschnüffelnde Buhldirne, das Manns-Weibsbild nichts merken. Ist ebenso besessen wie der wahnwitzige Klaus. Aber sagt einmal, wozu sitzen wir hier und ersaufen im Schweiß? Was haben wir eingetauscht? Ist der Störtebeker nicht unser Zwingherr, wie keiner je vorher war? Fährt er nicht wie eine Geißel im Land umher, schlägt er uns nicht die Buckel blutig und nötigt uns zur Fron, bis uns die Knochen krachen? Wer hat ihm die Gewalt dazu verliehen? He? Habt ihr ihm etwa die Peitsche zu solchem Dienst geflochten? He?«

»Mag ihn nit leiden«, murrte ein Fränkischer, der dem beginnenden Bauernmorden in seiner Heimat knapp entwischt war, aber das unselige Gepäck des heimlich schwelenden Aufruhrs noch immer auf verkrümmtem Rücken mit sich schleppte. »Wozu sollen wir den Zehnten steuern wie daheim? Sagt, er wolle unseren Kindern dafür neue Güter eintauschen. Wolle sich allmählich über die Erde verbreiten. Ha, ja, Kindermärle.«

»Die Schwarzröhren geben kein Lot Erde mehr hin«, schrien andere.

Als die künftige Nachkommenschaft erwähnt wurde, wallte dem Iren das Blut stoßweise in die Stirn, halb irrsinnig sprang er auf und hieb mit der Sense durch die heiße Luft, wie wenn er einen nahen Bedränger köpfen müsse.

»Schaut hin«, zeterte er, »liegen vor uns die Schiffe. So nah, so nah! Wollen wir warten, bis der Bluthund etwa uns alle eingeschaufelt hat? Weiß einen, der's uns besser schaffen könnt.« Er sah sich geheimnisvoll um. »War der dicke Wichbold erst jüngst verwichene Nacht bei mir. Ist einer von uns. Und der rät ...«

»Sieh dich für«, warnte ein unterdrückter Ruf.

Erschreckt hoben die Schnitter ihre Häupter über die Erdsenkung. Dumpfer Hufschlag polterte über die Heide, zwei Reiter, der Störtebeker und sein Knabe, sprengten barhäuptig heran.

»Was faulenzt ihr hier, ihr lästerlich Volk?« rief Klaus, sein Roß dicht vor dem Abfall an sich reißend, und seine schwarzen Augen sprühten ein böses Feuer. »Schämt ihr euch nicht vor den Fleißigen? Hört ihr nicht, wie die Äcker mit unzähligen Stimmen nach uns rufen? Braucht ihr stets den Striemer gleich den Stieren? ... Will's euch lehren!«

Sausend fuhren die Lederriemen umher, den Franken traf's klatschend auf den vorzeitig gekrümmten Rücken. Verängstigt, gebändigt stoben die Schnitter nach allen Seiten auseinander.

Die beiden Reiter aber flogen weiter, ausgeschickten Gedanken gleich, die sich einer Welt mitteilen wollten.

*

Lind und versonnen ging der Abend über Land. Zu seinen Füßen glitzerte das Abbild der Sterne in den Moorlachen.

Um diese Stunde saß der Hebräer Isaak an seinem Herd und briet sich über dem Rost ein Stück von einer Hammellende. Während seiner ruhvollen Arbeit sang der Graulockige in tiefen Kehllauten eines jener fremdartigen, schmerzensreichen Lieder, in denen sein flüchtiger Stamm seine Sehnsucht nach den Zelten, Herden und Weinbergen längst versunkener Heimat klagt. Ab und zu aber lehnte der Sänger auch an der offenen Tür, und dann schien sein befriedigter Blick die wohlige Ruhe dieses schlummernden Bodens zu segnen.

Das Glück eines Seßhaften hing über ihm.

Da löste sich eine Gestalt aus dem Tor der Nacht. Die trat zögernd auf die Schwelle. Erst als der Fremde sich aufrichtete, erkannte der Jude das zuckende Antlitz seines Nachbarn Patrick O'Shallo.

»Ho«, rief Isaak verwundert, »was bringst du, Freund?«

Doch den anderen schien die Antwort zu bedrücken, verwirrt schielte er in die Ecken der vom Herdfeuer sprunghaft überglänzten Hütte.

»Der Geruch des Fleisches lockt mich«, entschloß er sich endlich, „hab' den Knurrhahn von Magen heut wieder nicht füttern können. Der da« – und er zeigte durch die Dunkelheit nach der fernen Brokeburg – »sprengte uns wieder bis in die Nacht in den Feldern herum.«

Der Jude überhörte den Vorwurf.

»Dann sitz nieder«, lud er den Brütenden ein, »und sei mein Gast.«

Der Ire murmelte etwas, was aber kaum einem Dank glich, und nachdem er sich auf einen Schemel hatte fallen lassen, verschlang er gierig das Fleischstück.

»Wie kommst du zu dem Bissen?« fragte er kauend und mit niedergeschlagenen Augen.

»Hab' es eingetauscht«, schmunzelte der Hebräer, am Herd hantierend. »Gegen Eier von meinem Hühnervolk.«

»Und wie kamst du zu den vielen Hühnern?« drängte Patrick weiter, indem er ein Beben überwand.

Der Jude strich befriedigt den grauen Sprenkelbart, sein sichtbares Gedeihen ließ ihn die sonst geübte Zurückhaltung vergessen.

»Hab' sie gleichfalls eingehandelt von der Brokeburg gegen Anis und Leinsamen aus meinem Würzgärtlein. Man kennt hierzuland die Kräuterzucht nur übel. ... Aber nun iß, Freund«, setzte er hinzu, als er die Augen seines Genossen grün glimmend auf sich gerichtet fühlte. Unwillkürlich ergriff er einen Holzspan und schürte ihn auf dem Herd, damit es heller würde. Gequält sah sich der Ire um, er rückte hin und her, als ob er am liebsten von dannen stürzen möchte.

»Was ist dir?« erkundigte sich Isaak, aufmerksam werdend.

In diesem Augenblick drang erst ein Schnaufen und dann ein markiges Brüllen aus dem nahen Stall herüber. Die Wände der Hütte zitterten davon. Da wurde Patrick O'Shallo noch bleicher als bisher.

»Sind das die Stiere?« stammelte er, unfähig seinen Aufruhr noch länger zu beherrschen. »Sind sie von dem Zugvieh, das man auf der Brokeburg für uns gekauft hat, damit wir unser Korn in das Dreschlager schaffen?«

Fast bettelnd hob er seine Hand, denn der Verstörte wollte von sich abhalten, was ihm das zerfressene Gemüt noch ärger vergiften könnte.

Und jetzt begriff auch der Hebräer den Zustand seines Gefährten. Kurz und verschlossen suchte er den bösen Sinn des Iren von sich abzulenken.

»Laß gut sein«, beruhigte er, indem er abgewandt in einem Breikessel herumrührte, »man lieh mir die Tiere vor euch anderen, weil meine Garben lange gebunden liegen und weil meine Ernte wider Erwarten reichlich ausfiel.«

»Und meine armseligen Büschel versengen und verdorren derweil. Hab' denselben Boden wie du, kann aber nichts rauswirtschaften. Sogar, wenn ich wollte.«

In die Augen des Burschen drang wieder jenes merkwürdige Schielen. Angewidert schleuderte er einen Knochen, an dem er noch nagte, in die Ecke.

»Wirst eine wohlgefüllte Scheuer haben, wenn erst die Gazelle des Morgenlandes in dein fruchtbar Bett geschlüpft ist«, holte er wie in einem heiseren Schluchzen aus sich heraus, »wann wird's sein, du maienblütiger Bräutigam?«

»Was ficht's dich an?« schnitt der Jude verdrossen ab und sah nach der Tür. »Dank dem Großen auf der Brokeburg ist jeder Herr in seinen vier Pfählen. Kann tun und lassen, was mir beliebt.«

Jetzt sprang Patrick auf und griff sich an die Kehle, um sich wenigstens einen einzigen Atemzug zu schaffen. Ein verstörtes wahnwitziges Gelächter warf er aus:

»Recht ... recht, sind Freie. Unter Peitsche und Stockprügel, Freie. Heißa, geht uns wohl im Gelobten Land. Hab' Dank, Isaak, daß du mich daran erinnerst. Man soll's nie vergessen. Nie. Hab' Dank.«

Damit sprang der Gereizte aus der Tür. Sein Wirt wollte ihm die Hand reichen, der Ire aber war schon halsüber in den sich hebenden Nebeln verschwunden.

Kopfschüttelnd legte der Hebräer beide Querbalken vor den geschlossenen Eingang.

*

Bis zum Morgengrauen kletterte die Flamme den blassen Sternen entgegen, dann war die Hütte ein Aschenhaufe, und der Frühwind fegte verkohlten Staub über die verloderten Reste der Garben. Gerippe von Mensch und Tier zerfielen in den mütterlichen Boden.

An der Spitze einer Schar von Ansiedlern, die den Tollwütigen, mit seiner Tat Prahlenden eingefangen, eilte Licinius, stumm, in innerster Seele zerrüttet, vor denjenigen, der die Geschicke so vieler Sterblicher zu ordnen sich unterfangen hatte.

Eine rote Frühsonne hatte sich eben aus den Farbenstrudeln des Meeres gelöst und überglühte nun den Burghof sowie den Wipfel einer mächtigen Linde mit tiefem, mildem Feuer. Auch um die Stirn des Störtebeker legte sie einen blutigen Reif, denn Klaus saß auf der den Baumstamm umgürtenden Steinbank, hatte beide Ellenbogen auf die rohe Tischplatte gestützt, und nun prüfte er ungläubig, fremd, verständnislos die schwarzen Bänder sowie das schwarze Siegel einer Briefrolle, die ihn auf unerklärliche Weise auf dieser Platte erwartet hatte. Niemand wollte sie gebracht haben, keiner wußte etwas von der Botschaft. Je öfter jedoch der Riese die wenigen ungeschickt geschriebenen Worte des Sendschreibens überflog, desto heftiger wallte ihm das Herz, und desto stürmischer wurde sein Wille zerrissen. Da stand mit den großen, wohlbekannten Buchstaben des Gödeke Michael:

»Mein Bruder!
Hätte schwerlich vermeint, ich würde Dich jemals brauchen. Steht aber übel um mein Sach. Hamburger und Dänen, bei denen mir alleweil eine gar fette Rechnung angekreidet, halten mich itzt in der Helgoländer Bucht umzingelt, so eng, daß auch nicht ein Mäuslein aus meinen Schiffen entspringen mag. Leiden zudem Hunger, und der Durst plagt uns. Darum Klaus, so Dir noch das Herz für die alten Freunde schlägt, zögere nicht und tu, was du kannst. Ist ein gar bös Ding, wenn später die Reu quält. Geht hier eben um Leben und Tod und doch auch um die Sach des gemeinen Mannes. Und ist mir der Sperling in der Hand noch immer lieber als die Taube auf dem Dach. Bedenke dies wohl, mein Bruder, zumeist aber, daß wir Rächer nur ein Kostbares hüten, die Treue wider einander.
Geschrieben auf der fliegenden Burg zu Mariä Himmelfahrt
Gödeke Michael.«

Einen hallenden Schrei stieß der Admiral aus, nachdem er endlich, seiner merkwürdigen Betäubung entrissen, den ganzen Ernst dieses Schicksalsrufes ermessen hatte. Geschnellt flog er empor und warf ohne Bedenken die Rechte gegen die abgetakelten Schiffe im Hafen, als vermöchte sein herrischer Wink allein jene Herde um sich zu sammeln, die Schar Wildvögel, mit denen er ungesäumt davonstoßen wollte, zu Rettung, zu Hilfe. Allein noch während der Wendung seines Hauptes verstrickte sich sein Blick mit der rot angestrahlten Ebene, auf der sich eben das Menschenwirken, die Arbeit zu regen begann, die er selbst zwischen die ungern empfangenden Schollen gesenkt hatte. Jetzt sproßte sie, unwillig zwar und widerstrebend, nur seinem harten, zugleich mit leidigen und mitleidslosen Willen gehorchend, zum Licht. Schwer sank ihm der eben erhobene Arm herab, denn die

Gedanken dieses Mächtigen fielen sich gegenseitig an, ein inneres Streiten und Ringen erhob sich, zu auflösend und vernichtend, um in der Brust auch eines eisernen Mannes ausgefochten zu werden. Unter einem schmerzlichen Stöhnen griff er sich an das Lederwams und schob es hin und her.

Einen Ausweg ... einen Ausweg!

»Freund, Bruder, Wohltäter«, hörte er, von sich losgelöst, seine Stimme über das trennende Meer rufen. »Bist ja ein Teil von mir selbst, kann dich nicht missen, darf nicht dulden, daß die Ungraden und Schelme deiner Mannheit die Waage aus der Hand schlagen. Bei allem, was uns heilig dünkt, kannst auf mich zählen, Gödeke, denn ich will drein fahren, wuchtig, fröhlich, wie du's mich gelehrt hast.«

All dies beteuerte der Klaus von ehemals, der noch nicht gebunden war an eine verpflichtende Aufgabe, sondern durch die Welt geweht wurde, wohin ihn Wind oder Zufall gerade schlugen. Aber in jenes heiße Gelübde jauchzte auch die erlöste Begeisterung der dort unten auf dem rauhen Boden Fronenden hinein, die er erwählt hatte, um das bejahrte Erdenleid für sich und künftige Geschlechter einzuschaufeln, erwählt, obwohl sie in ihrer Dumpfheit, wie er wohl wußte, nichts Köstlicheres ersehnten, als Pflug und Hacke fortschleudern zu dürfen, um ihr altes Streiferdasein neu zu beginnen.

Wie, wenn er sie selbst auf die gefährlichen Planken führte? Eins blieb gewiß, niemals mehr würde er dann die Unbändigen auf jene verlassenen Äcker der Mühe und Plage lenken können, halbvollendet blieb das Bild, das er mit Blut und Erde gemalt hatte, zermürben würde es und vergilben und den Beschauern allmählich ein Abscheu sein. Und der Befehlshaber, dessen Entschlußkraft sprichwörtlich war, umklammerte den Stamm der Linde und versuchte ihn mit seiner mächtigen Kraft zu schütteln, als vermöchte die Krone guten Rat herabzustreuen.

Einen Ausweg ... einen Ausweg!

Da zog die Schar der Ansiedler gerade in den Burghof und der Hinstarrende erkannte, wie ein wüster, beschmutzter Bursch in ihrer Mitte geführt wurde, die Hände gebunden und die spitzen Augen frech, unbotmäßig und voller Auflehnung gegen den Einsamen unter dem Baum gerichtet.

Schwer, wie gezogen, ließ sich der Admiral bei dem Anblick auf die Steinbank nieder. Die anderen traten vor ihn. Allen voran Licinius, der sich matt, verstört, flügellahm vor dem Gebieter niederwarf. Ratlosigkeit sprach sich in der befremdlichen Gebärde aus, doch auch das unerschütterlich Gemeinsame ihres glücksuchenden Fluges.

Jetzt waren sie beide zur Erde gestürzt. Den Störtebeker zwar erquickte die Berührung, denn nur von dieser Welt erpreßte er alle seine Freuden. Besonnen stopfte er das Pergament in sein Wams, und es war ein eigenes, unheilverkündendes Lächeln, das sein Gesicht veränderte, als Licinius endlich seinen Bericht mit der Klage vollendete:

„Herr, so hat denn der alte Fluch auch dein Reich der Brüder getroffen. Kain hat Abel erschlagen.«

»Warum tatest du das?« fragte Klaus, nachdem man den Iren bis dicht an den Sitz des Admirals geschleppt hatte, und seine heisere, fast flüsternde Stimme erregte den Hörern ein viel nachhaltigeres Grauen, als wenn der Gefürchtete getobt und gewütet hätte. »Sage mir, warum tatest du das, Patrick? Eignete dir nicht ebensoviel Land wie jedem deiner Gefährten? Erhieltest du nicht dasselbe Werkzeug, die gleiche Nahrung? Gab ich dir nicht alles, was du brauchtest?«

»Du?« gellte der Ire und schlug sich mit den gefesselten Händen vor die Stirn. Jetzt schon erkannte man, daß die Flammen, die er entzündet hatte, in seinem eigenen Hirn weiterknisterten, und daß es grünliche Funken des Wahnwitzes seien, die er von sich sprühte. »Du hier in deinem Schloß? Du in Samt und Seide? Bei Buhldirnen und Völlerei? Du? Du? Möchtest du nicht ein Fürst sein? Hast du dir die Tollheit nicht allein zu dem Zwecke ausgeklügelt, damit aus unserer Haut ein Purpurmantel für dich geschneidert würde? Du Vaterlos ... du Fischerbastard, du geißelst uns die Rücken blutig, damit unser Schweiß für dich Wein werde!? Sag, wann hast du jemals selbst die Hacke zur Hand genommen, gesenst oder den Pflug geführt? Weißt du, was Hunger und Frost ist? Und vor allen Dingen laß doch vernehmen, warum du nicht tagaus, tagein in unseren Reihen stehst, um all die Freuden deiner Gaukelei am eigenen Leib zu spüren?«

»Halt ein!« stammelte der Knabe, der noch immer auf den Knien lag.

Darauf der Störtebeker, indem er sich leichenblaß an den Tisch klammerte:

»Offenbare mir, warum du deinen Nachbarn verdarbst? Sann er dir Übles?«

»Nein.«

»Beeinträchtigte er dich in deinem Erwerb?«

»Nein.«

»Patrick O'Shallo, deine Zeit währt nur noch kurz. Warum tötetest du ihn also?«

Schon bei den letzten Worten war in den Übeltäter eine seltsam zuckende Beweglichkeit geraten, alle Glieder fuhren ihm durcheinander, ein Krampf schien ihm die Knie zu schütteln, und es war ein völlig Sinnloser, der nun die gebundenen Fäuste über sein Haupt schleuderte, während er unter seinen Gefährten herumsprang, als wolle er sie zum letzten äußersten Widerstand aufreizen.

»Warum? ... warum?« schrillte er. »Soll es hören, das Kläuslein, weil er ein Betrüger ist, ein Wortefärber, ein Leuteschinder, ein prassender Totengräber. Wollte er uns nicht Zufriedenheit vom Himmel holen? Neidlos Glück?« ... Er sprang dicht vor den Seefahrer hin. »Reiß mich doch auf, du Schelm, und sieh zu, wie meine Galle vor Neid siedet. Armseliger Wicht, wes hast du dich vermessen!? Kannst du vielleicht für den einen regnen lassen, wenn der andere Sonnenschein braucht? Kannst du mir den Schachergeist Isaaks geben und seinen listigen Verstand? Kannst du mir meinen Hunger teilen, wenn er doppelt so groß ist als der meines Nachbarn? Du Gaukler, du Bösewicht, du selbstzufriedener Narr, du möchtest uns deinem Wahn zuliebe schnitzen wie aus Holz, und wir sind Menschen... Menschen... Menschen.«

Rings im Kreise war es so still geworden, daß man die welken Blätter der Linde zur Erde fallen hörte. Auf den Gesichtern der Ansiedler stand tiefer, gefurchter Ernst. Doch auch der Störtebeker rührte sich nicht. Hölzern, gelb, leblos saß er auf der Bank, und nur einmal tastete er unter sein Lederwams, um das Schreiben des Gödeke Michael noch sicherer zu verbergen. Rote Schwärze hatte sich vor den Augen des Hellsichtigen geballt, er wußte jetzt in seiner Nacht, daß er den Freund verlassen müsse, den einen, den besten, um dieser vielen, treulosen Unmündigen willen.

Gequält, atemberaubt fuhr er mit der Linken gegen seine Kehle, die Rechte hob sich und deutete starr über sich auf die starken Äste des Baumes.

Was wollte er?

Keiner verstand ihn. Das Schweigen löste sich nicht. Der Störtebeker deutete abermals in seiner unnatürlichen Ruhe. Aber als auch diesmal die Lähmung von den Männern nicht weichen wollte, da streckte sich der Anführer zu seiner vollen Höhe und bog selbst einen der Äste herab.

»Versteht ihr mich nicht?« drohte er noch einmal mit seinem furchtbaren Ernst, und jetzt entstand ein wirres Getümmel. Angst, Grauen, Widerspruch stießen den Schwarm enger zusammen, bebende Hände regten sich, ein Strick wurde über den Ast geschleudert, eine Schlinge schwankte über einem einzigen, schweißnassen Haupt, und mitten aus diesem Tumult quirlte die heiße, in Todesangst schon brechende Stimme auf, die noch einmal, als dürfe sie nichts mehr versäumen, all ihren irrsinnigen Haß, lechzend, überstürzt in die vier Winde hinausheulte:

»Wer ist der Gleisner falschester? Dort steht er, der die Armen zur Schinderarbeit verdammt. Der uns einredet, daß ein Kuhmist dem Gold ähnlich werden könnt'. Der die Elenden und Schwachen durch Lug und Vorspiegelung in Verzweiflung stürzt. Der uns nichts gab, sondern uns noch obendrein die Freiheit stahl. Aber dem Teufel sei Dank, dein Sturz ist nahe, du Störtebeker. Der Böse hält dich schon am Bein, der Henker schwingt bereits das Schwert über deinem Hals. ... Fahr zur Hölle, du Fluch der Menschheit ... Fluch deiner Todesstunde ... Fluch ...«

Die Verwünschung erstickte, die Glieder des Iren wurden lang, sein Körper entschwebte in grünes Laub.

Den ohnmächtigen Licinius trug der Störtebeker schützend von dannen.

*

Seitdem wanderte der Aufruhr barhäuptig und offen unter den Ansiedlern umher. Blutig entlud er sich zuerst vor den Druschscheunen, als man das Getreide den einzelnen je nach ihrer Leistung abwiegen wollte. Wie kam Wulf Wulflam dazu, zwanzig Säcke von dannen zu fahren, während man dem Steuermann Lüdeke Roloff nur sieben auflud? Sollte der zähneknirschende Tänzer etwa dafür büßen, weil sein Gebiet vom Meerwasser durchsalzen war und jeder Pflug an dem scharfen Geröll schartig wurde? Fäuste ballten sich, Knüttel wurden geschwungen, wie wilde Tiere fuhren sich die Männer gegenseitig an die Kehlen, und die allgemeine Auflösung wurde nur dadurch verhindert, daß ein noch gewaltigerer Feind als Neid und Habgier den wütenden Bruderzwist unterbrach.

Das Meer!

Schon oft hatte der kundige Landwirt Propst Hisko van Emden während gemeinsamer Feldstreifen auf die breiten Deiche hingewiesen, die er und seine Landsleute zum Schutz der Fluren in harter Arbeit aufgeworfen hatten. Die eben erst gewonnenen Landstrecken der Ansiedler dagegen lagen dem Anprall der Wasser hemmungslos ausgesetzt, und eines Nachts, da heulte der Nordwest sein schaurig gefräßiges Kampflied, in wilden Sätzen fuhren weißmähnige Wölfe über die Ebene, die zerrissen und verschlangen, was sich ihnen entgegenwarf, und aus den von ihnen umstellten Hütten, aus Arbeitsruhe und versunkenem Schlaf gellten Angst und Entsetzen zu einem einzigen Schrei zerrütteter Bestürzung zusammen. Am nächsten Morgen, da sich der erste bleierne Schein aus der Düsternis stahl, da ruhten die Äcker unter Schlamm begraben, Tangbündel verwesten, wo eben noch Frucht geblüht hatte, und Muscheln, Geröll und faulende Fische sproßten statt ihrer auf den zerstrudelten Schollen.

Jetzt galt es, den Menschenarm gegen die Brust des Elementes zu stoßen, um neuen Einbruch zu verhüten. Mit einer Schar von Knechten, an der Seite seines Licinius, ritt der Störtebeker durch das Land, von Hütte zu Hütte, von Hof zu Hof, und ob ihn auch überall ergrimmtes Schweigen und gefaltete Stirnen empfingen, die Gegenwart und der einschüchternde Anblick des Gefürchteten und nicht zuletzt die doch nicht gänzlich abgebröckelte Gewohnheit, in diesem schönen Menschenbilde den Träger ihrer Hoffnungen zu sehen, sie veranlaßte die Männer zu einer letzten verzweifelten Gefolgschaft. Noch einmal vermochte sein Ruf in das Ameisengewimmel Plan und Ordnung zu bringen. Schaufeln wurden geschultert, hoch mit Erdmassen beladene Wagen knirschten ihre Spuren durch die schlechten Wege, Bohlen und Holzschwellen wurden behauen, um auf wunden Schultern an die Küste geschleppt zu werden, und der Grenzstrich zwischen Tag und Nacht verschwand auf einen kurzen, grimmig lachenden Wink des Admirals wie von selbst aus dem Bewußtsein der hungernden, frierenden und verbissen schaffenden Werkleute.

Drei Tage ging's. Denn diesmal stand der Störtebeker selbst unter den Seinen, sein wilder, trotziger Weckruf befeuerte sie, und sie vernahmen, wie der Riese, fast bis an die Knie in dem schwammigen Sand versunken, mit immer erneuter Ausdauer Stein auf Stein, Erdhaufen auf Erdhaufen dem grauen Gewoge unter sich entgegentürmte, dazu höhnend und wetternd.

»Munter, ihr Schuimer, sind wir nicht Söhne der alten grauhaarigen Vettel da unten? Und wir sollten dulden, daß die bösartige Keiferin uns noch mal in die warme Suppe speit? Schaut, schaut, schon rafft sie ihre schmutzigen Lappen um sich zusammen und kriecht zurück. Noch eins ... und noch eins! ... So ist es recht, Lüdecke Roloff ...

He, Licinius, eile, die Fölke soll uns heißen Wein schicken. Wir wollen der Nordersee Abzug feiern.«

In einem Wirbel stäubte der Sturm die Vermessenheit mit sich gegen das Abendgewölk, und wie in Betäubung und Taumel sprengte der tödlich ermüdete Knabe von dannen!

*

Als er zurückkehrte, fand er nicht mehr dasselbe rastlose Gewimmel, das er verlassen hatte. Einsam hockte sein Herr auf einem umfangreichen Strandstein, dessen Wucht man auf den schon in Leibeshöhe ragenden Damm gehoben hatte, um den Massen Schwere und Halt zu leihen. Der Mond, zuweilen aus unsteten Wolken auftauchend, erhellte ab und zu ein geisterhaft Antlitz, und der Grübler ließ keinen Blick von dem immer wieder ankochenden und zurückgrabenden Gewoge, als ob seine Seele bereits von dem Schwall überschwemmt und gefangen worden sei. In seiner Hand raschelte das Sendschreiben des Gödeke Michael, obwohl er ihm ebensowenig Aufmerksamkeit schenkte wie den in Rufweite von ihm wirkenden dunklen Gestalten.

Ein unbeschreiblich bitteres Lächeln der Scham versteckte sich in den Mundwinkeln des Aufgestörten, da der Knabe schonungsvoll zu ihm trat, nachdenklich bettete er die Finger des Treuen zwischen seine beiden vereisten Hände, als ob er sich an dem jungen Geblüt wärmen wolle.

»Horch«, murmelte er, »wie die See grollt und Flüche speit. Hat wohl auch ein Gewissen. Oder vielleicht wälzen sich auch die Gedanken Ferner mit ihr heran. Möcht's gern verstehen, obwohl ich die Stimme zu kennen meine. Klingt gar zornig und voll Verdammnis.«

Langsam zog er den Gefährten an sich.

»Sag mir, Trauter«, preßte er sich ab, »würdest du mich auch verlassen um der Dunklen da hinten? Würdest du?«

Seine Arme umstrickten den schlanken Leib, und eine solche Verlassenheit offenbarte sich, daß Licinius vor Herzpochen und verzehrendem Helferwillen weder maß noch vernahm, was er erwiderte. Trennen? Von wem sollte er sich scheiden, von dem schon auf die Erde träufelnden Erlösersegen? Oder von seinem Herrn? In stürmischen Zweifeln schüttelte er seine Locken. Der Störtebeker aber nahm es für die Verneinung, die er erwartete.

»Glaub's dir«, entgegnete er finster. »Welch Reiner würde dies auch vermögen? Gehört schon eine steinerne Seele dazu, drin nur ein einzig Gebot eingeschlagen ist. Widermenschlich, unnatürlich, fluchgetrieben sind die, so mit dem Stein beladen sind. Aber komm, laß es uns dennoch zu Ende bringen.«

Damit zog er die Hornpfeife an seine Lippen und gedachte eben das Signal aufschwirren zu lassen, das die Werkleute zu neuen Mühen um ihn sammeln sollte, als Licinius es wagte, sanft und doch hindernd die Hand auf den schon erhobenen Arm des Admirals sinken zu lassen.

»Herr«, mahnte er besorgt, »willst du die Männer nicht schonen? Sieh, sie gleichen ohnehin nur noch abgezehrten Schatten, und die Augen fallen ihnen vor Müdigkeit zu.«

Noch nie hatte der Knabe einen Befehl seines Gebieters durchkreuzt, deshalb wandte sich der Störtebeker jäh und fast ungläubig zu ihm herum, allein im nächsten Augenblick horchte er wieder gespannt auf den dunklen Drommetenton der See und schüttelte hartnäckig das Haupt.

»Torheit«, verwies er, »wer mit mir ist, muß besessen sein wie ich, verrannt, für alles andere blind, sonst ...«

Er lachte hämisch, gleich darauf schrillte der spitze Pfeifentriller über Land und Meer, der Wind warf ihn hierhin und dorthin.

Stille!

Dann lauschten die beiden, denn in der Finsternis, in der teilnahmslosen Öde barg sich eine Beklemmung, unheilschwanger ballte sich etwas in dem Nichts, als ob aus Schwärze und Schweigen das Schicksal sich eine Gestalt formen wollte.

Und riesenhaft, zermalmend, unabänderlich kroch es aus der Nacht hervor.

Sieh, in langer Zeile wälzte es sich stumm über den Damm, ein wogender Heerwurm aus ununterscheidbaren Menschenköpfen, bis sich seine hundertfältigen Schuppen eng, unlöslich um den Führer selbst geringelt hatten.

In dem Störtebeker stieg eine Ahnung auf, das Weiß seiner Augen verkehrte sich und glitzerte unheimlich in dem laut atmenden Kreis umher.

»Was rottet ihr euch zusammen, Männer?« schrie er in unterdrückter Vorahnung, da er selbst jetzt noch felsenfest auf das Wunder sowie die Unantastbarkeit seiner eigenen Herrschersendung vertraute. »Warum schafft ihr nicht jeder an seinem Platz?«

Da regte es sich um ihn. Wie, wenn durch seinen Trotz die letzte Klammer erst vollends gelöst wäre, so drang Leben in den erstarrten

Ring, und während der markerschütternde gräßliche Schrei des Aufruhrs, der überwundenen Furcht jene bis jetzt so eng verschnürten Kehlen sprengte, da begann es über den vielen Köpfen zu sausen, Hunderte von Hacken und Schaufeln flogen wütend geschleudert hinaus in die klatschende See, und ein einziges, freches, übertriebenes Gelächter erschütterte die Nacht.

»Wird nicht mehr geschuftet, du Leuteschinder«, so heulte, meckerte und zischte es, und sie griffen nach den Fäusten des Überrumpelten und hingen sich wie Eisengewichte an ihn, »wir wollen feiern und frei sein wie du. Mag wühlen und hacken, wer dazu geboren ist. Wir sind streifende Leute und fressen lieber, was andere gebaut haben. Wie hat Patrick gesagt? Aus Kuhmist wird allemal kein Gold.«

Aus der Menge trat einer hervor. Es war der Tänzer Lüdeke Roloff. Schwer stützte er sich auf seinen Knüttel, und durch das überhängende, wirre Haardach hefteten sich seine sonst so ungewiß flackernden Augen diesmal hohl und verglommen auf den Anführer, den man jetzt von seinem fürstlichen Sitz herabstoßen wollte.

»Herr«, holte der herkulische Schiffer langsam und wie nach sorgfältiger Überlegung aus sich hervor. »Dein Wille war wohl gut. Aber es nützt nichts. Es liegt an uns. Unser Blut ist vergiftet, so daß es zu nichts anderem mehr taugt als zum Würgen, Brennen und Racheüben.«

Der Sprecher reckte den Hals vor, und in seine Glieder geriet wieder das merkwürdige Verlangen nach Tanz und erzwungenen Sprüngen. Leidenschaftlicher fuhr er fort:

»Deshalb sind wir uns alle einig geworden, alle, alle, daß wir uns nicht länger von dir ins Joch spannen lassen mögen. Sondern wir wollen als Schwarzbrüder, als schweifend Volk noch heute nacht auf die Schiffe gehen, und du wirst uns führen, Klaus Störtebeker.«

In dem Haufen begannen plötzlich wüste, jauchzende Stimmen zu singen:

> »Vom Mast die schwarzen Flaggen wehn,
> Heißa ... heißa.
> Klaus Störtebeker ist Kapitän.«

Doch mitten in der Melodie schnellte der schmächtige Arnold Frowein mit einem windschiefen Satz aus ihren Reihen, und während die tiefen Falten in seinem Antlitz unnatürlicher als je grinsten, da meckerte der ehemalige Töpfer:

»Weißt was Neues, Klaus Störtebeker? Hast uns belogen und betrogen. Hast uns den Brief des Gödeke Michael verheimlicht. Wir kennen deine Pfiffe. Wir aber wollen uns zu ihm durchschlagen, um wieder lustig Gericht zu halten. Wir möchten Nacken brechen hören und Brustkörbe verröcheln. Gericht ... Gericht!«

Und aus dem Haufen schlug es jetzt toll und grölend gegen den Nachthimmel:

»Dort richtet die Reichen an Leib und Seel,
Der Gödeke ... Gödeke Michael.«

»Führt ihn fort«, befahl der Steuermann Lüdeke Roloff, auf den Störtebeker deutend, »und haltet ein wachsam Aug' auf ihn. Die Torheit liegt hinter uns.«

*

Die Trommel scholl wie sonst, als der Zug mit dem Schritt für Schritt vor sich hinbrütenden Admiral das Deck der »Agile« betrat. Gleich einem von eisernem Schlummer Befallenen war der Riese bis dahin von dem Gedränge vorwärts geschoben worden, doch sein auf die Brust gesenktes Haupt schien durch keinen Klang der Außenwelt mehr erreicht zu werden, weil es verbohrt, in die Tiefe lauschend, einzig und allein dem spukhaften Getriebe seines Innern nachspürte. Erst als der Haufe, schon bedrückter und kleinlauter, die Kajütentreppe hinabgeströmt war, als das glitzernde Licht der venezianischen Laternen das blauweiße Gewirke der Wände beseelte, als der blinkende Glanz all der köstlichen Schüsseln und Gerätschaften mitten aus der Ruhe des Raumes seine spitzen Pfeile gegen die Sinne des Verdämmerten schoß, da hob der Riese mit einemmal sein Haupt, blickte sich mit dem schweren Erstaunen eines aus einem Schacht Aufgestiegenen um, und plötzlich empfing sein Bewußtsein oder sein Eigenleben einen solchen Anstoß, daß er die Hände, die ihn noch immer gefaßt hielten, mit einem wilden Ruck von sich abschleuderte.

In furchtbarem Ernst, die Zornadern hoch geschwollen, straffte er den Arm gegen die Tür.

»Geht«, herrschte er sein Geleit an, das hier auf den Planken sich doch wieder als Matrosen und der Macht dieses einzigen unterworfen fühlte. Bedrückt wichen sie vor der Verachtung, die ihnen entgegenschlug, zurück. Ob sie auch den Ausbruch ihres Führers nicht verstanden, der Hohn seiner Worte prügelte sie dennoch widerstandslos die Treppe hinauf.

»Habt Dank, ihr schönen Adamssöhne, ihr Edlen, ihr Sauberen, ihr Menschen«, raste der Störtebeker hinter ihnen her. »Gottlob, ich sehe wieder, was ich sehe, ich rieche, was ich rieche, welche Wollust, die Dinge in ihrer Nacktheit zu begreifen. Geht«, wiederholte er heftig, scheuert die Schiffe, bestückt sie, legt Proviant hinein. In acht Tagen muß ich die Küste hinter mir haben. In acht Tagen längstens. Und dann ... Gleichebeuter ... Gleichebeuter, Seeräuber, Rächer, Glückliche. Haha, allen guten Engeln sei Dank für das passende Wams! Und in die Kloaken alle Gewänder der Verstellung.«

Es trat Stille ein, das letzte scharrende Geräusch der Entschwindenden war erstorben, der Admiral und sein Knabe standen einander allein unter den geschliffenen Gläsern der Laternen gegenüber.

Unbeobachtet, ungestört, denn der kleine Wichmann verbrachte diese Nacht wieder bei den Freuden der Marienhavener Tavernen.

Umständlich, als wäre dies jetzt das wichtigste Geschäft, legte der Heimgekehrte sein Lederwams ab, darauf hängte er seine Kappe sorgsam an einen Nagel, alles Dinge, die er sonst seiner Bedienung überlassen hatte. Zum Schluß betastete er aufmerksam mit einem hastigen Suchen das offene Linnen über seiner Brust, bis er endlich auch über Schultern und Arme seines Knaben strich. Alles, ohne sich von der tödlichen Blässe seines Gefährten abschrecken zu lassen. Dann, wie nach erreichtem Finden, rüttelte er den Verstummten und raunte ihm zu:

»Lehm, Staub, Erde. Deine weiße Haut ... Täuschung, mein zierlich Büblein. Merkst du es nicht, wie es darunter quillt und drängt vor Sehnsucht nach dem Unflat? Warum betrügst du dich und mich mit Eingebungen, die deinem Stoff zuwiderlaufen? Lache, Büblein, lache, die Tollen werden wieder sehend und schämen sich ihrer zugeklebten Augen. Oh, ich möchte meinen Kopf am liebsten in ein Kellerloch stecken.« Er unterbrach sich und lauschte. »Hörst du, wie sie droben jubilieren und tanzen? Das macht, der Dung will zum Dung, der Mist zum Mist. Allen guten Engeln sei Dank, ich will sie hinwerfen, wo es am fauligsten nach Verwesung dampft! Zucke nicht mit der Lippe, bei Gefahr deines Lebens widersprich mir nicht. Ich schwöre dir, wo ich noch einen Wahnwitzigen treffe, der da meint, es ließe sich auch nur ein Haar auf unserem Schopf in einen Goldfaden wandeln, den Roßtäuscher hänge ich selbst an die Rahe und reiße ihm die Zunge heraus!«

Mit einem wiehernden, sich überschlagenden Gelächter warf er sich auf sein Ruhelager und streckte sich aus, all die mächtigen Glieder erstarben wie auf einen Schlag in Starrheit, und nur die unruhigen schwarzen Augen wanderten noch unruhig an der Täfelung der Decke umher. Kaum verständlich, stöhnend vor innerem Vorwurf, stammelte er vor sich hin:

»Patrick ... Patrick O'Shallo.«

»Was rufst du den Toten?« trat Licinius bebend näher.

»So jung noch«, flüsterte der Liegende unbeweglich weiter. »Und schon solch ein Kündiger des Herzens. Ich wünschte, er stünde an deiner Stelle, und ich wollte ihn herzen.«

Wieder wurde es ruhig. Man hörte nur das knirschende Stampfen droben auf Deck.

Gleich einer Totenwacht lehnte Licinius am Fußende des Lagers und ließ keinen Blick von dem Hingestreckten, der immer mehr in das stehende Blei des Schlafes versank. Und derweil entglitt dem Wächter selbst der Boden unter den Füßen. Betäubung und Klarheit wechselten in seinem Hirn, denn vor ihm erhob sich die Gewißheit, daß dieser Erdengott, der vernichten wollte, um zu erlösen, nun selbst zertrümmert lag, zermalmt von seiner Sendung, die er lästernd und fluchend zurück in die Wolken entschweben ließ. Und deshalb all die Geopferten? Die Mütter und Kinder von Bergen? Die Ersäuften und Erschlagenen? Die Gehenkten wie Patrick? Und die Verdorbenen wie Linda selbst? Vor ihrem irren Blick wallte ein Leichenzug über die Erde, der folgte einem braunen Kreuz, dem rohen Holz, das einst in Lindas Schlafkammer eingefügt war, und die Gerippe wiesen alle mit Knochenfingern nach ihr hin, nach ihr, die allein zurückgeblieben war, um eine Grube Unrates zu betreuen. Oder war es dies üppige Polster, auf dem der Mann Vergessenheit suchte?

»Herr, Herr«, schrie sie auf. Doch sie wußte nicht mehr, welchen ihrer Götter sie meinte. Benommen, schon halb entführt, entriegelte der Schläfer noch einmal seine Augen.

»Komm, Lieblicher«, murmelte er.

Da stürzte Linda halb sinnlos vor dem Lager nieder, umschlang den Riesen mit ihren Armen, wie man ein letztes Gut vor dem Untergang zu wahren strebt, und all ihre unendliche Angst vor der verdienten Verdammnis entlud sich herzzerreißend:

»Herr, entheilige dich nicht. Fliehe vor neuer Gewalttat und verkünde irgendwo auf Erden, was dir offenbart wurde. Glaube, glaube, es ist der Geist allein, der das Tote lebendig macht. Ich will dir dienen vom Morgengrauen bis in die Nacht, wozu du mich auch bestimmen magst.«

Allein Klaus war schon zu sehr in den Banden einer dumpfen Entwürdigung, als daß er die Opferwilligkeit dieser einzigen Seele, die er je wahrhaft verklärt hatte, anders als mit ungläubiger Geringschätzung aufnehmen konnte. Seine Glieder lösten sich immer lockerer, und während er kaum noch bewußt die blonden Haare des Hingestürzten streichelte, murmelte er, oft unterbrochen und bereits in voller Entrückung:

»Narr, das Feuer dieses Sterns will gelöscht werden. Wer weise ist, errafft noch aus dem Aschenhaufen einen letzten Genuß. Trunk ... Weiber ... Raub ... Neckerei mit dem Tode ... das bleibt übrig. Herze mich, mein Knäblein.«

Damit versank er.

Sein Wächter aber lehnte noch geraume Zeit dicht neben ihm an der Wand, und je länger er über Vergangenheit und Zukunft brütete, eine desto herbere Wandlung vollzog sich in dem bleichen Frauenantlitz. Jetzt zeigte es sich, daß in jenem Wesen nicht nur das Göttliche des hingerafften Mannes eine Wohnstätte gefunden, sondern wie auch allmählich die Furchtbarkeit seiner Entschlüsse in ihm Wurzel geschlagen hatten.

Prüfend trat sie näher und versuchte, ob ihr Gebieter noch einmal zu ermuntern wäre. Allein der Riese ruhte, ein Bild finsterer Zerklüftung.

Da sprach sie ihm laut ins Antlitz, als ob er es dennoch vernehmen müsse:

„Du wirst nicht zurückkehren zu den Knechten des Lasters, Klaus Störtebeker. In der Unschuld deines Willens wirst du hingehen. Möge der Himmel dir gnädig sein.«

Eilig bedeckte sie sich mit der Lederkappe des Störtebeker, warf seinen Schafpelz um, und bald glitt ein Boot unauffällig die dunkle Hafenstraße hinab. An der Kogge des Wichbold, des angeblich Kranken, machte es fest. Dort haftete es bis zum Morgengrauen.

*

V

»Kapaunen ... Kapaunen mit süßem Kuchen gefüllt ... bringt mir mehr davon! Und du, Stadtweibel, vergiß nicht den öligen roten Wein«, so schmatzte und schnaufte in einer der braun geräucherten Kammern des Hamburger Rathauses an einem der letzten Septembertage des Heilsjahres 1402 der dicke Wichbold, und in der Wonne über die ausgewählten Leckerbissen, die gebraten und gesotten dicht um ihn herum den Tisch bevölkerten, knöpfte er sich ein paar Seitenknöpfe seines verschossenen grünen Schifferkittels auf und schuf Raum für weitere Genüsse. Neugierig verschlang er bereits mit den Augen einen der roten Hummern, der auf silberner Schüssel liebevoll seine Scheren nach ihm breitete.

»Gut, gut«, belobte er kurzatmig den ihn bedienenden gebückten Stadtweibel, der während dieses ganzen Imbisses ein eigenartiges Grinsen in dem weiten schwarzen Kragen seines Wamses verschwinden ließ. »Ihr guten Bürger von Hamburg wißt, was ihr einem frommen Seefahrer schuldig seid. Bei Sankt Paul, soll euer Schade nimmer sein. Will euch redlich vergelten. He«, erinnerte er sich, nachdem er wieder einen vollen Guß des dicken Italerweines in sich hineingeschüttet hatte, »weißt du schon, mein Lieber, wo euer Gast heute nacht hausen wird? Wäre mir wohlgefällig, wenn ich einen Gebetschemel vorfinden würde, denn ich habe der heiligen Anna bei gefährlicher Fahrt eine Nachtwache gelobt.«

Auf diese Frage des alten Helden versank das Kinn des Weibels abermals tief in die Schwärze seines Kragens, und es dauerte geraume Zeit, bevor er sich auf eine würdige Antwort besinnen konnte.

»Ich hörte«, bückte er sich, »der Rat rüste ein eigen Haus für Euch.«

Verwundert quollen dem Schmausenden die Augen aus dem Kopf. Auf so viel Ehre war er nicht gefaßt, und betroffen berechnete sein listiger Verstand eine Weile, ob seine Geheimnisse wirklich für die geizigen Krämer so hoch im Preise stehen könnten. Allein die Köstlichkeit des Mahles sowie die ganze achtungsvolle Art seiner Aufnahme zerstreuten dem Dicken die aufsteigenden Zweifel bald wieder, so daß er sich eben mit gesteigerter Aufnahmefähigkeit an die Vertilgung des Hummers begeben wollte, als ein Gewappneter eintrat. Der stieß seine Hellebarde auf den Estrich und meldete:

»Anjetzo ladet Euch der würdige Bürgermeister Tschokke zum Verhör.«

»Nun, nun«, zwängte sich der Wichbold, von neuem gestört, hinter dem Tisch hervor. »Was faselst du, Freund? Um ein Verhör handelt es sich nicht, da ich dem Rat gegen freies Geleit eine Unterredung angetragen.«
»Weiß nicht«, versetzte die Wache barsch.
Hinter der Tür schlossen sich dem Zuge noch einige der schwarzen Hellebardiere an, und während der Wanderung durch dunkle Gänge und über windschiefe Treppen, da begannen dem grauhaarigen Sünder die alten Kopfwunden zu pochen, und das Herz krampfte sich ihm in feiger Ohnmacht, ob sein Rachegelüst ihm nicht doch einen allzu närrischen Streich gespielt hatte. Allein kaum hatte er den weiten, niedrigen Ratssaal betreten, da schöpfte er neues Vertrauen, denn an einem grün verhängten Tisch an der Fensterseite saß ein einzelner Mann, der die Stadtknechte durch eine müde Handbewegung abtreten hieß.
Sie blieben allein.
In dem einsamen Raum summte eine Schar Fliegen unter der Decke umher, und durch die vergitterten Fenster drang zuweilen Wagenrollen und das Geräusch einer handeltreibenden Gemeine. Alles schien friedlich, besonders aber der Mensch hinter dem Tisch. Über dem karmesinfarbigen Kragen seiner schwarzen Ratsgewandung hob sich ein ehemals volles, jetzt faltig gewordenes Haupt, und seltsam, auf die harte Stirn fielen dem noch Unbetagten grauweiße Haare. Der Mann mußte frühzeitig gealtert sein.
Mit einemmal richtete der Würdenträger ein paar stahlblaue Augen auf den Freibeuter, und in diesem Blick wohnte etwas so Kaltes, Abschätzendes, daß den Fettwanst zu frösteln anfing. Auch behagte es ihm wenig, daß man ihn nicht zum Sitzen einlud, obwohl man einen mächtigen Lederstuhl hinter ihn geschoben hatte.
»Wer bist du?« hob der Bürgermeister ruhig an.
»Ich?«
Der Dicke gab sich ein Ansehen. »Ich bin der Hauptmann Wichbold«, pustete er sich auf, faltete aber zugleich demütig die Hände über dem Leib, »ein Knecht Gottes, der mit Freibriefen von Rostock und Wismar die gute Stadt Stockholm entsetzte. Zuletzt führte ich zu Nutzen des gemeinen Mannes die ›Goldene Biene‹.«
Das unbewegte Antlitz des Hamburger Gebietenden veränderte sich nicht im geringsten bei dieser harmlosen Schilderung; gleichgültig in ein paar Pergamenten stöbernd, erwiderte er:
»Ich kenne deine Taten. Du kommst vom Störtebeker.«

»Den Gott verdamme«, schaltete hier der Hauptmann ein, indem die roten Narben zwischen seinem grauen Haarwulst aufzuglühen schienen. »Möge dieser Leuteverderber ein unrühmlich Ende finden.«

»Was weiter?« drängte der Bürgermeister, eine große Schwanenfeder putzend.

Jetzt sah der Dicke ein, daß er seine Karte spielen müsse, wenn er nicht jede Bedeutung oder Wichtigkeit verlieren wollte. In heiliger Entrüstung wiegte er deshalb sein plumpes Haupt, und seine aufgeworfenen Lippen zuckten vor innerer Bedrängnis, als er zerknirscht anhob:

»Euer Würden, nicht jedem sieht man an, welchem Herrn er dient. Der meine – gelobt sei sein Name in Ewigkeit – hat mich nicht umsonst durch Undank und Schmach gewälzt, durch Eiter und Schwären, so daß meine Seele bereit ist zu Besserung und Einkehr.«

»Mann, verkünde jetzt kurzfertig, was du uns zu hinterbringen gedenkst, sonst ...«

»Herr«, ereiferte sich nun der Wanst gereizt, wobei alles Salbungsvolle ungewollt von ihm abfiel, »ich bringe Euch, was mehr ist als Euer Bier, Leder, Erz oder Getreide. Und Ihr werdet es mir gern nach Gebühr lohnen ...«

»Des sei gewiß«, lehnte sich der Alderman bestimmt zurück.

»Gut, gut ... so liefere ich Euch den Erzfeind Eures Handels und friedlicher Schiffahrt in die Hände, damit diese Plage des Menschengeschlechts, nachdem ich sie bußfertig als solche erkannt habe, nicht weiter durch Prunk, Laster und Hurerei allen Gesetzen Hohn spreche.«

Als der unselige Lebenswandel des Störtebeker erwähnt wurde, da verfielen die Züge des Mannes hinter dem Tisch zum erstenmal zu einer seltsamen Starrheit. Eine wächserne Leblosigkeit ließ sie für den Augenblick fast durchsichtig erscheinen, und er verdeckte die Augen mit der Rechten, bevor er dem Freibeuter ein Zeichen gab fortzufahren.

Dieser ergötzte sich an dem sichtlichen Eindruck, und rasch und kollernd folgte nun sein Vorschlag.

»Herr«, grunzte seine Säuferheiserkeit, und die verschwollenen Äuglein glitzerten dazu, »in spätestens vier Tagen macht der Störtebeker in Marienhaven klar, um sich zum Gödeke Michael durchzuschlagen. Aber seine Flotte ist bemoost, zudem nur halb bestückt, seine Mannschaft schwierig, auch die Friesen in seinem Rücken grollen dem wahnwitzigen Schwärmer, da sie sich die verkauften Ländereien gern wieder aneignen möchtet. Wenn Ihr die Zeit nützt, dann könnt Ihr ihn noch zwischen den Inseln abfangen. – Ich selbst will – getrieben von meinem Gewissen – Euch Führerdienste leisten –, und dann mögt Ihr den Verkünder eines gotteslästerlichen Zeitalters, mögt den Verbreiter aller stinkenden Lüste foltern, pfählen und schmerzhaft zum Tode bringen.« Er atmete schwer und befriedigt.

Auch Herr Nikolaus Tschokke stützte sich auf den Tisch und hielt sein ergrautes Haupt eine Weile verdeckt über seinen Pergamenten. Dann erst äußerte er wie nebenbei:

»Deine Angaben treffen nur halb zu. Der Störtebeker wird nicht zum Gödeke segeln.«

»Mit Verlaub, warum nicht?«

»Weil man die Toten nicht besucht. Das Haupt des Michael verwest schon zwischen den Vierpfählen auf unserem Grasbrook*.«

»Aller Himmel Gerechtigkeit«, stammelte der Freibeuter. Offenen Mundes, grüne Fahlheit auf dem schwammigen Fleisch, sank er ohne Einladung in dem großen Lederstuhl zusammen, denn eine düstere Befürchtung für sich selbst ließ ihm die Brust stillstehen. Welche Verdienste würden diese Krämer wohl noch achten, wenn sie es wagten, den mächtigsten Seeherrscher der damaligen Zeit, den Verbündeten von Königen und reichen Städten gleich einem gemeinen Straßenräuber der Schmach und dem Schwerte preiszugeben? »Sankt Peter gewähre mir bei der Urständ ein leichtes Erwachen«, stöhnte er geistesabwesend, und seine Angst ließ den Verwirrten nach Rechtsgründen suchen, »gelten denn keine Freibriefe mehr? Der Michael lag mit Euch in ehrlicher Fehde!«

Als hätte der andere keinerlei Einwand erhoben, so stutzte der Bürgermeister kaltblütig weiter an seiner Feder herum, bis er endlich, ohne den Versuch einer Rechtfertigung, den Schwanenkiel fortwarf, um von neuem zu beginnen:

»Tu mir jetzt kund, wer bürgt mir dafür, daß deine Angaben der Wahrheit entsprechen? Hast du ein Zeugnis, wie weit man dir und deinesgleichen trauen darf?«

Oh, der Allerheiligsten Jungfrau sei Dank, jetzt nahte die Rettung. Befreit atmete der Dicke auf, wischte sich die runden Schweißtropfen von der Stirn, und während er hastig und doch unendlich erleichtert ein dünnes Goldkettlein aus seinem Kittel nestelte, raffte er seinen gebrochenen Körper wieder zuversichtlicher empor.

---

* Die Richtstätte in Hamburg.

»Hier, Euer Würden«, versuchte er vertraulich zu lächeln, obwohl es immer noch eine angestrengte Grimasse blieb, »dies gab mir eine gar zarte Dirn für Euch mit, damit Ihr erkennt, daß all meine Worte aus ihrem Munde stammen. Schon lange haust sie bei dem Störtebeker, dieweil er ihr schändlich Gewalt angetan hat und sie auch jetzt ohne Zucht und Scham in Mannskleidern mit sich schleppt. Ist gar ein Elend, dies fein Ding zu sehn. – Hier ... hier ... überzeugt Euch.«

Mit zitternden Fingern legte er das Kleinod dicht vor den Würdenträger auf den Tisch.

Herr Nikolaus Tschokke aber rührte sich nicht. Nur von der Seite schickte er einen fast furchtsamen Blick nach dem Schmuckstück aus, um zu prüfen, ob wirklich die Schaumünze an dem Kettlein hing, die Linda einst als Kind aus den Händen seines Vaters empfangen hatte. Und als er die Echtheit des Stückes festgestellt hatte, blieb er unbeweglich sitzen und schloß von neuem die Augen. Nur einmal zuckte seine schon geöffnete Hand von dem Schmuck zurück, als ob Beflekkung und Krankheit an ihm hafte.

Dem Wichbold aber entging die eigenartige Schwäche des Mannes nicht.

»Nun«, forschte er selbstbewußt, »traut Ihr dem Ding da?« Das blasse Antlitz mit den geschlossenen Augen nickte.

»Dann lohnt mir nach Gebühr«, heischte der Wichbold jetzt frech, denn die Habsucht verführte ihn, und er schlug mit der Faust auf das grüne Tuch. »Wie wollt Ihr mich bezahlen?«

»Wie du's verdienst«, drang plötzlich eine Stimme durch den stillen Raum, die aus dem Himmel zu fallen schien, so wenig traute man dem beherrschten Stadtgebieter eine derartig stählerne Leidenschaft zu. Was bedeutete das?

Stier, mit einem eigentümlichen Schlottern in den Knien schaute sich der Freibeuter um. Ehe er sich noch auf sich selbst besinnen konnte, auf den Ort, wo er weilte, an den hart geschnitzten Bürger, mit dem er einen solch gefährlichen Streit ausfocht, da war ein bis ins Hirn reichender Blitz durch ihn gefahren, der schleuderte den schwammigen Leib des Schuimers widerstandslos in den Sessel. Er wollte die Hände ausstrecken, er vermochte es nicht. Er wollte irgend etwas vorbringen, am liebsten ein Flehen um Gnade, statt dessen zwang ihn seine grausige Willenlosigkeit nur zu einem mühsamen Lallen.

Der Bürgermeister hatte sich erhoben, seine kalten blauen Augen schnitten prüfend in die Qual seines Gegners, er winkte, die Scharwache quoll zur Tür herein, und auf ein neues Zeichen des Graukopfes hob sie den Stuhl samt seiner Last in die Höhe und trug die gelähmte, zur Schweigsamkeit verdammte Masse mit sich fort.

Eine Weile blickte ihnen der Bürgermeister regungslos nach, dann ließ er sich nieder, schob das Kettlein weit von sich und führte seinen Schwanenkiel kritzelnd über das Pergament.

*

Auf den Schiffen zu Marienhaven klopften inzwischen die Hämmer, Sägen knirschten, fauliges Holz wurde ausgewechselt, die Seiler lieferten neue Taue, und die Weber halfen, die rötlichen Segel auszuflicken. In überraschend kurzer Zeit bekleideten sich die abgetakelten Gerippe mit jener Haut und allen Nerven, welche die toten Meervögel wieder zum Flug befähigten, ja, die springend fieberhafte Ungeduld ihres Führers konnte man förmlich in den gewaltigen Holzleibern pochen und schwingen hören. Den Mächtigen aber, dessen Wink sich all diese unbotmäßigen, nach fesselloser Freiheit trachtenden Gesellen von neuem verschrieben hatten, der Wilde, Zügellose, von dem sie meinten, er allein könne ihre Sehnsucht nach Raub, Vergeltung und schrankenloser Besitznahme aller Güter der Erde gewährleisten, ihn trieb es in diesen Tagen der Vorbereitung ungestümer und wüster denn je umher. Oftmals mußte sich Licinius, der aus der Ferne jeden seiner Schritte überwachte, unter zehrenden Tränen bekennen, daß die Schmach vergatterter Hoffnungen oder die Scham, vor der Menge unterlegen zu sein, in dem Gebieter nichts anderes ausgelöst hätte als die Gier, all jenes Strahlende in sich auszulöschen, das ihn bisher von den Verderbten unterschied. Nächtelang praßte er mit allerlei verkommenem Frauenvolk in den Tavernen des kleinen Fleckens, ja, er veranstaltete sich zur Lust Einbrüche und Diebstahl in den Werkstätten und Läden der Eingeborenen, um freilich die davon Betroffenen gleich darauf in irrsinniger Freigebigkeit wieder zu entschädigen. Das Fürstliche des ehemals so Gottgesegneten äußerte sich nur noch in Verschwendung oder in der Sucht, die Verderbnis der Herrschenden zu übertreffen.

Kam er dann abgezehrt, mit tiefliegenden, flackernden Augen auf die »Agile« zurück, dann erfrischte er seinen Geist nicht etwa, wie früher, an dem Studium der Dichter und Philosophen, die er einstens so fröhlich durchstöbert hatte, sondern er strich, gleich einem gefräßigen

Wolf, auf Deck umher, um schimpfend und wetternd Fehler und Unterlassungen aufzuspüren.

»Fertig ... fertig«, das war das einzige Wort, das er von den fieberhaft Beschäftigten erpressen wollte. Dazu schlug und mißhandelte er die ergrimmten Matrosen, wozu der Vornehme sonst nimmer seine Hand mißbraucht hatte, oder er zwang seine Unterführer, daneben aber auch gemeines Volk, zu Zechereien und waghalsigem Kartenspiel, bis die minder Ausdauernden, von seinem Hohngelächter verfolgt, unter den Tisch der prunkhaften Kajüte fielen.

Es war klar, der Wein dieses Lebens wurde schal und ging in Zersetzung über.

Einmal fragte ihn der kleine Wichmann, der selbst diesen Verfall seines Zöglings mit der Aufmerksamkeit eines messenden und vergleichenden Gelehrten beobachtete:

»Wohlan, Kläuslein, zu welch letztem Ziel voll Purpurglut und betörender Klänge willst du uns nunmehr steuern?«

Das Ende eines jener übermäßigen Gelage war gerade herangenaht, so daß der Riese mit dem ehemaligen Magister nur noch allein hinter der weinbesudelten Tafel lehnte. Aus seinen Grübeleien aufgeschreckt, hob der Störtebeker das Haupt und strich sich die wirren Locken aus der Stirn. Offenbar mußte die Frage des Zwerges in einer sehr ähnlichen Bahn laufen wie seine eigenen Gedanken, denn der benommene Mensch griff nach der winzigen Hand seines Gefährten, als wolle er sich überzeugen, ob Fleisch und Bein jene Auskunft von ihm verlange. Dann sprach er, den Kopf gestützt, mit einem zerrissenen, nach innen dringenden Lächeln:

»Heino, hast du jemals an das Aufhören dieses ganzen Gewimmels gedacht? Welche Ruhe muß kommen, wenn das Erdherz seinen letzten Schlag tut.« Er riß sich die rote Schecke über der Brust auf, um an sein eigenes Schlagwerk zu greifen. Das hämmerte laut und stürmisch. »In den Eismärchen unserer Vorfahren, so man auch hierzulande noch erzählt«, fuhr er dann in sich gekehrt fort, »läuft ein Wolf herum, der die Sonne verschlingt und nicht satt wird, bis er alles Leben gefressen. Ich kenn' nunmehr das Untier, Heino. Es ist dein und mein Geschlecht und heißt Mensch. Es stürmt nach der Vernichtung. Welch ein Helfer würde der sein, der ihm den Weg dazu erleuchtet! Bruder«, und dabei zerquetschte er fast den Becher in seiner Faust, »ich möchte das von Teufeln bewohnte Reich an allen vier Ecken anzünden und dann, wie jener Sardanapal, mit Weibern, Suff und Spiel zur Asche fahren.«

Hinter ihm folgte diesem wütigen Begehren ein unbewachter Seufzer. Der Zecher fuhr herum und begegnete dem übernächtigten Antlitz seines Knaben. Allein der trauervolle Blick verschlimmerte des Seefahrers üble Laune noch um ein bedeutendes.

»Dummer Bube«, herrschte er ihn an, »was starren deine Augen gleich zwei offenen Gräbern? Bete den Tag an, schlemme und füge deiner Natur keine Gewalt zu. Willst du, daß dich einst die Würmer verachten, die den Schluß machen? Heißa, vergeude, womit du jetzt sparst, und singe Schelmenlieder.«

So trieb es der Zertrümmerte seinen Nächsten zum Ärgernis, und je näher der Tag der Abfahrt rückte, desto gieriger fahndete seine Lüsternheit danach, dem Lande, das er preisgeben mußte, allerlei letzte Genüsse zu entlocken.

Was fehlte ihm noch?

An einem Spätnachmittag bemerkte man von den Schiffen im Hafen, wie der Reisewagen der Häuptlingsfrau van Neß langsam die Höhe der Brokeburg hinaufknarrte. Da fuhr der Admiral wie gestochen mitten aus dringenden Anordnungen empor und winkte heftig einen der Schiffsjungen zu sich. Jähe Röte flackerte in seinen Zügen, denn er schämte sich fast, daß er gerade dasjenige unvernichtet zurücklassen sollte, was seine Flamme schon so nah umzüngelt.

»Geh«, befahl er ohne Rücksicht auf die Umstehenden, zu denen auch Licinius gehörte, »melde dem Häuptlingsweib, ihr Wunsch sei erfüllt. Die Flotte laufe aus. Darum lade sie der Admiral zu einem Abschiedstrunk auf die »Agile«. Sage, es solle ein ihr würdiges Fest werden.«

Ungeduldig warf er dem Boten ein Silberstück zu, dann schrie er dem Davonzuspringenden noch über Bord nach:

»Schone deine Lunge nicht, Bursche. Lobe und rühme mich. Es hat Eile.«

*

Schweigsam hatte die schöne Occa die Botschaft angehört. Jetzt saß sie an dem Ausguck ihrer Kammer, von wo sie die Lichter der Flotte durch die Dämmerung zucken und blinken sah, und ihr eitler Sinn überlegte, welchen Entschluß sie fassen sollte.

Die Einsamkeit tat ihr nicht wohl. Voller Dunkelheit hing der Raum, in dem sie weilte, und nur aus ihrer offenstehenden Schlafkammer schwamm der trübe Schein eines Öllämpchens herüber. Allein die spärlichen Strahlen trugen ihr noch etwas Besonderes herzu. Jetzt, da der Augenblick herannahte, wo der glänzende Freibeuter, der Mann des Zufalls und des Abenteuers in das Ungewisse seiner gefährlichen Laufbahn hinausgerissen wurde, jetzt, wo man den Sagenumwobenen leicht für immer verlieren konnte, mit dem ihre Einbildungskraft nicht allein oft gespielt hatte, sondern dessen schicksalsgestaltende Mannheit sie sich bereits durch ihre Künste gefügig gemacht zu haben glaubte, da kam ein bitteres Erinnern, ein Vergleichen über die Verkaufte, und ihr bisheriges Dasein erschien ihr nicht mehr so spielerisch und harmlos wie früher.

Seltsame Gestalten tauchten aus dem matten Schimmer zu ihren Füßen. Zuerst glaubte die Verlassene, die flüchtigen Lichtflecke formten sich zu einem menschlichen Klumpen, und obwohl ihre Sinne unerschrocken und grobkörnig waren wie die der meisten Frauen ihrer Zeit, so rückte sie doch belästigt zur Seite, als sie der Täuschung unterlag, das »Ferkel« kröche auf sie zu, um sein Borstenhaupt tierisch an ihrem Knie zu reiben. Die dunstige Wärme wurde ihr zuwider.

»Mach fort«, scheuchte sie das allzu nahe Phantom und ... erwachte. Offenen Auges sann sie dann weiter in die Nebelluft des versunkenen Tages. Dort drüben zwischen den dämmernden Lichtern harrte ihrer jetzt gewiß der Riese, denn hinter seiner Einladung – das wußte sie – lauerte sicherlich der Wunsch, sie endlich in seine Arme zu schließen, um sie zu unterjochen. Niemals hatte er ein Hehl aus seinem brennenden Verlangen gemacht, ebenso wie sie selbst kaum aufgehört hatte, durch ein lässiges Versagen sein Gelüst zu schüren.

Versonnen lächelte die Goldblonde und stützte ihren Arm auf die Mauerplatte. Ein unendliches Wohlgefühl verursachte es ihr, sich dies alles vorzustellen. Ungebrochen war sie noch, und gerade ihre Freiheit sowie die Geschicklichkeit, mit der sie ihr höchstes Gut verteidigte, sie erfüllten sie mit einem herben Stolz. Aber während ihr jetzt die feuchte Seeluft die Wangen kühlte, da begann in ihren Gedanken jener heimlich nagende Ehrgeiz zu schmerzen, den sie von ihrem tollen Vater geerbt hatte, und allerlei weitmaschige Pläne von möglicher Größe und künftiger Herrschaft knüpften das Netz zwischen ihr und dem Entfernten enger. Wenigstens versuchte die Schwankende, sich jenes unerklärliche Treiben und Drängen in ihrem Blut so auszudeuten. Warum sollte sie nicht die Kräfte jenes Unbändigen sich dienstbar machen, der mit Schätzen, Fürstentümern und Kronen so unbesorgt spielte wie sie mit den Huldigungen vernarrter Männer? Warum sollte sie nicht den Fuß auf jene Hand setzen, die sie hoch ins Licht heben wollte? Unermeßlich hoch vielleicht. Draußen in der Welt war man gerade dabei, einen König zwischen Schloß und Mauern verhungern zu lassen. Wohin konnte ein Kühner, den die Goldfäden des Volksliedes schon umspannen, nicht kecken Fußes gelangen? Namentlich, wenn ein begehrtes Weib ihm List und Tollheit ins Ohr wisperte? Vielleicht war sie überdies schlau genug, selbst jenen Gewalttätigen noch einmal zu mäßigen. Gerade dieses letzte, dieses ungewisse, gefährliche Spiel reizte, wie sie meinte, ihre Unternehmungslust aufs äußerste.

Ja, sie war entschlossen, und während sie hastig in ihre Schlafkammer eilte, um sich heimlich und einsam anzukleiden, da überfiel sie der ganze, von ihr kaum gekannte Rausch, den ein Weib zu erregen und mitzuteilen vermag. Eine Metallscheibe zeigte ihr ihre Gestalt.

In diesem Augenblick umfing sie den Fernen und lehnte ihr Haupt an seine Wange.

Sorgsam wählte Occa ihr schönstes rotes Fälteklkeid aus Leyden, und als sie es mit geschwinder Hand angelegt hatte, da empfand sie selbst voll Befriedigung, wie der starre Goldschmuck des Gewandes, der sich über ihrer Brust zu einer Art Sonne verdichtete, den Strahlenkranz des Reichtums um sie schloß. Noch einmal spähte sie vorsichtig aus dem offenen Fenster, allein auf dem dunkelfeuchten Burghof war keine Seele zu erspähen, sie hörte nur, wie die Windsbraut von der Linde Wolken dürrer Blätter abtrieb, um darauf mit dem Kehricht tief unten auf den Steinen umherzukichern. Nun galt's!

Hurtig warf sich Occa ihren grünen, gleichfalls über und über mit Goldblechen besäten Mantel um, zog ihn nach der Sitte der Friesinnen über das Haupt und huschte leichten Fußes die Steintreppen hinab. Wie ungewohnt ihr dabei das Herz hämmerte, wie angestrengt ihre Brust atmete, und doch erinnerte sie sich nicht, jemals eine ähnliche Lust gekostet zu haben. Weiter, weiter, damit ihr jenes fremdartig beglückende Sehnen nicht etwa noch zuletzt durch irgendein Hindernis gehemmt würde. Jetzt schlich die dunkle Gestalt bereits über den Hof, nun drückte sie gegen das Pförtlein der Mauer. Gottlob, es war offen. Von der Anhöhe überschaute die Broketochter noch einmal das nächtige Gefilde. Der Meerwind, der über das Flachland pfiff, blähte ihren Mantel, die bunten Lichter der Flotte stiegen auf und ab wie ungeheure, gebändigte Leuchtkäfer. Dies war die Sprache, in der der Störtebeker zu den Seinen redete. Aber plötzlich zog ein eigenartig überlegenes Lächeln um den Mund der Flüchtigen, genau so, wie durch die Signale dort unten die Nacht erhellt wurde; wie, wenn der unbeherrschte Mensch, den sie zu versuchen gedachte, sie nicht mehr aus seiner Gewalt entließe, wenn er sie mit sich schleppte? ... O Schmach, ihr Stolz litt es nicht, sich solch einen Niederbruch vorzustellen, und der goldene Stirnreif, den ihr das Abenteuer noch eben entgegengereicht hatte, er erblindete sacht in dem feuchten Nebel der Finsternis.

Eben wollte sie ihre Gewandung schürzen, um desto ungestörter wieder den Fahrweg hinaufeilen zu können, da stutzte sie, und im ersten Schrecken stürzte ihr der Mantel vom Haupt. Hilf Himmel, dicht unter ihr knarrte etwas Ungefüges aus der Schwärze hervor, das durchdringende Quietschen trockener Räder meldete sich, und ehe Occa noch den Entschluß fassen konnte, wieder durch das Tor zurückzuschlüpfen, wurde ihr Antlitz von dem Flackerschein einer Fackel übermalt. Ein Knecht trat hinter dem Wagen hervor. Der hielt ebenfalls inne, als er seine geschmückte Herrin gewahrte. Unter dem Leinendach aber grunzte wie in Spuk und Traum jene viehische Stimme, vor der ihre Jugend eben noch voll Widerwillen geschaudert hatte. Stumm, unbeweglich mußte das schöne, fackelbeleuchtete Bild mit ansehen, wie zwei Wäppner die gemästete Rundung des »Ferkels« von dem Gestell heraushoben, watschelnd kroch das Ungeheuer auf sie zu, dann weidete es sich lange an der Pracht und dem Schmuck der Wegbereiten, während die schmalen Schweinsäuglein fast hämisch dazu glitzerten. Endlich schnaufte der Klumpen, so sanft er vermochte:

»Wohin, mein Trautchen?«

»Zum Störtebeker«, brach Occa zornig aus, da sie es verschmähte, vor ihrem Gatten Geheimnisse zu bergen.

»Recht«, nickte der Sternendeuter beifällig, als wenn nicht das geringste an dem Betragen seines Weibes auszusetzen wäre, »dacht' ich mir doch, daß ich dich warnen müßte.«

Dabei griff seine schwammige Rechte nach dem Arm der Schönen, schob sich selbst dicht unter ihren Mantel und drängte die noch immer Widerstrebende auf diese Weise mit sich in den Hof. Erst unter dem Hauseingang löste sich der Fettwulst von seiner Begleiterin, um schnaufend gegen den bedeckten Himmel zu weisen.

»Was schaust du dort oben an dem Bogen des Wechsels?« stöhnte er bedeutungsvoll, und es sah beinahe grausig aus, wie die fette Ungestalt mit der Sicherheit des Besitzers die Hand gegen das finstere Gewölbe reckte, als wollte er dort droben einen Schrein voll Kostbarkeiten aufschließen.

Doch Occa brachte seiner Wissenschaft nicht die von dem »Ferkel« gewünschte Verehrung entgegen.

»Ich sehe nur, daß es regnen wird«, erwiderte sie spottend und wollte sich abkehren.

Der Klumpen aber hielt sie zurück.

»Leichtfertig Kind«, grunzte er, »und ich hab' deinetwillen die schmerzhafte Fahrt angetreten. Siehst du nicht, wie das Siebengestirn drohend nah gen Luna rückt? Und wie von der anderen Seite das Gewimmel der Plejaden gegen die Sichel drängt? Das bedeutet Abnahme und Tod eines Mächtigen. Übermacht rottet sich zusammen. Mit vierzig Koggen segeln die Hamburger schon in Sicht der Inseln, so daß es kein Entrinnen mehr gibt. Wer in Marienhaven morgen Wäsche spült, wird sie rotgefärbt herausziehen.«

Da lehnte sich Occa sprachlos gegen den Torpfosten, aber wunderlich, ihre heiße Regung verflüchtigte sich überraschend schnell vor dem Heranziehen des Ungemachs oder des Zusammenbruchs, so daß es fast nur noch der Schreck über ihre eigene Verbindung mit dem Gezeichneten war, der ihr ein Zittern einflößte.

»Wer trug dir dies alles zu, Luitet?« fragte sie um vieles vertraulicher.

Der Dicke streichelte sacht ihren Mantel, bevor er zögernd, aber mit einem schlauen Blinzeln in den Schweinsäuglein, erwiderte:

»Lasse mir meine Erkenntnis gern nachprüfen, Occa. Bin nicht stolz darauf. Diesmal taten es eine Anzahl von Fischern, die Hisko in Sold hält. Ja, der Pfaffe hat den Hansen sogar schon einen Unterhändler entgegengeschickt.«

Als das geschmückte Weib diesen nackten Bericht über Abfall und nahende Schande überlegte, da überkam es beinahe eine Art Dankbarkeit für den rechtzeitigen Warner. Übermütig, wie sonst, klopfte sie ihm die feiste Wange.

»Bist doch ein klein kluges, nachdenkliches Vieh«, lobte sie ihren Eheherrn und versetzte ihm einen leichten Schlag, der das »Ferkel« jedoch befriedigt aufbrummen ließ. »Komm, ist kalt hier. Die Mutter soll dir warmen Wein in den Trog schütten.«

Schritt für Schritt zog sie das schwankende Ungeheuer die unbequemen Treppen hinauf. Aber noch während des schwierigen Hinaufklimmens hing sich der Klumpen fest unter ihren Arm und schnaufte recht aus Herzensgrund, fast wie ein ehrlicher Beichtiger, der seinem Seelenkind zuredet:

»Meinst du nicht, Liebe, daß dieser Gottversucher mit Recht Pein und Block verdient? Gibt es wohl ein boshafter Beginnen, als die frommen Satzungen von reich und arm umzuwühlen, so daß schließlich der Edelingsrock auf deinem schönen Leib nicht mehr gilt als der Bettlerkittel?«

»Komm, komm«, rief Occa schaudernd, »laß uns am warmen Feuer niedersitzen. Und dann wollen wir der Ausgeburt eines Tollwütigen für immer vergessen.«

*

Die grünen und roten Lichter zogen flußabwärts. Eine langsam gleitende Bewegung war in die hölzernen Massen geraten, und während die Ungetüme im Schein ihrer Laternen, schattenhaft nachgebildet und wie flach über das Land hingeworfen, ihre huschende Wanderung antraten, da schrillte, trillerte und pfiff es von allen Seiten durcheinander, als wenn die großen Vögel nunmehr auch ihre Stimmen wiedergewonnen hätten, damit sie sich gegenseitig warnen könnten. Allein es handelte sich um keinerlei Vorsicht, denn dies war der Gesang des Angriffs, des Stoßes und des Ausbrechens aus dem Käfig. Zur selben Stunde, da Occas Eheherr ihr die dunklen Sprüche des Himmels offenbarte, da standen drei Snykenführer*, die schon seit Tagen draußen auf offener See Vorpostendienste leisteten, vor ihrem Admiral, und das, was sie meldeten, das war der Ruf des Lebens und des Todes zugleich, das war die ernste, unerbittliche Ordnung und das lustige, leidenschaftlich wühlende Chaos.

Zwischen ihnen auf den Wellen schwankte die Waage.

Der Feind war da. Auf unbegreifliche Weise erschienen. Wie der Dieb in der Nacht. Vierzig kriegsstarke Koggen. Das ganze hansische Aufgebot, vor allem Hamburger, und an ihrer Spitze ein ungefüges, plumpes, breitstirniges Schiff, das im Topp die Admiralsflagge gesetzt hatte. Die »Bunte Kuh«**.

Es war der Name des Fahrzeuges, der dem Störtebeker zuerst während des Kriegsrates in der Kajüte ein hämisches, nach Hellebarden und Schwertern klirrendes Gelächter entlockte:

---

* Befehlshaber leichter Schaluppen.
** Es war aus Utrecht gechartert.

»Ho, Brüder«, hieb er sich auf die Brust, »welch gutes Omen! Wir wollen das Hamburger Tier erst melken und dann schlachten. Gönne ich doch meinen Kindlein schon lange solche Milch. Und nun« ... er wanderte weiten Schrittes durch den hell erleuchteten Raum und zog dabei ein paar der Lukenbretter zurück, um finstere Blicke auf das vorüberziehende Land zu heften ..., »nun, Heino, sprich, mein Freund, wie siehst du das Ding sonst an?«

Der Kleine lehnte am Tisch und stützte sich auf seinen Hieber. In dem faltenlosen, glatten Kindergesicht stand dunkler Ernst.

»Daß die Krämer mit einer solchen Übermacht erscheinen«, sagte er bestimmt, »beweist mir, daß der Michael geliefert ist.«

»Möchten dich doch die Furien erwürgen«, unterbrach der Störtebeker hier dunkelrot, denn seit seiner Kindheit hatte sich der Unbändige stets in beleidigter Auflehnung dagegen gesträubt, ohnmächtig gegen ein schwarzes Wetter zu starren. »Der Gödeke lebt. Meinen Kopf dafür. Ich sehe ihn, ich höre ihn sprechen. Meinst du, der Satan würde mir sonst Dietrich und Brecheisen ins Wappen setzen, wenn's nicht der guten Kumpanei wegen geschähe?«

Wütend schlug er gegen die Schiffswand. Unter den Führern erhob sich ein widerstreitendes Gemurmel. Unbeirrt jedoch und kühl streichelte sich der Magister das Kinn.

»Wie dem auch sei«, beharrte er, »ist jetzt nicht an der Zeit, Klaus, sich in den römischen Triumphmantel zu hüllen. Hab' all mein Tag auf die Ehre gepfiffen. Ha, ha, ohne Ehre kann man leben, aber ohne Kopf nimmer. Ich stimme dafür, wir wollen entwischen, solange es noch Zeit ist.«

Die anderen schwiegen.

Auch der Admiral stand wortlos am Ende der Kajüte, dort, wo sie sich sanft verjüngte. Ohne Absicht hatte er einen dicken Folianten von der Truhe emporgerissen und nagte emsig an der Unterlippe. Jetzt aber warf er den Wälzer polternd zur Erde und richtete sich jäh zur Höhe.

»Habt ihr euch«, rief er mit seiner durchdringenden Stimme, die jedem einzelnen einen Messerstoß in die Brust versetzte, »während ich euch Wohnsitz und Unschuld geben wollte, nach Blut und Beute gesehnt?«

»Ja«, sprachen die Männer gemeinsam.

»Und ist's nicht euer einziger Freibrief, daß ihr mit Beelzebub Karten zu spielen wagt, ganz gleich, ob der Gehörnte die Bilder in der Klaue hält und ihr die Nieten?«

»Ja«, schrien die Freibeuter überzeugt. Fuhren aber gleich darauf wild durcheinander. »Haben selbst einen Trumpf im Spiel, heißt Klaus Störtebeker.«

Da glitt ein stolz zerrissener Schein über das dunkle Antlitz des Riesen, den man früher nicht an ihm gekannt hatte.

»Habt mir nur die Helmzier abgebrochen, ihr wetterwendisch, unbelehrbar Volk«, grollte er mehr zu sich selbst, »aber gleichviel« ... er trennte die Seekarte von der Wand und schleuderte sie auf den Tisch ..., »will das Kunststück ausführen, um des Kunststücks selbst willen. Wohlan, Heino, gib dich, wir schlagen morgen. Und jetzt habt mir acht auf ein gar sauber Stücklein von einem Plan.«

*

Es war tief in der Nacht, als der Admiral in seine Kajüte zurückkehrte. Bis dahin hatte er bei Laternenschein jeden Winkel seines Schiffes gemustert, er hatte die Rüstkammer besucht, die Winde der drehbaren Geschütze geprüft, Leinen und Segel zur Probe gezogen und überall die verwegenen Gesellen, die ihm an ihren Rollen ihre Künste weisen mußten, durch ein wildes, zündendes Scherzwort in jene bis zum Reißen straffe Spannung versetzt, die auf der »Agile« bisher immer die letzte, unwiderstehlichste Waffe gebildet hatte. Jetzt hatten die Schiffe, schon außerhalb der Inseln, Anker geworfen, Ruhe war vor dem roten Erntetag befohlen, und der Störtebeker selbst betrat müde und in sich gekehrt seine Wohnstätte. Er hatte noch nicht sein Haupt entblößt, als der Heimgekehrte mitten auf einem der dicken Teppiche des Fußbodens seinen Knaben hingelagert fand, den wohl beim Warten auf seinen Herrn der Schlaf übermannt haben mochte. Gedankenvoll blieb der Störtebeker vor dem friedlichen Bilde stehen, denn die scharfen Lichter aus den venezianischen Gläsern enthüllten ihm deutlicher als je zuvor, wie hager und abgezehrt die Wangen seines folgsamsten Gesellen eingesunken waren, ja, wie tief die ganze schwärmerische Bildung seiner Züge in Leid eingebettet ruhte. Wahrlich, der Sturz, den diese ihm hingegebene Seele aus einem versprochenen Himmel getan haben mußte, er hatte der Ärmsten gewiß für immer jene Inbrunst geraubt, in der sie wie eine steile Flamme aufstieg und ohne die ihr Dasein zu Asche sank. Die Menschheit hieß der große Tempel, in dem der Gläubigen ein Hüterinnenamt zugesichert war. Wohin würde sie sich nun flüchten, nachdem offenbar geworden war, daß die Fratze des Wahnwitzes vor der Tür des angeblichen Heiligtumes grinste? Leise berührte der Hinabschauende die Weiche des Schläfers mit dem Fuß, um sich von der ungestörten Fortdauer des Schlummers zu überzeugen, dann aber verdüsterte sich seine Miene, und er sprach dumpf vor sich hin:

»Zerbrochener Scherben! Deinetwegen könnte ich Reue lernen. Kein morgenrotes Eiland mehr in der Ferne, mein Büblein, nur die Fahrt in den Pfuhl, darüber das Fieber tanzt. Dir wäre besser, du blasser Traum, du gingest gänzlich in Schlaf über.«

Vorsichtig beugte er sich, nahm den schlaff herabhängenden Körper in seine Arme und las eine Weile angestrengt in den gelösten Zügen, die ohne das Licht der Augen nur den Ausdruck versenkter Ruhe wiesen. Aber gerade diese unbeteiligte Ferne schien den Späher zu trösten. Leise ließ er seine Last wieder auf die Kissen sinken, blickte noch einmal mit vollem Verlangen auf die Pracht des kostbaren Raumes, dann löschte er selbst das Licht, und bald verkündeten kräftige Atemzüge von seiner Lagerstatt, daß auch dieses unruhige Hirn der Betäubung unterlegen sei. Drückendes Schweigen webte in dem weiten Gemach, und nur das regelmäßige Gewoge der See zählte in der Finsternis seinen eigenen Herzschlag.

Und doch ... es gab hier noch ein ander Hammerwerk, das in einer menschlichen Brust aufgestört fieberhaft seine enge Kammer zu sprengen drohte.

Linda schlief nicht.

In den Armen ihres Gebieters war sie aus ihrer schweren Verstrickung erwacht, sie hatte seine dunkle Prophezeiung vernommen, und nun lag sie angehaltenen Atems und suchte kältegeschüttelt zu ergründen, ob sie wirklich das mit sich selbst bekannte und einige Wesen sei, in dessen Brust vom Schicksal Urteil und Vollstreckung zugleich gelegt wären.

Draußen schlugen die Wellen unabänderlich an die Planken: »Du mußt ... du mußt«, und während der Hingestreckten vor dieser Bedrängnis die Zähne gegeneinander bebten, da warf ihr schäumendes Hirn allerlei Fetzen jener Verhaltungsmaßregeln durcheinander, die ihr von dem scheusäligsten aller Verbrecher, dem dicken Wichbold, überkommen war.

»Sieh, du mußt erst das tun ... mein schlaues Büblein, und dann mußt du jenes ..., aber vorsichtig, damit er dir nicht deine Sprünge ablauert.«

Er ... er, das war der Mann, der ohnehin schon den Glanz, den Strahl, das Gold seines Ichs eingebüßt hatte und nur noch dahinraste, um hinter wilden Lastern seine Niederlage zu verstecken. Kein Messias mehr, sondern ein frecher, sich selbst verspottender Judas! Keine Labe in den Händen für die Schmachtenden und Niedergebrochenen, nein, nein, vielmehr ein Gurgelschneider, der in Selbstverzweiflung seinen Opfern wohlzutun glaubte, weil er sie abschlachtete.

Der Morgenstern in einen Kothaufen verloren.

Nimmer!

Linda erhob sich. In ihrer Blässe stand wieder jene unerbittliche Treue zu ihrem Entschluß, die in dem langen Zusammenwirken mit dem Gewaltmenschen ihr Erbteil geworden war. Jetzt lauschte sie nicht mehr, keine spitzfindigen Fragen legte sie sich weiter vor, getrieben von einer finsteren Notwendigkeit, furchtlos und überzeugt schlich sie unhörbar die Treppe der Kajüte hinaus.

Wie hatte es doch der dicke Wichbold gemeint?

Immer seine listig heisere Einflüsterung im Ohr, strich der Schatten über Deck, dann wand er sich wieder zwei enge steile Treppen hinab, bis dahin, wo tief im Bauch des Fahrzeuges der rote Schein der Schiffsschmiede glimmte. Vorsichtig öffnete Licinius die rußige Höhle, allein die halbnackte Zyklopenschar, die noch vor wenigen Stunden hier an ihren Ambossen Pfeil und Lanzenspitzen geglüht und gehärtet hatte, sie lag jetzt irgendwo in der Schwärze verborgen, und mit der rasselnden Wucht arbeitender Blasebälge entströmte ihr Atem. Halblaut, prüfend rief sie der Schatten an:

»He, Detlev ... Olav ... Henneke!«

Als sich jedoch nirgendwo ein Zeichen des Verständnisses kundgab, da wandte sich der Knabe gegen den verlassenen Herd und schob einen der Schmelztiegel in die noch lebende Glut. Dann bückte er sich und blies seinen eigenen ängstlichen Odem in die müde Asche.

Und wieder und wieder versuchte der nächtliche Gast während seines Tuns die hingestreckten Schmiede:

»He, Detlev ... Olav ... Henneke.«

Umsonst. Keiner von ihnen bemerkte das zitternde Menschenkind, wie es rötlich angestrahlt und doch mit geschlossenen Augen die Nägel zu dem gemeinsamen Sarge goß.

Kurz darauf wurde über die Hintergalerie der »Agile« eine Strickleiter geworfen, derselbe geschmeidige Schatten glitt hinüber, und an dem ungeheuren Steuer tauchte er hinab von Rippe zu Rippe. Immer tiefer.

Dazu pfiff der Wind sein einförmig Lied, und die Wache im Mastkorb sang sich zum Zeitvertreib eine Weise von Heimkehr und Magdtreu.

*

Es war bestimmt, daß man durch eine vorgetäuschte Flucht gen West die Übermacht der Hansen erst auseinander zerren solle, um dann, nach einiger Zeit gewendet, die ungefügeren Koggen der Krämer einzeln überfallen und niedersegeln zu können.

Auf dem Fischmarkt zu Hamburg erzählte man sich später vielerlei über den glückhaften Hergang.

Ein regenfeuchter Oktobermorgen war angebrochen. Die Schwarzflaggen unter Führung von Wichmanns »Goldener Biene« waren längst nach West ausgeschwärmt, nur die »Agile« lag noch verhaftet an ihren Ketten, ein riesiger Adler, der den Abzug seiner Küchlein decken wollte. Oder reizte es den Störtebeker nur, Schußsicherheit für eine Ladung seiner Steinkugeln zu gewinnen? In Lederwams und Kappe stand er breitbeinig auf dem Bugaufbau, nicht mehr jenes goldene Leuchten im Antlitz, dafür aber von einem verbissenen, fürchterlichen Grimm durchwettert, der sich allen mitteilte, die auf diesen Mittelpunkt ihres Schicksals hinstarrten.

Jetzt kam der erste Befehl.

»Schießt«, forderte er nach einem scharfen Auspähen von den ihn umdrängenden Bombardieren. Er sprach ganz ruhig. Die Lunten senkten sich, ein Rollen, und dort drüben in der langen hölzernen Zeile begann es Takelwerk und Leinen zu regnen.

»Gut, meine Kindlein«, lobte der Admiral, und das unheimlich niedergehaltene Feuer in seinen Augen stäubte etwas höher. »Es war nur, um ihnen den Morgenbrei zu wärmen.« Er riß sich die Kappe vom Haupt und schwenkte sie höhnisch nach der Gegenseite. »Grüß Gott, ihr Herren. Die Diebe mit dem Brecheisen grüßen die Spitzbuben vom Gänsekiel. Gibt's was zu schachern? Haben nur unsere Freiheit, und die ist ein teuer Ding!«

Damit setzte er die Sprachdommete an die Lippen:

»Anker auf.«

Die Ketten rasselten, die Brust des Schiffes hob und senkte sich wie ein Schwimmer, der sich die erste Glut kühlen will.

»Schüttet Segel aus. Ruhe ... kalt Blut, meine Kinder. Bevor die Krämer drüben ihr Leinen mit der Elle gemessen, sind wir davon. Nun die Pinne hart an Steuerbord. Lebe wohl, Hamburg!«

Allein die »Agile« vollführte die gewünschte Schwenkung nicht. Wie von unsichtbaren Geisterfäusten gepeitscht, sauste der Renner dem Halbkreis seiner Häscher entgegen.

»Plagt dich der Böse, Wulf Wulflam?« brüllte der Störtebeker von seinem erhöhten Stand halb toll über Deck und schob sich vor ratlosem Erstaunen die Kappe aus der Stirn. »Hundsfott, dreh augenblicks gegen den Wind ab, sonst lade ich deinen Kopf in die nächste Lederschlange. Hölle und Graus, was geschieht hier?«

Inzwischen war der Freibeuter Lüdeke Roloff neben den stiernackigen Wulf und seine Gesellen gesprungen, beide Männer schoben sich gegen den Baum, daß ihnen das Blut aus den Wangen spritzte. Doch unverändert tobte die »Agile« ihre böse Fahrt weiter. Vom Land aus einen steifen Südwest in den Segeln, so schnitt das Schiff durch die spitzen Wellen, als müsse es in wenigen Sprüngen sein Ziel erreichen.

»Herr«, keuchte es jetzt zweistimmig vom Heck, »geliefert sind wir ... es ist Blei in die Angeln gegossen worden*«.

Einen Atemzug lang blieb alles still, das Entsetzen wohnte an Bord. Dann aber wirbelte eine riesige Gestalt vor aller Augen die zwei Stockwerk aus der Luft herab, schoß durch die heulende, kreischende Mannschaft hindurch und warf sich gleich darauf mit ihrer ungeheuren, durch Verzweiflung und Grimm verzehnfachten Körperwucht gegen die Pinne. Das Holz ächzte und krachte, das Steuer bewegte sich nicht.

Jetzt lösten sich die Bande des Gehorsams. Die Schwarzbrüder verließen ihre Posten, die meisten warfen ihre Waffen fort, sie irrten durcheinander gleich den Ameisen, und der Wahnwitz fächelte sie mit seinen Mohnflügeln. Das Unsinnige gewann die Oberhand.

»Reißt die Segel herab.«

Als ob das verlangsamte Fahrzeug weniger verloren gewesen wäre!

»Flieht ... flieht ... in die Boote!«

Als ob angesichts des Gegners und bei der rasenden Fahrt die aufgepeitschte Menge in den winzigen Kähnen Platz gefunden hätte!

Immer hurtiger hetzte der Springer über die Wogenhügel. Aber gerade in dem Augenblick, da er das ihn bändigende Halfter völlig zerknirschen wollte, da fühlte sich das Roß noch einmal von jener stählernen Faust gepackt, die es bisher noch immer bezwungen und beruhigt hatte. Hoch auf dem Heckaufbau zeichnete sich in seinem verwitterten Lederkoller der Schwarzflaggenfürst gegen den wolkigen Dunst ab. Um kein Haar anders stand er da als sonst, da er die letzten Befehle zum siegreichen Angriff zu geben gewohnt war. Nur

---

* Die Sage vermochte sich den Hergang nicht anders zu erklären. Übrigens war die geschilderte Kriegslist zu jener Zeit eine durchaus übliche. Auch der gefeierte Seeheld Paul Beneke von Danzig benutzte sie etwa um das Jahr 1473.

der bösartige Grimm war aus seinen Zügen entwichen, ja, er lächelte jetzt sogar, ein helles, gereinigtes Lächeln, wie es nur die von sich selbst befreiten Sterblichen kennen.

Die Gefahr, die drängende Sorge um andere hatte unvermerkt das Beste in diesem Menschen geweckt.

»Hört ihr mich, meine Kinder?«

»Ja, Klaus«, schrien sie hoffnungsvoll. Sie sammelten sich um diesen Klang wie um einen schützenden Turm.

»Das Spiel fängt erst an, ihr Schuimer. Schüttet Segel aus, bindet Leinen auf, der letzte Fetzen muß fliegen.«

»Segel?« Sie glaubten, er rede im Fieber.

»Ich sage, knüpft eure Hemden an die Rahen, ihr Burschen, und fegt durch die Luft. Unter dem Bug gibt's gleich ein Schädelknirschen. Schießt ... schießt!«

Was weiter geschah, das sauste von der Spule, ruckartig, unpersönlich, gedankenlos, denn all die von Tod und Untergang angegrinsten Menschen, sie hatten ihre eigene Überlegung, ihre Glieder, ihr Handeln und Aufhören diesem einen überliefert, und der riß nun an ihren Fäden und lenkte seine Figuren, willkürlich, gnadenlos, nur zu dem einen Zweck des Lebens.

Alle eigneten sie ihm, bis auf die schwächste und hilfsbedürftigste. Die lehnte an der Bordschwelle, hatte ihre Hände krampfig über der Brust ineinandergeschoben, aber ihr ungesprochenes Gebet war zum erstenmal nicht mit dem Herrn ihres irdischen Loses, sondern sie rief und flehte zu dem Schicksal, auf daß es größer und auch barmherziger walten sollte als jener lebend Tote, der jetzt dort oben den letzten gespenstischen Kampf focht. Sie bereute nichts, sie widerrief nichts, sie fühlte, daß Mitleid und Gnade einzig bei ihr wären, die mit ihrer schwachen Hand das Tor des Gemeinen und Verworfenen vor dem sterbenden Messias abschloß.

Vor ihren umflorten Augen wandelte sich das flutüberströmte Schiff in eine langhingestreckte, menschenwimmelnde Kirche. Schwärzlicher Himmel wölkte sich über dem Dom als tiefe unergründliche Decke, und die Musik des Meeres pfiff und stürmte in fernen Orgelweisen einen silbernen Engelsgruß.

Sie sah nur den einen, dessen bleiches, lockenumflattertes Antlitz schon jetzt hoch droben dem Irdischen entrückt war.

Ein Krach! Ein herzumwühlender Stoß. Die Hamburger hatten dem unter stärkstem Druck daherfliegenden Admiralsschiff einen alten unbrauchbaren Kasten mit der Breitseite entgegengeworfen –

die »Agile« schnitt ihn mit ihrem Rammsporn auseinander wie dünnes Glas.

»Triumph«, schrien die berauschten, vom Wunder bereits in eine andere Welt geschleuderten Gleichebeuter, und jeder packte seinen Spieß oder die Armbrust nerviger. Ein wildes, tumultartiges Gebrüll stieg zum Himmel.

Da schwang schon wieder der schrille, gellende Pfeifentriller des Admirals, die Schwarzflaggentrommel wurde gerührt ... der alte fortreißende Wirbel zuckte durch die Herzen.

»Entert«, schrie der Störtebeker von seiner Höhe.

Er befahl es mehr mit seinen blutig leuchtenden Augen, mit dem hoch erhobenen Hieber, mit der weit ausgestreckten Linken.

»Aller Welt Feind«, antworteten die Vitalianer mit ihrem fanatischen Schlachtruf.

Die Brücken rasselten, ein splitterndes Reiben und Knirschen meldete, daß sich jetzt zwei der ungeheuren Rümpfe eng nebeneinander geschoben hatten. Die »Agile« biß in die Wange der »Bunten Kuh«.

Und mitten in diesem Knäuel von Lanzenspitzen, zischenden Bolzen, Pulverdampf, herunterbrechenden Spieren und dem Gekreisch Getroffener lehnte Linda noch immer wie unbeteiligt neben dem hohen Bord. An ihr vorüber heulten Steinkugeln und rissen das Deck auf, so daß der entsetzte Blick in das Eingeweide des Holzleibes irren konnte, dicht neben ihr bauschten sich die unheimlichen, riesenhaften Malereien, mit denen die Hamburger ihre Segel geschmückt hatten. Ein titanischer Schwan blähte sein Gefieder und starrte die Einsame mit roten Augen gefräßig an. Dahinter flatterte ein steiler Turm und schleuderte ihr seine Ziegel gegen das Haupt. Doch all das Grauen zog wesenlos über sie fort, weil sie in den Greuelgestalten nur ihre Helfer erkannte, die sie herbeigerufen hatte, um den verirrten Heiland in sein Grab zu betten.

Ein Goldgefunkel blendete ihr die Augen, und sie wußte, daß dort auf der Enterbrücke die Klinge des Gewaltigen ihre sausenden Kreise zog, sie hörte eine menschliche Fanfare in dem dicken Haufen jedes Ohr wecken:

»Meine Schuimer, meine Kinder, drauf, drauf, schlagt, spießt, stecht ... melkt die Goldkuh!«

Und sie lächelte nur matt über jenen habsüchtigen Aberwitz.

Aber dann kam der Augenblick, wo auch ihr Geist aufgerissen wurde. Ihr Gebet war erhört.

Dumpfe Stöße erschütterten kurz nacheinander die »Agile«. Von zwei Seiten war das überflügelte Schwarzschiff in die Mitte genommen werden. Fremde Scharen quollen über Deck. Und von der Enterbrücke, wo eben noch der Goldkreis gesummt und gesungen hatte, stürzte ein höllisch kreischender Haufe zurück. An seiner Spitze ein Wahnwitziger, der noch immer retten wollte.

»Licinius«, schrie er aus tiefster Brust. »Licinius.« In seiner Notstunde erinnerte sich der Riese an sein eigenstes Besitztum. Da leuchtete der Knabe beseligt auf.

Ja, der Himmel öffnete sich, ein goldener Lichtweg strahlte gegen das Sterbliche, und eine Heiligenschar trug einen Sarg hinunter.

Das gotterfüllte Ende war da.

Als sich der wirre Knäuel gelöst hatte, sah man einen blutüberströmten Mann mit dem linken Arm an den Hauptmast gebunden, die Rechte aber führte immer noch das Schwert, fegte und bahnte um sich her, und dazu schrie eine in Jammer erstickte Stimme:

»Wer ... wer hat mir das getan?«

Sein rollendes, in Irrsinn und Auflehnung brechendes Auge erfaßte den Getreuesten, heftete sich an ihn und wollte ihn nimmer lassen.

Da sank der schöne bleiche Knabe mitleidig vor dem Gerichteten in die Knie.

»Klaus Störtebeker«, sprach er verklärt, »diese Hände haben dein Steuer angehalten, mit weißen Segeln wirst du in die Ewigkeit fahren.«

Heftig wurde er emporgerissen, und mit hocherhobenen Armen warf sich der Blonde in den Busch zögernder, halbgesenkter Lanzen.

Der am Mast ließ sein Schwert fallen. Ohne Verständnis kehrte er seine Augen gen Himmel, ohne Begreifen spiegelte er die verstummte, blutige Menschenschar. Tief stöhnte er, und sein Haupt sank ihm auf die Brust.

*

Am Abend des 19. Oktober 1402 nach Feliciani sprang ein Gaukler durch die winddurchpusteten, regenfeuchten Gassen von Hamburg, und der buntscheckige Narr schlug Purzelbäume zum Ergötzen des Haufens, ließ seinen Dudelsack ausströmen und quäkte dazu:

»Hei ... hei!
Morgen verschwemmt die gefährlichste Klippe der Nordsee,
Daran gestrandet manch stolzes Schiff,
hei ... hei*!«

Blieb dann stehen und deutete mit seiner Klapper auf die ungefüge Haube des Katharinenturmes, von wo die ganze Nacht Lobweisen geblasen wurden.

»Horcht«, krähte er, und er schüttelte vor Kälte und fröhlichem Grusel seine abgezehrten Glieder, »pfeifen dem Störtebeker das Schlummerlied.«

Allein der Gefangene, zu dessen letztem Gang die Stadt sich so festlich rüstete, er bedurfte weder Gesellschaft noch Aufheiterung. Denn ruhte er zwar auf Stroh in einem lichtlosen Kellerloch unter der Kanzlei, so hockte doch sein Lehrer Wichmann bei ihm auf einem Schemel, und beide zechten bald aus der riesigen Weinkanne, die ihnen der Rat gespendet hatte, bald grölten sie Zoten und Schelmenlieder, daß sich die Wache vor dem Gitterfenster ehrlich entsetzte.

Ein alter, graudurchfurchter Stadtknecht schob deshalb seinen Kopf gegen die engen Eisenstangen, damit er die beiden Gerichteten zu ehrsamerem Wandel anhielte.

»Bedenket, ihr Bösewichter«, riet er wohlmeinend, »wem ihr bald Auskunft erteilen müßt. Sollen eure Schandmäuler dort oben etwa noch vor Unflat überfließen?«

Da nahte sich dem Gitter die riesige Gestalt des Störtebeker, und im Licht einer Laterne erschien das hochmütige, wenn auch jetzt todblasse und verwüstete Antlitz. Unwillkürlich fröstelte es den Stadtsoldaten vor diesem noch immer schrecklichen Bild gestürzter Größe.

»Du irrst, grauer Rostfleck«, antwortete der Seefahrer heiser. »Weißt du nicht, daß wir an der Tafel des Schwarzen obenan sitzen werden? Dort unten ist ewige Freude, Trunk, Fraß, Diebesglück und erzielte Übervorteilung. Alles, was hier nur halb gelingt. Wer die Welt verständig umzukehren weiß, der gewinnt's! Geh, küß deinen Quacksalbern den Hintern, vielleicht findest du's.«

»Gott erbarm' es sich«, stöhnte der Alte.

Darauf juchheiten die beiden und zechten weiter.

Allein je schläfriger es auf dem Gange wurde, je eiliger die Nacht vorrückte, desto mehr verstummte auch der grelle Singsang der Schui-

---

* Nach einem alten niederdeutschen Bänkelsängerlied aus Wächtters historischen Nachlaß.

mer, und allmählich erkannte der schildernde Hellebardier nur noch aus dem Rascheln des Strohs, daß dort drinnen ein Schlafgemiedener seinen Weg suche.

Schon spät war's, als der Störtebeker, nur kümmerlich von dem hereinzitternden Strahl getroffen, vor dem blonden Zwerglein haltmachte. Das pfiff leise vor sich hin und schierte sich um nichts.

»Heino«, schickte der Admiral stockend in die Dunkelheit hinab und holte etwas Versenktes aus sich hervor. »Mein Freund, mein Bruder, sprich, wie denkst du dir unsere nächste Reise? Nicht, als ob es mir leid wäre, aber es plagt mich, ob man Ufer spürt oder nur Fahrt... Fahrt? Ob man nur Schiff ist oder auch Steuerer?«

Aus der Finsternis kicherte es belustigt heraus, dann schlugen ein paar sanfte Finger leicht gegen die Hand des Freundes.

»Bleibst doch der tolle Bacchantenschütz, der du warst, du stolzer Herkules. Meinst, du müßtest überall dabeisein. Schade, daß ich dir morgen mittag nicht weisen kann, wie wir einen Strich passieren, wo Bewegung und Stillstand dasselbe sind, wo du verhundertfacht auf weißen Lichtschimmeln in die Windrose schießest, während doch dein eigentlich Selbst nach deinem Seneca ganz friedlich dort schlummert, wo alle ruhen, die noch ihrer Geburt harren.«

Der Störtebeker regte sich nicht.

»Nichts?« forschte er nach einer Weile rauh.

»Nun freilich«, gab die feine Knabenstimme bissig zurück: »Willst du ewig Umgetriebener etwa die große Wohltat verketzern? Den Hamburger Pfefferkrämern könnt' es womöglich leid um uns werden. Nur eines!« Und der Kleine scharrte mit seinem Hüker und schien näher zu rücken. »Man muß freilich schon hierorts mit dem Nichts seinen Pakt geschlossen haben. Nicht glauben, daß von uns etwas zurückbleibt, Unerfülltes, Lebenswertes oder gar was von Segen. Törichter Nimmersatt, hier oben redet das Nichts, dort drüben schweigt's. Sonst kein Unterschied.«

Eine Weile verstummte alles, der Störtebeker schob nur an seinem Wams hin und her, als ob es ihm zu eng würde. Dann aber drückte er dem Kleinen die Hand auf die Schulter und lachte grell auf:

»So können wir denn ohne Sorgen abfahren, Geliebter. Nehmen nichts mit und lassen keine Erben zurück. Wahrlich, ist kein geringer Trost.«

Damit ließ er von dem Kleinen ab, der ruhig weiter zechte, und streckte sich der Länge nach auf seinem Strohlager aus.

Um ihn herum drückte die Dunkelheit wie ein Sargdeckel, und der Riese warf ein paarmal die Faust vor, als könnte er den Verschluß lüften. Merkwürdig, wie rasch sein Herz ging und wie angestrengt er auf das winzigste Geräusch achtete, das jetzt noch zu ihm drang. Gierig hörte er eine Ratte an der Mauer entlang wischen, und bald zählte er die Schritte der Wache draußen auf dem Gang. Unvermerkt labte sich dieser Gestalter an dem Getön der Erde. Auch konnte er sich nimmermehr von dem müden Lichtschimmer trennen, der fahl und schmutzig um das Eisengitter sickerte. Er wartete, er wartete ungeduldig, als ob die Welt ihm noch eine Antwort schuldig sei.

Und siehe da, die Antwort kam ihm.

Geraume Frist mochte er so gelegen haben, er wußte genau, daß seine Seele nicht vom Schlag umwölkt sei, da er den heißen Blick seiner Augen spürte, die angespannt die schwarzen Striche des Gitters einsaugten. Eben noch war der Schatten des Stadtsoldaten über sie hinweggeglitten ... da, der Riese runzelte die Stirn und hielt den Atem an. Da drängte sich ein hustendes, grünbleiches Haupt gegen die Stangen, und ein rotgrauer Wirrbart quoll hindurch.

»Was willst du?« murmelte der Wache, ohne sich seiner Lähmung entreißen zu können. »Geh, du Hauch, mich schreckst du nicht.«

Jedoch das Haupt des alten Klaus Bekera wich nicht, es fing vielmehr an, gehüstelte Worte zu speien, ganz so, wie er es im Leben gepflegt.

»Armes Kind«, brummte er in seinem hohlen Baß, »war dein Unglück, daß du zu uns gehörtest, ohne unser zu sein. Seidene Kleider, Ringe, Ketten in der Fischerhütte, Rache am Glanz, Gier nach dem Glanz ... wehe!«

Das Gesicht nickte und verging. Aber vor dem Gitter war es lebendig geworden, lautlose Scharen wehten vorüber, bis sich abermals zwei Hände in die Stangen einhakten. Funkensprühend flimmerten die Haare der Becke hindurch.

»Liegst du endlich auf dem Mist, mein Schöner? Bin auch dort verfault. Hat kein Hund mit mir Mitleid gespürt, sondern haben in mir gewühlt und geschunden, damit meine Armut das einzige hergeben sollte, was ich besaß. Ist so im Leben. Gelt? Lust und Vergnügen kümmern sich nicht um das Erbarmen. ... Wehe!«

Draußen erlosch das Geflimmer, als wäre es von dem Laternenschein eingeschluckt, und der Zug der Schatten stob weiter.

»He, du Menschensohn«, kreischte plötzlich eine hitzige Stimme, und in der Höhlung dämmerten die blutlosen Züge des Iren Patrick O'Shallo. Ein Strick schlotterte ihm um den Hals, und die Zunge fiel ihm oft aus den Zähnen. »Ist dir nicht der Henker prophezeit? Wer hat sich wie du an der menschlichen Schwäche versündigt? Meinst du, das Elend ließe sich in eine Form pressen von einem Ehrgeizigen? Du Vergewaltiger schlimmster, du Säufer von unserem Schweiß, der Narren oberster fährst du von hinnen. Zu spät! ... Wehe!«

Der Störtebeker gedachte sich in seinem Sarge zu rühren, um sich gewaltsam zu erheben, allein er vermochte keinen Finger zu krümmen. Starren Blickes mußte er erkennen, wie sich gewichtig ein ander Haupt vor die Öffnung rückte. Düsterblond rahmte ein Ringelbart die braunen Wangen ein, und die großen Augen schauten ernst und trauervoll.

»Verlorener Bruder«, hob die markige Stimme des Gödeke Michael an, »was hast du für den Treubruch erkauft? Wem hieltest du dafür dein Wort? Hast die gültigen Gesetze der Menschenbrust verrücken wollen. Aus Böse Gut machen, aus Neid Hingabe. Und errietst nicht, wie auch die Laster Sinn und Zweck kennen. Verirrter im Nebel, wer bist du, da doch nur ein Stärkerer dies alles sondern kann.«

»Wer?« suchte der Liegende zu erfassen.

»Die Zeit! ... Wehe!«

Das Phantom löste sich in Kälte auf.

»Muß ich auch dies noch erdulden?« rief der Eingekerkerte schmerzlich hinter ihm her. »Hat mir all mein Glanz nicht eine einzige Seele erkauft?«

Fahler Morgenschein kroch schon durch das Gitter, aber aus der Blässe formte sich noch einmal ein fast durchsichtig Bild. Dem liefen Tränen über die Wangen.

»Mich«, klang es sanft, »deinen Knaben. Dafür, Klaus Störtebeker, hast du mich befleckt und besudelt. Wehe ... jetzt weiß ich, daß nur ein Reiner das Unerfüllbare denken darf. ... Wehe!«

Da hatte der Ausgeraubte, um sein Letztes Betrogene endlich den Bann von sich gerissen, schäumend sprang er auf, stürzte wie ein Toller auf seinen Genossen zu und entwand ihm die Weinkanne, deren Rest er auf einen Zug in sich hinabschwemmte. Was kümmerte es ihn, ob in diesem Augenblick die Stadtknechte hereindrangen, um den Verurteilten ihre seidenen Prunkgewänder zu bringen, da ihnen der Rat für ihren letzten Gang jene geile Pracht überlassen hatte? Ohne den Schergen auch nur einen Blick zu gönnen, fiel der Losgebundene über den verwunderten Magister her, und nachdem er den Kleinen hoch emporgerafft hatte, herzte er ihm in voller Raserei Mund und Stirn.

»O du Weiser«, schrie er gellend und preßte den Kopf des Zwerges unlöslich an sich, »wie unsagbar Köstliches hast du verheißen!? Komm, tummle dich, damit wir es um alles nicht versäumen. Diese Wölfe, mit denen wir bisher getrottet, könnten uns am Ende beneiden.« Er packte einen der Knechte an der Gurgel. »Höre, du Wicht, wenn du ein ehrlicher Mann bist, so gehe hinaus und verkünde, das Dunkel meine es besser mit den Sehenden als das Licht, die Verwesung küsse uns heißer als das Leben, und dein Kot duftet lieblicher als alle Rosenbeete von Schiras.«

Sie entsetzten sich vor ihm. Doch meinten sie, die Todesfurcht habe dem Sünder wohltätig Sinn und Verstand gelockert. Selbst der Magister begriff nicht bis zum Grund, wie erst jetzt an den fürstlichen Abenteurer, während man ihn in die alte, prunkhafte Tracht hüllte, jener unerbittlichste Peiniger heranschlich, nachdem er ihn ein ganzes Leben gemieden hatte ... der Ekel vor sich selbst.

Aus dem niedrigen Rathauspförtlein taumelte der früher so Glanzvolle hinaus, ein landflüchtiger Fürst, der seinen letzten Heller verpraßt hatte, jetzt aber voll Bettlerstolz nur noch den nichtsnutzigen Schein zu wahren bestrebt war, obwohl er im Herzen die Schmähungen seiner Verfolger billigte.

Da standen sie alle, Männer und Frauen, ja, die Kindlein hoben sie auf die Schultern, damit sie von dem gewaltigen Seefahrer, dem grausamen Bedränger ihrer Stadt, einen winzigen Schein seines Gewandes erhaschen sollten, sich und ihren Nachfahren zur unvergeßlichen Weide. Ein Aufzug war's, der mehr einem Fest glich. Voran zogen Trommler und Pfeifer, dann folgte Meister Rosenfeld, der Henker, der grüßte grinsend nach allen Seiten, als feiere er heute seinen frohen Ehrentag. Durch Hellebardiere eingerahmt, wurden hinter ihm Hauptmann Wichmann und seine Schuimer einhergeführt. Ungefesselt schritten die Männer in stattlichen Wämsern und sangen noch immer voll derber Lebenslust und trotziger Auflehnung das Störtebekerlied. Und seltsam, Knaben und Mägdlein fielen in die Weise ein, denn das unbestimmte Gefühl der Jugend lehrte sie, in jenen Söhnen des Abenteuers den Wechsel des Schicksals zu ehren. Als aber zwischen zwei Ratsherren – weit geschieden von den anderen – der Mann in dem blauen Wappenrock erschien, da brach der Jubel ab, und ein banges Verstummen der Bewunderung begleitete den hochragenden Wanderer. Noch jetzt ließ seine blasse, verwüstete Schönheit den Jungfrauen das Herz pochen. Nur ein paar Händler, Bierbrauer und Lederkrämer, denen er

Verlust zugefügt hatte, sie versuchten es, den noch immer hochmütig Blickenden zu höhnen.

„Sag an, du Prophet Elias«, klang es aus ihren Reihen, »fährst du jetzt im güldenen Wagen in dein Tausendjährig Reich?«

Der Störtebeker verbeugte sich und zeigte den Spöttern eine unflätige Gebärde.

»Ihr würdet mitfahren können, ihr Ewig-Blinden, wenn sich euer Gelichter in dem Gefährte nicht schon seit Jahrtausenden den Steiß verbrannt hätte.«

So schritt er in Frechheit und kaum verhüllter Auflösung durch die zurückweichende Menge, und überall, wohin sein brennend ausgehöhlter Blick traf, dort segnete man sich und schlug heimlich ein Kreuz.

Wahrlich, ein Gezeichneter zog seines Weges.

Mit weiten Schritten war er bis an eine Straßenkreuzung gelangt, als er unvermutet stockte, so daß der ganze Zug gezwungen war, haltzumachen.

Betroffen hob der Gebückte die Rechte. Was stand dort dicht neben dem unscheinbaren Männlein in grauer Mönchsgewandung für eine Bauernfrau aus der Rügener Gegend? Die hatte ihr Tuch tief über das Gesicht gezogen, als ob sie sich vor den zahlreichen Fremden schäme, aber dem Sohn verriet sie sich dennoch durch ihre bekümmerten, unbestechlichen Augen.

»Was willst du?« forschte der Störtebeker unentschieden und zugleich ein wenig zurückweichend.

Noch immer demütig vor der Pracht des Verlorenen, machte Mutter Hilda eine hilflose Bewegung, als möchte sie ihre Hand teilnehmend auf die Brust des Riesen betten, zog sie jedoch verschüchtert zurück. Fast wie zur Entschuldigung brachte sie dann hervor:

„Du liebe Not, weil du doch aus meinem Blut bist.«

Der Riese hob das Haupt. Der Ton klang anders als all das, was er bisher vernommen hatte. Lag auch etwas darin, was ihn an die Sehnsucht dieser Nacht erinnerte. Lange suchte er in jenen ernsten, bekümmerten Lichtern, und siehe, er fand darin all das geduckte Leid, um dessentwillen er einst ausgezogen war, um es zu lindern.

Und dies Leid währte ewig?

Zögernd nur trennte er sich von dem wortkargen Weib, und als er nun ihren Begleiter streifte, da geschah etwas Wunderliches. Mitleidig richtete sich Abt Franziskus auf, und jene welke Hand, die schon den Eintritt des Fischerbuben liebreich begrüßt hatte, obwohl er nach dem

Glauben der Zeit doch nur ein Sohn der Erde* war, sie zog jetzt schweigsam die Linien des Kreuzes.

Der Priester segnete den Scheidenden.

Aber der Störtebeker lachte schrill auf.

»Spar deinen Kram, alter Mann«, rief er schneidend, »hab' gestern erst einen von deiner Kumpanei weggejagt. Wo ich hinfahre, fährst auch du hin.«

Damit wollte er grußlos fürbaß schreiten, als sich von neuem das Außerordentliche wiederholte. Noch entschiedener reckte der Priester die weiße Hand und segnete abermals. Dem Schuimer gab es einen Schlag.

»Weißt du nicht«, sprach er finster, indem er sein glühendes Auge jetzt voll auf den Alten richtete, »wem du dein Heil spendest? Ich sage dir, der Leichenhügel, den ich meinem Wahn türmte, er ragt weit höher als der Trauerberg, dem sie mich jetzt zuführen. Weiche darum von mir, damit sich dein Gott nicht entsetze!«

Und dennoch ließ der Mönch nicht von ihm, ja, während er ein drittes Mal bedeutungsvoll das Kreuz zog, öffnete er endlich den feinen Mund und sprach ganz sanft und barmherzig:

»Du Wollender, du Mensch im Tatensturm, ich, ein Christ, segne dich. Sieh, in meiner engen Zelle, dein Leben betrachtend, ging mir endlich sein Sinn auf. Was sich erdumwälzend, gewitterschwül im Reiche der Geister zusammenballt, was sich ohne Hemmung über Erde und Menschen ausschüttet, das, mein Sohn, wirkt der Zeit fast immer zum Unheil, denn Schollen und Sterbliche vertragen nur Tropfen.«

„Du sprichst die Wahrheit, Greis«, schrie der Störtebeker gepackt und griff mit beiden Fäusten nach dem Kleid des Männleins. »Sieh, ich bin solch eine Wetterwolke. Jäh zerriß ich und brachte nichts als Zerstörung und Niederbruch.«

Da umschlang der Priester den ihm Nahen und küßte ihn zärtlich auf beide Wangen.

»Verwirf dich nicht, du Stürmischer«, flüsterte er ihm zu. »Wenn die Flut abschwemmt, dann dringen über Jahr und Jahr etliche jener Tropfen in tiefere Schichten und erwecken dort ungeahnt Wachstum und Blüte. So wirkt ins Ferne, was in der Gegenwart verrauschte und zerfloß. Zieh hin in Frieden.«

Der Gesegnete richtete sich auf. Heller Sonnenschein überglitzerte die feuchte Wegkreuzung, helles goldenes Licht breitete sich in den

---

* Hutten nennt noch jene Kinder so, die weder Vater noch Mutter kennen.

Zügen des Seefahrers, so fortreißend und strahlend, wie es ihm sein ganzes Leben lang beschert war. Aufatmend blickte er sich um, und er fand, daß er all die Menschen, die großen und geringen, die ihn beinahe ehrfürchtig umdrängten, von jeher und bis zuletzt gehegt und geliebt hatte.

Da schlug die Verführung, die der Zauberer zu wecken vermochte, noch einmal über alle Schranken des Herkommens. Die Trommler wirbelten, die Pfeifer schmetterten, blonde und braune Mägdlein streuten ihrem Feind Blumen auf den Weg, und das Volk rauschte um ihn wie Halme, die sich vor dem Schnitter neigen. Er aber achtete ihrer nicht mehr. Er schritt dahin, heiter, entrückt, ein tatenfroher Vollender, und hinter dem Hügel der Schmerzen empfingen ihn Zukunft und Sage!